U0526343

本书是国家社会科学基金重大项目"中国特色政府监管理论体系与应用研究"(批准号:18ZDA111)的资助研究成果

中国特色政府监管
理论体系与应用研究

A Theoretical System for Regulation
with Chinese Characteristics and Its Application

王俊豪　等著

中国社会科学出版社

图书在版编目（CIP）数据

中国特色政府监管理论体系与应用研究/王俊豪等著.
—北京：中国社会科学出版社，2022.12（2023.12 重印）
ISBN 978-7-5203-9566-3

Ⅰ.①中… Ⅱ.①王… Ⅲ.①政府监督—研究—中国 Ⅳ.①D630.9

中国版本图书馆 CIP 数据核字（2022）第 061427 号

出 版 人	赵剑英
责任编辑	刘晓红
责任校对	周晓东
责任印制	戴　宽
出　　版	中国社会科学出版社
社　　址	北京鼓楼西大街甲 158 号
邮　　编	100720
网　　址	http://www.csspw.cn
发 行 部	010-84083685
门 市 部	010-84029450
经　　销	新华书店及其他书店
印刷装订	北京君升印刷有限公司
版　　次	2022 年 12 月第 1 版
印　　次	2023 年 12 月第 2 次印刷
开　　本	710×1000　1/16
印　　张	29.5
字　　数	471 千字
定　　价	168.00 元

凡购买中国社会科学出版社图书，如有质量问题请与本社营销中心联系调换
电话：010-84083683
版权所有　侵权必究

目 录

导 言 ··· 1

第一篇 理论框架构建

第一章 中国特色政府监管理论体系构建的必要性与紧迫性 ········ 11

第一节 中国指令性管理体制及其转型的历史考察 ········ 11
第二节 中国现有政府监管理论与实践需求分析 ········ 16
第三节 国家治理现代化需要加强政府监管 ········ 21
第四节 构建中国特色政府监管理论体系的紧迫性 ········ 25
本章小结 ········ 28

第二章 中国特色政府监管理论体系的相关概念与构建导向 ········ 30

第一节 政府监管的基本特征与概念界定 ········ 30
第二节 政府监管相关概念辨析 ········ 37
第三节 政府监管的范围与类型 ········ 43
第四节 中国特色政府监管理论体系构建的基本导向 ········ 56
本章小结 ········ 60

第三章 中国特色政府监管理论体系基本框架 ········ 62

第一节 政府监管体系的相关理论研究 ········ 62
第二节 中国特色政府监管理论体系的主要特征 ········ 67
第三节 中国特色政府监管理论体系的整体框架 ········ 70

1

第四节　中国特色政府监管理论体系实现的基本思路 ………… 71

本章小结 …………………………………………………………… 77

第二篇　理论体系要素

第四章　中国特色政府监管法律制度体系 ………………………… 81

第一节　法律制度体系的相关理论研究 …………………………… 81

第二节　政府监管立法的基本导向 ………………………………… 85

第三节　政府监管法律制度体系的整体框架与构成要素 ………… 96

第四节　政府监管法律制度体系建设的基本途径………………… 102

本章小结 …………………………………………………………… 109

第五章　中国特色政府监管机构体系 ……………………………… 111

第一节　政府监管机构体系的相关理论研究 …………………… 111

第二节　政府监管机构的特征与职能定位 ……………………… 116

第三节　政府监管机构的理论模式 ……………………………… 122

第四节　政府监管机构体系建设的基本途径 …………………… 136

本章小结 …………………………………………………………… 142

第六章　中国特色政府监管方式体系 ……………………………… 145

第一节　政府监管方式体系的相关理论研究 …………………… 145

第二节　政府监管内容与监管方式体系 ………………………… 150

第三节　政府监管方式的一般性与特殊性 ……………………… 155

第四节　政府监管方式的有效性 ………………………………… 159

第五节　政府监管方式体系建设的基本途径 …………………… 164

本章小结 …………………………………………………………… 170

第七章　中国特色政府监管外部监督体系 ………………………… 173

第一节　政府监管外部监督体系的相关理论研究 ……………… 173

第二节　政府监管外部监督体系的基本功能 …………………… 182

第三节　政府监管外部监督体系的构成要素 …………………… 188

第四节　政府监管外部监督体系建设的基本途径⋯⋯⋯⋯⋯⋯　199
　　本章小结⋯⋯⋯⋯⋯⋯⋯⋯⋯⋯⋯⋯⋯⋯⋯⋯⋯⋯⋯⋯⋯⋯　207

第八章　中国特色政府监管绩效评价体系　209

　　第一节　政府监管绩效评价体系的相关理论研究⋯⋯⋯⋯⋯⋯　209
　　第二节　政府监管绩效评价体系⋯⋯⋯⋯⋯⋯⋯⋯⋯⋯⋯⋯　217
　　第三节　政府监管绩效评价指标体系构建⋯⋯⋯⋯⋯⋯⋯⋯⋯　225
　　第四节　政府监管绩效评价方法⋯⋯⋯⋯⋯⋯⋯⋯⋯⋯⋯⋯　233
　　第五节　政府监管绩效评价体系建设的基本途径⋯⋯⋯⋯⋯⋯　238
　　本章小结⋯⋯⋯⋯⋯⋯⋯⋯⋯⋯⋯⋯⋯⋯⋯⋯⋯⋯⋯⋯⋯⋯　241

第三篇　监管实践应用

第九章　基于自然垄断的能源监管体系　245

　　第一节　能源行业的自然垄断性与政府监管需求⋯⋯⋯⋯⋯⋯　245
　　第二节　能源行业政府监管体系沿革与现状评价⋯⋯⋯⋯⋯⋯　247
　　第三节　能源行业政府监管体系的目标模式⋯⋯⋯⋯⋯⋯⋯⋯　253
　　第四节　完善能源行业监管体系的路径选择⋯⋯⋯⋯⋯⋯⋯⋯　256
　　本章小结⋯⋯⋯⋯⋯⋯⋯⋯⋯⋯⋯⋯⋯⋯⋯⋯⋯⋯⋯⋯⋯⋯　259

第十章　基于信息不对称的食品安全监管体系　262

　　第一节　食品安全信息不对称与政府监管需求⋯⋯⋯⋯⋯⋯⋯　262
　　第二节　食品安全监管体系沿革与现状评价⋯⋯⋯⋯⋯⋯⋯⋯　270
　　第三节　产业演化过程中的食品安全监管⋯⋯⋯⋯⋯⋯⋯⋯⋯　281
　　第四节　完善食品安全监管体系的路径选择⋯⋯⋯⋯⋯⋯⋯⋯　291
　　本章小结⋯⋯⋯⋯⋯⋯⋯⋯⋯⋯⋯⋯⋯⋯⋯⋯⋯⋯⋯⋯⋯⋯　297

第十一章　基于外部性的环境监管体系　299

　　第一节　环境外部性与政府监管需求⋯⋯⋯⋯⋯⋯⋯⋯⋯⋯⋯　299
　　第二节　环境监管体系的历史沿革与现状评价⋯⋯⋯⋯⋯⋯⋯　304
　　第三节　完善环境监管体系的基本思路⋯⋯⋯⋯⋯⋯⋯⋯⋯⋯　316

3

第四节 完善环境监管体系的路径选择…… 321
本章小结…… 323

第十二章 基于人身保障的安全生产监管体系…… 325

第一节 安全生产的人身保障与政府监管需求…… 325
第二节 安全生产监管体系沿革与现状评价…… 333
第三节 完善安全生产监管体系的基本思路…… 339
第四节 完善安全生产监管体系的路径选择…… 346
本章小结…… 354

第十三章 基于系统性风险的金融监管体系…… 356

第一节 金融的系统性风险与政府监管需求…… 356
第二节 金融改革历程与金融潜在风险分析…… 361
第三节 金融监管体系沿革与现状评价…… 369
第四节 完善金融监管体系的路径选择…… 379
本章小结…… 386

第十四章 基于不确定性的新经济监管体系…… 389

第一节 新经济发展与政府监管需求…… 389
第二节 中国新经济监管的实践探索…… 399
第三节 构建新经济监管体系的基本导向…… 410
第四节 构建新经济监管体系的路径选择…… 419
本章小结…… 428

参考文献…… 430

后　记…… 457

CONTENTS

Foreword 1

Part 1 Theoretical Framework

Chapter 1 Essential and Urgent Call for a Theoretical System for Regulation with Chinese Characteristics 11

   1.1 Historical Review of the Directive Management Systems and Their Transformation in China 11

   1.2 Demand Analysis of Existing Theories and Practice on Regulation in China 16

   1.3 Modern Governance Demand for Enhanced Regulation 21

   1.4 Urgent Call for the Development of a Theoretical System for Regulation with Chinese Characteristics 25

   Summary 28

Chapter 2 Concepts and Orientations of the Theoretical System for Regulation with Chinese Characteristics 30

   2.1 Basic Features of Regulation and Definitions of Relevant Concepts 30

   2.2 Discrimination on Concepts Related to Regulation 37

   2.3 Scope and Categorization of Regulation 43

| CONTENTS |

  2.4 Basic Orientations of the Theoretical System for Regulation
     with Chinese Characteristics 56
  Summary 60

Chapter 3 Basic Framework of the Theoretical System for Regulation with Chinese Characteristics 62

  3.1 Theoretical Research on the Regulation System 62
  3.2 Main Features of the Theoretical System for Regulation
     with Chinese Characteristics 67
  3.3 Overall Framework of the Theoretical System for Regulation
     with Chinese Characteristics 70
  3.4 Basic Thoughts on the Implementation of the Theoretical
     System for Regulation with Chinese Characteristics 71
  Summary 77

Part 2 Theoretical System Components

Chapter 4 The Legal System for Regulation with Chinese Characteristics 81

  4.1 Theoretical Research on the Legal System 81
  4.2 Basic Orientations for Regulation Legislation 85
  4.3 Overall Framework and Components of the Legal System for
     Regulation 96
  4.4 Basic Pathways for the Development of the Legal System for
     Regulation 102
  Summary 109

Chapter 5 Regulatory Bodies with Chinese Characteristics 111

  5.1 Theoretical Research on the System of Regulatory
     Bodies 111

| CONTENTS

5.2　Features and Functions of Regulatory Bodies ············· 116
5.3　Theoretical Models of Regulatory Bodies ················· 122
5.4　Basic Pathways for the Development of the System of
　　　Regulatory Bodies ·· 136
Summary ·· 142

**Chapter 6　Regulation Approaches with Chinese
　　　　　　　Characteristics** ·· 145

6.1　Theoretical Research on Regulation Approaches ········ 145
6.2　Contents and Approaches of Regulation ················· 150
6.3　General and Special Features of Regulation Approaches ······ 155
6.4　Effectiveness of Regulation Approaches ·················· 159
6.5　Basic Pathways for the Development of Regulation
　　　Approaches ··· 164
Summary ·· 170

**Chapter 7　External Supervision of Regulation with Chinese
　　　　　　　Characteristics** ·· 173

7.1　Theoretical Research on the External Supervision System
　　　for Regulation ··· 173
7.2　Basic Functions of the External Supervision System for
　　　Regulation ·· 182
7.3　Components of the External Supervision System for
　　　Regulation ·· 188
7.4　Basic Pathways for the Development of the External
　　　Supervision System for Regulation ······················· 199
Summary ·· 207

**Chapter 8　The Performance Evaluation System for Regulation
　　　　　　　with Chinese Characteristics** ························· 209

8.1　Theoretical Research on the Performance Evaluation

3

| CONTENTS |

System for Regulation 209
8.2 The Performance Evaluation System for Regulation 217
8.3 Performance Evaluation Indicators for Regulation 225
8.4 Performance Evaluation Methods for Regulation 233
8.5 Basic Pathways for the Development of the Performance
 Evaluation System for Regulation 238
Summary 241

Part 3 Practical Application

Chapter 9 The Energy Regulation System Based on Natural Monopoly 245

9.1 Natural Monopoly in the Energy Sector and the Demand
 for Regulation 245
9.2 Past and Present of the Regulation System in the Energy
 Sector 247
9.3 Target Models of the Regulation System for the Energy
 Sector 253
9.4 Pathways for the Improvement of the Regulation System for
 the Energy Sector 256
Summary 259

Chapter 10 The Food Safety Regulation System Based on Information Asymmetry 262

10.1 Food Safety Information Asymmetry and the Demand
 for Regulation 262
10.2 Past and Present of the Food Safety Regulation System 270
10.3 Food Safety Regulation in the Process of Sectorial
 Evolution 281
10.4 Pathways for the Improvement of the Food Safety
 Regulation System 291

CONTENTS

Summary ································ 297

Chapter 11 The Environment Regulation System Based on Externality ································ 299

11.1 Environment Externality and the Demand for Regulation ································ 299

11.2 Past and Present of the Environment Regulation System ································ 304

11.3 Basic Thoughts on the Improvement of the Environment Regulation System ································ 316

11.4 Pathways for the Improvement of the Environment Regulation System ································ 321

Summary ································ 323

Chapter 12 The Work Safety Regulation System Based on Protection of Human Lives ································ 325

12.1 Protection of Human Lives in the Area of Work Safety and the Demand for Regulation ································ 325

12.2 Past and Present of the Work Safety Regulation System ································ 333

12.3 Basic Thoughts on the Improvement of the Work Safety Regulation System ································ 339

12.4 Pathways for the Improvement of the Work Safety Regulation System ································ 346

Summary ································ 354

Chapter 13 The Financial Regulation System Based on Systemic Risks ································ 356

13.1 Systemic Risks in the Financial Sector and the Demand for Regulation ································ 356

13.2 Financial Reform and Analysis of Potential Risks in the

5

	Financial Sector ·· 361
13.3	Past and Present of the Financial Regulation System ······ 369
13.4	Pathways for the Improvement of the Financial Regulation System ·· 379
Summary ·· 386

Chapter 14 The Regulation System for New Economic Sectors Based on Uncertainties ·· 389

14.1	Development of New Economic Sectors and the Demand for Regulation ·· 389
14.2	Practices Related to the Regulation of New Economic Sectors ·· 399
14.3	Basic Orientations for the Development of the Regulation System for New Economic Sectors ·· 410
14.4	Possible Pathways for the Development of the Regulation System for New Economic Sectors ·· 419
Summary ·· 428

References ·· 430

Afterword ·· 457

导　　言

　　本书是在政府监管领域对中国特色社会主义理论体系及其实践问题积极探索的研究成果。中国改革开放以来，源自经济发达国家的 regulation 理论开始引入中国，由于中国历史上就有"管制"和"规制"的用词，因此，regulation 通常在学术研究中被译为"管制"或"规制"。而在中国的实际部门，管制（规制）更多地被称为监管，特别是 2002 年党的十六大首次提出将"市场监管"作为政府的一个重要职能以后，在党和国家的有关文件中普遍使用"监管"一词，但在学术界，仍然习惯于使用"管制"或"规制"。同时，实际部门使用的"监管"缺乏明确定义，经常与一般行政管理、监督管理、督查等概念相混用，存在"监管泛化"问题，影响了政府监管的针对性与有效性。此外，根据不同主体，在学术界还存在政府管制（规制）与非政府管制（规制）、政府监管与非政府监管的讨论。为避免理论界与实际部门在概念上的分歧，并更好地为政府监管实践服务，本书使用"监管"一词，但其学术含义基本等同于市场经济体制下的现代"管制"或"规制"。而且，为提高问题讨论的集中度，本书主要聚焦以政府为主体的政府监管问题，因此，在没有特别说明的情况下，本书中使用的监管是指政府监管。

　　综观经济发达国家政府监管实践，政府监管与市场经济的发育、发展和成熟密切相关，市场经济最先发展和成熟的国家，也最早成为监管型国家。中国在建立与完善社会主义市场经济体制过程中，政府监管是不断加强的一个重要政府职能，特别是党的十八大以来，在全面深化改革过程中，一方面，要通过"放管服"改革，大大缩小政府行政审批

导 言

的范围;另一方面,需要加强事中事后监管,因此,如何强化有效的政府监管已成为一个重要的改革内容。党的十九届四中全会提出推进国家治理体系和治理能力现代化,而国家治理体系是由政府治理、市场治理和社会治理这三个次级体系构成的有机整体。其中,政府治理在国家治理体系中具有关键性地位,它主要是通过政府职能实现的,由于政府监管是中国社会主义市场经济体制下的一个重要政府职能,因此,加强政府监管是加快完善社会主义市场经济体制,实现国家治理体系和治理能力现代化的重要内容。习近平总书记在党的二十大报告中强调:"构建高水平社会主义市场经济体制。"其中指出:"深化简政放权、放管结合、优化服务改革。""完善产权保护、市场准入、公平竞争、社会信用等市场经济基础制度,优化营商环境。""加强和完善现代金融监管""加强反垄断和反不正当竞争"等。这些都要求在构建高水平社会主义市场经济体制过程中,需要强化政府监管职能,实现有效监管。[①]

根据我们前期研究发现,在中国不少政府监管领域,至今还较为普遍存在政府监管法律制度不健全,缺乏监管依据;政府监管机构权力配置不合理,多头监管比较普遍;政府监管以传统行政管理方式为主,影响政府监管的精准性与有效性;政府监管机构缺乏必要的监督机制,存在偏离社会公共利益目标的隐患;尚未建立科学的政府监管绩效评价体系,政府监管缺乏必要的约束与激励机制等突出问题。同时,在政府监管法律制度、监管机构、监管方式、监管监督机制和监管绩效评价等政府监管要素之间缺乏耦合性,尚未形成有效的政府监管体系,从而影响政府监管整体效能。习近平总书记在2021年12月17日,主持召开了中央全面深化改革委员会第二十三次会议,审议通过了《关于进一步提高政府监管效能推动高质量发展的指导意见》,为中国有效解决政府监管中的重点难点问题,提高政府监管效能指明了方向。同时,这在客观上要求理论界尽快构建中国特色政府监管理论体系,以指导中国的政府监管实践,更好地发挥政府监管职能,完善政府治理体系,以提升政府监管效能。

---

① 习近平:《高举中国特色社会主义伟大旗帜为全面建设社会主义现代化国家而团结奋斗——在中国共产党第二十次全国代表大会上的报告》,人民出版社2022年版,第29—30页。

| 导　言

中国的政府监管理论研究起步于引进经济发达国家的监管理论，在学习借鉴国外监管理论的基础上，许多中国学者结合本国实际对监管理论作了积极探索与研究，并产生了许多研究成果。这为建立与发展中国特色政府监管理论体系提供了一定的理论基础和文献资料。但根据我们掌握的文献资料，总体而言，中国对政府监管理论的研究还存在"六多六少"问题，即对国外监管理论研究较多，结合中国制度环境研究监管问题较少；对相关行业的管理体制研究较多，对监管体制研究较少；对监管法规、监管机构、监管方式等分散研究较多，对监管体系整体研究较少；对监管理论研究较多，对有效的监管政策研究较少；对传统监管政策研究较多，对激励性监管政策研究较少；对政府监管理论单一学科研究较多，跨学科研究较少。这些都表明中国现有监管理论还难以适应新时代中国政府监管实践需要，基于中国国情和针对中国政府监管实践需要，系统而深入研究政府监管理论方面还有许多"空白点"，存在大量的研究空间，需要作开拓性、跨学科研究，以取得突破性研究成果。这也为构建中国特色政府监管理论体系提出了客观需求和紧迫性。

本书主要围绕中国政府监管实践与监管政策研究的需要，系统而深入地研究如何构建与完善中国特色政府监管理论体系，以更好地指导政府监管实践，创新政府监管方式，不断提高政府监管水平，促进国家治理体系与治理能力现代化。本书所指的政府监管理论体系主要是由政府监管的法律制度、监管机构、监管方式、监管监督机制和监管绩效评价等基本要素构成的有机理论整体。本书研究内容比较丰富，并具有跨学科的特点，涉及经济学特别是管制经济学和产业经济学、公共管理学、法学和政治学等学科理论，重点是以服务政府监管实践需要为基本导向，对中国特色政府监管理论体系和实践问题作了积极探索，并努力在以下方面有所贡献。

（1）提出并论证了政府监管相关的一些新概念和新范畴。基于中国国情对政府监管理论研究的时间还不长，许多概念和范畴主要引自经济发达国家。因此，亟须重新界定政府监管相关的重要概念和范畴，以体现具有中国特色的政府监管理论，更好地为政府监管实践服务。例如，本书在系统讨论政府监管基本特征的基础上，提出了中国特色政府监管新概念，进而讨论了与政府监管相关概念的区别与联系，以明确政府监管的性质。又如，根据中国政府监管实践，提出并论证了政府监管的新范畴，在批判源于经济发达国家的经济性监管与社会性监管范畴的基础上，将中国特色的政府监管范畴重新界定为产业监管、环境监管、卫生健康监管和安全监管四大监管领域及其主要监管类型，以更符合中国国情，更好地指导中国政府监管实践。

（2）论证了构建中国特色政府监管理论体系的必要性和紧迫性。中国特色社会主义进入新时代后，为满足人民群众日益增长的美好生活需要，有效地解决不平衡、不充分发展问题，中国亟须加强政府监管职能。政府监管体制改革已成为中国深化改革的"一块短板"，需要系统而深入地研究如何改革与完善中国的生态环境监管体制、食品药品安全监管体制、市场监管体制和安全生产监管体制等监管体制问题，这要求从理论上针对中国政府监管体制改革和监管实践的现实需要，构建中国特色政府监管理论体系，为政府监管实践提供强有力的理论支撑与政策依据。这说明构建中国特色政府监管理论体系不仅具有必要性，而且具有紧迫性。

（3）探讨了构建中国特色政府监管理论体系的基本导向。本书探讨了构建中国特色政府监管理论体系的六个基本导向，以较好地体现"中国特色"：一是坚持以马克思主义为指导，这是构建中国特色政府监管理论体系的根本导向。二是立足中国现有社会主义基本制度，彰显中国特色，构建与现有发展阶段相适应的中国特色政府监管理论体系，并随着中国政治经济体制改革创新而动态完善。三是服务中国政府监管实践需求，理论联系实际，为解决中国政府监管面临的重大实践问题提供思路和指导。四是兼收并蓄，虚心学习与汲取经济发达国家政府监管理论与实践经验，做到以我为主、洋为中用。五是提炼和概括中国监管实践经验和规律，形成一批具有中国特色又便于国际交流的新概念、新范畴、新理论，增强在国际上的话语权，加强话语体系建设。六是培育政府监管新兴交叉学科，促进学科建设与发展。

（4）构建并论证了中国特色政府监管理论体系的整体框架。构建中国特色政府监管理论体系，首先需要从理论上回答政府监管的依据（监管法律制度）、由谁监管（监管机构）、如何监管（监管方式）、谁来监督监管者（监管的监督机制）以及如何评价监管效果（监管绩效评价）这五个方面的基本问题。因此，中国特色政府监管理论体系是由政府监管的法律制度、监管机构、监管方式、监管监督机制和监管绩效评价等基本要素构成的一个有机整体。这些要素相互联系、相互制约，共同促进不断提高监管水平，实现有效监管。同时，这五个方面的基本要素内容丰富，各自形成子体系。

（5）分析了政府监管法律制度体系的基本特征。政府监管法律制度体系的特征表现为：高层级法律法规是低层级规章制度的法律渊源，低层级规章制度是高层级法律法规的适用。法律制度的层级越高，法律概念和原则性法律条款所占的比例就越大，随着法律制度的层级依次降低，具体法律规则和可操作性条款所占的比例就越大。法律制度的层级越高，法律法规的数量就越少；反之，规章制度的数量就越多。从动态变化的角度看，较高层级的法律法规是立法理念的体现，需要相对稳定性；而较低层级的规章和规范性文件需要根据监管现实适时调整有关规则。

（6）提出并论证了中国特色政府监管机构主要理论模式。通过分析比较中国与经济发达国家政府行政管理组织机构，预期中国大部门制改革和监管机构发展趋势，提出国务院大部门和政府监管机构将成为中国政府行政组织的两大基本构架。在此基础上，提出了中国特色政府监管机构三种理论模式，即独立设置的监管机构理论模式、大部门制下相对独立监管机构理论模式和政府行政部内设综合监管机构理论模式，重点论证了实现这三种理论模式的改革思路，并简要分析了中国特色政府监管机构理论模式的适用性与动态性。

（7）探讨了政府监管方式创新的理论基础与主要途径。随着经济学、公共管理学、法学和政治学等相关学科在政府监管中的融合应用，监管方式趋向多元化。如管制经济学借助博弈论、机制设计理论、不完全合约理论等提供的工具，创新了最优定价、最优质量监管等监管方式。而随着公共行政走向公共治理，政府监管方式在传统的命令控制型监管方式之外，又将监管治理和第三方监管等新概念和机制纳入监管方式范围。中国特色监管方式创新的主要途径是，从传统管制向市场监管转变；在放松管制的同时引入激励性监管；从单纯注重行政手段，过渡到行政手段与市场手段相结合，强调信用监管，并引入公众参与监管等；强化大数据、互联网等现代化科学技术在监管中的应用，以实现精准监管，提高监管效率。

（8）探索了建设政府监管外部监督体系的体制机制与实现路径。着眼于提升中国特色政府监管外部监督体系现代化水平，提出以立法监督为核心、行政监督为基础、监察监督为支撑、司法监督为保障和社会监督为补充，优化中国政府监管外部监督体系的结构与功能，系统构建"五位一体"的政府监管外部监督体系。同时，紧紧围绕提升中国政府监管监督能力现代化水平，通过构建"多元一体"协同监督机制、"事前事中事后"监督过程对接机制、"激励与约束"功能互补监督机制和"智慧监督"与监督信息互通机制，使整个政府监管监督体系无缝衔接、功能互补，形成科学有效的中国特色政府监管外部监督体系的运行机制。

（9）设计了以国家治理能力现代化为理念的政府监管绩效评价体系。中国特色政府监管绩效评价体系的构建需要基于国家治理能力现代化的理念，以实现有效监管治理为目标，全面提高政府监管质量为根本，以多维科学的评价指标体系为手段。在总结中国政府监管绩效评价改革经验的基础上，本书提出中国特色政府监管绩效评价体系应该重在实现监管绩效评价体系法制化、监管绩效评价实施制度化、监管评价主体多元化、监管评价指标体系科学化、监管考核评价结果问责化。

（10）以政府监管理论体系为基本框架对典型领域的监管体系作了实证分析。中国在深化"放管服"改革中，各个领域都面临如何实现有效的政府监管，提高监管治理效能的挑战。本书用大量篇幅（共六章），以中国特色政府监管理论体系作为理论分析框架，对能源、食品、环境、安全生产、金融和新经济这六个重要的代表性领域作了实证分析，其主要分析路径是：分析特定领域的经济特征和政府监管需求，评价政府监管体系沿革与现状，在此基础上，提出完善特定领域政府监管体系的基本思路与路径选择，为优化特定领域政府监管体系，提高政府监管效能提供政策思路。

本书是国家社会科学基金重大项目"中国特色政府监管理论体系与应用研究"（批准号：18ZDA111）的主要研究成果。这一项目研究具有跨学科的特点，涉及经济学特别是管制经济学、公共管理学、法学和政治学等学科理论。作为该项目的阶段性研究成果，本书的部分成果已在《管理世界》《中国工业经济》《财贸经济》《数量经济与技术经济研究》《经济学家》《中国行政管理》《经济理论与经济管理》和 Journal of Industrial Economics、Economic Record、Environmental Science and Pollution Research 等国内外杂志上发表。本书及这些研究成果将丰富并推动相关理论的发展。这也部分体现了本书的学术价值。同时，本项目研究强调理论联系实际，首席专家王俊豪教授和子课题负责人仇保兴博士合作完成的 12 份研究报告获得国家领导人批示，王俊豪教授完成的 8 份研究报告还获得浙江省主要领导批示。这些研究成果对政府监管实践具有一定的指导作用，并将产生较好的社会经济效益。这也为本书具有较好的应用价值提供了实践基础。

本书是国家社会科学基金重大项目的主要研究成果，也是项目组成员合作研究的集体成果。项目首席专家王俊豪教授负责拟定本书的基本框架和写作提纲，并负责修改定稿。按照写作章次，本书的主要作者是：浙江财经大学王俊豪教授撰写导言、第一章至第五章和第九章、后记；江西财经大学陈富良教授撰写第六章和第十一章；浙江财经大学郭剑鸣教授撰写第七章和第十二章；浙江财经大学唐要家教授撰写第八章和第十四章；浙江工商大学周小梅教授撰写第十章和第十三章。子课题负责人国务院参事仇保兴博士在研究成果转化为政策实践方面做了大量研究工作，多份合作研究报告获得国家领导人批示。子课题负责人北京大学政府管理学院周志忍教授在项目申报、确定研究提纲和书稿修改完善等方面都做了大量工作。此外，参与本项目研究并发表阶段性成果的还有浙江财经大学王岭研究员、沈彩霞副教授、裘丽副教授、刘相锋博士、马轶群博士、金暄暄博士、贾婉文博士、周晟佳博士。博士生孙元昊、王慧、单芬霞等在合作撰写论文、收集资料和书稿校对等方面也做了许多工作。

本书的出版得到国家社会科学基金资助，还得到浙江省新型重点专业智库——中国政府监管与公共政策研究院的资助。

中国特色政府监管理论体系及其应用研究是一个较新的研究领域，无论从理论上还是在实践中都有大量问题需要认真研究和探索，本书只是作了初步探索，有许多问题还有待后续研究，尽管我们做了最大努力，但难免存在不少缺陷，敬请专家学者批评指正。

第一篇　理论框架构建

第一章

中国特色政府监管理论体系构建的必要性与紧迫性

政府监管是中国建立与完善社会主义市场经济体制过程中需要不断加强的一个重要政府职能。本章的主要任务是对中国计划经济时期的指令性管理体制及其转型进行历史考察；分析中国现有监管理论难以适应监管实践需要的现实；论证国家治理现代化要求构建中国特色政府监管理论体系，有效解决中国新时代社会主要矛盾，深化政府监管体制改革都迫切需要构建中国特色政府监管理论体系。

第一节 中国指令性管理体制及其转型的历史考察

一 中国计划经济时期的指令性管理[①]

（一）高度集中的计划经济体制是指令性管理的体制保障

中华人民共和国成立后，在接受苏联的援助和苏联专家指导的过程中，中国对经济建设逐渐采取计划管理的方式，中国经济的计划性不断增强。1952年11月，国家计划委员会成立，设立了16个工作部门，负责编制具体计划。1953年，中国第一个五年计划完成编制并开始组

[①] 本书中的"指令性管理"是指在中国高度集中的计划经济体制下，政府基于计划对微观企业（主要是国有企业）所实施的一系列强制性行政指令，这实质上是在计划经济体制下的政府行政管理；而"政府监管"是指在市场经济体制下，具有监管职能的政府行政机构基于公共利益目标，依照一定的法律制度并采取多种监管方式，对微观市场主体所采取的各种制约行为。

织实施。1954年2月，中共中央发布了《关于建立与充实各级计划机构的指示》，各级计划管理机构的成立为国家计划的上传下达和贯彻执行提供了组织保障。"一五"时期，对国营企业的总产值、主要产品产量、新种类产品试制、重要的经济技术定额、职工总数、平均工资、利润等，都由政府直接下达指令性生产指标。政府除了对生产环节的直接管理外，还对国营企业的财务实行严格管理。这些标志着中国确立了高度集中的计划经济体制。

在计划经济体制下，指令性管理最突出的方面是对物资的管制和产品价格的直接管理。中华人民共和国成立后，随着经济的逐渐恢复和大规模经济建设的需要，国家所能掌握的粮食与需要负担的城乡粮食供应量之间的缺口越来越大，不少地方由于粮食供给不足，甚至发生混乱，影响新中国的稳定。为了尽快解决这种粮食供求难以平衡的困境，除了对重要农产品实行统购统销外，国家还对重要生产资料在全国范围内实行统一平衡分配，并按不同生产资料的重要程度和产销特点实行分类管理。[①] 对产品价格的指令性管理是计划经济体制的又一个特点，在对私营商业进行社会主义改造时，就采取了商业部和供销合作社分别对城乡市场物价实行指令性管理的体制。1957年8月，国务院发布了《关于各级人民委员会应即设立物价委员会的通知》，明确要求各省级、县级设立在党委和人民委员会领导下的物价委员会，并对中央与地方在物价管理中的权属作分配。各级物价管理部门不仅对生产资料实行指令性管理，而且对包括火柴、肥皂、食糖等在内的日用消费品实行指令性价格管理。

（二）单一的公有制经济为指令性管理提供制度基础

中华人民共和国成立之初，中国就开始实行社会主义国营经济领导下多种经济成分并存与共同发展的根本方针，各种经济成分"在国营经济领导下，分工合作，各得其所，以促进整个社会经济发展"。[②] 1953年12月，党中央通过了《关于发展农业生产合作社的决议》，其

---

① 详见郑宝贵主编《中华人民共和国经济史（1949—2012）》，当代中国出版社2016年版，第31—33页。
② 参见中共中央文献研究室《建国以来重要文献选编》（第1册），中央文献出版社1992年版，第7页。

政策效应是 1955 年以后，高级农业生产合作社快速发展。到 1957 年年底，全国农村的高级生产合作社达 75.3 万个，入社农户占农户总数的比重超过 96%。同时，到 1956 年年底，全国私营工业的改造面达到 99%，全国商业机构的商品零售总额中，私营商业所占比重仅剩 3%。[①] 此外，到 1956 年 6 月，全面建立了社会主义生产资料公有制。这基本上使所有经济主体都在公有制框架内，政府完全可以根据国家战略和经济发展的需要，对所有微观经济主体实行全方面指令性管理，这也意味着社会主义生产资料公有制为指令性管理提供了经济基础。

（三）长期的商品短缺为指令性管理提出了现实需求

中华人民共和国成立之初，经济基础十分薄弱，商品匮乏，经济不稳定，在有效保障物资供应、平抑物价和人民币流通等方面都面临严峻的挑战。为应对巨大的财政支出压力，中央政府不得不一再增加货币发行量，其结果使币值大跌，物价猛涨。[②] 为此，中央政府先后采取了收缩银根、调运粮棉、抛售物资、回收货币等应急措施，并加强对市场价格的指令性管理。更具普遍性的是，在中华人民共和国成立后的相当长时期内，在产业结构上，中国重点投资和发展重工业，而对农业和轻工业的投资较少。例如，在"一五"时期，对重工业的投资是绝对重点，就产值的环比增速而言，1953 年农业、轻工业和重工业这三者的比例关系（以农业为 1）为 1∶8.61∶11.77。[③] 这使与人民生活直接相关的农产品和日用消费品长期短缺。而在单一的公有制和高度集中的计划经济体制下，难以调动社会力量按照市场需要生产和供应这些短缺商品，形成长期的短缺经济。针对这种短缺经济，一种现实选择是对商品实行指令性管理，在改革开放前甚至改革开放前期，都对粮食、食油、棉布、猪肉、食糖，甚至肥皂、煤油等日用品实行凭票供应，定量管理，同时对这些商品实行指令性价格管理。

[①] 参见中国社会科学院、中央档案馆《1953—1957 中华人民共和国国民经济档案资料选编》（商业卷），中国物价出版社 2000 年版，第 545 页。

[②] 详见中国社会科学院、中央档案馆《1949—1952 中华人民共和国经济档案资料选编》（综合卷），中国城市经济社会出版社 1990 年版，第 114—116 页。

[③] 参见郑宝贵主编《中华人民共和国经济史（1949—2012）》，当代中国出版社 2016 年版，第 47 页。

二 改革开放以来中国从指令性管理到政府监管的转型①

（一）经济体制改革是实现"转型"的关键

1978年12月，党的十一届三中全会成为中国历史上具有深远意义的伟大转折点。党的十二大确定了"计划经济为主，市场调节为辅"的基本原则，1982年12月明确写入《中华人民共和国宪法》（以下简称《宪法》），这标志着"计划经济为主，市场调节为辅"的经济体制正式确立。1987年10月，党的十三大确立了"有计划的商品经济"的经济体制。1992年10月，党的十四大提出"建立社会主义市场经济体制"。2002年11月，党的十六大明确提出，要完善政府的经济调节、市场监管、社会管理和公共服务的职能，第一次将市场监管作为政府的四大职能之一。为完善社会主义市场经济体制，2013年11月，党的十八届三中全会强调要"紧紧围绕使市场在资源配置中起决定性作用深化经济体制改革"。在深化改革过程中，通过"放管服"改革，大大缩小政府行政审批的范围，同时需要加强市场经济体制所必需的政府监管职能，强化事中事后监管。因此，从中国经济体制改革进程可见，经济体制改革是从指令性管理到政府监管的转型的关键。在"计划经济为主，市场调节为辅"的经济体制下，计划经济是主要形式，市场调节只是起辅助作用，与此相适应，在社会资源配置中指令性管理还是政府的主要手段；在"有计划的商品经济"的经济体制下，市场的作用不断加强，指令性管理的作用相对弱化。而在中国建立与完善社会主义市场经济体制的过程中，需要充分发挥市场对社会资源配置的决定性作用，更好地发挥政府的作用，这客观上要求加强政府监管，以防止市场失灵。

（二）微观市场主体的强化对"转型"提供经济基础

市场主体地位的强化主要表现为三个方面：一是国有企业扩大自主权改革；二是公有制经济实现形式的多元化改革；三是非公有制经济主体的大力发展。

在国有企业扩大自主权改革方面，党的十一届三中全会后，不断推

---

① 王俊豪：《中国特色政府监管理论体系：需求分析、构建导向与整体框架》，《管理世界》2021年第2期。

行扩大国有企业自主权改革,改变了企业只按国家计划生产,不了解市场需要、不关心产品销路和盈利亏损的状况,增强了企业的经营观念,企业之间开展了竞争。1983年开始的利改税改革,减少了部门和地方对企业的行政干预,企业在照章纳税后能够更加自主地安排生产经营活动。① 1988年4月,《中华人民共和国全民所有制工业企业法》颁布,这是中华人民共和国成立以来全民所有制企业的第一部基本法,明确了全民所有制工业企业的基本权利和义务,以法律的形式确定企业的自主权。此后,国有企业的生产经营自主权不断扩大。

改革开放以来,还实行了公有制经济实现形式的多样化改革。1986年国务院颁布的《关于深化企业改革增强企业活力的若干规定》指出:"各地可以选择少数有条件的全民所有制大中型企业,进行股份制试点。"2003年10月,党的十六届三中全会将混合所有制提升到公有制主要实现形式的高度。2013年11月,党的十八届三中全会进一步提出要发展混合所有制经济。2015年9月,国务院发布了《关于国有企业发展混合所有制经济的意见》,随后在多个领域开展混合所有制经济改革试点。② 2020年5月,党中央、国务院在《关于新时代加快完善社会主义市场经济体制的意见》中进一步提出:"对混合所有制企业,探索建立有别于国有独资、全资公司的治理机制和监管制度。"

中国的企业所有制改革和非公有制经济主体的发展方面,是以允许个体经济的存在和发展为开端的。1982年,发展和保护个体经济被写入《宪法》,明确"国家保护个体经济的合法的权利和利益"。1987年党的十三大对私营经济作了明确定位,1988年又在《宪法》中首次得到确认。1992年邓小平同志"南方谈话"后,个体、私营等非公有制经济出现了前所未有的发展势头。党的十八大以来,党中央、国务院颁布了一系列重要文件,要求废除对非公有制经济各种形式的歧视性规定,加强对非公有制经济的产权保护。例如,2016年11月,党中央、国务院颁布了《关于完善产权保护制度依法保护产权的意见》,明确加

---

① 参见郑宝贵主编《中华人民共和国经济史(1949—2012)》,当代中国出版社2016年版,第162—164页。

② 详见张卓元等《中国经济理论创新四十年》,中国人民大学出版社1918年版,第101—103页。

强各种所有制经济产权保护。

（三）从指令性管理到政府监管转型的客观性

由上述分析可见，国有企业扩大自主权的改革过程，实际上也是国有企业不断摆脱指令性管理束缚，以市场为导向，逐步确立市场主体地位的过程。而公有制经济实现形式改革的结果，在集体经济中产生的新兴乡镇企业，未能享受国家计划分配的资源，在生产经营活动中也较少受到指令性管理的约束，具有明确的市场主体地位；股份制和混合所有制本来就是市场经济体制的产物，这也自然促使这些新型企业成为独立的市场主体。特别是在中国所有制改革过程中，从少到多、从弱到强的各种非公有制企业，更是从产生之时起就是"从市场中来到市场中去"，完全是独立的市场主体。因此，在中国经济体制改革过程中，各类微观市场主体不断发育壮大，企业经营范围不断扩大，它们必然要求摆脱指令性管理的约束，成为依法独立经营的市场主体。另外，由企业的本性所决定，作为市场主体的微观企业在谋求自身利益的过程中，企业的微观经营目标和社会的宏观整体目标经常会发生一定程度的偏离，一些企业的市场行为还会损害社会公众利益，少数企业甚至会生产经营假冒伪劣商品，欺骗消费者；企业之间也可能发生不公平、不平等竞争，等等。这些必然影响市场在社会资源配置中发挥决定性作用，从而造成市场失灵。这就为政府监管提供了合理性和必要性，政府监管的基本目标就是克服市场失灵，充分发挥市场优化配置社会资源的自组织功能，以实现社会福利最大化。因此，在中国社会主义市场经济体制下，政府监管就成为指令性管理的替代物，从指令性管理到政府监管的转型具有客观性。

第二节　中国现有政府监管理论与实践需求分析

中国现有监管理论是在引进国外监管理论的基础上，中国学者结合本国监管实践，对监管理论积极探索研究的结果。但中国现有监管理论还难以适应监管实践的客观需要。

一　国外监管理论引进中国的过程

中国对监管理论的研究起步于对国外监管理论的引进。根据笔者掌

第一章 中国特色政府监管理论体系构建的必要性与紧迫性

握的资料,在监管经济理论方面,最早介绍到中国的著作是曾获诺贝尔经济学奖的美国学者乔治·J. 施蒂格勒（George J. Stigler）著的《产业组织和政府管制》①,该书是作者的一部论文集,上篇为"产业组织",下篇为"政府管制",包括4篇有关政府管制方面的论文,其中一篇论文《经济管制论》对政府管制的需求与供给、成本与收益作了经济学分析,在国内外具有特别重要的影响。随后出版的是日本学者植草益著的《微观管制经济学》②,这是介绍到中国的第一本专门讨论监管理论的专著,该书结合日本的实践主要讨论了日本的经济性规制、激励性规制、竞争与规制等内容。这两本著作在中国学术界产生了重要影响,这也是中国学术界有的学者将英文 regulation 译为"管制",有的译为"规制"的一个重要原因。美国学者丹尼尔·F. 史普博（Daniel F. Spulber）著的《管制与市场》③是一本62万字的译著,该书内容十分丰富,分四篇分别讨论了管制与经济分析、递增规模报酬下的竞争与定价、市场的行政管制、反托拉斯法与管制等理论问题。英国学者戴维·M. 纽伯里（David M. Newbery）著的《网络型产业的重组与规制》④,以电信、电力和煤气这三个为例,详细讨论了网络型产业重组的特点和主要模式以及重组后的规制问题。美国学者 W. 吉帕·维斯库斯（W. Kip Viscusi）、约翰·M. 弗农（John M. Vernon）、小约瑟夫·E. 哈林顿（Joseph E. Harrington Jr.）合著的《反垄断与管制经济学》⑤是一本教科书,内容丰富而系统,对管制经济学在中国的普及有较大的影响。让－雅克·拉丰（Jean Jacques Laffon）和让·梯若尔（Jean Ti-

---

① [美]乔治·J. 施蒂格勒：《产业组织和政府管制》,潘振民译,上海三联书店1989年版。
② [日]植草益：《微观管制经济学》,朱绍文、胡欣欣等译校,中国发展出版社1992年版。
③ [美]丹尼尔·F. 史普博：《管制与市场》,余晖、何帆、钱家骏、周维富译,上海三联书店、上海人民出版社1999年版。
④ [美]戴维·M. 纽伯里：《网络型产业的重组与规制》,胡汉辉校,何玉梅译,人民邮电出版社2002年版。
⑤ [美]W. 吉帕·维斯库斯等：《反垄断与管制经济学》,陈甬军等译,机械工业出版社2004年版。

role）合著的《政府采购与规制中的激励理论》[1] 运用委托—代理理论和博弈论，研究了价格规制和收益率规制、对自然垄断的竞标制度等，该书是西方规制经济学的经典著作。[2]

二 中国学者对监管理论的积极探索与研究

在学习借鉴西方监管理论的基础上，许多中国学者结合本国实际对监管理论作了积极探索与研究，并产生了许多有较大影响的研究成果。在学术著作方面，例如，余晖所著的《政府与企业：从宏观管理到微观管制》[3] 在国内较早探讨了经济性管制、社会性管制和中国管制改革问题。王俊豪所著的《政府管制经济学导论——基本理论及其在政府管制实践中的应用》[4] 是国内系统研究政府管制理论和实践问题的专著，2003年获孙冶方经济科学著作奖。陈富良所著的《放松规制与强化规制——论转型经济中的政府规制改革》[5] 在国内较早研究了政府规制及其变迁理论、转型经济中政府规制体制的基本模式，在政企分离的基础上重塑政府规制结构与规制职能等内容。周汉华所著的《政府监管与行政法》[6] 从法学角度对政府监管制度、监管机构、法治政府与行政法等作了系统研究。王俊豪等所著的《中国城市公用事业民营化绩效评价与管制政策研究》[7] 以大量数据对中国城市公用事业民营化绩效作了实证研究，并提出了促进民营化改革的政策建议。该书被列入国家哲学社会科学文库。此外，代表性的著作还有：于良春所著的《自然垄断与政府规制——基本理论与政策分析》、戚聿东所著的《中国经济运行中的垄断与竞争》、王廷惠所著的《微观规制理论研究》、刘戒骄

---

[1]［法］让-雅克·拉丰、让·梯若尔：《政府采购与规制中的激励理论》，石磊等译，上海三联书店2004年版。

[2] 需要说明的是，这里对译著和中国学者对西方监管理论研究成果的介绍以及后面对中国学者代表性研究成果的介绍，都是列举性的，而且以经济学论著为主，难免挂一漏万，敬请未被提及的译著、论著的中国译者、著者谅解。

[3] 余晖：《政府与企业：从宏观管理到微观管制》，福建人民出版社1997年版。

[4] 王俊豪：《政府管制经济学导论——基本理论及其在政府管制实践中的应用》，商务印书馆2001年版。

[5] 陈富良：《放松规制与强化规制——论转型经济中的政府规制改革》，上海三联书店2001年版。

[6] 周汉华：《政府监管与行政法》，北京大学出版社2007年版。

[7] 王俊豪等：《中国城市公用事业民营化绩效评价与管制政策研究》，中国社会科学出版社2013年版。

所著的《垄断产业改革——基于网络视角的分析》、马英娟所著的《政府监管机构研究》、程启智所著的《政府社会性管制理论及其应用研究》①，等等。同时，更多的中国学者结合监管实际，以大量的学术论文对特定领域的监管理论与改革实践问题作了积极探索与研究，并取得了较为丰富的研究成果。②

三 中国现有监管理论难以满足监管实践的需要

中国学者无论是在将国外监管理论引进中国的过程，还是结合中国监管需要对监管理论的探索与研究中，都作了很大努力，并取得了一定的成效。这些研究成果为我们建立与发展中国特色的政府监管理论提供了较好的理论基础和较为丰富的文献资料。但根据笔者掌握的文献资料，总体而言，中国对政府监管理论的研究还存在以下问题。

（一）对国外监管理论研究较多，结合中国制度环境研究监管问题较少

由于监管理论产生于市场经济较为成熟的西方发达国家，经过长期的理论研究和实践检验，西方发达国家已形成较为成熟的监管理论和丰富的实践经验，值得中国学习借鉴。而中国建立与完善社会主义市场经济体制的时间较短，尚未形成具有中国特色的监管理论体系，因此，目前国内学者较多研究国外监管理论，或者运用国外监管理论来讨论中国监管问题，而在结合中国制度环境创新性地研究中国监管实践问题方面仍然较为薄弱。

（二）对相关行业的管理体制、监管体制研究较多，对监管体系研究较少

特定行业的管理体制是国家对特定行业的管理模式和基本制度，反映上级对下级的纵向管理和同级不同部门之间的责权关系；在市场经济体制下，监管是管理的一个核心内容，监管体制从属于整个管理体制。

---

① 于良春：《自然垄断与政府规制——基本理论与政策分析》，经济科学出版社2003年版；戚聿东：《中国经济运行中的垄断与竞争》，人民出版社2004年版；王廷惠：《微观规制理论研究》，中国社会科学出版社2005年版；刘戒骄：《垄断产业改革——基于网络视角的分析》，经济管理出版社2005年版；马英娟：《政府监管机构研究》，北京大学出版社2007年版；程启智：《政府社会性管制理论及其应用研究》，经济科学出版社2008年版。

② 详见本书第二章第三节对政府监管范围的讨论。

目前，国内学者在行业管理体制和监管体制方面的研究较多，而对监管体系及其构成要素，各构成要素相互关系的研究还比较缺乏。

（三）对监管法规、监管机构等分散研究较多，对监管体系整体研究较少

现有国内监管文献结合特定行业对监管法规、监管机构作了较多研究，并提出了一些有价值的观点，但对包括监管法规、监管机构在内的监管体系的整体研究并不多见，而且缺乏系统而深入的论证。

（四）对监管理论研究较多，对监管政策研究较少

从政府监管理论产生和发展过程看，它是根据监管实践的需要而产生，并在实践的推动下不断发展成熟的。现有国内文献集中于监管理论研究，而紧密结合监管实践需要对监管政策的系统研究还相对不足。

（五）对传统监管政策研究较多，对激励性监管政策研究较少

在已有的国内监管政策研究文献中，对政府出台的监管政策解读性讨论较多，而对如何激发市场主体活力，更好地实现政府有效监管，适应中国特色社会主义市场经济体制的激励性监管政策研究还较少。

（六）对政府监管理论单一学科研究较多，跨学科研究较少

从国内监管文献可见，经济学是研究政府监管的主要学科，公共管理学、法学、政治学、管理学等学科也对监管理论作了一定研究，但各学科的研究基本上局限于单一学科视角，对政府监管的有关概念（特别是管制、规制和监管的概念）和基本理论都存在较大的差异，容易造成误解，并严重影响在监管实践中的应用。对政府监管理论进行跨学科合作研究的文献并不多见。

由上可见，基于中国国情和针对中国政府监管实践需要，系统而深入研究政府监管理论方面还有许多"空白点"，存在大量的研究空间，需要做开拓性、跨学科研究，以取得突破性研究成果。另外，中国在建立与完善社会主义市场经济体制过程中，政府监管是一个需要不断加强的政府职能，由于缺乏较为成熟的符合中国国情的监管理论指导，在中国政府监管实践中存在不少突出问题，例如，政府监管的法律法规不健全，监管机构及其职能不对应，监管的手段不适应或不科学，监管执行中存在随意性，监管效果不理想等，这反映出中国现有政府监管理论还难以适应新时代中国政府监管实践需要，理论与实践的耦合性较差，两

者之间存在许多矛盾性，需要对此进行深入分析与研究，为构建中国特色的政府监管理论体系提供现实基础。

第三节　国家治理现代化需要加强政府监管

一　政府治理在国家治理中具有关键地位

党的十九届四中全会通过了《关于坚持和完善中国特色社会主义制度、推进国家治理体系和治理能力现代化若干重大问题的决定》，提出到2035年，基本实现国家治理体系和治理能力现代化；到中华人民共和国成立100年时，全面实现国家治理体系和治理能力现代化的总体目标。党的十九届五中全会提出，到2035年基本实现社会主义现代化远景目标，再次强调基本实现国家治理体系和治理能力现代化。从理论上分析，在新时代中国特色社会主义思想中，国家治理既在本质上区别于中国传统统治者的治理国家，并在价值取向和政治主张上区别于西方的治理理论及其主张。其基本含义是中国共产党领导人民科学、民主、依法和有效地治国理政。[1] 国家治理体系包括规范行政行为、市场行为和社会行为的一系列制度和程序，因此，国家治理体系是由政府治理、市场治理和社会治理这三个次级体系构成的有机整体。[2] 其中，政府治理既包括政府管理体制改革，更有效地实现政府内部治理，也包括以市场、社会为治理对象，按照一定的法规和行政程序对所有公共事务的有效管理。市场治理是指市场主体在各种正式制度和非正式制度约束下，市场机制内生的一种自组织功能，在市场经济体制下降低交易费用、规范交易秩序，实现资源的优化配置。社会治理包括政府作为社会管理主体，在党委领导、政府负责、社会协同、公众参与和法治保障的基本框架下，对社会公共事务实行管理。[3] 同时，由于社会治理涉及面广，政府在有限资源约束下，不可能对社会公共事务实行具体管理，因此，社

---

[1] 参见王浦劬《国家治理、政府治理和社会治理的含义及其相互关系》，《国家行政学院学报》2014年第3期。

[2] 参见俞可平《衡量国家治理体系现代化的基本标准——关于推进"国家治理体系和治理能力的现代化"的思考》，《党政干部参考》2014年第1期。

[3] 参见王浦劬《国家治理现代化理论与策论》，人民出版社2016年版，第41页。

会治理更需要以社会组织和公民为主体，以自治为主要方式，在政府引导下直接或间接地参与对公共事务的管理。

政府治理在国家治理体系中具有关键地位。这是因为，市场具有自发性，各种价值观念、风俗习惯、伦理道德和意识形态等非正式制度对市场主体是一种软约束而缺乏刚性约束，可能会引发各种"道德风险"和"逆向选择"问题，扰乱市场秩序。所以交易制度、契约制度、产品责任制度、公平竞争制度等都是市场治理有效运作所必需的制度条件。这需要政府发挥在市场经济中"有形的手"的作用，通过制定与实施正式制度规范市场行为，维护市场的自组织功能，因此，政府对市场的治理是政府治理的重要内容，政府治理就是要为市场治理提供理性的正式制度保障。同理，社会是由多种多样的利益群体组成的，在社会治理过程中，不同利益群体具有不同的利益诉求和目标导向，容易导致利益冲突。为化解各种矛盾，建设和谐社会，需要政府提供相关法规政策，规范社会组织的活动，通过有效的政府治理以弥补单纯社会治理的不足，营造良好的社会治理环境，构建政府与社会合作的共同治理机制，为社会治理创造必要的治理环境。因此，由政府治理在国家治理体系中的关键地位所决定，政府治理体系和治理能力的现代化是国家治理体系和治理能力现代化的核心内容。政府治理在国家治理体系中具有关键地位。

国家治理能力是国家治理过程中所体现的人与制度规则相互作用、相互结合的效能。国家治理体系与治理能力是一个有机整体，有了好的国家治理体系才能提高治理能力，提高国家治理能力才能充分发挥国家治理体系的效能。国家治理能力是由国家治理主体自身或者内化的多种主客观因素和变量构成的。[①] 由于国家治理体系是由政府治理、市场治理和社会治理构成的有机整体，因此，国家治理主体包括政府权力主体、市场利益主体和社会公众权利主体，国家治理能力是这些治理主体能力及其协调性的综合反映。根据前面的分析，政府治理在国家治理体系中具有关键地位，同样，政府治理能力在整个国家治理能力中也具有关键地位。对此不展开讨论。

---

① 参见王浦劬《国家治理现代化理论与策论》，人民出版社2016年版，第83页。

二 政府治理现代化的核心内容是转变政府职能

政府治理主要是通过政府职能实现的，而政府职能是政府行政机关依法管理社会公共事务时应承担的职责和所具有的功能，它是政府治理体系中最实质的内容。政府治理现代化是一个动态过程，要求根据政府治理的动态需要，适时转变政府职能。这要求处理好政府自身的定位问题和政府与市场、政府与社会的边界问题。① 中国的改革开放过程实际上也是不断转变政府职能的过程，本章前面讨论了改革开放以来中国经济体制从传统计划经济体制到社会主义市场经济体制的转型过程，随着中国从改革开放前的"高度集中的计划经济体制"到"计划经济为主，市场调节为辅的经济体制"，再到"有计划的商品经济"的经济体制，然后到"建立与完善社会主义市场经济体制"这样一个长达40多年的经济体制改革过程，中国的政府职能也在不断转变过程中，以适应与当时经济体制相协调的政府治理的需要，并已取得了阶段性成效。党的二十大报告指出，"转变政府职能，优化政府职责体系和组织结构，推进机构、职能、权限、程序、责任法定化，提高行政效率和公信力"。通过进一步转变政府职能，提高政府治理能力和治理效能。

政府治理在国家治理体系中具有关键地位，政府治理现代化客观上要求转变政府职能，以适应政府治理现代化的需要，更好地发挥政府的作用，使市场在资源配置中发挥决定性作用。为此，要求通过深化"放管服"改革，减少政府对市场不必要的行政干预和包办社会事务的部分职能。例如，在市场监管领域，加强和改善市场监管，是政府职能转变的重要方向。通过政府职能转变，形成综合监管与行业领域专业监管、社会协同监管分工协作、优势互补、相互促进的市场监管格局。② 以增强政府的市场监管职能，从而使政府监管职能适应政府治理现代化的动态需要。

三 政府监管是中国不断加强的一个重要政府职能

党的十九届五中全会通过的《关于制定国民经济和社会发展第十

---

① 参见中国行政学会课题组《政府职能现代化视角下当前政策创新的重点及建议》，《中国行政管理》2014年第3期。
② 参见《国务院关于印发〈"十三五"市场监管规划〉的通知》（国发〔2017〕6号），2017年1月12日。

四个五年规划和二〇三五年远景目标的建议》强调要加快转变政府职能，建设职责明确、依法行政的政府治理体系，加强事中事后监管，对新产业新业态实行包容审慎监管等。因此，政府治理现代化是一个动态过程，这要求根据政府治理的动态需要，适时转变政府职能。

综观国外政府监管实践，政府监管与市场经济的发育、发展和成熟密切相关，市场经济较先发展和成熟的国家，也最先成为监管型国家。英国是最古老的监管型国家，而美国是世界上最大的监管型国家。[①] 对于中国来说，在中华人民共和国成立到改革开放前，实行高度集中的计划经济体制，本质上与市场经济不相容，因此不存在市场经济体制下的政府监管职能。改革开放以来，中国市场经济发展过程也是政府监管职能不断加强的过程。特别是 1992 年党的十四大提出"建立社会主义市场经济体制"；2002 年党的十六大第一次将市场监管定位为政府的四大职能之一。随着中国不断完善社会主义市场经济体制，政府监管职能也得到不断加强。党的十九大及党的十九届三中全会、国务院机构改革方案更是对完善市场监管体制，健全金融监管体系，创新监管方式，通过组建自然资源部、生态环境部、国家市场监督管理总局，完善生态环境管理制度，统一行使监管城乡各类污染排放和加强市场综合监管执法职责等方面提出了更高的要求。2020 年 5 月，党中央、国务院《关于新时代加快完善社会主义市场经济体制的意见》指出，要稳步推进自然垄断行业改革，深化以政企分开、政资分开、特许经营、政府监管为主要内容的改革。全面落实公平竞争审查制度，加强和改进反垄断和反不正当竞争执法。构建适应高质量发展要求的社会信用体系和新型监管机制，严格市场监管、质量监管、安全监管，加强违法惩戒；加强市场监管改革创新，健全以"双随机、一公开"监管为基本手段、以重点监管为补充、以信用监管为基础的新型监管机制。以食品安全、药品安全、疫苗安全为重点，健全统一权威的全过程食品药品安全监管体系。

可见，加强政府监管是加快完善社会主义市场经济体制，实现国家治理体系和治理能力现代化的重要内容。这在客观上也要求理论界尽快

[①] 万岩、高世楫：《国家治理现代化视野下的监管能力建设》，《中国行政管理》2019 年第 5 期。

构建中国特色政府监管理论体系，指导中国的政府监管实践，更好地发挥政府监管职能，完善政府治理体系。

第四节　构建中国特色政府监管理论体系的紧迫性

一　解决新时代社会主要矛盾迫切需要加强政府监管理论研究

目前中国还较为普遍存在大气污染、水污染、土壤污染、固体废弃物和垃圾处置等直接关系人民群众生活质量的突出环境问题；在一些地区经常发生较为严重的食品质量、假冒伪劣药品等食品药品安全问题，严重损害人民群众的利益和社会稳定。例如，2018 年发生的"长春长生公司问题疫苗重大案件"，除疫苗生产者逐利枉法外，暴露出地方政府和监管部门失职失察、监管不到位，需要加快完善疫苗药品监管长效机制，明晰和落实监管责任，加强监管机构与监管队伍能力建设。又如 2015 年 8 月 12 日发生的"天津特大爆炸案"，暴露出地方政府和部门存在有法不依、执法不严、监管不力、日常监管严重缺失等突出问题，需要明确相关部门安全监管职责，着力提高危险化学品安全监管法治化水平，建立健全危险化学品安全监管体制机制。而这些重大案件只是"冰山一角"，在一些市场中还大量存在假冒伪劣产品，各类安全生产事故时有发生，影响人民正常的生活和生产活动。在中国一些不发达地区，特别是一些偏远的农村和山区，电信、电力、交通运输、供水、污水与垃圾处理等民生基础建设还比较落后，与沿海发达地区的发展水平很不平衡，成为中国实现共同富裕的薄弱环节。

因此，解决新时代中国社会的主要矛盾，满足人民群众日益增长的美好生活需要，有效地解决不平衡、不充分发展问题，更好地体现以人民为中心，这要求系统而深入地研究如何改革与完善中国的生态环境监管体制、食品药品安全监管体制、市场监管体制和安全生产监管体制等，以切实加强政府监管。这也要求从理论上针对中国政府监管实践的现实需要，构建中国特色政府监管理论体系，为政府监管实践提供强有力的理论支撑和政策支持。

二 深化政府监管体制改革迫切需要政府监管理论支持

在中国经济社会各领域中存在许多问题与矛盾，表现为政府监管不到位或监管有效性不足，本质上与制度不完善、法治不健全、法律制度执行不力密切相关。[①] 而这些问题相当程度上都与政府监管体制相关，在本质上属于监管体制问题。例如，在环境监管领域，在大气污染、水污染、土壤污染、固体废弃物和垃圾处置等方面的环境问题，在一定程度上导源于生态环境监管体制不完善。虽然中国十分重视环境立法，1989年12月制定了《中华人民共和国环境保护法》，2014年4月又作了修订完善；而且，在制定水污染防治法、大气污染防治法、土壤污染防治法、放射性污染防治法、环境噪声污染防治法、固体废弃物污染环境防治法等专门法律的基础上，国务院及有关部门还制定了许多相关的法规、规章，但在法律法规政策执行过程中，一些地方政府及环境监管部门片面追求经济发展，相对忽视防治环境污染监管的问题还比较普遍。虽然国务院组织实施了环境督查制度，并取得了较好的成效，但如何形成长效机制还有待实践检验。因此，需要完善生态环境监管体制，加强生态环境监管的有效性。又如在市场监管领域，经过起始于2018年的新一轮国务院机构改革，组建了国家市场监管总局，这固然有利于对工商管理、质检、食品药品、反垄断等领域实行综合执法，但由于各细分领域具有专业性，如何建立综合执法与专业执法相协调的市场监管体制，从总体上确保广大民众普遍关心的食品药品安全，满足人民群众最基本的生活需要？如何打破地区、部门之间的市场分割和封锁，形成全国统一的市场格局，在全国范围内发挥市场对资源配置的决定性作用？如何有效实施反垄断、反不正当竞争，使各种不同所有制市场主体在公平的竞争环境中，自由展开市场竞争，实现公平竞争，充分发挥竞争机制的作用？这些都是市场监管体制改革的重点和难点问题。

如前所述，政府监管是在中国特色社会主义市场经济体制下，一个相对较新，而且需要不断加强的重要政府职能。由于中国社会主义市场

---

① 万岩、高世楫：《国家治理现代化视野下的监管能力建设》，《中国行政管理》2019年第5期。

经济还处于初级阶段，存在市场发育还不成熟、政府监管体制还不完善等问题，在政府监管领域存在的诸多现实问题就是政府监管体制问题的具体表现形式，中国亟须加强政府监管职能，政府监管体制改革已成为中国深化改革的"一块短板"，需要理论界针对监管实践的需要，积极开展政府监管理论研究，为深化中国政府监管体制改革提供理论支持。

三　构建中国特色政府监管理论体系的紧迫性

综合前面的研究内容，中国现有监管理论是在引进西方国家监管理论的基础上形成的，具有较为明显的西方监管理论色彩。但在西方的政治制度、法律制度和监管机构制度等监管制度环境和中国的监管制度环境方面存在较大差异性，植根于西方制度环境的监管理论与中国监管实践，必然在许多方面存在不适应性问题，中国没有现成的外来政府监管理论可以照搬照用。

但中国现有政府监管理论还难以适应监管实践的需要，在不少方面，现有政府监管理论与监管实践还存在"两张皮"问题，现有政府监管理论难以解决许多政府监管实践问题。目前，在理论界内部、理论界与政府实际部门之间关于为什么需要政府监管、监管什么、谁来监管、如何监管、怎样评价监管效果等基本问题都存在较大的分歧。这导致中国现有政府监管理论难以适应新时代中国监管实践需要，理论与实践的耦合性较差。

中国特色社会主义进入新时代后，为满足人民对美好生活需要、有效解决不平衡不充分的发展问题，实现国家治理体系和治理能力现代化都在客观上迫切需要政府监管理论支持，以指导中国的政府监管实践。因此，中国的政府监管实践对监管理论提出了新的重大需求。这也意味着，如何实现政府监管理论的中国化，系统研究并构建中国特色的政府监管理论体系，有效应用于中国的监管实践，这已成为一项迫切需要研究的重大课题。这要求我们从理论上对政府监管法律制度的完善、政府监管机构及其职能优化、政府监管方式创新、对政府监管的监督机制和政府监管绩效评价的有效性等方面系统地进行理论研究，而这些研究内容正是政府监管理论体系的核心内容。因此，构建中国特色政府监管理论体系不仅具有必要性，而且具有紧迫性。

本章小结

一 改革开放以来中国从指令性管理到政府监管的转型具有客观必然性

"指令性管理"是指在中国高度集中的计划经济体制下,政府基于计划对企业(主要是国有企业)所实施的一系列强制性行政命令和指令。单一的公有制经济为指令性管理提供制度基础,高度集中的计划经济体制是指令性管理的体制保障,长期的商品短缺为指令性管理提出了现实需求。政府监管是在市场经济体制下,具有监管职能的政府行政机构基于公共利益目标,依照一定的法规制度并采取多种监管方式,对微观市场主体所采取的各种制约行为。中国改革开放以来,经济体制改革是推动指令性管理到政府监管的转型的关键,而微观市场主体的不断强化对指令性管理到政府监管的转型提出客观要求。

二 中国学者对政府监管理论作了积极探索,但现有监管理论还难以适应监管实践的需要

改革开放以来,中国学者积极将国外监管理论引进国内,结合中国监管需要对监管理论作了努力探索与研究,积累了重要的研究成果。但就总体上而言,中国对政府监管理论的研究还存在"六多六少"的问题,即对国外监管理论研究较多,结合中国制度环境研究监管问题较少;对相关行业的管理体制、监管体制研究较多,对监管体系研究较少;对监管法规、监管机构等分散研究较多,对监管体系整体研究较少;对监管理论研究较多,对有效监管政策研究较少;对传统监管政策研究较多,对激励性监管政策研究较少;对政府监管理论单一学科研究较多,跨学科研究较少。这使现有政府监管理论还难以适应监管实践的需要。

三 国家治理现代化要求构建中国特色政府监管理论体系

政府治理在国家治理体系中具有关键地位,政府治理现代化的核心内容是转变政府职能,而政府监管是中国完善社会主义市场经济体制过程中需要不断加强的一个重要政府职能。这在客观上也要求尽快构建中国特色政府监管理论体系,更好地发挥政府监管职能,完善政府治理体系，促进国家治理体系和治理能力现代化。

四 构建中国特色政府监管理论体系具有必要性与紧迫性

中国特色社会主义进入新时代后，为满足人民群众日益增长的美好生活需要，有效解决不平衡不充分发展问题，实现共同富裕，中国亟须加强政府监管职能。政府监管体制改革是中国深化改革的"一块短板"，需要系统而深入地研究如何改革与完善中国的生态环境监管体制、食品药品安全监管体制、市场监管体制和安全生产监管体制等监管体制问题，这要求从理论上针对中国政府监管体制改革和监管实践的现实需要，构建中国特色政府监管理论体系，为政府监管实践提供强有力的理论支撑和政策支持。因此，构建中国特色政府监管理论体系不仅具有必要性，而且具有紧迫性。

第二章

中国特色政府监管理论体系的相关概念与构建导向

本章主要讨论政府监管的基本特征与概念界定，辨析政府监管相关重要概念，分析政府监管的范围与类型，在此基础上，探讨中国特色政府监管理论体系构建的基本导向，为构建中国特色政府监管理论体系提供价值基准。

第一节 政府监管的基本特征与概念界定

一 问题的提出

源于西方国家的英文 regulation 在国内被译为管制、规制或监管等，为较好地服务于中国监管实践的需要，以加强理论与实践的耦合性，本书将它译为监管，但在学术研究层面上等同于管制或规制。在西方国家，经济学、法学和政治学等学科领域，都对监管作了广泛研究，如美国学者波斯纳指出：在美国没有哪个领域的研究像监管那样引起经济学家、法学家和政治学家如此高度的关注，并呈现不断综合的趋势。[1] 同时，各学科领域又各有侧重点，如美国学者史普博认为，经济学从早期的对公用事业等特殊产业的研究到后来对各种政策手段的激励性与福利性扩展研究；法学侧重对执法、市场规则及行政程序的研究；而政治学

---

[1] Eric A. Posner, "Cost-Benefit Analysis: Legal, Economic and Philosophical Perspective Introduction", *The Journal of Legal Studies*, Vol. 29, No. 2, 2000.

则把研究焦点放在政策形成和执行的政治及行政作用方面。① 这样，各学科领域对监管各有不同定义完全是可以理解的，即使是同一学科领域对监管也有不同的定义。国内不同学科领域的学者从西方国家学习引进监管理论的过程中，由于国内尚未形成较为公认的监管概念，必然在相当程度上受国外监管定义的影响，虽然对监管定义的表述大同小异，但几乎各不相同。这样，在国内包括各学科在内的学术界不仅同时并存管制、规制或监管等概念，而且对同一概念，不同学科领域和同一学科领域又有不同的定义。其必然结果是形成了五花八门、众说纷纭的多种定义。而且随着"回应性监管""合作监管""互联网＋监管""监管治理"等新名词的不断涌现，更是增加了监管定义的复杂性。这不仅影响监管理论的学术交流，也难免使政府监管实际部门无所适从，从而严重影响监管理论对中国监管实践的指导意义和应用价值。

限于篇幅和能力，本书不打算对国内外卷帙浩繁的有关监管定义的文献作系统梳理②，而是走出监管定义的"丛林"，首先分析社会主义市场经济体制下政府监管的基本特征，然后尽可能给政府监管下一个合适的定义；在此基础上，结合中国实际，讨论与政府监管实践相关的宏观调控、行政管理、督查、管制等容易混淆的概念，以进一步明晰政府监管的边界。为政府监管职能的合理定位和政府监管体系的构建提供理论依据。

二 中国特色政府监管的基本特征

（一）社会主义市场经济体制是政府监管的存在基础

从国际经验看，政府监管首先在英国、美国等市场经济较为成熟的国家产生和发展，这些国家也较早成为"监管型国家"。更为重要的事实是，从中华人民共和国成立到改革开放前，中国在高度集中的计划经济体制下，政府基于计划对企业（主要是国有企业）实行以强制性行

---

① ［美］丹尼尔·F. 史普博：《管制与市场》，余晖、何帆、钱家骏、周维富译，上海三联书店、上海人民出版社1999年版，第26—27页。

② 事实上，国内一些学者已对管制、规制和监管等相关概念作了较为系统的梳理，感谢他们为本书的研究提供了思路。代表性的文献有：曾国安：《管制、政府管制与经济管制》，《经济评论》2014年第1期；陈富良：《放松规制与强化规制》，上海三联书店2001年版，第1—7页；马英娟：《政府监管机构研究》，北京大学出版社2007年版，第18—28页；马英娟：《监管的概念：国际视野和中国话语》，《浙江学刊》2018年第4期。

政命令和指令为特征的"指令性管理";中国改革开放过程,就是从计划经济体制改革到社会主义市场经济体制的过程,中国在建立和完善社会主义市场经济体制过程中,国有企业的自主权不断扩大,公有制经济实现形式多元化,特别是非公有制经济得到了巨大发展,这使市场主体地位不断增强,客观上要求从根本上调整政府和市场的关系,从指令性管理向政府监管转型,政府基于一定的法律制度对微观市场主体实行有效监管,以解决市场失灵问题,政府监管成为中国不断加强的一个重要政府职能。因此,中国的经济体制改革是实现从指令性管理到政府监管的转型的关键,社会主义市场经济体制是政府监管的存在基础,为政府监管提供体制保障。可见,中国特色社会主义市场经济体制下的现代政府监管,既不同于计划经济体制下的"指令性管理",也在许多方面不同于西方国家的政府监管。

(二)政府监管以追求社会公共利益为基本目标

政府代表全社会的利益处理国家事务,这决定了政府监管应以追求社会公共利益为基本目标,党的二十大报告指出,"我们要实现好、维护好、发展好最广大人民根本利益,紧紧抓住人民最关心最直接最现实的利益问题"。"治国有常,利民为本"。通俗地说,政府监管应体现"以人民为中心"的宗旨。因此,政府监管也通常被称为"公共监管"。但在政府监管实践中,由于公共利益目标是一种人为的价值判断,对于同一事物不同的监管者会有不同的价值取向。正如英国学者安东尼·奥格斯(Anthony I. Ogus)所指出的那样:"如果想要列出一张表,能够全面列举作为监管正当化理由的公益目标,可以断定,任何这样的尝试都注定是徒劳的,因为'公共利益'的内涵将随着时间、地点及特定社会所追求的具体价值而改变。"[①] 因此,追求公共利益目标并不意味着必须满足所有利益群体的所有利益,事实上,任何一个社会都是由不同利益群体组成的,但在政府监管实践中,不同的利益群体对特定的政府监管政策会产生不同的诉求。例如,在缺乏竞争的电力、天然气、自来水供应等垄断性产业,消费者希望政府制定较低价格,获得较大的消

---

① [英]安东尼·奥格斯:《规制:法律形式与经济学理论》,骆梅英译,中国人民大学出版社2008年版,第29页。

费者剩余,而垄断企业则要求政府制定较高的价格,取得超额利润,以获得尽可能大的生产者剩余。因此,政府监管者难以满足不同利益群体的利益诉求,只能在考虑不同利益群体诉求的基础上,制定一个利益均衡价格。对此,追求社会公共利益目标的政府监管,主要体现在努力维护消费者的权益;同时,既要防治"政府监管俘虏"问题[1],又要保证垄断企业在较高生产效率的前提下,能取得合理利润,以满足扩大再生产的需要,进而满足广大消费者的长期需要。

(三)政府监管主体是被授予监管职能的政府机构

政府监管主体是政府监管体系的核心,对此世界各国的理论界和实践部门存在不同的观点和做法。[2] 例如,以美国为代表的少数国家,主张政府监管主体应严格限于由法律确认的独立监管机构和内设于政府行政部的监管机构。而以英国为代表的一些国家,主张政府监管主体应该包括所有国家机关,包括立法机关、行政机关和司法机关。[3] 笔者认为,根据中国实行"政监合一"的现状和可以预见的未来,承担政府监管职能的不可能只是专司监管职能的专业监管机构。同时,立法机关的主要职能是制定包括政府监管法律制度在内的法律法规,而司法机关可以对政府监管部门的不当行政裁决作出纠正,但司法机关主要职能不是处理监管事务。当然,立法机关、司法机关分别要对政府监管机构实行立法监督和司法监督。因此,笔者认为中国的政府监管主体主要是特定的政府行政机构。这些政府行政机构既可能是整个政府行政部(如中国的生态环境部,主要承担生态和环境监管职能),也可能是某一政府行政部管理的一个次级部门(如国家发改委管理的"国家能源局",承担部分能源监管职能),还可能是某一政府行政部内部的部门,如国家发改委的价格管理司。除了政府行政机构外,还可能是国务院直属特设机构(如国家市场监督管理总局,主要承担市场监管职能)。需要特

---

[1] 对政府监管俘虏理论的详细讨论,有兴趣的读者可参见王俊豪《政府管制经济学导论——基本理论及其在政府管制实践中的应用》,商务印书馆2001年版,第56—66页。

[2] 参见马英娟《监管的概念:国际视野和中国话语》,《浙江学刊》2018年第4期。

[3] 日本学者植草益也认为,社会公共机构的规制主体包括司法机关、行政机关以及立法机关。参见植草益《微观规制经济学》,朱绍文、胡欣欣等译校,中国发展出版社1992年版,第1页。

别强调的是，这些特定的政府机构必须通过必要的形式和程序，被明确授予特定的监管职能，否则就没有政府监管主体地位。这有利于避免在中国目前实行"放管服"改革过程，少数政府部门争取监管权，致使监管权在部门间不合理分配，造成政府监管越位、错位和缺位并存的问题。这也是目前中国在政府监管中迫切需要解决的问题。此外，中国现行的政府监管机构还包括一些国务院直属事业单位，如根据《国务院关于机构设置的通知》（国发〔2018〕6号），设立中国银行保险监督管理委员会和中国证券监督管理委员会，分别承担银行保险监管和证券监管职能。可见，中国的政府监管主体是由具有政府监管职能的各类政府机构组成的。我们将这些政府机构统称为政府监管机构。[①]

（四）政府监管以微观市场主体为监管对象

无论在理论界还是政府实际部门，对于政府监管的对象都存在一定的争议。从国内外多数经典文献资料分析，政府监管对象是微观市场主体，而且主要是企业。例如，前面提到的美国学者施蒂格勒、史普博和日本学者植草益等国外著名学者都认为，政府监管的对象是市场主体（企业和消费者）。但一些学者对于除了微观市场主体外是否还包括其他组织存在争议。如国外学者的一项研究发现，100%的学者认为监管的对象是私人（企业和个人）；只有9%的学者认为同时包括公共部门，另外91%的学者对此持不确定态度。[②] 从国内学者对政府监管的定义看，多数学者也认为政府监管的对象是微观市场主体（主要是企业），但也有一些学者持不同的观点。例如，曾国安教授指出："按政府管制对象分类，可将政府管制分为：政府对企业的管制，政府对居民的管制，政府对非营利组织的管制，政府对政府组织的管制。"[③] 笔者认为，根据中国政府监管实践，政府监管的对象是微观市场主体，主要是企业和消费者，还包括从事某些市场交易活动、提供公共产品或准公共产品

---

① 本书第五章将对中国特色政府监管机构的性质和改革方向作专题研究，这里暂不展开讨论。

② Christel Koop and Martin Lodge, "What is Regulation? An Interdisciplinary Concept Analysis", *Regulation & Governance*, Vol. 11, 2017, pp. 103 – 104. 转引自马英娟《监管的概念：国际视野和中国话语》，《浙江学刊》2018年第4期。

③ 曾国安：《管制、政府管制与经济管制》，《经济评论》2014年第1期。

的各类事业单位（如学校、医院等）、社会组织（如各类非营利性组织等）等市场主体，但不包括各级政府部门。

（五）政府监管以法律制度为依据

政府监管机构要对市场主体实行公开、公平、公正监管，市场主体受相关法律制度的保护，在遵守法律制度的前提下，具有自由决策的权利，这客观上要求政府监管以法律制度为依据。同时，这也是政府监管与政府一般行政管理的一个重要区别，虽然政府行政管理越来越强调依法行政，但政府行政管理涉及面广，突发事件频繁，有限的法律制度不可能对其作出明文规定。而且，许多行政管理活动发生在政府内部系统上下级之间，下级必须服从上级，上级可以通过行政命令方式进行管理。而政府监管面对具有独立法人地位的市场主体，这要求政府监管机构遵循依法监管原则实行监管。依法监管首先要求政府监管机构得到有关法律法规授权，拥有监管权，具有监管的权威性。同时，要求建立一个由监管法律、行政法规、监管部门规章、监管规范性文件等不同法律层级效力的法规政策构成的监管法律制度体系，作为政府监管的依据。[①] 此外，依法监管还要求政府监管机构按照宽严相济的原则，实现有效监管。

（六）综合运用行政、法律、经济、技术等多元政府监管方式

政府监管方式与市场经济体制的成熟程度、监管技术革新和监管理念创新等密切相关。如前所述，在中国高度集中计划经济体制下，"指令性管理"主要以强制性行政命令和指令为主要方式，中国在建立与完善社会主义市场经济体制过程中，随着政府监管作为一个重要政府职能不断加强，政府监管方式也不断变化，表现为从相对单一的行政方式，转变为更多地运用法律的、经济的监管方式，以适应社会主义市场经济是法治经济、竞争经济的本质特征，日益强调政府监管主体需要有法律地位，实行依法监管；在政府监管中模拟市场竞争机制，运用特许投标竞争、区域间比较竞争等激励性监管方式。信息技术的突破性发展，为监管方式创新提供了技术条件，"互联网＋监管"等新技术监管

[①] 本书第四章将对如何建立与完善中国政府监管法规政策体系作专题研究，这里不展开讨论。

方式将在政府监管中广泛应用。同时，政府监管理念的变化也有力地推动政府监管方式多元化，如近年来，中国政府重视监管理念和方式创新，推行"双随机、一公开"（随机抽取检查对象，随机选派执法检查人员，抽查情况及查处结果及时向社会公开）监管方式；又如，为激发市场主体活力，自觉配合政府监管，中国积极推行信用监管方式，发挥信用在创新监管方式、提高监管能力和水平方面的重要作用。①

三 政府监管的概念界定与应用

综合上述政府监管的基本特征，我们可以对中国特色政府监管作以下定义：政府监管是在中国社会主义市场经济体制下，具有监管职能的政府机构基于公共利益目标，依照法律制度并运用多种监管方式，对微观市场主体所采取的各种制约与激励行为。②

从上面的政府监管定义可知，政府监管是社会主义市场经济体制的产物并适应于这种体制环境；政府监管的主体是具有监管职能的政府机构，这些政府机构通过立法或其他形式被授予监管权，拥有政府监管职能，这使政府监管具有权威性和强制性；政府监管以追求社会公共利益为基本目标，这要求政府监管机构警惕"政府监管俘虏问题"，以人民为中心采取有效的监管行为，努力增进社会福利；政府监管的对象是各种微观市场主体，主要是企业，还包括消费者和从事市场交易活动、提供公共产品或准公共产品的各类事业单位（如学校、医院等）、社会组织（如各类非营利性组织等）等。政府监管的依据是相关法律法规，也包括政府监管机构在授权范围内制定并通过审查的各种规章和规范性文件等具有约束力的各种规则（或制度），明确规定限制或激励被监管者的什么决策，如何限制或激励，以及被监管者违反规则将受到的各种制裁或被监管者符合特定规则将得到的各种奖励；政府监管机构可综合运用行政、法律、经济、技术等监管方式，实行有效监管。

---

① 本书第六章将对中国特色的政府监管方式作专题研究，这里不展开讨论。
② 在国内外许多学者所定义的政府管制（监管）概念中，通常强调政府监管机构对市场主体的各种制约，以致许多被管制（监管）者在观念上对政府管制（监管）存在不同程度的抵制情绪或行为。本书认为，在社会主义市场经济体制下，还应强调政府监管机构对市场主体采取多种激励监管政策，以合理引导市场主体采取积极的行为。例如，政府监管机构采取标杆价格、特许投标、区域间比较竞争等激励性监管政策，能有效激励企业自觉降低成本，提高效率，以获得更多的利润，扩大其业务范围。

第二章 | 中国特色政府监管理论体系的相关概念与构建导向

除理论探讨外,"政府监管"在近年来的中国官方文件中也被广泛使用。例如,2013 年 11 月党的十八届三中全会提出:"国有资本继续控股经营的自然垄断行业,实行以政企分开、政资分开、特许经营、政府监管为主要内容的改革。"① 又如,2015 年 6 月国务院办公厅发布的《关于运用大数据加强对市场主体服务和监管的若干意见》指出:"政府监管和社会监督有机结合,构建全方位的市场监管体系。"② 2017 年 1 月国务院印发的《"十三五"市场监管规划》也指出:顺应现代治理趋势,努力构建"企业自治、行业自律、社会监督、政府监管的社会共治新机制"。③ 当然,在中国官方文件中,更多的是使用"监督管理",但实际上就是政府机关为监管主体的"政府监管"。例如,在中国银行保险监督管理委员会和中国证券监督管理委员会的机构名称上就是"监督管理",但它们主要履行金融监管职能。

第二节 政府监管相关概念辨析

在中国政府监管理论与实践中,政府监管与宏观调控、行政管理、督查、政府管制和市场监管等相关概念很容易混淆,这也是政府监管概念在实践中被泛化使用的主要原因,以致造成了不少监管理论上的误区和监管实践中的困惑。为此,我们将专门讨论政府监管与这些相关概念的关系,以明晰政府监管的边界,为政府监管职能的合理定位和政府监管体系的构建提供理论依据。

一 政府监管与宏观调控

宏观调控(macro-control)与政府监管是政府干预经济的两种重要政府职能。两者的区别是,宏观调控是对国民经济的间接的、总量上的调控,它对国民经济的影响具有系统性、整体性和全局性,借助财政、货币政策等直接作用于市场,以达到国民经济总体平衡,维护宏观

---

① 《中共中央关于全面深化改革若干重大问题的决定》,2013 年 11 月 12 日党的十八届三中全会通过。
② 《国务院办公厅关于运用大数据加强对市场主体服务和监管的若干意见》(国办发〔2015〕51 号)。
③ 《国务院关于印发〈"十三五"市场监管规划〉的通知》(国发〔2017〕6 号)。

经济稳定和经济适度增长。而政府监管是直接的、个量上的监管，直接作用于微观市场主体，规范微观市场主体行为。① 另外，两者又有互补关系，政府监管与宏观调控都是政府的基本职能，政府监管不能代替宏观经济调控，宏观经济调控也不能代替政府监管，两者的关系不是相互替代，而是互补关系。只有既能有效地实行政府监管，又能有效地实施宏观调控，政府才能有效地履行经济职能，有效地解决市场缺陷。②

二　政府监管与行政管理

行政管理（administration）和政府监管具有密切的联系。政府监管的主体是政府机构，由于近期内政府监管的法律制度体系尚未建立与完善，激励性经济监管方式还没有普遍运用，在多种政府监管方式中，行政方式目前还是较为常用的监管方式。特别是在"政监合一"（政府行政管理职能和监管职能合一）的体制下，容易造成政府监管与一般行政管理的界限模糊不清。但实际上政府监管不同于一般的政府行政管理，两者存在实质性的差别。首先，从对象上看，许多行政管理活动发生在政府部门内部，其基础是建立在上下级关系之上的科层官僚体制，下级必须服从上级，一旦发生争议通常只能通过行政渠道内部加以解决。③ 因此，一般行政管理的直接对象是政府部门的下级（下属）单位，而政府监管的对象则是独立的微观市场主体。其次，从主体与客体的相互关系看，行政管理是政府部门内部关系，主体和客体之间往往是上下级关系，并不是完全独立的，而政府监管是政府与市场主体的关系，其主体与客体之间是完全独立的。最后，从手段上看，虽然近年来中国强调依法行政，但法律法规的滞后性和原则性决定了行政管理主要还是依靠（主观的）行政命令方式直接控制下级（下属）单位，而政府监管主要依据（客观的）法律制度来规范和约束经济上、法律上独立的市场主体。

三　政府监管与督查

督查（inspection）的主体是具有督查职能的特定政府行政部门，

---

① 参见陈富良《放松规制与强化规制》，上海三联书店 2001 年版，第 6—7 页。
② 参见曾国安《论经济管制与宏观经济调控的关系》，《经济评论》2003 年第 1 期。
③ 参见周汉华《政府监管与行政法》，北京大学出版社 2007 年版，第 11 页。

也可能是临时组建的专业督查组（如环保督查组）；督查的客体主要是下级地方政府或本级政府部门，虽然一些督查活动会涉及企业，但督查的问责对象还是地方政府或下级政府部门。督查的内容比较复杂，决定督查的目标任务，但主要是对党和国家重大决策部署落实情况；督查对象法定职责履行情况；本级人民政府所属部门和下级人民政府的行政效能等方面的督查。① 因此，政府监管和督查两者在主体、客体等方面都存在较大的差异。例如，政府监管的主体是具有政府监管职能的常设政府机构，而不是临时组建的机构；政府监管的客体是微观市场主体，而不是地方政府或下级政府部门。政府监管的这些特点都和督查存在差异性。但当特定的政府机关兼有政府监管职能和督查职能，同时，督查涉及微观企业时，至少在形式上，政府监管与督查就比较相似。而且许多督查工作还有利于落实政府监管法规政策的执行和落实。

四 政府监管与政府管制

政府监管与政府管制在学术研究上基本上是同义的，其英文都是regulation。但由于不同理解，张维迎曾在分析中国与西方政府管制的区别时指出，中国的政府管制与其说是为了解决市场失败，不如说是政府为了消灭市场。在体制转轨后政府借助于行政垄断来保护它在其他方面的利益，于是就出现了各种各样的政府管制，并提出要像戒毒一样戒除管制。② 他说的政府管制实际上是我们在前面指出的，在中国计划经济体制下的"指令性管理"，随着中国改革开放的不断深入，客观上要求以社会主义市场经济体制下的政府监管替代"指令性管理"。但在中国政治经济体制下，在一些特殊领域还存在政府管制，这类政府管制与计划经济体制无关，不属于"指令性管理"。

事实上，中国的政府管制领域还比较广泛，目前中国不少政府行政部门和法律法规都涉及政府管制。例如，国家自然资源部的第（一）

---

① 根据《政府督查工作条例》（中华人民共和国国务院令第733号），政府督查是指县级以上人民政府在法定职权范围内根据工作需要组织开展的监督检查。国务院办公厅督查机构和县级以上地方人民政府督查机构统称政府督查机构。政府督查对象包括：本级人民政府所属部门；下级人民政府及其所属部门；法律、法规授权的具有管理公共事务职能的组织；受行政机关委托管理公共事务的组织。

② 张维迎：《产权、政府与信誉》，生活·读书·新知三联书店2001年版，第201页。

条主要职责就是履行全民所有土地、矿产、森林、草原、湿地、水、海洋等自然资源资产所有者职责和所有国土空间用途管制职责。商务部、公安部、交通运输部、工业信息化部、国家卫生健康委员会、中国人民银行等政府部门的主要职责都有政府管制的内容。例如，中国在2020年10月颁布的《中华人民共和国出口管制法》和现行的《中华人民共和国土地管理法》（以下简称《土地管理法》）、《中华人民共和国民用航空法》、《中华人民共和国国防交通法》、《中华人民共和国海上交通安全法》等法律内容都包含政府管制；《中华人民共和国核出口管制条例》等行政法规的标题含有政府管制，包括出口管制、航空飞行管制等；还有数十个部门规章的标题含有政府管制，包括药品管制、出口管制、外汇管制、体育运动中兴奋剂管制、自然生态空间用途管制、交通管制、化学品管制、爆炸物品和枪支弹药管制、刀具管制、核材料管制和军事管制等。具体内容包含政府管制的法规、规章就更多。

从实际部门的情况看，在社会主义市场经济体制下的政府监管与政府管制具有一定的相似性，如两者的主体都是具有相应职能的政府机关，都强调依法监管或管制。但至少存在两方面的差别：一是两者的客体存在差别，政府监管的客体是微观市场主体，政府管制的客体除市场主体外，可能还包括地方政府及其相关部门。例如，根据《土地管理法》（2004年修订版）第四条（国家实行土地用途管制制度）的有关规定，土地用途管制的对象除了使用土地的单位和个人外，还涉及地方政府及其相关部门。二是两者的方式存在差别，政府监管可采用法律的、行政的和经济的监管方式，特别是经济的监管方式对微观市场主体来说具有一定的选择空间。但政府管制的主要方式是法律和行政方式，被管制对象没有多大的选择性。因此，政府监管通常存在一定的柔性，而政府管制往往是刚性的。特别是《中华人民共和国刑法》（以下简称《刑法》）将管制列为对犯罪分子实施刑罚的一种种类[①]，促使许多人对"管制"十分忌讳，生怕成为被管制者。当然，《刑法》中的管制是专门由司法机关实施的，已超越政府监管的

---

① 详见2020年12月26日通过的《中华人民共和国刑法修正案（十一）》第三章（刑罚）第二节（管制），对犯罪分子实施管制的期限，为三个月以上二年以下。

范围。

五　政府监管与市场监管

自 2002 年党的十六大以来，"市场监管"（market regulation）被官方明确为政府的一项基本职能。但在理论界和实际部门对市场监管存在不同的认识，其主要原因是对"市场"有不同的理解。例如，在过去很长时期内，狭义的市场定义是"商品交换的地点和场所"；广义的市场定义是"所有商品交换关系的总和"；而现代的市场定义是"有效配置资源的方式"等。但基本达成共识的是，市场主体主要是由各类企业和消费者（主要是企业）组成。因此，作为政府重要职能的市场监管，不是对某些市场的监管，而是对所有"市场主体"的监管，所有可能发生市场失灵的领域都应该作为市场监管的范围。但在市场监管实践和许多人的眼中，市场监管的范围被大大缩小了。例如，2018 年国务院机构改革后，从国家市场监管总局"三定方案"中的职责看，市场监管的范围主要是市场主体登记注册监管，食品和特种设备等产品质量安全监管和市场秩序、公平竞争监管。这容易给人们一种假象，似乎市场监管的范围很有限。本书将这种小范围市场监管暂且称为"狭义市场监管"，它在相当程度上受中国行政管理体制的影响。

事实上，中国大量的市场监管发生在具有自然垄断性的电力、电信、铁路运输和城市水务、天然气等公用事业领域，容易产生负外部性的水污染、大气污染、垃圾污染等环境治理领域和各类安全生产等领域，需要通过对相关市场主体的有效监管以解决自然垄断、负外部性和非安全性等市场失灵问题。因此，本书将对所有可能发生市场失灵领域的所有市场主体的监管称为"广义市场监管"，本书主要讨论这种"广义市场监管"，在没有特别说明的情况下，本书中的"市场监管"就是指"广义市场监管"。

显然，市场监管的主体是具有监管职责的政府机构，虽然市场监管体系建设需要社会各界和企业参与，但市场监管主体是相关政府机构。市场监管的客体是市场主体，主要是各类企业和消费者，也包括从事某些市场交易活动、提供公共产品或准公共产品的各类事业单位（如学校、医院等）、社会组织（如各类非营利组织等）等市场主体。市场监管的主要监管方式是法律的、行政的、经济的和技术的监管方式。可见,"广义市场监管"的监管主体、监管客体、主要监管方式和前述的政府监管是基本一致的。因此,"广义市场监管"等同于政府监管,而"狭义市场监管"是受行政管理体制影响,分散在不同的政府行政部门。鉴于此,建议将中国的政府监管职能由"市场监管"改为"政府监管",将"市场监管"作为"政府监管"职能下的一个重要内容。这样,"政府监管"职能包括市场监管、金融监管、自然垄断行业监管、生态环境监管、职业和生产安全监管、交通运输监管、重要资源进出口监管、枪支等特殊品监管等重要领域的监管,形成一个完整的政府监管内容体系,并由相应的政府部门和监管机构承担这些政府监管职能。这有利于建设与中国特色社会主义市场经济体制相适应的监管型国家,增强政府治理能力,促进国家治理体系和治理能力现代化,以更好地体现中国特色社会主义制度及其执行能力。事实上,近年来在党中央、国务院许多重要文件中,已越来越多地使用"政府监管",即使在前述国务院印发的《"十三五"市场监管规划》中也指出:顺应现代治理趋势,努力构建"企业自治、行业自律、社会监督、政府监管的社会共治新机制"。这些都为强化"政府监管"职能提供了实践基础。当然,如果在短期内难以将"政府监管"取代"市场监管"职能,那么另一个可供选择的替代方案是,建议以"大市场"观念理解"市场监管"中的"市场",即将市场监管理解为前述的"广义市场监管",这种"广义市场监管"实际上就是"政府监管",同样能发挥政府监管的实质性作用。

值得一提的是,由于目前中国所有的政府行政部门都有行政管理职能,不少政府行政部门还同时具有政府监管、督查,甚至政府管制职能(如国家自然资源部),因此,这些职能交叉重叠,边界不清。例如,一些政府行政部门认为,政府监管对象除微观市场主体外,还包括地方政府。这显然将政府监管和行政管理、督查等职能混为一谈了。

为梳理政府监管与相关概念的关系,我们从主体、客体、主要依据和主要方式四个方面,对政府监管和宏观调控、行政管理、督查、政府管制作一比较(见表2-1),以分析相关政府职能的特点,明晰政府监管的边界,为后面的研究作必要的铺垫,也可作政府实际部门参考。由表2-1可见,政府监管与广义市场监管是等同的。

表 2-1　　　　　　　　政府监管与相关概念的比较

相关概念	主体	客体	主要依据	主要方式
政府监管	具有监管职能的政府机关	所有微观市场主体	有关法律制度	综合运用法律、行政、经济和技术等手段
宏观调控	具有调控职能的政府行政机关	国民经济总量	国民经济运行动态需要	财政、货币政策
行政管理	政府行政机关	政府系统下级政府部门	有关法律制度行政管理需要	法律制度行政命令、指示
督查	具有督查职能的政府部门，临时督查组织	下级政府同级政府部门	有关法律法规国家方针政策	实地巡视、约谈
政府管制	具有管制职能政府机关	微观市场主体地方政府部门	有关法律制度行政命令和指示	法律制度行政命令和指示
狭义市场监管	具有监管职能的政府机关	一定领域的微观市场主体	有关法律制度	综合运用法律、行政、经济和技术等手段
广义市场监管	具有监管职能的政府机关	所有微观市场主体	有关法律制度	综合运用法律、行政、经济和技术等手段

第三节　政府监管的范围与类型

一　关于政府监管范围的前期研究成果

（一）西方国家学者的代表性观点

从作为西方政府监管理论基础的自然垄断理论的渊源看，它有较长的研究历史，这一理论为政府对自然垄断产业的监管提供了理论依据。因此，美国学者约翰·伊特韦尔等认为："管制，尤其在美国，指的是政府为控制企业的价格、销售和生产决策而采取的各种行动，政府公开宣布这些行动是要努力制止不充分重视'公共利益'的私人决策。"[①]

---

① ［美］约翰·伊特韦尔等主编：《新帕尔格雷夫经济学大辞典》（第四卷），陈岱孙编译，经济科学出版社 1992 年版，第 129 页。

由于这些产业的监管内容主要是经济性的，因此，维斯卡西等学者认为："经济性监管（economic regulation）通常是指政府对企业在价格、产量、进入与退出等方面的决策实施限制。"① 以自然垄断产业监管为核心内容的监管被称为经济监管，自然垄断理论也就成为经济性监管的理论基础。日本学者植草益则认为，经济性规制是指对自然垄断和存在信息偏在的领域的规制。而植草益所指的"存在信息偏在的领域"主要是指银行、证券、保险等金融业以及大部分运输业。②

虽然美国等西方国家在20世纪初就存在对食品、药品等领域等的监管，但直到20世纪70年代，这些国家才开始重视这些领域的监管理论研究。维斯卡西等美国学者提到"社会性监管"（social regulation），但没有对社会性监管下定义，通常称"健康、安全和环境监管"，因此，把社会性监管简称为"HSE 监管"（Health, Safety and Environmental Regulation）。而植草益不仅对社会性监管作了明确定义，还将社会性监管的内容分为确保健康、卫生，确保安全，防止公害、保护环境和确保教育、文化、福利四大类，各大类中又包括若干小类。③

此外，除了经济性监管和社会性监管外，维斯卡西等美国学者还专门研究了"反垄断监管"（antitrust regulation）问题，但与经济性监管、社会性监管是并列关系。④ 也就是说，反垄断监管不从属于经济性监管。而日本学者植草益在《微观规制经济》一书第八章（竞争与规制）中，虽然一些内容涉及反垄断问题，但没有提到"反垄断规制"问题。

（二）国内学者的代表性观点

市场经济体制下的现代政府监管理论源于西方国家，中国对监管理论的研究起步于对国外监管理论的引进，由于中国建立与完善社会主义

---

① Viscusi, W. K., et al., *Economics of Regulation and Antitrust* (Fifth Edition), Cambridge: The MIT Press, 2018, p.435.

② ［日］植草益：《微观管制经济学》，朱绍文等译，中国发展出版社1992年版，第27—28页。

③ ［日］植草益：《微观规制经济学》，朱绍文等译，中国发展出版社1992年版，第22、282—284页。

④ See Viscusi, W. K., et al., *Economics of Regulation and Antitrust* (Fifth Edition), Cambridge: The MIT Press, 2018. 该书第一部分是"反垄断"，第二部分是"经济性监管"，第三部分是"健康、安全与环境监管"。

第二章 中国特色政府监管理论体系的相关概念与构建导向

市场经济体制的时间较短，在引进国外监管理论过程中，国内学者较多运用国外监管理论来讨论中国监管问题。对于政府监管范围的研究也是如此。例如，较早研究政府监管理论的余晖把中国政府管制分为经济性管制、社会性管制和反不正当竞争。① 王俊豪也主要将政府管制分为经济性管制、社会性管制和反垄断管制，但认为反垄断管制具有相对独立性，因而重点研究经济性管制和社会性管制。② 这些国内学者显然深受西方政府监管范围理论的影响。还有一些学者对政府监管范围提出不同的观点。例如，曾国安认为，可以把政府管制领域分为经济管制（如产业管制、价格管制等）、政治管制（如对结社、集会、游行等的管制）和社会管制（如对枪支弹药持有、使用的管制，交通管制等）。③ 刘轩、平力群还指出，规制包括反垄断规制、经济性规制、社会性规制以及国有化规制，后者可理解为政府对特定领域和产业的全部干预和控制。但在理论研究中，狭义的规制仅指经济性规制和社会性规制。④ 可见，国内学者对政府监管范围存在不同的认识。对此，笔者认为，虽然政府需要重视政治问题，以保证社会稳定和平安，但政治管制的主要对象不是微观市场主体，作为市场主体的企业和消费者不会以结社、集会、游行作为市场活动的主要内容。因此，政治管制不属于本书讨论的政府监管范围。而所谓的国有化规制具有历史局限性，在第二次世界大战结束到20世纪70年代，在英国等西方国家曾出现过国有化运动，主张由国有企业垄断经营电力、电信和铁路运输等产业，国有企业成为政府管理特定产业的一种手段，但在20世纪80年代开始这些国家就实行民营化改革，原有国有化管理已基本成为历史。中国改革开放以来，在原来国有企业垄断经营的电信、电力等基础设施产业，不断引进与强化竞争机制的作用，鼓励民营企业等非国有企业进入这些产业成为竞争主体，甚至在军工产业也鼓励军民融合，共同生产军工产品，因此，以国

---

① 详见余晖《政府与企业：从宏观管理到微观管制》，福建人民出版社1997年版，第107—209页。
② 详见王俊豪《政府管制经济学导论——基本理论及其在政府管制实践中的应用》，商务印书馆2001年版；王俊豪主编《管制经济学原理》（第二版），高等教育出版社2014年版。
③ 曾国安：《管制、政府管制与经济管制》，《经济评论》2014年第1期。
④ 刘轩、平力群：《规制概念的再认识》，《产业经济评论》2009年第3期。

有企业作为解决市场失灵手段的领域已很有限,而且随着改革的深化,这些领域将越来越小。同时,随着中国不断深化改革,国有企业和其他非国有企业应实现公平竞争,服从统一的政府监管,因此,不需要单独强调对国有企业这一市场主体的政府监管。

二 关于政府监管范围的再探讨

目前,在中国的政府监管理论研究中,一般将政府监管范围分为经济性监管、社会性监管两大类,有的学者加上反垄断监管后成为三大类。而在中国的政府监管实际部门并不认可这样分类,认为存在相当的西方监管理论色彩,不符合中国的话语体系,因此,在中国官方的法规政策文件中也较少被采用。笔者认为,其主要原因至少有以下三个方面:

(一)经济性监管的范围存在很大的不确定性,难以明确监管的实质性内容

在中国,宏观调控和市场监管(政府监管)是两个重要的政府职能,而且两者都是经济管理职能。在党的十八大前,"经济调节"是政府四大基本职能的第一个职能,在党的十八大后才将"经济调节"改为"宏观调控"。宏观调控和市场监管(政府监管)分别从宏观和微观两个层面实现政府的经济管理职能。本章在前面还专门讨论了政府监管与宏观调控的区别。但在实际部门,"经济性监管"容易模糊宏观调控与政府监管的界限,认为宏观调控也属于"经济性监管"。进一步说,在"经济性监管"中的"经济性"比较抽象,想象空间很大,这和"经济性监管"理论研究中的实质性内容"产业监管"的差距很大,名不符实。这导致"经济性监管"概念难以被政府部门接受。

(二)社会性监管既不能明示监管的主要内容,也不符合中国的话语体系

在中国研究政府监管的理论界,"社会性监管"概念主要受日本学者植草益的影响,如前所述,他不仅对社会性监管作了明确的定义,还把社会性监管的内容分为四大类,各大类中又包括若干小类。但为什么称为"社会性监管"?其主要理论依据是什么?对此植草益并未进行说明,中国学者也没有对这些问题作过深入研究,只是把"社会性监管"作为约定俗成的一个术语。但在中国的实际部门,就难以把社会性监管

和健康、卫生、安全与保护环境等内容的监管联系起来，进入中国的话语体系。而且在中国，教育、文化、福利等主要是属于政府的公共服务职能。更为严重的是，在实际部门看来，社会性监管与其属于政府监管职能，还不如属于社会管理职能更容易理解，因此，社会性监管很容易和政府的社会管理职能混为一谈。

（三）反垄断属于政府监管，但具有相对独立性

研究政府监管理论的中国学者基本上已有共识，经济性监管和社会性监管属于政府监管的范围，但对反垄断是否属于政府监管存在一定的争议。从理论上说，政府监管的领域主要是市场失灵的领域，而反垄断的领域恰恰是主要由市场配置资源的竞争性产业领域，反垄断的目标是维护公平竞争的市场秩序。从这一点看，反垄断似乎是一个相对独立的领域，不属于政府监管范围。但从反垄断的主体、客体和方式分析，反垄断机构是政府行政机关，反垄断的客体主要是具有垄断势力并采取垄断行为的企业，但在现阶段，一些采取行政垄断行为的地方政府部门也是反垄断的对象，特别是中国的公平竞争审查制度主要是针对地方政府部门的。而反垄断的方式可综合运用法律、行政、经济和技术的方式。可见，反垄断的主体与方式和政府监管基本一致，而反垄断的客体除企业外，还有地方政府行政部门。但从反垄断的国际惯例看，反垄断的客体主要是企业，而且随着中国行政管理体制改革的不断深入，地方政府的行政性垄断行为也将不断减少。这样，反垄断和政府监管在客体上的差别也将缩小。因此，我们认为，反垄断应该属于政府监管的范围。但反垄断监管具有一定的相对独立性。事实上，2018年中国政府机构改革后设立的国家市场监管总局的一个重要职责就是"负责反垄断统一执法。统筹推进竞争政策实施，指导实施公平竞争审查制度"。将反垄断纳入市场监管的范围。

三 中国政府监管的四大基本领域和主要类型

由前面的讨论可见，为更好地发挥政府监管的作用，需要根据中国政府监管实践需要，从理论上打破源于西方国家的政府监管领域的理论框架，但同时吸收其合理的内容，形成更符合中国话语体系的政府监管领域体系。根据中国国情和政府监管实际部门容易理解的话语体系，本书主张将政府监管范围归纳为产业监管、环境监管、卫生健康监管和安

全监管这四个基本领域,每个监管领域又包括多种类型。而且,不同学科的中国学者已在这些领域做了许多研究工作,并取得了大量的研究成果。

(一)产业监管领域

产业监管的范围很广,可分为垄断性产业监管、竞争性产业的反垄断监管和系统性金融风险产业监管这三种主要类型。

1. 垄断性产业监管

垄断性产业监管可分为自然垄断产业监管和特许经营垄断产业监管。自然垄断产业的典型产业包括有线通信、电力、铁路运输、自来水和管道燃气供应等具有物理网的产业。许多学者结合中国经济体制改革实践,对这一领域作了较早研究并取得了较为丰富的研究成果。例如,张宇燕、张维迎和盛洪以中国联通公司进入电信市场为例,分析了新企业("中国联通")和当时政企合一、独家垄断经营的原邮电部之间复杂的博弈过程。针对"中国联通"的进入动机与战略行为,原邮电部利用其管制者权力,试图从多方面设置进入壁垒,阻碍新企业进入。[1]王俊豪提出自然垄断产业的业务领域可分为自然垄断性业务和竞争性业务两大类,政府管制的重点是自然垄断性业务,而对竞争性业务需要引入并强化竞争机制,通过分类管制以实现有效竞争。[2]戚聿东、李峰对垄断行业放松规制的研究表明,中国垄断行业放松规制水平呈上升趋势,但与其他相关国家比较,仍有较大改革空间,因此,建议放松规制是中国垄断行业改革的总体方向,而放松进入规制是中国垄断行业改革的首要任务。[3]特许经营垄断产业虽然不一定具有自然垄断性,但属于具有公益性的基础设施产业,其典型产业包括邮政、城市水务、公共交通、垃圾处理、环境卫生、园林绿化等产业。郭蕾、肖有智对城市水务行业的公益性和以促进社会公共福利为目标的规制改革所作的实证研究

---

[1] 张宇燕:《国家放松管制的博弈——以中国联合通信有限公司的创建为例》,《经济研究》1995年第6期;张维迎、盛洪:《从电信业看中国的反垄断问题》,《改革》1998年第2期。

[2] 王俊豪:《论自然垄断产业的有效竞争》,《经济研究》1998年第8期。

[3] 戚聿东、李峰:《垄断性产业放松规制的进程测度及其驱动因素分解》,《管理世界》2016年第10期。

表明，以价格规制和进入规制为重点的中国政府规制改革并没有对社会公共福利产生直接明显的正向影响，没有推动城市水务行业回归公益性价值目标，促进社会公共福利的提升。为此，提出完善基于普遍服务的价格规制，改进进入规制，完善政府绩效考评指标体系等政策建议。① 政府对垄断性产业的监管内容主要包括价格监管、进入和退出市场监管、投资监管和质量监管等。

2. 竞争性产业的反垄断监管

反垄断是一个具有相对独立性的监管领域，其主要对象是竞争性领域中具有市场垄断力量的垄断企业及其垄断行为，特别是由市场集中形成的经济性垄断行为。但在目前的中国，由滥用政府权力而造成的行政性垄断也是反垄断的对象。反垄断监管的主要目标是保护社会公平竞争，维护市场竞争机制的正常运行。垄断可分为垄断结构与垄断行为这两个方面，垄断结构为垄断行为提供可能性，但只有垄断行为才会真正导致资源配置低效率问题，这就决定了反垄断的重点是垄断行为而不是垄断结构。而垄断行为具有多种表现形式，主要是经营者达成垄断协议；经营者滥用市场支配地位；具有或者可能具有排除、限制竞争效果的经营者集中。但因专利而造成的垄断会鼓励企业采取创新行为，因此，在特定时期内，具有专利权的企业采取某些特定垄断行为具有合理性。这就属于反垄断的适用除外。与反垄断密切相关的是反不正当竞争监管，其主要对象是采取各种不正当竞争行为的经营者②，反不正当竞争监管的主要目标是要鼓励和保护公平竞争，制止不正当竞争行为，以保护经营者和消费者的合法权益。这一领域是近年来许多学者关注的重点领域之一，并取得不少有价值的研究成果。例如，李世杰和李伟以原料药市场为例，分析了原料药市场垄断折射出产业链纵向关系下的中间产品市场垄断问题。其研究表明，中间产品市场的垄断加价会通过"传导效应""协同效应""抑制效应"三种途径影响产业链效率与社

---

① 郭蕾、肖有智：《政府规制改革是否增进了社会公共福利——来自中国省际城市水务产业动态面板数据的经验证据》，《管理世界》2016 年第 8 期。

② 《中华人民共和国反不正当竞争法》（2019 年 4 月 23 日修正）第二章对不正当竞争行为作了详细规定，是指损害其他经营者或者消费者的合法权益的所有行为，其主要危害是扰乱市场竞争秩序。

会福利损失，并提出了健全反垄断举报和索赔制度、建立健全药品价格动态监控体系、防范成品药生产企业借助原料药价格上涨之机顺势提高价格等反垄断规制建议。① 王彦超、蒋亚含基于2004—2017年的数据，检验了《中华人民共和国反垄断法》（以下简称《反垄断法》）的实施效果。其研究表明《反垄断法》的实施降低了各地区的行政垄断程度和国有企业的过度投资行为及其投资规模，尤其是低效率投资；促进了地区间产业结构调整，降低了产业同质化水平。因此，建议更好地发挥竞争政策对去产能和淘汰落后产能的积极作用，通过完善竞争政策充分发挥生产要素在中国不同区域间的自由流动，激发资源配置效率，从而最终提高全要素生产率。②

3. 系统性金融风险产业监管

由于存在严重的信息不对称问题，金融业是最有可能导致系统性风险的产业。金融业主要由银行业、保险业、证券业、信托业等产业组成。银行、证券、保险和信托被称为金融业的四大支柱。其中，银行业又是现代金融业的主体，是国民经济运转的枢纽，因此也是金融业监管的重点。中国的系统性金融风险可能来自三方面的主要风险：一是宏观层面的金融高杠杆和流动性风险。高杠杆是宏观金融脆弱性的总根源，在实体部门表现为过度负债，在金融领域表现为信用过快扩张。国际经济复苏乏力，主要经济体政策外溢效应等也使中国面临跨境资本流动和汇率波动等外部冲击风险。二是微观层面的金融机构信用风险。不良贷款增加侵蚀银行业资本金和风险抵御能力，债券市场信用违约导致债券发行量下降。三是跨市场跨业态跨区域的"影子银行"和违法犯罪风险。理财业务多层次嵌套，资产负债期限错配，线上线下非法集资多发，极易诱发跨区域群体性事件。③

根据中国系统性金融风险产生主要原因，有效防控系统性金融风险

---

① 李世杰、李伟：《产业链纵向价格形成机制与中间产品市场垄断机理研究——兼论原料药市场的垄断成因及反垄断规制》，《管理世界》2019年第12期。
② 王彦超、蒋亚含：《竞争政策与企业投资——基于反垄断法实施的准自然实验》，《经济研究》2020年第8期。
③ 周小川：《守住不发生系统性金融风险的底线》，载《党的十九大报告辅导读本》，人民出版社2017年版，第103—104页。

需要从宏观调控和微观监管双管齐下，通过对货币"总闸门"的有效管控，从宏观上保持货币和社会融资总量适度增长。① 而在微观市场主体监管方面，需要建立与完善金融监管体系，明确各金融监管主体的职责和权力，建立分层监管体系，统筹协调金融监管权力和责任。中央金融监管机构要制定统一的金融监管规则，对地方金融监管实行有效监督；地方金融监管机构负责本地区各类金融机构风险防范处置，维护属地金融稳定。金融业是特许经营行业，不得无证经营和超范围经营。因此，金融监管机构特别要加强对非法集资、乱办交易地所等严重扰乱金融市场秩序的非法金融活动的监管。② 近年来，金融业监管也是政府监管的热点领域。例如，许文彬等分析了金融创新与金融监管共同演化的路径和结果，其研究表明，为实现最大化社会净收益或者最小化社会净损失的考虑，监管机构有必要对金融创新产品的市场参与率进行监管。同时，要求监管机构对金融创新以及金融市场的发展状况作精准分析的基础上，实行动态性过程监管，适时调整监管策略。③ 杨东针对现行管制型立法对互联网金融信用风险规制失灵，催生刚性兑付和过度依赖担保，抑制竞争且加剧信息不对称等问题，论证了利用信息工具，以大数据和征信体系为基础，规范市场准入并明确市场主体法律地位，发挥信息工具之风险预警作用，完善融合型互联网金融法律规制体系，以发挥互联网金融内生的优化资源配置的功能等政策主张。④ 周仲飞、李敬伟认为，在金融科技背景下，以命令和控制为特征的传统金融监管范式难以有效防范多种金融风险，提出要从金融监管机构、金融监管规则制定和金融监管方式等方面创新金融监管范式。⑤

---

　　① 根据 2018 年国务院机构改革方案，中国人民银行的主要职责之（四）就是"完善金融宏观调控体系，负责防范、化解系统性金融风险，维护国家金融稳定与安全"。
　　② 根据 2018 年《国务院机构改革方案》，中国银行保险监督管理委员会和中国证券监督管理委员会都有明确的金融监管职责。
　　③ 许文彬等：《金融监管与金融创新的共同演化分析——一个基于非线性动力学的金融监管分析框架》，《经济研究》2019 年第 5 期。
　　④ 杨东：《互联网金融的法律规制——基于信息工具的视角》，《中国社会科学》2015 年第 4 期。
　　⑤ 周仲飞、李敬伟：《金融科技背景下金融监管范式的转变》，《法学研究》2018 年第 5 期。

（二）环境监管领域

环境污染是人类直接或间接地向环境排放超过其自净能力的各种物质或能量的结果，由于环境污染而降低了环境质量，对人类的生存与发展、生态系统和财产等造成多种不利影响，正因如此，环境污染也被称为公害。就环境污染的本质而言，它是一种典型的负外部性问题，因此，为了解决这种外部性问题而造成的市场失灵，客观上就需要政府加强对环境污染监管。例如，李树、陈刚利用2000年《中华人民共和国大气污染防治法》修订为例，系统评估了这次修订对中国工业全要素生产率增长的影响。其研究表明，这次修订显著提高了空气污染密集型行业的全要素生产率，且其边际效应随着时间的推移呈递增的趋势。这意味着，实施严格的环境管制可能不仅不会降低中国经济增长的速度，反而还可能使中国经济收获提高环境质量和生产率增长的"双赢"结果。① 沈坤荣、周力基于中国七大流域干流县域数据，首次实证验明了流域经济带"污染回流效应"的存在性，研究表明，"污染回流效应"主要是由于上下游地方政府竞争引致的，而以"国控点"环境监测制度为代表的垂直型环境规制可起到一定抑制作用。因此，为治理流域污染问题，国家应统筹考虑流域经济带的税收、财政与环境政策等方面的顶层设计，严控由地方政府竞争引致的非期望环境后果。②

环境污染的种类很多，其中最主要的是大气污染、水污染、固体废弃物污染、环境噪声污染、土壤污染和放射性污染，为此，中国针对这些领域污染分别制定了污染防治法。中国的生态环境部是负责环境污染监管的国务院行政主管部门，负责环境污染防治的监督管理。生态环境部还分别在华北、华东、华南、西北、西南、东北设有六个督查局和六个核与辐射安全监督站。各省级生态环境厅（局）是地方环境污染监管的行政部门，负责本行政区域的环境污染监管工作。国家和地方环境污染监管机关依据有关法律法规实行监管。

---

① 李树、陈刚：《环境管制与生产率增长——以APPCL2000的修订为例》，《经济研究》2013年第1期。

② 沈坤荣、周力：《地方政府竞争、垂直型环境规制与污染回流效应》，《经济研究》2020年第3期。

（三）卫生健康监管领域

卫生健康涉及食品、药品、医疗卫生、医保等广泛内容。其中，食品与药品是两类直接关系到人类身体健康、生命安全的重要产品，限于篇幅，这里主要讨论食品、药品监管问题。

"民以食为天"，食品是人类生存与发展的最基本的物质。但如果食品质量有问题，就有可能使食品中含有的各种有害因素给人类带来疾病，影响健康，甚至危及生命。如果人们食用了被污染的食品，有的可能造成急性、慢性中毒，有的可能致癌，有的可能造成胎儿畸形而危害后代。药品是一类具有相当特殊性的产品，其特殊性表现在：一是药品的专用性。药品只能用于治疗、预防、诊断疾病或计划生育，许多药品只有通过医生的检查、诊断，并在医生的指导下合理使用时，才能收到良好的效果。二是药品的两重性。一方面，药品可以预防疾病，健康身体；另一方面，如果药品使用不当，也会危害使用者的身体健康和生命安全。三是药品质量的严格性。它集中表现在不允许假药、劣药进入市场，一旦不合格的药品进入市场，就意味着药品的疗效和安全性无法得到保证，就可能产生危害人们生命健康的危险。

由于食品和药品的特殊性，世界各国政府都十分重视食品和药品监管。中国政府也十分重视食品监管工作，1953年，卫生部就颁发了《清凉饮食物管理暂行办法》，这是中华人民共和国成立后第一个食品卫生监管方面的法规。1995年，在总结原试行法实施经验的基础上，全国人大颁布了《中华人民共和国食品法》，现行的《中华人民共和国食品安全法》是2015年的修订版。中国对药品管制的法律制度建设起步较晚，但发展速度较快。1984年9月，全国人大颁布了《中华人民共和国药品管理法》，这为政府对药品监管提供了基本法律依据。现行的《中华人民共和国药品管理法》是2015年的修订版。在这两个法律的基础上，目前已基本形成一套食品药品监管法律法规制度。根据2018年《国务院机构改革方案》，国家市场监管总局主管食品安全监管工作，而医药、医保和医疗监管分别由国家卫生健康委员会及其管理的国家中医药管理局、国家医疗保障局、国家市场监督管理总局管理的国家药品监督管理局分工负责监管。各省级相关政府部门实行属地化管理。

许多学者对药品监管问题作了深入研究，例如，宋华琳以大量事实详细讨论了中国药品规制改革的历程，分析了政府规制改革的成因和动力，着重分析了国务院、跨国公司、传媒、专家、公众等不同角色在药品规制改革及其政策形成中的重要的影响，强调从转变药品规制理念、建设规制能力、强化市场规制、改进规制工具等方面深化药品规制改革，以构建规制型政府，实现有效率的药品风险规制。① 郁建兴等基于 2004 年后 13 起疫苗危机的案例研究表明，转变政府职能与构建有效市场监管治理体系是相互依赖的共同演进关系，其中政府职能转变是构建市场监管治理体系的前提，而市场监管治理能力的提升又是政府职能转变的支撑。② 2020 年年初暴发的新冠肺炎疫情，对人民健康和社会经济造成前所未有的危害，这促使中国政府高度重视，决定构建强大的国家公共卫生管理体系，其中包括公共卫生监管体系，以完善重大疫情防控体制机制。因此，这一领域将成为许多学者研究的重点。

（四）安全监管领域

国内外理论界对安全监管的范围具有不确定性，本书在参考有关文献的基础上，根据中国的监管实践，将安全监管分为职业安全监管、安全生产监管和产品安全（产品质量）监管，每种监管类型都具有丰富的监管内容，对政府监管机构具有很大的挑战性。

1. 职业安全监管

其主要目标是为了预防、控制和消除职业病危害，防治职业病，保护劳动者健康及其相关权益。职业安全监管主体是县级以上人民政府相关部门，按照各自职责分工，依法行使职权，承担责任。职业安全监管可采取对用人单位前期预防监管、劳动过程中的防护与管理监管、职业病诊断与职业病病人保障监管等分环节监管，并可依法采取多种形式实行监督检查。

2. 安全生产监管

其主要目标是防止和减少生产安全事故，保障人民群众生命和财产

---

① 宋华琳：《政府规制改革的成因与动力——以晚近中国药品安全规制为中心的观察》，《管理世界》2008 年第 8 期。

② 郁建兴等：《政府职能转变与市场监管治理体系构建的共同演进逻辑——基于疫苗监管治理体系及应对危机事件的案例研究》，《管理世界》2020 年第 2 期。

安全。根据《中华人民共和国安全生产法》（2014年修正版）第九条规定，对安全生产实行分层监管，各级政府有关部门依法在各自的职责范围内对有关行业、领域的安全生产工作实施监管。根据2018年《国务院机构改革方案》，国家应急管理部的一个重要职责是负责安全生产综合监督管理和工矿商贸行业安全生产监督管理。因此，国家应急管理部是全国安全生产工作实施综合监管的主体，各级政府的应急管理部门是相应行政区域的安全生产综合性监管主体。其他相关政府行政部门也是相应行业、领域的安全生产监管主体。安全生产监管机关依法对涉及安全生产的事项进行审查批准（包括批准、核准、许可、注册、认证、颁发证照等）或者验收；有权对生产经营单位执行有关安全生产的法律、法规和国家标准或者行业标准的情况进行监督检查，对检查中发现的安全生产违法行为按情节严重性进行处理和处罚。

3. 产品质量与安全监管

产品质量是产品的安全性、有效性、耐用性、可靠性、准确性、美观性、易操作和维修性以及其他有价值的特性的组合。虽然对于不同的产品，衡量其质量的特征和重要性权数也是不同的，但任何产品的安全性是衡量其质量的最首要特征。因此，产品质量与安全密不可分。

中国作为一个发展中国家，科学技术的总体水平还有待提高，这在客观上必然影响产品质量，使中国许多产品的质量尚未达到国际先进水平。一些企业还在产品生产过程中偷工减料，以次充好，生产假冒伪劣产品，从而在更大程度上影响了中国的产品质量和安全水平，损害了消费者权益。这些都在客观上要求中国各级政府加强对产品质量和安全监管。作为对产品质量与安全问题所做出的积极反应，中国在1993年2月就颁布了《中华人民共和国产品质量法》，2018年12月对该法作了第三次修正。明确其立法目的是"为了加强对产品质量的监督管理，提高产品质量水平，明确产品质量责任，保护消费者的合法权益，维护社会经济秩序"。并明确国务院市场监督管理部门主管全国产品质量监督工作。县级以上地方市场监督管理部门主管本行政区域内的产品质量监督工作。[①] 同时，针对产品安全，中国还制定了许多法规制度，例

---

① 参见《中华人民共和国产品质量法》（2018年修正）第一、第五、第八条。

如,《乳品质量安全监督管理条例》(2008年国务院令第536号)、《民用爆炸物品安全管理条例》(2006年国务院令第466号,2014年修订)、《特种设备安全监察条例》(2003年国务院令第373号,2009年修订)等。这些法律法规制度为中国产品质量与安全监管提供了法律依据,但还需要根据中国产品质量与安全监管的需求,借鉴发达国家经验,增加相关法律法规数量、扩大法律覆盖范围、加强政府监管内容的具体性和可操作性。

安全监管领域具有丰富的监管内容,对政府监管机构具有很大的挑战性,不少学者对这一领域作了深入研究,例如,肖兴志等根据煤炭行业规制特点,提出并论证"安全规制波动"这一命题,并实证研究了安全规制波动对煤炭生产所产生的影响,研究发现规制水平波动对煤炭产量的影响呈现明显的非对称性,而这种非对称影响对保持煤矿企业生产预期稳定和预防重特大安全事故发生都将造成不利影响。为此,改革的核心内容是切断地方政府与煤矿生产企业之间的利益联系,使地方政府和煤矿企业成为独立决策的行为主体。[①] 谢康等论证了加大监管力度对生产经营者食品安全违规行为的影响具有两面性,在某些情形下,随着监管力度的增强,食品安全违规行为反而逐渐增多,并提出食品安全监管制度应从单纯增加监管总量的制度安排转变为结构动态优化的"监管平衡"制度安排,联动地看待生产经营者、消费者和监管者的三元结构,以追求食品安全监管的三维动态平衡。[②]

第四节 中国特色政府监管理论体系构建的基本导向[③]

一 坚持以马克思主义为指导,明确根本导向

习近平强调指出:"坚持以马克思主义为指导,是当代中国哲学社

[①] 肖兴志:《安全规制波动对煤炭生产的非对称影响研究》,《经济研究》2011年第9期。

[②] 谢康等:《食品安全、监管有界性与制度安排》,《经济研究》2016年第4期。

[③] 王俊豪:《中国特色政府监管理论体系:需求分析、构建导向与整体框架》,《管理世界》2021年第2期。

会科学区别于其他哲学社会科学的根本标志,必须旗帜鲜明加以坚持。"[1] 坚持以马克思主义为指导构建中国特色政府监管理论体系,首先要明确"以人民为中心"这一根本性、原则性的研究导向,解决为什么人的问题。研究中国特色政府监管理论的根本目的就是要为广大人民群众谋利益。中国特色社会主义进入新的历史阶段,人民群众对产品质量、生态环境、卫生健康、安全的需要日益增长。政府监管是保证产品质量、保护环境、保证食品药品安全、保障卫生健康和预防重大生产事故的重要手段。构建中国特色政府监管理论体系,就要研究如何完善中国产品质量监管、环境监管、食品医药监管和安全监管的政策与监督评价机制,寻求防范和有效化解各种风险的制度安排与政策措施,研究成果将有助于满足人民群众日益增长的对美好生活的需要。

坚持以马克思主义为指导构建中国特色政府监管理论体系,还要求坚持问题导向。目前,中国的政府监管理论面临着许多新问题、新挑战,例如,大气污染、水污染、垃圾等固体废弃物污染等环境污染问题还比较严重;食品、药品、医疗等卫生健康问题时有发生;许多产业的能源成本和运输成本居高不下,等等。这些都和政府监管不到位,政府监管效率低、效果差密切相关。这要求我们坚持问题导向,通过深入调查研究,从理论上探索解决问题思路和方法,产生创新性理论成果,为完善中国政府监管体制机制,提高政府监管有效性提供理论依据。

二 立足中国社会主义基本制度,彰显中国特色

考察西方监管理论与实践关系的历史演进过程,社会经济发展的需要是监管理论产生与发展的土壤,社会经济政治制度是监管理论演进的制度基础。由于西方国家和中国在制度禀赋、所有制结构、监管体制等方面存在较大差异,植根于西方国家制度体系的监管制度在指导中国监管实践中,在许多方面都存在不适应问题。恩格斯在谈到生产和交换关系的条件时更明确指出:"人们在生产和交换时所处的条件,各个国家各不相同,而在每一个国家里,各个世代又各不相同。因此,政治经济学不可能对一切国家和一切历史时代都是一样的。"[2] 因此,西方已有

---

[1] 习近平:《在哲学社会科学工作座谈会上的讲话》,人民出版社2016年版。
[2] 《马克思恩格斯文集》(第九集),人民出版社2009年版,第153页。

政府监管理论只能作为中国研究政府监管理论的参考和借鉴材料，而不能作为什么"标准"。构建中国特色政府监管理论体系必须立足中国社会主义基本制度，才能彰显中国特色，适应中国政府监管实践的需要。

由于中国还属于发展中国家，社会主义市场经济需要一个不断完善的过程，这决定了在中国社会主义基本制度框架内，政府监管的体制环境也处于动态变化中，这要求我们立足中国现有的社会主义基本制度，构建与现有发展阶段相适应的中国特色政府监管理论体系，并随着体制改革深化与创新而不断完善，以适应社会经济发展的动态需要。

三 服务中国政府监管实践需求，理论联系实际

以服务中国政府监管实践需求构建中国特色政府监管理论体系，确保监管理论与实践具有较高的耦合性，做到理论联系实际，这是一个重要的研究导向。因此，构建中国特色政府监管理论体系要以服务政府监管现实需求为导向，直面中国政府监管中的重大监管政策问题，开展系统、深入和针对性的研究。例如，政府监管是国家治理体系和治理能力的重要组成部分，也是中国行政体制改革过程中需要加强的政府职能。如何通过"放管服"改革，在激发市场活力的同时提高政府监管的针对性和有效性，一直是中国行政体制改革的一个难题。针对这一现实需求，在构建中国特色政府监管理论体系的过程中，需要系统研究中国特色政府监管的法规政策体系、监管机构体系、监管监督体系、监管方式体系和监管绩效评价体系，剖析中国特色政府监管体系的构成要素及其相互关系。在取得理论研究成果的基础上，探讨中国政府监管体制改革的总体思路、战略重点、改革的难点和目标选择等具有战略意义的重大问题，为推进中国政府监管体制改革提供政策思路。

四 学习借鉴西方国家有用理论与实践经验，做到"洋为中用"

市场经济体制背景下的政府监管理论源于西方发达国家，中国改革开放以来，许多学者积极将国外监管理论引进国内，并结合中国监管需要对监管理论作了努力探索与研究，在短短的 20 多年时间内取得了重要的研究成果。在此过程中，认真学习西方政府监管理论，借鉴西方政府监管实践经验无疑发挥了重要的作用。因此，为构建中国特色政府监管理论体系，需要以世界的眼光、开放的胸怀、虚心的态度学习和汲取西方国家一切有用的成果，兼收并蓄；但在学习借鉴西方国家政府监管

理论与实践经验的过程中，又要以"扬弃"的态度，吸收对中国有用的东西，而不能让国外理论成为束缚我们开展原创性创新研究的教条，真正做到"以我为主""洋为中用"。

五 提炼和概括中国监管实践经验和规律，加强中国话语体系建设

由于中国研究政府监管理论的起步较晚，至今中国理论界对西方国家监管理论研究较多，结合中国制度环境对政府监管问题研究较少；跟随西方国家研究监管理论较多，独创性研究监管理论较少。因此，尚未形成中国特色的政府监管话语体系，在国际上缺乏中国声音和影响力。党的二十大报告指出："深入实施马克思主义理论研究和建设工程，加快构建中国特色哲学社会科学学科体系、学术体系、话语体系，培育壮大哲学社会科学人才队伍。""加快构建中国话语和中国叙事体系""形成同我国综合国力和国际地位相匹配的国际话语权。"[①] 中国改革开放以来，经济体制改革成为推动指令性管理到政府监管转型的关键因素，而微观市场主体的不断强化则对指令性管理到政府监管的转型提出客观要求，并在政府监管实践中积累了不少值得总结的经验；中国学者积极将国外监管理论引进国内，结合中国监管需要对监管理论作了努力探索与研究，积累了重要的研究成果。这些都为我们提炼和概括中国监管实践经验和规律，构建中国特色政府监管理论体系，建立具有中国特色、中国印记的政府监管基本概念和范畴逻辑体系，体现原创性、时代性，加强话语体系建设提供了历史与现实、理论与实践基础。以提高中国政府监管理论研究成果在国际上同类研究中的地位和话语权，增强中国政府监管理论的国际影响力。

六 培育政府监管新兴交叉学科，促进学科建设

政府监管理论是研究监管科学性的新兴应用性学科理论。从政府监管理论产生和发展的过程看，它是应实践的需要而产生与发展的，其理论研究紧密结合现实经济社会，具有明显的应用性学科性质。同时，政府监管理论涉及经济、政治、法律、行政管理等方面的内容，这又决定

[①] 习近平：《高举中国特色社会主义伟大旗帜　为全面建设社会主义现代化国家而团结奋斗——在中国共产党第二十次全国代表大会上的报告》，人民出版社 2022 年版，第 43—44、46 页。

了政府监管理论是一门新兴交叉学科理论。其中，经济学是政府监管理论的基础性学科，这是因为，政府监管理论不仅要研究政府监管本身的需求与供给，而且要分析政府监管的成本与收益，通过成本与收益的比较以确定某一政府监管政策的必要性。同时，监管政策的制定与实施也要以经济学原理为重要依据。公共管理学与政府监管理论具有直接的联系，因为监管的一个基本手段是行政手段，监管者可以命令被监管者强制执行有关法规，实行行政监督。这就决定了政府监管理论需要运用行政管理学的基本理论与方法。政治学是与政府监管理论密切相关的一门学科，从某种意义上讲，监管行为本身就是一种政治行为，任何一种监管政策的制定与实施都在相当程度上体现着各级政府的政治倾向，相当程度上包含着政治因素。法学（特别是行政法学）与政府监管理论也紧密相关，这是因为，监管者必须有一定的法律授权，取得法律地位，明确其权力和职责；同时，监管的基本依据是有关法律法规。这就使政府监管理论与法学存在必然联系。管理学与监管学也有一定的联系，监管者与被监管者之间通常存在相当程度的信息不对称性，监管者如何引导被监管者尽可能采取有利于社会公众利益的行为，这是一个复杂的博弈过程，这要求监管者必须掌握管理学知识，具有较强的管理能力。

政府监管理论的新兴学科和应用性、交叉学科性质所决定，构建中国特色政府监管理论体系在学术上的一个重要导向就是，培育政府监管新兴交叉学科，促进学科建设。也就是说，研究构建中国特色政府监管理论体系的过程，就是培育政府监管新兴交叉学科，促进这一学科建设的过程。

本章小结

一 合理界定政府监管概念的前提是分析政府监管的基本特征

政府监管的基本特征是社会主义市场经济是政府监管的存在基础，政府监管以追求公共利益为基本目标，政府监管主体是具有监管职能的政府机构，政府监管以法律制度为依据，政府监管以微观市场主体为监管对象，综合运用行政、法律、经济、技术等多元政府监管方式。综合这些基本特征，本书对政府监管的定义是：政府监管是在社会主义市场经济体制下，具有监管职能的政府机构基于公共利益目标，依照法律制度并运用多种监管方式，对微观市场主体所采取的各种制约与激励行为。

二　明晰政府监管的边界需要辨析政府监管的相关概念

在中国政府监管理论与实践中，政府监管与宏观调控、行政管理、督查、政府管制和市场监管等相关概念很容易混淆，以致政府监管概念在实践中被泛化使用，造成了不少监管理论上的误区和监管实践中的困惑。为此，本书专门讨论了政府监管与这些相关概念的关系，为政府监管职能的合理定位和政府监管体系的构建提供理论依据。

三　提出并分析了中国政府监管的四大基本领域和主要类型

在分析国内外学者代表性观点的基础上，分析了原有的"经济性监管"的范围存在很大的不确定性，难以明确监管的实质性内容；"社会性监管"既不能明示监管的主要内容，也不符合中国的话语体系。在此基础上，提出并论证中国政府监管的产业监管、环境监管、卫生健康监管和安全监管这四大基本领域及其主要类型的理论构想。

四　探讨了构建中国特色政府监管理论体系的基本导向

本书探讨了构建中国特色政府监管理论体系的六个基本导向，以较好地体现"中国特色"：一是坚持以马克思主义为指导，这是构建中国特色政府监管理论体系的首要导向；二是立足于中国现有的社会主义基本制度，彰显中国特色；三是服务中国政府监管实践需求，为解决中国监管面临的重大问题提供指导；四是学习和汲取发达国家政府监管理论与实践经验，做到以我为主、洋为中用；五是提炼和概括中国监管实践经验和规律，形成一批新概念、新范畴，加强话语体系建设；六是培育政府监管新兴交叉学科，促进学科建设与发展。

第三章

中国特色政府监管理论体系基本框架

本章在总结政府监管体系相关理论研究的基础上，探讨中国特色政府监管理论体系的主要特征，重点研究如何构建中国特色政府监管理论体系的整体框架及其构成要素之间的关系，最后以这一理论体系为基准，简要分析中国现行政府监管体系存在的突出问题，探讨如何实现中国特色政府监管理论体系的基本思路，为后面的研究作必要的理论铺垫。

第一节 政府监管体系的相关理论研究

一 体系与政府监管体系

为准确把握政府监管体系，有必要先讨论"体系"的基本含义。《辞海》对"体系"的解释是：若干有关事物互相联系、互相制约而构成的一个整体，如理论体系、语法体系、工业体系等。[①]《当代汉语词典》对"体系"也有类似的解释：互相关联的若干事物或意识构成的一个整体，如建筑体系、哲学体系等。[②] 由上述对"体系"的基本解释可见，"体系"是由若干要素构成的整体，而且这些构成要素相互联系、相互制约，共同构成一个有机整体。

---

① 夏征农、陈至立主编：《辞海》（彩图本第六版），上海辞书出版社2009年版，第2237页。

② 《当代汉语词典》编委会：《当代汉语词典》，中华书局2009年版，第1419页。

第三章 中国特色政府监管理论体系基本框架

本书第二章根据政府监管的基本特征，我们曾对"政府监管"作以下定义：在社会主义市场经济体制下，具有监管职能的政府机构基于公共利益目标，依照法律制度并运用多种监管方式，对微观市场主体所采取的各种制约与激励行为。综合对"体系"和"政府监管"的讨论，我们可以将"政府监管体系"理解为由政府监管要素构成的一个整体。由于政府监管是由监管主体（具有监管职能的政府机构）、监管客体或对象（市场主体）、监管依据（法律制度）和监管方式这四个核心要素构成。同时，为保证监管机构以公共利益为导向，执政为民，需要对政府监管机构实行外部监督制约；此外，为实现有效监管，提高监管效率，还需要对政府监管绩效进行科学评价。因此，构建中国特色政府监管理论体系，首先需要从理论上回答政府监管的依据（监管法律制度）、由谁监管（监管机构）、如何监管（监管方式）、谁来监督监管者（监管外部监督）以及如何评价监管效果（监管绩效评价）这五方面相互联系、相互制约的基本问题。因此，我们可以将政府监管理论体系定义为：由政府监管的法律制度、监管机构、监管方式、监管外部监督和监管绩效评价这些基本要素构成的一个有机整体。① 这些要素相互联系、相互制约，共同促进不断提高监管水平，实现有效监管。

二 代表性行业或领域政府监管体系的相关理论研究

在现有文献中，对政府监管体系的理论研究还很少见，通常是结合特定行业或领域作理论研究。因此，本书选取较有代表性的能源行业、食品行业、金融行业和环境保护领域关于政府监管体系的一些研究文献进行讨论。

（一）关于能源监管体系的研究

许多学者对能源监管体制和管理体制等问题作了研究。例如，有的学者主张以优化政府职能为目标，通过行政组织法明确能源监管机构职能；以事权划分为基础，运用行政组织法差异化配置能源监管权力；以"政监分离"为前提，为统一的能源监管机构提供行政组织法依据。②

---

① 下一节将详细讨论中国特色政府监管体系的整体框架及其构成要素，在此对政府监管体系暂不展开讨论。

② 王浩：《行政组织法视野下能源监管体制改革研究》，《西南石油大学学报》（社会科学版）2019年第1期。

有的学者认为，面临新时代新要求，推动政府能源治理现代化，应当重新审视政府与市场的边界，明确政府在能源领域的管理职责、组织体系、管理方式和手段，通过职能转变解决行政性干预过多、职能交叉、多头管理、重审批轻监管等一系列问题。① 有的学者强调，对于能源监管应该划清能源宏观管理和行业监管的边界，加强发展改革部门的规划引导和战略谋划以及提升主管部门的行业监管能力。对于能源立法则要加快推进能源政策法规的立、改、废，加快能源基本法——能源法的立法进程。② 有的学者还认为，能源管理不单单是一种行政管理，而是综合性管理行为，并指出了中国能源管理体制存在的主要弊端是：能源管理职能分散，能源产业内部缺乏统一的规划，能源战略管理和决策机制弱化以及能源统计信息失真等，建议完善能源管理法律体系；以综合管理为导向，改进政府管理能源的方式。③ 有的学者在系统研究的基础上还明确指出，现代能源监管体系就是由能源监管的法律法规、能源监管机构、能源监管监督、能源监管绩效评价这四个相互联系、相互制约的核心要素构成的一个有机整体。④

（二）关于食品安全监管体系的研究

"民以食为天"，食品安全与公众的生活质量、卫生健康密切相关，在食品安全事故频发的背景下，食品安全监管体系成为许多学者研究的重点领域。如有的学者认为，建立媒体、资本市场与政府共同监督、协同治理的长效机制，是食品安全监督的有效模式，并提出三方各自应该发挥的作用，使食品企业"不敢违规、不能违规、不想违规"。⑤ 有的学者则认为，食品安全的监管体系就是为了实现食品公共安全监管目

---

① 熊华文、苏铭：《推动能源治理体系和方式现代化》，《宏观经济管理》2018 年第 8 期。
② 景春梅：《"十三五"能源体制改革建议》，《经济研究参考》2016 年第 60 期。
③ 郑佳宁：《从行政管理到综合管理：我国能源管理的模式变革》，《行政法学研究》2010 年第 3 期。
④ 王俊豪等：《中国现代能源监管体系与监管政策研究》，中国社会科学出版社 2018 年版，第 66—67 页。
⑤ 周开国等：《食品安全监督机制研究——媒体、资本市场与政府协同治理》，《经济研究》2016 年第 9 期。

标，相互关联或相互作用的一组要素构成的具有特定功能的有机系统。① 有的学者进一步指出，我国食品安全监管体系由食品安全法律监管体系、食品安全监管机构、分类监管的形式、食品安全标准以及对食品安全监管指标体系运行绩效评估这五方面组成。② 有的学者还通过研究发达国家的食品安全监管体系，指出发达国家的食品安全监管体系具有如下几个特点：一是系统的食品安全法律法规体制；二是明确的监管体制与主体；三是完善的食品安全标准；四是统一的食品安全检测与预警系统；五是有效的消费者食品安全意识。③ 而对于食品安全监管力度，有的学者认为，食品安全监管制度应从单纯增加监管总量的制度安排转变为结构动态优化的"监管平衡"制度安排，追求食品生产经营者、消费者和监管者的食品安全监管的三维动态平衡。④

（三）关于金融监管体系的研究

完善的监管体系有利于防止系统性的金融风险，在2008年国际金融危机发生之后，完善金融监管体系，防止类似危机再次发生就显得尤为重要，因此对金融监管体系的研究也就成了一个热点问题。关于金融监管体系的研究，有的学者认为，金融监管体系是为实现特定的经济社会目标而对金融活动施加影响的一整套机制和组织结构的总和，包含着权力分配、责任划分、组织结构等。⑤ 有的学者还讨论了中央银行与金融监管的关系，认为两者密不可分。主要表现为中央银行货币调控离不开金融监管政策的协调配合，中央银行履行金融稳定职能需要获得相关金融监管信息，并提出监管体系必须激励相容，一是监管目标应清晰明确，处理好发展与监管的矛盾；二是监管权责应对等；三是监管政策应公开透明，通过透明的监管规则实现激励相容。⑥ 一些学者还对不同国

---

① 廖卫东、何笑：《我国食品公共安全规制体系的政策取向》，《中国行政管理》2011年第10期。
② 何猛：《我国食品安全风险评估及监管体系研究》，博士学位论文，中国矿业大学（北京），2013年，第80页。
③ 李先国：《发达国家食品安全监管体系及其启示》，《财贸经济》2011年第7期。
④ 谢康等：《食品安全、监管有界性与制度安排》，《经济研究》2016年第4期。
⑤ 孔萌萌：《金融监管体系演进轨迹：国际经验及启示》，《改革》2011年第12期。
⑥ 徐忠：《新时代背景下中国金融体系与国家治理体系现代化》，《经济研究》2018年第7期。

家的金融监管体系作了比较分析，并提出中国金融监管体系改革的建议。例如，有的学者在分析美国、英国以及中国台湾地区金融监管体系演变过程的基础上，认为实行统一监管是金融监管体系发展的趋势和方向。并认为改革和完善我国金融监管体系的总体思路是"建立统一监管、分工协作、伞形管理的金融监管体系"。① 有的学者则通过对日本在亚洲金融危机之后重新构建金融监管体系的研究，指出金融监管体系的重建首先是金融监管机构的重建，并以此为基础全面提高监管效能。此外，这些学者认为事前金融监管制度重建与提高金融机构经营安全性，事后金融安全网建设和防范系统性风险也是日本金融监管体系重建的两个重要方面。②

（四）关于生态环境监管体系的研究

中国改革开放以来，在取得巨大经济成就的同时，生态环境遭到了不同程度的破坏，在生态环境监管领域面临严峻挑战，激起许多学者研究环境监管体系的热情。不少学者从不同角度对现有环境监管体系存在的问题进行了深入的研究。如一些学者指出现有环境监管模式存在的弊端：监管主体上以政府为主，监管对象上以生产者为主，监管手段上以行政监管为主。这种传统的监管模式产生的问题是：政府的环境监管职能与经济管理职能存在冲突；环境监管对象的庞杂造成监管力所不逮；行政监管"运动式"监管短期有效，长期存在弊端。并主张从政府监管到多元监管，实现全民共治、共享。③ 有的学者认为，虽然2018年3月中共中央印发的《深化党和国家机构改革方案》对自然生态系统的保护修复和监管进行了部门划分，但依然面临着生态监管的职能边界不清晰、制度体系不健全等问题。针对新时期生态监管制度体系的构建，建议建立与完善生态保护防控制度、生态监测制度、生态评估及预警制度、生态保护执法制度、考核督察问责制度、公众参与监督制度和生态

---

① 曹凤岐：《改革和完善中国金融监管体系》，《北京大学学报》（哲学社会科学版）2009年第4期。
② 王思洋、吴昊：《日本金融监管体系的重建及启示》，《东北亚论坛》2010年第5期。
③ 赵旭光、李红枫：《从法治视角探究生态环境监管体制改革》，《中国特色社会主义研究》2018年第4期。

监管保障制度等，以进一步提升生态监管效能。① 有的学者研究了西方发达国家生态安全监管体系，总结了如下几个特点：一是监管权限更多地向中央政府集中；二是注重发挥地方在生态安全监管方面的积极作用；三是建立了风险防范与多元共治的现代监管模式。② 还有学者比较了美国、德国、日本、澳大利亚等发达国家环境监管体制的演变过程，指出统一、协调的环境监管体制，完善、高效的环境监管法律体系以及公众的积极参与机制是良好的环境监管体系的重要组成部分。③

上述代表性行业或领域政府监管体系的相关理论研究，为本书研究中国特色的政府监管理论体系提供了较好的理论积累和参考资料，但现有文献主要是对特定行业或领域监管体系的研究，而对政府监管体系本身的理论研究还很少见，特别是缺乏对政府监管理论体系的特征、基本框架和构成要素相互关系的论证。因此，这些将是本章讨论的重点内容。

第二节　中国特色政府监管理论体系的主要特征

中国特色体现在许多方面，而最基本的体现是：中国共产党领导是中国特色社会主义最本质的特征，社会主义制度是中国的根本制度，中国的政体是全国人民代表大会制度。在中国特色前提下，构建中国特色政府监管理论体系的基本目标是：建立一个以"监管有据、运行高效、精准有效、公开透明、激励约束"为特征的政府监管理论体系，为政府实现有效监管提供制度基础。因此，中国特色政府监管理论体系的主要特征可概括为以下五个方面。

一　法律制度是政府监管的主要依据

依法治国是中国特色社会主义的本质要求和重要保障。政府监管的主体是具有监管职能的政府机构，客体是具有独立地位的市场主体，其主体与客体之间是完全独立的。政府监管实际上是处理政府与市场主体

---

① 刘伟玮等：《新时期生态监管职能解析及制度体系构建建议》，《环境科学研究》2019年第8期。
② 卞靖、郭丽岩：《完善生态安全监管体系》，《宏观经济管理》2014年第9期。
③ 王志亮、杨媛：《环境管制国际比较与借鉴》，《财会通讯》2016年第7期。

的关系。这决定了政府监管比政府系统内部的行政管理具有更高的法治要求。"监管有据"就是遵照依法治国的精神，依据法律制度实行政府监管。这至少需要具备两个必要条件：一是政府监管机构必须具有法定权责，严格按照法律制度规定履行监管职能。二是具有一个较为完善的法律制度体系作为政府监管的依据，这是实行依法监管，推进政府监管法治化、制度化、规范化的基础。

二 政府监管机构运行高效

政府监管机构"运行高效"的前提是政府监管机构设置合理，责权明确。政府监管机构的存在价值在于它具有比其他政府机构更高的效率。政府监管机构实行政企分离和政监分离，专司监管职能，职能专而精；具有法律地位，得到必要的法律授权，能独立地履行其监管职能；实行专家监管，精通监管领域的特点和监管业务，较少受到政治干预，等等。这些都能为政府监管机构高效率运行提供基本条件。同时，政府监管机构要真正实现高效率运行，还需要具有科学的组织系统、高效率的信息系统、高效率的监管程序和高效率的工作机制。[①]

三 政府监管方式精准有效

"精准有效"的政府监管方式是实现精准高效监管、包容审慎监管、寓服务于监管的重要条件。政府监管机构在运用原有的有效监管方式外，还要充分利用现代科技手段在政府监管中的作用，运用互联网、大数据等新技术推动监管方式创新，积极探索以远程监管、移动监管等非现场监管，提升政府监管的精准化、智能化水平。对于常规性监管领域，全面实施"双随机、一公开"监管、"互联网＋监管"和"信用监管"方式；而对新技术、新产业、新业态、新模式，要加强对新生事物发展规律的研判，分类量身定制政府监管制度，实行包容审慎监管方式，既要鼓励支持创新发展，又要坚守质量和安全底线，不能简单封杀或放任不管。通过精准高效监管、包容审慎监管，为新兴事物的发展提供良好的服务。[②]

---

① 本书第五章将专题研究政府监管机构的设置原则、运行机制及其相关制度问题，这里不展开讨论。

② 本书第六章将专题研究政府监管方式体系，这里不展开讨论。

四 政府监管信息公开透明

"公开透明"就是要求政府监管信息与监管机构运行机制公开透明，为市场主体和外部监督提供充分的信息。政府监管信息以公开为常态、不公开为例外，实现政府监管制度、执行过程、结果等依法公开，给市场主体以稳定预期。政府监管机构的信息公开包括多方面内容，例如，程序性信息的公开，如办公制度、审批制度等；决策性信息的公开，如法规制定和行政裁决要采取听证、通知通告等方式；事务性信息公开，如职责分工、工作守则、收费标准等；绩效信息的公开，如预算执行情况、工作报告等。信息公开是实现法治政府的最有效的保证。为了保证政府监管机构依法监管，实现公共利益目标，公民、法人和其他组织就有必要了解政府监管机构的行为，并对其进行必要的监督，防止其滥用。因此，建立面向公众的信息公开制度，提升公众的信息能力，是政府监管机构的基本义务和公民的基本权利，这对保护公民的利益和防止监管权的滥用具有重要的意义。对于政府监管机构来说，建立信息公开制度可以使政府监管机构和社会之间形成一种互动，以增强政府监管机构的公信力，提升政府监管机构的形象，促进政府监管机构提高监管绩效。

五 实行激励约束相容的政府监管绩效评价

"激励约束"是指建立科学的政府监管绩效评价制度，根据监管绩效对监管机构及其成员形成激励与问责机制。而作为政府监管绩效评价的重要基础，要求政府监管机构制订战略计划和年度计划，并将计划的执行情况作为绩效评价的重要依据。在此基础上，要求对政府监管机构实行预算报告制度和年度工作报告制度。实行预算报告制度的主要功能是，根据政府监管机构的工作任务需要合理配备资金，同时促使政府监管机构合理使用资金，不断提高资金使用效率。而且，预算报告制度也是相关部门对政府监管机构绩效评价的重要依据。政府监管机构的年度工作报告制度则是对政府监管机构的工作绩效实行动态评价的重要手段，要求政府监管机构说明年度监管目标执行情况，如何使用所拥有的资源，并达到了什么绩效目标。政府监管机构的相关主管部门通过对其战略计划、年度计划、预算报告和年度工作报告的综合评价，最终对特定政府监管机构的监管绩效做出科学评价。[①] 并将监管绩效评价结果与政府监管机构的预算拨付、人员编制、监管责任制和问责制等相结合，有效发挥绩效评价对监管机构和主要成员的激励和惩罚作用。

第三节 中国特色政府监管理论体系的整体框架[②]

构建中国特色政府监管理论体系，首先需要从理论上回答政府监管的依据（监管法律制度）、由谁监管（监管机构）、如何监管（监管方式）、谁来监督监管者（监管的外部监督）以及如何评价监管效果（监管绩效评价）这五方面相互联系、相互制约的基本问题。因此，政府监管理论体系是由政府监管的法律制度、监管机构、监管方式、监管外部监督和监管绩效评价等基本要素构成的一个有机整体。这些要素相互联系、相互制约，共同促进不断提高监管水平，实现有效监管。同时，这五方面的基本要素内容丰富，各自形成子体系。因此，中国特色政府监管理论体系的整体框架可用图 3-1 表示。

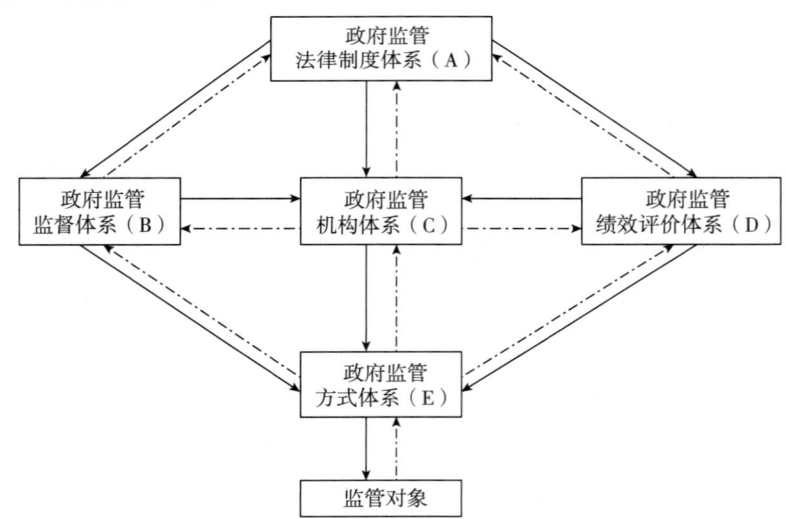

图 3-1 政府监管理论体系的整体框架

---

① 本书第八章将专题研究政府监管绩效问题，这里不展开讨论。
② 王俊豪：《中国特色政府监管理论体系：需求分析、构建导向与整体框架》，《管理世界》2021 年第 2 期。

由图 3-1 可见，中国特色政府监管理论体系的整体框架是由政府监管的法律制度体系（A）、政府监管监督体系（B）、政府监管机构体系（C）、政府监管绩效评价体系（D）和政府监管方式体系（E）这五个子体系构成的有机整体。其中，A 是 C 运行的依据，C 是 A 的执行主体；E 是 C 实施精准监管的基本手段，B 是 C 有效运行的重要保障，D 是 C 提高政府监管科学性的重要途径。它们有机联系、相互制约，形成一个政府监管理论体系整体框架。

由图 3-1 还可见，政府监管理论体系整体框架的结构，可以分为上中下三个部分，图中的实线表示直接的制约关系，虚线表示间接的反馈关系。首先，图 3-1 中最上方表示的是 A 与 B、C、D 这三者的关系。从相互关系上看，A 对这三个子体系均有直接决定与制约作用，反过来，这三个子体系对 A 有间接反馈作用，促进 A 的不断完善。其次，图 3-1 的中间部分显示了 B、C 和 D 之间的关系。其中，B 是对 C 的监督，对 C 有直接的制约作用；D 是对 C 的效率与效果的评价，是评价方对 C 的考核与评价，目的是约束 C，防止政府监管失灵。同时，C 对 B 和 D 有一定的反馈作用，有助于相互适应、不断完善。最后，图 3-1 的下半部分反映的是 B、C、D 与 E 的关系。E 的运用是否合法、合理与高效，需要 B 和 D 的监督与评价，并得到一定的反馈信息。而 C 是政府监管的执行主体，运用 E 直接作用于监管对象（微观市场主体），存在制约与反馈关系，影响监管对象的相关决策；同时，监管对象在实际运行过程中往往会面临一些新问题，而 C 对新问题监管存在一定的监管滞后性，监管对象的信息反馈就能提高政府监管方式的针对性和有效性。

第四节　中国特色政府监管理论体系实现的基本思路

本节以前面讨论的中国特色政府监管理论体系的主要特征和整体框架为基准，对照中国现行的真实世界的政府监管体系，简要分析存在的突出问题，探讨如何实现中国特色政府监管理论体系的基本思路。

一　中国现行政府监管体系存在的问题分析

政府监管是中国建立与完善社会主义市场经济体制过程中不断强化的一个新的政府职能，虽然在国家层面十分重视政府监管问题，许多政府部门也意识到监管的重要性，但对究竟应该监管什么以及如何有效监管缺乏明确思路，从而导致政府监管效率低下。主要问题表现在以下几个方面。

（一）政府监管法律制度不健全，缺乏监管依据

目前，中国一些重要公用事业缺乏基础性的法律，导致公用事业政府监管立法缺乏权威性和系统性。例如，政府监管体制改革较早的电信行业，至今还缺乏电信法，只有立法层级较低的《中华人民共和国电信条例》；又如在能源行业，还缺乏能源基本法能源法，目前已经颁布实施的能源单行法有《中华人民共和国电力法》、《中华人民共和国煤炭法》、《中华人民共和国可再生能源法》、《中华人民共和国石油天然气管道保护法》等，这些单行法有的立法时间久远且长期没有实质性修订，不少内容已经不适合当前能源行业改革发展的现实；而在石油天然气行业，至今还没有制定法律。由于没有基本法作为统领，政府监管缺乏系统性的法律依据，许多行业和领域的政府监管法律法规、规章和规范性文件之间也缺乏有效的衔接。同时，由于政府监管法律制度的执法授权不明确，造成了政府监管（部门）机构之间的职能冲突，加大了政府监管的执行难度，削弱了政府监管的权威性。在环境保护、卫生健康、生产安全和产品安全等方面也存在类似问题，特别是对儿童用品、老年人用品等的产品安全方面的立法还十分薄弱。

（二）政府监管机构权力配置不合理，多头监管比较普遍

政府监管是中国在建立与完善社会主义市场经济体制过程中不断强化的一个较新的政府职能，但在现行的政府监管实践中，许多政府部门的管理职能和监管职能合而为一，还是实行政监合一的管理体制。如在环境污染监管领域，经济管理部门强调经济稳定和发展，在"放管服"改革中，强调放松市场准入监管；而环保部门强调生产过程的严格监管，不同政府部门的监管导向差异，容易发生监管行为的冲突和矛盾。而在同一监管层次的横向监管机构的多头管理问题更为突出，如在能源、城市水务等监管领域，存在国家发改委、国家能源局、国资委、财

政部、住房和城乡建设部、生态环境部、应急管理部、市场监管总局等多头监管问题，导致政府部门和监管机构难以协调，影响政府监管的有效性。

（三）政府监管还是以传统行政管理方式为主，影响政府监管的精准性与有效性

由于中国还是基本实行政监合一的体制，而政府监管的基本手段是行政手段，行政手段虽然具有见效快、集中统一等特点，但单纯运用行政手段，容易造成"一刀切"的简单做法，不利于发挥管理对象的积极性、主动性和创造性。在中国市场经济体制下要更多地运用法律手段和经济手段，但法律手段要以较为完善的政府监管法律制度为前提，经济手段需要政府监管机构创造性设计与市场经济体制相适应的激励性监管政策。同时，随着科学技术的发展，需要充分利用现代科技手段在政府监管中的作用，提升政府监管的精准化、智能化水平。而目前在政府监管实践中现代科技手段的应用还处于探索阶段，这必然影响政府监管的精准性与有效性。

（四）政府监管机构缺乏必要的监督机制，存在偏离社会公共利益目标的隐患

在党的十八大有效推行"反腐倡廉"以前，由于缺乏有效的监督机制，在重要基础设施项目审批、重要能源价格、食品药品监管等方面曾发生过严重的腐败问题，在社会上造成了极其恶劣的影响，对国家和人民群众的利益造成了严重的损害。例如，在能源审批权力下放后，地方政府的能源监管机构出于局部利益的考虑，可能制定有利于地方企业的监管政策，形成新的行政性垄断和进入壁垒，限制和妨碍能源市场公平竞争。如果不能把对地方能源监管机构的监督制度化，能源领域"放管服"工作就很难顺利进行并取得积极的成效。这些都要求从立法、行政、司法和社会监督等多种途径对政府监管机构实行有效的外部监督。但在实践中，立法机关对政府监管机构制定规章制度的监督还比较薄弱，存在部门利益法制化的风险；由于信息不对称甚至内部庇护等多种原因，上级监管机构对下级监管机构缺乏有效的行政监督；政府监管的司法监督基本缺位；由于许多领域的政府监管透明度不高，对政府监管机构的社会监督还缺乏有效途径。这些都将导致政府监管行为偏离

社会公共利益目标，甚至产生新的腐败行为的隐患，需要形成有效的政府监管监督机制加以防患。

（五）尚未建立科学的政府监管绩效评价体系，缺乏科学的监管绩效评价

政府监管的专业性强、涉及面广、影响力大，这要求对政府监管机构的运行效率、监管规章政策的制定与执行情况、监管方式的运用、监管监督机制的落实等建立全方位的评价体系，以保证政府监管绩效能够得到科学评价和及时反馈，持续提高政府监管能力和水平。但中国目前尚未建立科学的政府监管绩效评价体系，表现为政府监管绩效评价的主体单一，评价主体主要是上级行政机关，缺乏社会公众和利益相关方的广泛参与；绩效评价方法主观判断多，经验证据少，随意性较大，缺乏对政府监管成本收益的定量分析；绩效评价方式多采取"运动式"，缺乏持续性和规范性；绩效评价的公开性和透明度不足，缺乏必要的社会监督。由于缺乏科学的政府监管绩效评价体系，导致政府监管中存在的问题得不到及时发现和解决，监管政策的实际执行情况和实施效果得不到如实反馈，监管政策的动态调整也缺乏充分的科学依据。

二　中国特色政府监管理论体系实现的基本思路[①]

（一）完善政府监管的法律制度体系

完善政府监管法律制度首先要明确政府监管法律制度的立法导向，其立法导向应体现创建公平竞争的市场环境、维护市场秩序、保护社会公众利益等，以此为前提完善政府监管法律制度。政府监管法律制度是以法律制度为核心，以其他法规、规章、规范性文件和行业标准等制度为支撑的有机整体。无论是制定或修订单独的行业法规，还是制定综合性的政府法规，法律的基础地位无疑是最重要的，这无疑是完善政府监管法律制度的核心。在此基础上，在法律框架范围内，制定相应的法规、规章、规范性文件和行业标准等制度作为配套也是十分重要的。从而形成由法律、法规、规章、规范性文件和行业标准等构成的政府监管

---

① 本书第四章至第八章将从政府监管法律制度体系、监管机构体系、政府监管方式体系、监管监督体系和监管绩效评价体系这五个方面，较为详细地讨论中国政府监管体系建设问题，本节只是提出中国政府监管理论体系实现的基本思路，不展开深入讨论。

法律制度体系。

(二) 建立高效的政府监管机构体系

从西方发达国家经验看,政府监管机构的设置有三种基本模式,即政府部门与监管机构合一模式(政监合一模式)、独立监管机构模式和大部制下相对独立监管机构模式。这需要结合中国国情和政府监管需要进行选择和创新,在相当长的时期内,中国比较适合由目前的政监合一模式转变为大部制下相对独立监管机构模式。而这种模式的权力配置则是建立高效的政府监管机构体系的核心内容。政府监管权力配置可分为纵向权力配置和横向权力配置。纵向权力配置实际上是中央与地方分层监管的权力配置问题,解决这一问题的基本导向是:一方面要建立中央政府有控制力的纵向权力配置体系和纵向协调运行机制;另一方面要有利于调动地方政府的积极性和主动性。在横向权力配置方面,应按照大部制的改革思路,合并同级相关政府监管机构,优化部门职能配置,并建立高效的部门间协调机制。从而在纵向与横向两方面建立高效的政府监管机构体系。

(三) 采取精准有效的政府监管方式体系

为提高政府监管的有效性,需要创新监管方式,改变原来采取单一行政手段的做法,尽可能运用与市场经济体制相适应的新型监管方式。根据中国政府监管的特点和需要,探索最高限价监管、区域间比较竞争监管、特许投标监管和社会契约监管等激励性监管方式,通过理论研究和实践检验,分析其可行性和适用性,把这些在经济发达国家已有实践基础的监管方式改造成为符合中国实际的监管方式。同时,充分利用现代科技手段在政府监管中的作用,运用互联网、人工智能、区块链等新技术推动监管方式创新;积极推行移动监管、远程监管等非现场监管,提升政府监管的精准化、智能化水平;总结推广"双随机、一公开"监管、"互联网+监管"和信用监管方式;实行包容审慎监管方式,促进新技术、新产业、新业态、新模式在中国的快速发展。

(四) 形成对政府监管机构的多元监督体系

对政府监管机构的监督体系是解决监管失灵问题,实现有效监管的重要保障。对政府监管机构的有效监督既要防止监管机构不作为,也要防止监管机构乱作为而不当干预市场,更要防止监管机构被少数利益群体"俘获"而偏离社会公共利益目标,对监管机构的有效监督是提高政府监管有效性和监管效率的制度基础。对政府监管机构的监督应当是多方面的,以形成多元监督体系。从对政府监管机构监督的主要实现途径看,可分为立法监督、行政监督、司法监督和社会监督,它们构成"四位一体"的多元监督体系。立法监督就是通过上级立法部门对政府监管机构立法行为的监督,以避免政府监管机构偏离公共利益而进行部门利益立法问题,以保证其制定的规章制度科学合理。行政监督是政府部门的内部监督,其监督内容包括政府监管机构的工作效率、监管行为的合法性、经费使用合理性等。司法监督是司法部门约束政府监管机构行使自由裁量权的重要手段,以保证政府监管的公平性。而社会监督是保证政府监管符合社会公共利益的重要途径,主要包括社会组织监督、公民监督、社会舆论监督、政府协会自律监督等。

(五) 构建科学的政府监管绩效评价体系

政府监管法律制度的制定、实施和调整都需要加强科学的绩效评价体系,这是中国特色政府监管体系建设的重要内容。在政府监管绩效评价体系中,重点要明确政府监管绩效的评价主体、评价对象、评价指标体系和评价实施这四个关键问题。其中,政府监管绩效评价主体是要解决"谁评价"的问题,政府监管绩效评价主体除了上级政府部门外,还应包括社会公众、学术组织和民间机构等在内的多元化评价主体,改变目前政府监管绩效评价由政府单一主导的现状。就监管绩效评价对象而言,由于政府监管机构是多层级的组织,中央和地方政府监管机构、被监管行业等均应纳入监管绩效评价的范围,但不同对象在评价目标、程序、指标体系上需要有一定差异。政府监管绩效评价指标体系是政府监管绩效评价的核心内容,它主要解决"评价什么"的问题。根据政府监管绩效评价的实际需要,应建立以政府监管机构能力、经济绩效、社会绩效和行政绩效为主要内容的四维监管绩效评价指标体系。政府监管绩效评价的实施,很大程度上依赖于政府监管机构信息的公开状况,因此,需要加强政府监管机构信息的公开工作,为政府监管绩效评价提供有效信息。同时,还要加强政府监管绩效评价结果的对外公开,利用评价结果来强化政府监管机构公共受托责任、提高政府监管水平与效率。

由于中国特色政府监管理论体系是由政府监管法律制度、政府监管机构、政府监管方式、政府监管监督、政府监管绩效评价这五个核心要素构成的一个有机整体。这要求在实现中国特色政府监管理论体系过程中，这五个核心要素之间要相互协调、整体推进。例如，在完善政府监管法律制度过程中，需要明确规定：①特定政府监管机构的法律地位、基本职能、责任与权力等核心内容，为政府监管机构的高效运行提供法律基础；②政府监管方式规定与授权，以实现精准监管；③监管机构的外部监督主体、监督方式、监督反馈和处理机制等，促使政府监管机构公开、公平、公正履行其职能；④监管绩效评价主体、基本内容、评价结果的效用等内容，促使政府监管机构提高效率，并通过政府监管机构的有效监管，降低国民经济运行的成本，增进消费者福利。而在建立高效的监管机构体系、采取精准有效的政府监管方式体系、形成对政府监管机构的多元监督体系、构建科学的政府监管绩效评价体系的过程中，不仅要遵循政府监管法律制度，而且要为完善政府监管法律制度提供有价值的反馈意见。

本章小结

一 探讨了中国特色政府监管理论体系的主要特征

在中国特色社会主义前提下，构建中国特色政府监管理论体系的基本目标是：建立一个以"监管有据、运行高效、精准有效、公开透明、激励约束"为特征的政府监管理论体系，为政府实现有效监管提供制度基础。因此，中国特色政府监管理论体系的主要特征是：法律制度是政府监管的主要依据；政府监管机构运行高效；政府监管方式精准有效；政府监管信息公开透明；实行激励约束相容的政府监管绩效评价。

二 构建了中国特色政府监管理论体系的整体框架

构建中国特色政府监管理论体系，需要从理论上回答政府监管的依据（监管法律制度）、由谁监管（监管机构）、如何监管（监管方式）、谁来监督监管者（监管的外部监督）以及如何评价监管效果（监管绩效评价）这五方面相互联系、相互制约的基本问题。因此，政府监管理论体系是由政府监管的法律制度、监管机构、监管方式、监管外部监督和监管绩效评价等基本要素构成的一个有机整体。这些要素相互联系、相互制约，共同促进不断提高监管水平，实现有效监管。同时，这五方面的基本要素内容丰富，各自形成子体系。

三　分析了中国现行政府监管体系存在的主要问题

主要问题包括：政府监管法律制度不健全，缺乏监管依据；政府监管机构权力配置不合理，多头监管比较普遍；政府监管还是以传统行政管理方式为主，影响政府监管的精准性与有效性；政府监管机构缺乏必要的监督机制，存在产生偏离社会公共利益目标的隐患；尚未建立科学的政府监管绩效评价体系，缺乏合理的监管绩效评价。

四　提出并论证了中国特色政府监管理论体系实现的基本思路

根据中国特色政府监管理论体系的整体框架，针对中国现行政府监管体系存在的主要问题，中国特色政府监管理论体系实现的基本思路是：完善政府监管法律制度体系、建立高效的政府监管机构体系、采取精准有效的政府监管方式体系、形成多元化的政府监管监督体系、构建科学的政府监管绩效评价体系，从整体上逐步实现与中国社会主义市场经济体制相适应的中国特色政府监管体系。

第二篇　理论体系要素

第四章

中国特色政府监管法律制度体系

有效的政府监管是实现国家治理体系和治理能力现代化的重要内容,依法监管是政府监管的基本特征。这些都要求建立中国特色政府监管法律制度体系。本章将梳理政府监管法律制度体系相关研究成果,探讨政府监管立法的基本导向,重点研究政府监管法律制度体系的整体框架及其构成要素的有机联系,并在分析中国现行法律制度体系存在问题的基础上,探讨中国政府监管法律制度体系建设的基本途径。

第一节 法律制度体系的相关理论研究

关于法律制度体系的相关研究文献较多,限于篇幅,本书主要讨论法律体系、法律制度立法导向和法律制度效果这三方面的相关研究文献。

一 关于法律体系研究

根据我们掌握的资料,关于政府监管法律制度体系的文献还很少见,较多的是法学界对法律体系的研究文献。在中国法理学中,"法律体系"是一个基本范畴,但对这一基本范畴存在较大的争议。其中较有权威性的"法律体系"定义是:"由一个国家的全部现行法律规范分类组合为不同的法律部门而形成的有机联系的统一整体。"[①] 但近年来许多学者对这一早期的定义提出了质疑,认为法律体系即为部门法体系

[①] 胡乔木:《中国大百科全书(法学)》,中国大百科全书出版社1984年版,第84页。

过于单一化,并主张从广义上理解法律体系。① 因此,有的学者甚至提出,法律体系是纵向与横向、静态与动态、内容与形式、规范与制度、法律部门与效力等级等方面的统一。② 有的学者认为,就最一般的意义而言,法律体系不外乎是由法律要素以一定的结构联结而成的整体。特定要素与结构的不同组合构成了法律体系的不同模式。③ 有的学者进一步认为,一个兼具确定性与开放性、安定性与正确性、程序性与动态性的法律体系,通常来说也就是一个完善的法律体系。④ 而中国特色社会主义法律体系,是以《中华人民共和国宪法》(以下简称《宪法》)为统帅,以法律为主干,以行政法规、地方性法规为重要组成部分的有机统一整体。⑤ 对于特定领域的法律体系,有的学者提出,中国的能源法律体系应以能源基本法为统领,以煤炭法、电力法、石油天然气法、原子能法、节约能源法、可再生能源法、能源公用事业法为主干的法律体系。⑥ 而能源监管法律制度体系除能源法律、法规外,还包括部门规章、规范性文件和行业标准等构成的集合。而且,随着法律制度的层级由高到低,不同层级的法律制度数量由小变大。⑦

二 关于法律制度立法导向研究

由于中国法治化建设和完善需要一个较长的过程,而且中国正处于全面深化改革时期,有不少学者在研究立法导向时把关注点放在了立法与改革之间关系上,有的学者回顾了中国改革开放以来处理立法与改革关系的策略,发现在不同时期和不同的改革领域,为了解决当时面对的突出问题,在立法和改革之间各有侧重。⑧ 还有学者在系统梳理改革开

---

① 钱大军、薛爱昌:《繁华与无序:法律体系构建的中国模式之检讨》,《法律科学》2016年第1期。

② 李拥军:《当代中国法律体系的反思与重构》,《法制与社会发展》2009年第4期。

③ 雷磊:《法律体系、法律方法与法治》,中国政法大学出版社2016年版,第13页。

④ 冯玉军主编:《完善以宪法为核心的中国特色社会主义法律体系研究》(上册),中国人民大学出版社2018年版,第125页。

⑤ 国务院新闻办公室:《中国特色社会主义法律体系》(白皮书),新华社2011年10月27日发布。

⑥ 叶荣泗、吴钟瑚:《中国能源法律体系研究》,中国电力出版社2006年版,第25页。

⑦ 王俊豪等:《中国现代能源监管体系与监管政策研究》,中国社会科学出版社2018年版,第67页。

⑧ 刘松山:《当代中国处理立法与改革关系的策略》,《法学》2014年第1期。

放以来立法和修改法律的经验基础上，认为中国未来的立法工作将转移至以法律修改为重心，而改革将是法律修改的基础和动因。① 有的学者则认为，立法与改革之间并不是绝对对立的，而中国几千年以来的封建专制的超稳定结构以及对近一百多年来历史的观察和思索形成了一个思维误区，认为两者是不可调和的。从建设现代法治国家的目标来看，应主动寻找立法和改革的联络点，在法治的框架下推动改革。② 也有学者认为应重新认识立法和改革先后顺序的关系，当改革遇到法律障碍时，应该在法律体系内部加以解决，同时建议出台改革促进法。③ 除了辩论改革和立法之间关系之外，还有学者结合某个特定法律来论述立法导向的问题。例如，有的学者通过考察经济法立法的实践，发现经济法立法趋势由传统的理论导向过渡到现在的问题导向，这种趋势的转变可以由"领域法学"理论来解释。④ 有的学者在比较了美国、德国、日本三国循环经济立法导向范式之后，认为中国的循环经济立法应采取以环境保护和资源节约双重目标为导向。⑤ 有的学者还提出土地规划立法导向应体现市场经济条件下的立法理念、注重土地利用伦理的立法准则、强调土地用途的立法核心、倡导阳光规划和公民参与的立法思想。⑥ 有的学者在分析税收立法导向时，提出税收立法存在收入和发展两种立法导向，中国经过改革开放以来的高速经济发展，应该将收入导向的税收立法转变为发展导向的税收立法，而且发展的理念应包括协调发展、永续发展、创新发展、开放发展和共享发展。⑦

三 关于法律制度的效益研究

中国学者对政府监管法律制度的有效性研究，起始于学习借鉴美国

---

① 付子堂、胡夏枫：《立法与改革：以法律修改为重心的考察》，《法学研究》2014年第6期。
② 陈金钊：《法治与改革的关系及改革顶层设计》，《法学》2014年第8期。
③ 李洪雷：《深化改革与依法行政关系之再认识》，《法商研究》2014年第2期。
④ 尹亚军：《"问题导向式立法"：一个经济法立法趋势》，《法制与社会发展》2017年第1期。
⑤ 董慧凝：《循环经济立法导向的范式比较及中国立法目标选择》，《北方工业大学学报》2008年第2期。
⑥ 严金明：《土地规划立法的导向选择与法律框架构建》，《中国土地科学》2008年第11期。
⑦ 张守文：《论"发展导向型"的税收立法》，《法学杂志》2016年第7期。

等发达国家的基本经验。如有的学者分析了美国的成本—收益监管规章立法体制,主张中国应建立政府监管的成本—收益分析的原则和程序,行政部门每年对已经生效的规章进行评估。[①] 有的学者探讨了加拿大的立法成本—效益分析制度,1999 年加拿大出台了《加拿大政府监管政策》,明确监管影响分析在于证明政府进行监管的正当性,实现了收益大于成本,进一步明确了政府立法的成本—效益分析制度。[②] 有的学者则在研究国外政府监管影响分析制度的基础上,探讨了构建中国规制影响评估制度的问题,认为中国有必要建立规制影响评估制度,并建立中央规制影响评估机构和地方执行机构,明确各职能单位的权责和义务。[③] 有的学者还进一步分析了中国在构建立法成本—效益分析制度过程中面临的困境,认为中国立法机关尝试建立立法成本—效益分析制度,但效果并不理想,面临的主要困境与障碍是:一些立法人员认为立法不应该运用成本—效益分析,存在思想观念的抵制;缺乏相关法律为立法成本—效益分析制度的实施提供法律保障;缺乏一套成熟可以运作的技术为立法成本—效益分析的实际运行提供支撑。此外,还缺乏必要的监督职能和公众参与。因此,需要针对这些问题,建立适合中国国情的立法成本—效益分析制度。[④]

四 对法律制度体系相关研究文献的简要述评

上述学者以及限于篇幅未能提到的学者关于法律制度体系的相关研究成果,为本书深入研究政府监管法律制度体系提供了较为丰富的文献资料。根据我们掌握的文献资料,目前中国学者对政府监管法律制度体系的研究还存在一些薄弱环节,因此将它们作为本书的重点研究内容。

第一,现有文献主要集中在法律制度体系的研究,而对政府监管法律制度体系的研究较少。"法律体系"是中国法学中的一个基本范畴,但对这一基本范畴也存在广义与狭义、动态与静态等方面的争议。由于

---

① 席涛:《美国的成本—收益管制体制及其对中国的启示》,《经济理论与经济管理》2004 年第 6 期。
② 汪全胜:《加拿大立法的成本—效益分析制度探讨》,《法治研究》2014 年第 8 期。
③ 张会恒、尤佳:《论中国规制影响评估实施框架的构建》,《常州大学学报》(社会科学版)2012 年第 1 期。
④ 汪全胜:《我国立法成本—效益分析制度构建的困境及出路》,《安徽师范大学学报》(人文社会科学版)2014 年第 4 期。

中国的政府监管是 21 世纪初才明确提出的一个基本政府职能，在法学界研究政府监管的学者并不多，而经济学、公共管理学对政府监管研究较多，但对政府监管法规制度的研究比较少见。这就使政府监管法律制度的研究成为一个薄弱领域。

第二，对立法导向的系统研究较少，特别是对政府监管立法导向的研究更为少见。尽管有一些学者从整个法学宏观的视角对改革与立法的关系进行了思辨，但具体到某个特定部门法，对改革与立法之间的关系权衡又各有不同。虽然多数经济、行政管理方面的法律制度都涉及政府监管问题，但至今中国在政府监管方面独立的法律制度并不多见。因此，对政府监管立法导向的研究自然成为另一个薄弱领域。

第三，对法律制度成本效益的研究以介绍西方国家的经验为主，对中国政府监管法律制度成本—效益的研究还有待深入。为加强法律制度的有效性，一些学者重点介绍了以美国为代表的西方国家立法成本—效益分析制度，并对如何构建中国立法成本—效益分析制度提出了建议，但至今实践效果并不理想。因此，在借鉴国外有限经验的基础上，结合中国政府监管实际，深入研究政府监管法律制度的成本—收益分析制度将是一个有待开拓的研究领域。

第二节　政府监管立法的基本导向

立法导向是制定法律制度过程中所体现的价值判断，集中反映立法的目标、原则等基本法律制度问题。可以从多视角讨论立法导向，本书主要从改革立法导向、公共利益导向和成本收益导向这三个维度探讨政府监管立法的基本导向。[1]

一　政府监管立法的改革导向

从第一节关于法律制度立法导向研究文献可见，立法和改革的先后顺序是中国立法导向研究中一个争论不休的核心问题。按照立法和改革

---

[1] 根据《中华人民共和国立法法》，法律、行政法规、地方性法规、自治条例和单行条例，以及国务院部门规章和地方政府规章，都属于法的范畴。本书讨论的立法还包括这些不同层级法的实施细则和相关的规范性文件。同时，鉴于单纯的政府监管立法较少，因此，本书讨论的政府监管立法包括与政府监管相关的所有不同层级的法。

的不同顺序,我们首先讨论两种不同的立法导向,在此基础上进一步讨论具有中国特色的这两种不同立法导向的协调问题。

(一)先立法后改革的导向

这种立法导向的特点是,为适应重大改革需要,保证改革按照"顶层设计"有序推进。例如,发达国家在一些垄断性行业改革与立法方面通常实行先立法后改革的做法。如美国在1996年颁布的《通信法》的一个重要立法目标就是改革原有的本地电话垄断经营管制体制,以促进本地电话竞争,并制定了相应的法律条文以实现这一目标。[①]而最有代表性的是英国,英国在20世纪八九十年代对电信、电力等垄断性行业实行重大改革时,明显体现了以立法为先导的原则,表4-1归纳了英国在五个典型垄断性产业实行重大改革时所颁布的主要法律,对特定垄断性行业改革的重要问题作了原则规定,特别是在各个行业设立专门监管机构,并明确规定这些监管机构的责任和相应的监管权,从而使垄断性行业改革具有明确的法律依据和实施程序。

表4-1 主要法律与重要内容

行业名称	法律名称	颁布时间	重要内容
电信	《电信法》	1984年	设立"电信监管办公室",明确该监管机构的法定责任和相应的权力;废除英国电信公司在电信行业的独家垄断经营权;允许该公司向社会出售股份,实行民营化改革
天然气	《天然气法》	1986年	设立"天然气供应管制办公室",明确该监管机构的法定责任和相应的权力;废除英国天然气公司的独家垄断经营权;允许该公司向社会出售股份,实行民营化改革
自来水	《自来水法》	1989年	设立"国家江河管理局"和"自来水服务管制办公室",明确该监管机构的法定责任和相应的权力;允许10个地区自来水公司向社会出售股份,实行民营化改革

---

① William P. Barr, "Damn the Torpedoes: Full Competition Ahead!", in Gregory Sidak (ed.), *Is the Telecommunications Act of 1996 Broken?* Washington, D. C.: The AEI Press, 1999, pp. 69–76.

续表

行业名称	法律名称	颁布时间	重要内容
电力	《电力法》	1989 年	设立"电力管制办公室",明确该监管机构的法定责任和相应的权力;把电力行业分割为电网、分销和电力生产公司;允许这些公司向社会出售股份,实行民营化改革
铁路运输	《铁路法》	1993 年	设立"铁路管制办公室",明确该监管机构的法定责任和相应的权力;将国有铁路重组为20多家列车运营公司;允许这些公司向社会出售股份,实行民营化改革

资料来源:Ramanadham (ed.), *Privatization: A Global Perspective*, Routledge, 1993, p. 5. and *The British Railways Act*, 1993。

实行先立法后改革导向不仅要对重大改革有前瞻性的、明确的顶层设计,而且要有较为详细的改革方案。但由于立法缺乏实践基础,难度较大。

(二)先改革后立法的导向

这种立法导向的特点是,实行"摸着石头过河"的改革思路,不确定性较大,难以通过立法超前对改革的重要内容和程序做出法律规定。这种立法导向强调法律制度是改革实践经验的总结,实践经验是立法的基础。事实上,从中国的改革开放实践看,基本上遵循先改革后立法的传统,虽然有立法针对性强的特点,但是以较大的改革成本为代价。例如,中国电信行业早在20世纪80年代末就开始改革,可是至今尚未颁布一部电信法,在2000年9月国务院才颁布了一部《中华人民共和国电信条例》(以下简称《电信条例》)。因此,虽然取得了一定的改革成效,但在"三网融合"等方面仍存在一些制度缺陷。这些都与电信行业的法律制度建设滞后有关。

(三)立法与改革相兼顾的新时代中国特色立法导向

由以上分析可见,如果实行"先立法后改革"的立法导向,要求对重大改革具有长远的整体性设计,但由于不确定性很大,设计难度较大;同时,法律的制定需要一个较长过程,这可能会错过改革的最佳时机。而如果实行"先改革后立法"的立法导向,虽然适合中国长期以来的立法传统，但会产生较大的改革成本。同时在日益强调依法治国、依法监管的背景下，重大改革与政府监管也需要以法律为依据。对此，习近平总书记强调指出："改革与法治如鸟之两翼、车之两轮"，要坚持在法治下推进改革，在改革中完善法治。完善立法体制，提高立法质量。[①] 因此，需要探索具有中国特色的立法与改革相兼顾的导向。

总结党的十八大以来的立法实践和经验，中国针对重大改革的立法需求，在缺乏改革实践经验的情况下，通常以重大政策来指导改革实践，政府有关部门根据重大政策的原则精神，制定有关规范性改革文件，然后上升为规章、法规，在积累改革实践经验，条件成熟时再制定法律。例如，为深化中国能源行业改革，2015年3月，中共中央、国务院发布了《关于进一步深化电力体制改革的若干意见》，同年11月，国家发改委发布了六个电力改革的配套文件，从电力市场建设、售电侧改革、输配电价改革等多个方面推进电力体制改革。2017年5月，中共中央、国务院又发布了《关于深化石油天然气体制改革的若干意见》，推进石油天然气行业市场结构战略性重组。事实上，中共中央、国务院发布的这些改革决定，是正式法律颁布前的最高层级的法律制度。这已成为中国在立法实践中所实施的基本思路，可以总结为中国特色立法导向。但立法实践中，由于大量的规章或规范性文件是部门立法，这对同一立法主题容易产生多个相关部门争相出台部门规章或规范性文件问题。因此，对同一立法主题需要在初始阶段就明确特定的立法部门，以避免多部门立法、缺乏协调性的问题。同时，中国特色立法导向的另一体现是，在一定范围（地区或行业）内实行"先行先试"，为立法提供基本经验。即允许在特定范围内先行试验性改革，并制订相应的改革文件，在取得一定的改革成效并积累相当的改革经验后，实行"诱致性制度创新"，作为上一级立法甚至全国性法律制度的基础。

二 政府监管立法的公共利益导向

公共利益可以体现在许多方面，在不同领域的立法，公共利益导向又有不同的表现。这里以能源行业政府监管立法为例，公共利益导向至少可体现在维护消费者利益、规范企业行为和促进行业效率这三个方

---

① 习近平：《习近平谈治国理政》（第三卷），外文出版社2020年版，第286页。

面,以直接和间接、短期和长期维护公共利益。

(一) 维护消费者利益

各类能源企业和能源消费者既是能源行业的两大市场主体,也是具有不同利益导向的两类基本利益集团。能源企业希望通过立法能为其维持相对较高的价格提供法律依据(如按照实际成本加成定价),以取得较多的利益;而能源消费者希望通过立法能享受较低的价格。但由于能源企业这一利益集团的规模较小,组织协调能力强,对能源立法具有特殊的影响力,拥有强势地位;而能源消费者对政府监管立法往往缺乏有组织的影响力,处于弱势地位。许多实证资料都能证明这一结论。[①] 同时,能源企业与能源消费者在实际生产成本、利润、供求关系等方面存在严重的信息不对称问题,这进一步加剧了能源消费者弱势地位。而保护弱者利益是任何立法(当然包括能源监管立法)的一个最基本原则。这样,维护能源消费者利益就成为政府监管立法一个重要的目标导向,以从法律制度上维护处于弱者地位的广大消费者的基本利益。

(二) 规范企业行为

前面的理论分析已表明,能源企业在能源市场中具有强势地位。在现实中,不少能源企业在特定范围内还具有垄断性,特别是输配电企业和油气网管输送企业拥有很强的垄断力量,它们不仅垄断了能源产品或服务,而且垄断了信息。如果不存在外部约束机制,它们就有可能通过制定垄断价格,把一部分消费者剩余转化为生产者剩余,从而扭曲社会分配效率。这需要通过能源监管立法规范具有垄断力量的能源企业的价格行为。同时,以现行的成本加成定价法制定能源价格,还会刺激输配电企业采取过度投资行为,从而产生低效率的"A-J效应"。这就需要通过能源监管立法对这些企业实行投资监管,以控制作为定价基础的有效资产。另外,由于从事不同业务的能源企业之间和同一业务的不同企业之间,也可以产生不公平竞争,甚至恶性竞争问题,这也需要通过能源监管立法加以防治,以规范能源企业的竞争行为,更好地发挥竞争机制的积极作用。因此,在能源监管立法中,应体现规范能源企业行为

[①] George J. Stigler, Claire Friedland, "What Can Regulators Regulate? The Case of Electricity", *Journal of Law and Economics*, Vol. 5, 1962, pp. 1 – 16.

的目标导向，为政府监管机构采取相应的监管政策和措施提供法律依据，以维护社会公共利益。

（三）促进行业效率

由于在具有自然垄断性的能源行业，存在相当程度的市场失灵问题，特别是输配电和油气网管输送业务领域，必须实行有效的政府监管，以解决这种市场失灵问题。政府监管的实质是，建立一种类似于竞争机制的刺激机制，以刺激企业提高生产效率，降低成本，同时将部分效率改进之利，通过降低价格让渡给消费者，提高社会分配效率，从而增加社会公共利益。因此，在能源监管立法中，需要体现促进能源行业效率的立法目标，使政府监管机构有法定责任，并通过采取最高限价监管、区域间比较竞争监管等激励性监管政策，促使能源企业不断降低成本和价格，提高生产效率和社会分配效率。

三 政府监管立法的效益导向

中国在试行立法成本—收益分析制度过程中面临一系列的障碍，需要结合中国的国情加以有效推行。

（一）对立法成本—收益分析制度的基本评价

立法成本—收益分析是以经济学的核心范畴"成本"与"收益"为分析工具，对立法的合理性和科学性进行分析评估的一种跨学科方法，体现为经济学向法学的渗透与融合。立法成本—收益分析制度不仅适用立法前的分析，而且适用于立法过程分析和立法实施一定时间后的后评估。在进入立法议程前，以立法方案的成本—收益分析为基准确立该方案是否应该进入立法议程。在正式立法议程中，通过立法成本—收益分析，确立立法程序的正当性；在立法后的分析评估中，通过法律的实施绩效来证明该立法的正当性和合理性。[1]

成本—收益分析制度的基本方法是对统一货币量化的立法成本与收益进行比较，只有当立法的收益大于立法成本，存在净收益时，立法才具有正当性和合理性。但从这种立法成本—收益分析制度实施以来，对其批评声不绝于耳。例如，有的学者认为，这种制度是功利主义原则的

---

[1] 参见汪全胜、黄兰松《论立法的正当性——以立法成本效益评估制度的建立为视角》，《山东社会科学》2016年第1期。

体现，一些成本超过收益的监管立法虽然从短期看是不合理的，但它对社会未来发展是十分必要的，这种监管立法是必需的和合理的。① 有的学者甚至对这种制度提出尖锐批评，认为它忽视了社会公平问题，它对社会境况较好的成员的福利给予了充分重视，而对境况较差的社会弱势群体没有予以足够重视，这有悖于社会的公平原则，因此，这种制度不适合应用于立法。② 在各种批评声中，一些发达国家的立法成本—收益分析制度也在不断完善，并在立法实践中不断推广应用。例如，美国从20世纪70年代开始，就运用成本—收益分析方法评价与分析法律制度特别是政府监管立法的效益，并通过一系列的国会立法和总统行政命令等方式，将立法成本—收益分析制度化。此外，在放松行业准入监管、刺激经济发展，改变行政机关工作方法、提高监管效率，转变政府机关观念、加强立法成本—收益分析理念，提高公众参与立法的积极性和立法质量等方面都发挥了积极作用。③ 到20世纪90年代，美国已建立了较为成熟的立法成本—收益分析制度。这给同处北美的加拿大产生直接影响，促使其制定了《加拿大政府监管政策》（1999年）等法规，明确政府监管影响分析在于证明政府进行监管的正当性，实现立法收益大于成本，并建立了立法成本—收益分析制度。1995年，经济合作与发展组织（OECD）理事会通过了《提高政府监管质量建议书》，形成了以立法成本—收益分析为核心的政府监管影响评价分析框架，推动了立法成本—收益分析制度在OECD成员国的引入与实施。④

（二）西方国家立法成本—收益分析的管理制度

西方国家的立法成本—收益分析制度源于美国，因此，本书主要以美国为例讨论其管理体制。美国的立法成本—收益分析管理制度包括总统行政管理和国会管理这两个方面。美国是一个监管型国家，而政府监管法规是将一般性的、抽象的法律转化为具体行动的重要中介。因此，

---

① Steven, Kelman, "Cost – Benefit Analysis: An Ethical Critique", *Regulation*, No. 5, 1981.
② Copp, David, "The Justice and Rationale of Cost – Benefit Analysis", *Theory & Decisions*, No. 23, 1987.
③ 参见汪全胜《美国行政立法的成本与效益评估探讨》，《东南大学学报》（哲学社会科学版）2008年第6期。
④ 参见汪全胜《加拿大立法的成本—效益分析制度探讨》，《法治研究》2014年第8期。

历届美国总统对监管法规制定与实施一直给予很大关注,并通过发布"总统行政令"(President Executive Order)[①]、设立特别的管理机关等手段,加强对监管法规的管理。[②] 我们以对政府监管立法成本—收益曾产生较大影响的卡特政府、里根政府和克林顿政府为例作一讨论。

卡特总统(1977—1981 年)在 1978 年 3 月发布的 12044 号行政令《政府监管分析》(Regulatory Analysis)中就规定,要用成本—收益分析政府监管绩效,监管机构制定新的法规需要向审查机构提交监管影响分析报告。根据这一总统行政令,创建了"政府监管分析评价小组"(Regulatory Analysis Review Group),其主要任务是提高对提案性政府监管法规的分析水平,确定并解决政府监管机构内部共同存在的问题,考虑成本最低的监管法规制定方案。此外,它还是所有政府监管机构对某个法规进行分析评价的中介,以提高政府监管法规制定过程的连续性、一致性。卡特政府的另一个重要贡献是,1980 年通过国会批准,在白宫的"管理和预算办公室"(OMB)中设立"信息与监管事务办公室"(OIRA),其主要职能是,依据总统行政令及其政府监管分析要求对提案性或最终政府监管法规进行评价,根据不同的评价结果提出 OMB 的处理意见,如完全批准、须经一定修改的批准、要求政府监管机构再考虑等;确保政府监管机构遵守《文书工作精简法》以及总统行政令中的一般原则;向总统定期汇报政府监管机构达到行政命令要求的情况。并以成本—收益分析作为政府监管机构制定与实施监管法规的基本原则、必要程序和评价监管绩效的重要标准。OIRA 的设立是美国基本形成立法成本—收益分析管理制度的一个重要标志。卡特政府管理政府监管法规的基本原则和制度对后来产生了重要影响,布什、克林顿政府在进行政府监管改革时,都保留了卡特政府的许多做法。

里根总统(1981—1989 年)就职后不久,在 1981 年 3 月就发布了 12291 号总统行政令:《减轻监管的任务压力》(Task Force on Regulatory Relief),只要求对所有"主要监管法规"(在一年中对经济影响达到或

---

① 美国的总统行政令是总统在宪法或法律授权下,管理联邦行政机构运行的指示,具有一定的法律效力。
② 详见王俊豪等《美国联邦通信委员会及其运行机制》,经济管理出版社 2003 年版,第 159—162 页。

超过 1 亿美元的监管法规）作必要的成本—收益分析，要求任何法规都有一定的净收益；OIRA 对所有政府监管法规提案和最终法规进行评价。这些规定是里根政府为了减少政府监管法规对美国经济的负影响，增加法规制定与发布的难度。强制性的成本—收益分析或净收益分析使 12044 号行政令下的政府监管立法成本—收益分析更加严格化。里根总统连任后，在 1985 年 1 月又发布了 12498 号总统行政令：《政府监管计划程序》(*Regulatory Planning Process*)，其核心内容是通过严格政府监管程序以减少政府监管法规数量，进一步放松政府监管。

克林顿总统（1993—2001 年）在 1993 年 9 月发布了 12866 号总统行政令：《政府监管计划与评价》(*Regulatory Planning and Review*)，其核心理念是强调市场化监管，实行更集中、更灵活、更有效、企业和个人更少负担的政府监管。要求加强对政府监管法规草案进行监管预期成本与预期收益的评估，对于那些难以量化的法规也要作出定性分析，证明政府监管获得的收益和为它支付的成本是正当的（justify），并不要求证明收益必须大于成本，从而使成本—收益分析更具有灵活性和包容性。此外，克林顿总统还在 1993 年 10 月发布了 12875 号总统行政令：《增强政府间合作》(*Enhancing the Intergovernmental Partnership*)，强调减少联邦政府监管，加强联邦政府和州政府、地方政府、少数民族地区政府的合作，联邦政府监管法规制定时要考虑对这些政府的影响。总之，克林顿总统执政的八年期间，一个重要贡献是基本形成了一个市场化政府监管体制。

总统行政令不仅具有法律效力，而且会影响国会制定相关法律，因此在相当程度上产生创制法律效应。总统行政令通过一定时期的实践检验后，国会将总统行政令的一些重要内容通过立法程序确立为法律。其中对政府监管立法影响较大的法律有：1996 年颁布的《小企业实施公平监管法》规定，制定有关小企业政府监管法规时，监管机构要提供成本—收益分析报告，防止对小企业增加不必要的成本。这也是国会第一次建立了审核联邦政府监管机构法规的制度。1997 年颁布的《财政、邮电业和政府拨款法》规定，OIRA 每年要向国会提交联邦政府监管的成本—收益分析报告，并对联邦政府监管的成本—收益报告内容作了明确规定，以反映联邦政府监管机构的成本收益和经济绩效以及对社会经济的影响。总之，美国国会通过颁布法律，最终从法律上确立了成本—收益分析制度是政府监管机构制定法规的基本原则、程序和方法，并用以评估政府监管绩效，提高政府监管的有效性。同时，如前所述，美国的政府监管立法的成本—收益分析制度对其他发达国家产生了重要影响，这些国家结合本国实际，建立了立法成本—收益分析制度。

（三）立法成本—收益分析制度在中国面临的障碍与对策思路

中国对立法成本—收益分析制度的探索始于 2004 年 3 月国务院印发的《全面推进依法行政实施纲要》，其中第十七条明确指出："积极探索对政府立法项目尤其是经济立法项目的成本—效益分析制度。政府立法不仅要考虑立法过程成本，还要研究其实施后的执法成本和社会成本。"第十八条还规定："规章、规范性文件施行后，制定机关、实施机关应当定期对其实施情况进行评估。"① 随后，重庆、沈阳、杭州和海南省人民政府出台政府规章或地方性法规，开始探索建立立法成本—效益分析制度。

十多年过去了，虽然一些地方政府对立法成本—效益分析制度作了积极探索，但作为一项制度并没有建立起来，在立法实践中也没有取得较为明显的效果。为此，有的学者总结了中国在探索立法成本—效益分析制度过程中面临的主要困境和障碍：② 一是思想观念上持消极抵制态度。不少立法主体和立法者认为，这种制度来自西方国家，不适用中国特色社会主义法律制度建设，在立法程序中增加这一程序还会制约立法权力的正常行使。二是缺乏必要的制度保障。各地的试点工作是在执行上位法《全面推进依法行政实施纲要》，但这一国务院法规没有对成本—效益分析制度做出具体规定，也没有强制性要求，导致不少地方的试点工作缺乏上位法支持，难以持之以恒。三是难以掌握切实可行的分析技术。立法成本—效益分析需要在实践中形成一套成熟的定性定量分析技术，而在短期内试点地区难以掌握这种技术手段。四是缺乏明确的审

---

① 详见《国务院关于印发〈全面推进依法行政实施纲要〉的通知》（国发〔2004〕10 号）。

② 参见汪全胜《我国立法成本—效益分析制度构建的困境及出路》，《安徽师范大学学报》（人文社会科学版）2014 年第 4 期；蒋银华《立法成本收益评估的发展困境》，《法学评论》2017 年第 5 期。

查监督主体。立法成本—效益分析制度需要有权威性的、独立于立法主体之外的审查监督主体,但在中国试点地区这一主体往往缺位。

中国在立法成本—效益分析制度探索过程中存在的一系列障碍,并不意味着中国不适用这种制度。为坚持科学立法,增强立法的正当性和合理性,需要探索具有中国特色的立法成本—收益分析制度。① 为此,本书提出以下对策思路,以推进立法成本—收益分析制度:①明确立法成本—收益分析的基本导向。立法成本—收益分析的目标导向是为了加强立法的科学性和正当性,通过控制法规制度数量,特别是要减少和废除不必要的法规制度,以尽可能减少企业和居民的制度性交易成本,提高社会经济运行效率。②加强有关立法成本—收益分析的法规制度建设。在有关部门取得基本共识的基础上,通过法规制度的形式明确规定立法成本—收益分析在立法原则、程序、立法后评估等环节的强制性要求。例如,在国务院修改《行政法规制定程序条例》《规章制定程序条例》时,将立法成本—收益分析作为立法的强制性条件。③有序推进立法成本—收益分析制度。遵循先易后难的原则,分阶段、分领域推进成本—收益分析制度,如根据前述《全面推进依法行政实施纲要》的精神,首先对成本—收益相对容易计量的经济立法项目积极探索成本—收益分析制度,这些经济立法项目包括许多产业监管立法项目,在积累经验的基础上,再向环境保护、卫生健康等领域推进。在立法成本—收益分析制度实施之初,不一定严格实行收益必须大于成本的"刚性标准",而实行论证立法成本的合理性"软性标准"。成本—收益分析是一个经验、数据和技术不断积累完善的过程,经过一定的发展时期,再追求成本—收益计量的准确性。④明确立法成本—收益分析审查机构及其职责。借鉴美国设立 OIRA 专门实施立法成本—收益分析的经验,在各级政府部门设立或明确立法成本—收益分析审查机构及其职责。同时,构建立法成本—收益分析指南,加强立法成本—收益分析技术培训,从多个方面指导地方推行立法成本—收益分析制度。

---

① 在经济学中,成本和收益是两个对称的基本范畴,因此,本书用"成本—收益分析",但这和"成本—效益分析"没有实质的差别。

第三节 政府监管法律制度体系的整体框架与构成要素[①]

政府监管法律制度体系的整体框架是由不同层级的法律、法规、规章和规范性文件等要素构成的,各个构成要素相互联系,在整体框架中具有不同定位和作用。

一 中国特色政府监管法律制度体系的整体框架和特征

(一) 政府监管法律制度体系的整体框架

在参考现有研究文献的基础上,本书认为,政府监管的法律制度体系是以宪法为指导,法律为基础,以其他法规、规章、规范性文件和强制性监管标准等制度为支撑的有机整体。其中,《宪法》是政府监管法律制度体系中具有至高无上的指导地位,而法律是所有法规、规章、规范性文件和强制性监管标准等制度的制定依据,具有基础地位。我们可以用图4-1表示政府监管法律制度体系的整体框架。

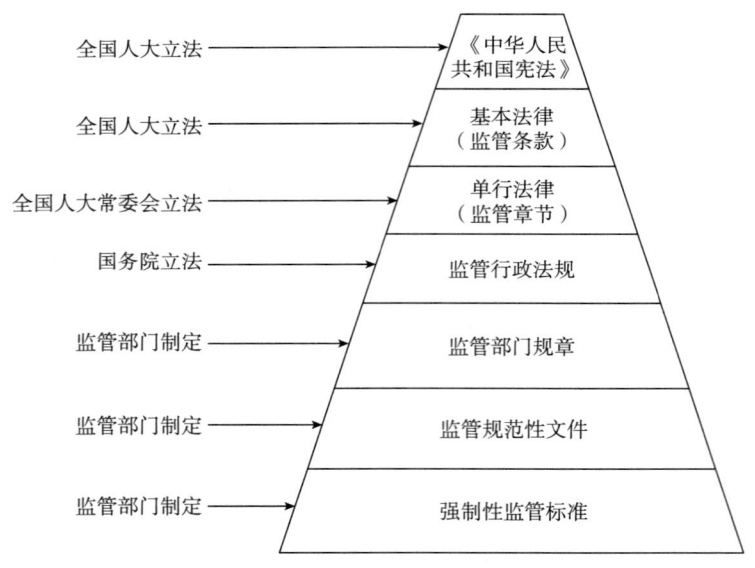

立法主体	层级
全国人大立法	《中华人民共和国宪法》
全国人大立法	基本法律(监管条款)
全国人大常委会立法	单行法律(监管章节)
国务院立法	监管行政法规
监管部门制定	监管部门规章
监管部门制定	监管规范性文件
监管部门制定	强制性监管标准

图4-1 政府监管法律制度体系整体框架

[①] 王俊豪等:《中国特色政府监管立法导向与法律制度体系》,《浙江社会科学》2021年第1期。

图 4-1 的左边是立法部门,右边是对应的不同层级的法律制度。从呈"金字塔形"的图 4-1 可见,根据法律效力的高低,政府监管法律制度体系可细分为七个层级,第一个层级是由全国人民代表大会制定(修改)的《宪法》,具有最高的法律效力,是制定所有政府监管法律制度的总依据,因此处于核心地位。第二个层级是也是由全国人民代表大会制定和修改刑事、民事、国家机构的和其他的基本法律,这些基本法律直接或间接包含政府监管相关的条款。第三个层级是由全国人大常委会负责立法的单行法律(如《中华人民共和国电力法》等),通常包含政府监管的章节。虽然第二层级的基本法律和第三层级单行法律的立法主体和层级不同,但都属于法律范畴,在政府监管法律制度体系中具有基础地位。第四个层级是国务院负责立法的政府监管行政法规(如《电信条例》),这些行政法规主要是根据特定领域政府监管的需要专门制定的。虽然第五层级至第七层级的立法主体都是政府监管部门,但制定的监管制度具有不同的法律效力和功能,其中第五个层级是具有政府监管职能的国务院有关部门(机构)制定的规章,这些规章是落实政府监管有关法律规定和行政法规的配套性规定。第六个层级是由具有政府监管职能的国务院有关部门(机构)制定的规范性文件,是落实部门规章的具体规定。第七个层级是具有政府监管职能的各级政府部门制定的强制性监管标准(如饮用水水质标准等),它是对特定领域特定事项实施政府监管的具体依据。

(二) 政府监管法律制度体系的特征

政府监管法律制度体系的特征至少表现在以下几个方面:①高层级法律制度是低层级法规制度的法律渊源,低层级法规制度是高层级法律制度的适用。例如,《宪法》是所有法律制度的法律渊源,而所有法律制度都是适用于《宪法》。法律是行政法规和部门规章制度的法律渊源,部门规章制度又是法律的适用,依次类推。通过上位法的渊源和下位法的适用关系,将不同层级的政府监管法律制度紧密相连,形成政府监管法律制度体系中各构成要素的有机联系。②法律制度的层级越高,法律概念和原则性法律条款所占的比例就越大;随着法律制度的层级依次降低，具体法律规则和可操作性条款所占的比例就越大。① 表现为《宪法》的原则性最强，对所有法律制度都有普遍约束力；而政府监管规章制度是上位法的落实，主要是由具体法律规则和可操作性条款组成，法律制度体系中层级最低的强制性监管标准主要是由具体指标组成，但具有直接的可操作性。③法律制度的层级越高，法律制度的数量就越少；反之，法律制度的数量就越多。例如，法律主要是从较为宏观层面对有关事项作出概括性规定，内容高度精练，因此法律的数量较少。而政府监管部门规章和规范性文件需要规范的事项多，规则繁多而复杂，需要许多不同的部门规章和规范性文件加以规范。④从动态变化的角度看，较高层级的法律制度是立法理念的体现，需要相对稳定性；而较低层级的规章和规范性文件需要根据现实需要适时调整有关规则。这种较高层级的法律制度保持相对稳定，而较低层级的部门规章和规范性文件动态适应现实需要，不必为适应现实而频繁修改法律，影响法律的权威性，又不必为了保持法律的稳定性而造成法律的不适用性。

二 政府监管法律制度体系的构成要素及其功能分析

政府监管法律制度体系的构成要素按法律层级从高到低可分为《宪法》、法律、法规、规章、规范性文件和强制性监管标准，下面将对这些构成要素及其在规范政府监管中的作用与功能作简要分析。

（一）《宪法》对政府监管法律制度的指导作用

党的二十大报告指出，"完善以宪法为核心的中国特色社会主义法律体系。加强宪法实施和监督，健全保证宪法全面实施的制度体系，更好发挥宪法在治国理政中的重要作用，维护宪法权威"。《宪法》是国家的根本大法，在中国社会主义法律体系中处于核心地位，在中国政府监管法律制度体系中具有根本性指导作用。《宪法》是制定政府监管法律制度的根本依据，必须遵循《宪法》的基本原则。例如，《宪法》第一条规定："社会主义制度是中华人民共和国的根本制度。中国共产党领导是中国特色社会主义最本质的特征。"这决定了中国的政府监管体

---

① 法律概念、法律原则和法律规则是法的三大基本构成要素。法律原则是法律的基础性原理或为其他法律制度提供基础或本源的综合性原理，法律规则是法律上的权利、义务、责任的准则或标准。参见张文显主编《法理学》，高等教育出版社、北京大学出版社2011年版，第65—77页。

系必须符合社会主义制度要求，任何政府监管机构都是在中国共产党统一领导下开展监管活动。又如，《宪法》第五条规定："一切法律、行政法规和地方性法规都不得同宪法相抵触。"这要求政府监管法律制度体系建设必须适合《宪法》的要求。而且，《宪法》的有关条款还是特定领域政府监管的根本依据。例如，《宪法》第十五条规定："国家依法禁止任何组织或者个人扰乱社会经济秩序。"《宪法》第二十六条规定："国家保护和改善生活环境和生态环境，防治污染和其他公害。"① 这分别是政府实行市场监管和生态环境监管的根本依据。

（二）法律中的监管条款

法律可分为全国人大立法的基本法律和全国人大常委会立法的单行法律。其中，基本法律覆盖面广，通常以条款的形式规定政府监管的有关事项。例如，中国的《中华人民共和国合同法》第一百一十一条规定："质量不符合约定的，应当按照当事人的约定承担违约责任。"② 这一基本法律为所有产品质量监管提供了基本依据。而单行法律是特定领域的专门法律，需要以专门的章节对政府监管的有关事项做出规定。例如，《中华人民共和国电力法》第五章对电价与电费作了专门规定，包括电价的范围、定价原则、监管权限等具体规定。该法第八章则对监督检查作了专门规定，包括电力监管的法律依据、监管人员和监督检查的程序等具体规定。③ 又如，《中华人民共和国环境保护法》（以下简称《环境保护法》）第二章对环境监督管理作了专门规定，包括各级政府及环境保护主管部门的职权、环境监测制度、环境保护目标责任制和考核评价制度、环境资源承载能力监测预警机制等作了具体规定。该法第第十五条和第十六条还分别规定国务院环境保护主管部门制定国家环境质量标准、国家污染物排放标准，地方政府可以制定严于国家环境标准

---

① 详见《中华人民共和国宪法》，2018年3月11日第十三届全国人民代表大会第一次会议通过的《中华人民共和国宪法修正案》修正。
② 详见《中华人民共和国合同法》，1999年3月15日全国人民代表大会通过，1999年10月1日起施行。
③ 详见《中华人民共和国电力法》，1995年12月28日全国人民代表大会常务委员会通过，2015年4月24日第二次修正。

的地方环境标准。① 而这些强制性标准正是实行环境监管具体依据。值得一提的是，由于环境保护涉及面很广，不可能在一部法律中对各方面环境保护问题作出法律规定，因此，除了《环境保护法》，中国还制定了《中华人民共和国水污染防治法》《中华人民共和国大气污染防治法》《中华人民共和国海洋环境保护法》《中华人民共和国环境噪声污染防治法》《中华人民共和国放射性污染防治法》《中华人民共和国固体废物污染环境防治法》等20多部法律，虽然这些法律都是由全国人民代表大会常务委员会制定，但《环境保护法》实际上是中国环境保护领域的基本法。

（三）监管性行政法规

根据《中华人民共和国立法法》（以下简称《立法法》）规定，国务院根据《宪法》和法律，制定行政法规。例如，为落实《国务院关于印发电力体制改革方案的通知》（国发〔2002〕5号）精神，加强电力监管，规范电力监管行为，完善电力监管制度，2005年2月国务院专门颁布了《电力监管条例》，对电力监管机构、监管职责、监管措施、法律责任等政府监管事项作了较为详细的规定②，以弥补《电力法》与电力体制改革的滞后性。又如，电信产业是中国改革开放相对较早的一个基础设施产业，但一直没有一部电信法，2000年9月国务院先行颁布了《电信条例》，试图经过实践检验，待条件成熟时再制定电信法。该条例虽然不以政府监管为主要内容，但有不少条款对电信监管作了规定，例如，该条例对电信产业准入监管作了专门规定，第九条规定："经营基础电信业务，须经国务院信息产业主管部门审查批准，取得《基础电信业务经营许可证》。"第十条则对经营基础电信业务，应当具备的准入条件作了具体规定。同时，对电信网间互联互通、电信业务资费标准、电信资源分配、电信服务、电信安全等重要电信监管问题在有关条款中作了规定。

（四）监管性部门规章

政府监管性部门规章是国务院有关部门和直属机构根据《立法法》

---

① 详见《中华人民共和国环境保护法》，1989年12月26日全国人民代表大会常务委员会颁布，2014年4月24日修订。

② 详见《电力监管条例》，2005年2月15日《中华人民共和国国务院令》（第432号）。

相关规定而制定的政府监管规章。规章的名称一般称"规定""办法"。例如，国家能源局颁布的《油气管网设施公平开放监管办法（试行）》（国能监管〔2014〕84号），规定了国家能源局负责油气管网设施开放监管相关工作，包括建立健全油气管网设施公平开放监管规章和工作机制。监管内容包括：油气管网设施公平开放，输送能力和效率、价格与成本，接入申请和受理，合同签订与执行，信息公开等油气管网设施公平开放相关事宜。

（五）监管性规范性文件

行政规范性文件是除国务院的行政法规、决定、命令和规章外，由行政机关依照法定权限、程序制定并公开发布，具有普遍约束力，在一定期限内反复适用的公文。① 有效的监管性规范性文件有利于降低政府监管制度性交易成本，提高制度效率。例如，为了加快推进市政公用事业市场化，促进市政公用事业健康发展，建设部在2005年9月制定了《关于加强市政公用事业监管的意见》（建城〔2005〕154号），根据该文件规定，监管的重点是规范市场准入、完善特许经营制度、加强产品和服务质量的监督检查、落实安全防范措施、强化成本监管等。并提出转变管理方式，落实监管职责；完善法律制度，依法实施监管；健全监管机构，加强能力建设等监管政策措施。

（六）强制性监管标准

标准是指有关领域需要统一的技术要求，根据《中华人民共和国标准化法》第二条规定，强制性标准是必须执行的国家标准。本书讨论的强制性监管标准就是有关政府监管领域中，必须强制性执行的国家标准。根据该法第三十七条规定，生产、销售、进口产品或者提供服务不符合强制性标准的，依照有关法律、行政法规的规定查处，构成犯罪的，依法追究刑事责任。② 可见，虽然强制性标准不属于法的范畴，但具有法律效力性质，相关方必须执行，否则将会受到制裁。因此，政府监管领域基本都需要制定强制性国家标准，作为统一的政府监管技术依

---

① 详见《国务院办公厅〈关于加强行政规范性文件制定和监督管理工作〉的通知》（国办发〔2018〕37号）。

② 详见《中华人民共和国标准化法》，1988年12月29日全国人民代表大会常务委员会制定，2017年11月4日修订。

据。例如，中国对生活饮用水质量高度重视，质量标准不断提高，2006年年底，对 1985 年版的标准作了修订，并颁布了新版《生活饮用水卫生标准》（GB 5749—2006），自 2007 年 7 月 1 日起全面实施。水质指标由 GB 5749—85 的 35 项增加至 106 项，增加了 71 项；并修订了 8 项。[①]

第四节　政府监管法律制度体系建设的基本途径

一　现行政府监管法律制度体系存在的"短板弱项"

就总体上而言，中国在法律制度建设方面已取得了较好成效，但还存在许多问题，成为政府监管法律制度体系存在的"短板弱项"，突出表现在以下三个方面。

（一）不少政府监管领域还缺乏权威性法律规范

有效的政府监管需要权威性的法律规范，但至今中国不少政府监管领域或行业仍未颁布相关法律。例如，中国的电信行业在 20 世纪 80 年代就开始改革，2000 年 9 月国务院才颁布《电信条例》，至今仍未制定电信法。同样改革较早的中国能源行业，虽然已有《中华人民共和国电力法》《中华人民共和国煤炭法》等能源单行法，但还没有制定能源法，石油、天然气等行业还缺乏单行法，对石油、天然气行业政府监管缺乏法律依据。在中国城市公用事业领域，虽然国务院已出台了《城市供水条例》等分行业法规和许多部门规章，但尚未颁布城市公用事业法或类似法律。由于这些行业缺乏法律统领，致使政府监管缺乏权威性的法律依据，不少法规制度之间也缺乏有效衔接。

（二）现行的法律制度中缺乏对政府监管的明确定位

在中国现行的许多法律中，基本只是笼统规定有关行业主管部门对主管的行业实施监督管理，而且具体的监管职能、监管措施都没有详细规定。而政府监管机构设置的主要依据是编制管理部门制定的有关主要

---

① 详见《生活饮用水卫生标准》（GB 5749—2006），中华人民共和国卫生部、国家标准化管理委员会 2006 年 12 月 29 日发布，2007 年 7 月 1 日实施。

职责、内设机构和人员编制的"三定方案",并且以规范性文件的形式下发执行,既缺乏严格的法律规范和责任追究机制,又使监管机构在具体的监管执法时缺乏法律依据和授权。现行的不少法律立法时间较早,但在法律修订(修正)时,仍未改变这种情况。例如,世界各国都对铁路实行政府监管,中国在1990年9月制定、2015年4月修正的《中华人民共和国铁路法》第三条规定:"国务院铁路主管部门对国家铁路实行高度集中、统一指挥的运输管理体制,对地方铁路、专用铁路和铁路专用线进行指导、协调、监督和帮助。国家铁路运输企业行使法律、行政法规授予的行政管理职能"。但该法对铁路监管机构和职权、铁路运费价格、铁路行业准入等主要监管内容都没有明确规定。而"国家铁路运输企业行使法律、行政法规授予的行政管理职能"。这是铁路行业政企不分的表现,不符合多种所有制并存下公平竞争原则。在《中华人民共和国电力法》等法律中也普遍存在类似问题。①

（三）政府部门规章制度立法中存在明显的部门化倾向

由于部门规章的立法权属于政府有关部门,虽然根据中国的《立法法》对部门规章制定的原则性规定,但在立法实践中,不少政府部门在制定规章及规范性文件等制度时,难免存在部门化倾向。这突出表现在2014年以来国家发改委和财政部密集制定有关PPP规章制度中,有的学者对此作了较为深入的研究,②并对PPP政策的制定主体、政策目标和政策影响力作了分析,认为国家发改委的官方目标是促进基础设施和公用事业领域的投融资体制改革,吸引社会资本;而其隐性目标是上项目,促投资,稳增长。而财政部的官方目标则是转变政府职能、实现公共服务供给提质增效、完善财政投入和管理方式;其隐性目标是将政府债务转换为企业债务,控制地方债务,防范财政风险。特别是这两个国务院政府部门的PPP政策影响力(角色),国家发改委是与财政部竞争PPP立法和决策主导权(主角)。而与PPP相关其他行业主管部门在这双大势均力敌的部委前面仅仅是"配角",但其隐性目标是争取本

---

① 本书第九章将进一步讨论《电力法》与政府监管的不适应问题。
② 喻文光:《PPP规制中的立法问题研究——基于法政策学的视角》,《当代法学》2016年第2期。

行业内 PPP 的监管主导权。这种多方博弈明显表现出部门化倾向的特征。其直接的负面政策效应是造成地方政府部门对不同的 PPP 政策难以适从。而这源于部门规章制度立法缺乏科学的审查机制。

二　政府监管法律制度体系建设的战略步骤

政府监管法律制度体系建设是一个长期的动态过程，因此，在战略步骤上应当区分近期目标（如五年内目标）和长期目标（五年及更长目标），近期目标的重点是对现行政府监管法律制度的更新和整合。政府监管法律制度体系建设不是推倒重来，而是需要以更新和整合现行各类法律制度为起点，这是在短期内能完成的基础性工作。长期目标的重点是新的法律的颁布和实施，所需周期较长。包括颁布与实施综合性政府监管法律，并针对有关政府监管领域的特点制定相关单行法。同时，以法律为基础制定一系列相关的法规、规章、规范性文件、强制性行业标准等制度，最终形成较为完善的政府监管法律制度体系。

在实施政府监管法律制度体系建设的近期目标阶段，由于法律在政府监管法律制度体系中具有基础性地位，虽然在此阶段也要重视制定迫切需要的新法律，但立法资源必然会限制新法律的数量。因此，重点工作是对现行政府监管相关法律进行修订更新。由于不少现行法律是在计划经济时期制定的，虽然可能通过修订有所完善，但与中国特色社会主义市场经济体制下政府监管的客观要求相比必然存在较大的不适应性。因此，十分需要在充分理解政府监管在相关法律中的重要地位基础上，对政府监管作出应有定位，以专门章节明确政府监管机构及其职责与权力配置等事项。然后以法律为统领，根据政府监管的法律规定，依次更新相关法规、规章制度，为完善政府监管法律制度体系奠定基础。

而在实施政府监管法律制度体系建设的长期目标阶段，更要重视科学立法，高起点、高质量创制新的法律，在法律中充分体现符合中国特色社会主义市场经济要求的政府监管理念、监管原则、监管方法和手段等。在此基础上，在新的法律框架范围内，制定相应的法规和规章、规范性文件、强制性行业标准等制度作为配套，并与修订更新后法律相结合，最终形成以《宪法》为指导，法律为基础，以其他法规、规章、规范性文件和强制性监管标准等制度为支撑的政府监管的法律制度体系。

三 加强政府监管立法审查制度

鉴于目前中国在政府部门规章制度立法中存在明显的部门化倾向，规章制度立法数量过多的问题，应进一步加强政府监管立法审查制度。这在美国等国家也发生过类似经验教训，并成为后来加强政府监管立法审查的一个重要原因，这值得中国借鉴。例如，美国在1946年《行政程序法》颁布后，国会授予政府监管机构独立发布监管规章的权力，拥有了准立法权。同时，美国在20世纪七八十年代，资本主义经济发展带来严重的环境污染和产品安全等问题。为此，美国又设立了一批新的监管机构，与原有监管机构一起形成了一个数量庞大的政府监管机构体系。[①] 这样，美国的政府监管机构发布的规章数量越来越多，如在2002年，美国联邦监管机构发布规章4153个，规章总页数达67983页，管制的总成本达6170亿美元，占当年GDP的6.04%，占联邦财政支出的33.6%。[②] 这促使美国政府不断加强对监管机构制定的规章实行成本—收益分析方法，并以前述的白宫"管理和预算办公室"下设的"信息与监管事务办公室"（OIRA）集中统一审核监管规章的发布和绩效评价。

对中国来说，根据国务院颁布的《行政法规制定程序条例》规定，报送国务院的行政法规送审稿，由国务院法制机构负责审查。其中，有关部门对送审稿规定的主要制度存在较大争议的，国务院法制机构可以缓办或者退回起草部门。[③] 这些规定要求在法规立法过程中国务院相关部门参与，有利于控制法规立法中的部门化倾向。因此，受特定部门影响相对较小。但也需要重视加强行政法规实行立法审查制度，以提高立法的科学性和有效性。

根据《立法法》规定，部门规章由政府有关部门制定，无须上级法制机构审查。这就难免导致在部门规章制度立法中存在的部门化倾向

[①] 关于美国政府监管机构产生与发展的详细讨论，有兴趣的读者可参见王俊豪等《美国联邦通信委员会及运行机制研究》，经济管理出版社2003年版，第41—44页。

[②] 参见席涛《美国的成本—收益分析管制体制及其对中国的启示》，《经济理论与经济管理》2004年第6期。

[③] 详见《行政法规制定程序条例》，2001年11月16日中华人民共和国国务院令第321号公布。根据2017年12月22日《国务院关于修改〈行政法规制定程序条例〉的决定》修订。

问题，前面以国家发改委和财政部以制定PPP规章制度为例，实证分析了部门规章制度立法中部门化倾向现实性。因此，在目前中国政监合一为主导的行政管理体制下，加强中国政府监管立法审查的重点是部门规章，需要在国务院或有关部门设立专门从事部门规章审查机构，加强对部门规章审查工作。而立法审查的方法可以在参考一些发达国家长期实行的成本—收益分析制度的基础上，探索建立具有中国特色的立法成本—收益分析制度。这在前面已作了较为详细的讨论，这里不作赘述。

对于大量的由国务院有关部门制定的行政规范性文件，根据国务院有关规定①，为严禁越权发文，严控发文数量，需要规范制发程序，确保合法有效。主要措施包括：建立程序完备、权责一致、相互衔接、运行高效的行政规范性文件合法性审核机制，以强化行政规范性文件制定部门审查的责任主体，并由国务院有关部门组织督查考核，按照有关规定严肃问责。因此，行政规范性文件审查的重点是强化部门内部的审查机制，并通过国务院组织督查和问责，提高行政规范性文件的合法有效性。

四 理顺政府监管中央立法与地方立法的协调关系

关于政府监管中央立法与地方立法的关系，这是一个国际性问题。本书第一章在分析西方国家结构时曾指出，美国、加拿大、澳大利亚、德国和巴西等国土面积较大的国家通常实行联邦制，联邦拥有统一的宪法和法律，联邦的各个组成单位也拥有各自的宪法和法律，但其立法原则和内容不得与联邦宪法相冲突，否则就是违宪。例如，美国宪法规定："本宪法和依本宪法所制定的合众国的法律，以及根据合众国的权力已缔结或将缔结的一切条约，都是合众国的最高法律；每个州的法官都应受其约束，即使州的宪法和法律中有与之相抵触的内容。"② 由此确立了联邦法律效力最高原则。即使在英国、法国等实行单一制的西方国家，地方权力机构也具有相当程度的自治性，基本实行地方自治。中国也是属于单一制国家，但强调全国统一，除少数民族地区不搞地方自

---

① 详见《国务院办公厅关于加强行政规范性文件制定和监督管理工作的通知》（国办发〔2018〕37号）。
② 《美国宪法及其修正案》，朱曾文译，商务印书馆2014年版，第18页。

治。宪法具有最高的法律效力，法律是全国制定政府监管法规、规章制度的基础。因此，本书以此为前提讨论中国特色的政府监管中央立法与地方立法的协调关系。

（一）政府监管中央立法与地方立法的优势比较

政府监管中央立法有许多优势：①有利于保障全国人民的基本权利。例如，由中央政府制定全国性的电力、电信、铁路运输等基础设施行业的普遍服务政府监管法规制度，有利于经济发展水平较低地区的人民群众也能享受基本的基础设施服务，如果完全由每个地方（省、市）各自制定电信普遍服务政策，由于有的地方政府缺乏经济实力或其他原因，这些地方的许多人民群众就有可能无法享受在现代科学技术水平下的基本基础设施服务。②许多地方性问题会产生全国性影响，这要求实行全国性政府监管法规制度。例如，在中国经济发达的东部地区产生的空气污染，可能会影响中西部地区的空气质量，北方地区的空气质量也可能会影响南方地区的空气质量。这就要求中央政府制定全国性的大气污染防治监管法律制度。③对于全国性经营的产品或服务，由中央政府制定全国性政府监管法规制度往往更有效率。如果有关企业为了满足不同地方政府的法规制度标准而生产经营不同的产品或服务，那么就必然会大大增加成本，减少收益。因此，对诸如通信设备和全国性通信服务，应该实行全国性政府监管，采用全国统一的强制性产品或服务标准。④中央政府还比地方政府更有权威性，并具有更多的信息优势、立法资源和技术力量，从而能制定更为科学、全面，更具有权威性的政府监管法律制度。这些更是地方政府无法比拟的。

政府监管通常被认为应该需要全国性监管法规制度，但事实上，并不是所有的监管法规制度应该由中央政府来制定与实施，有充分的理由能说明，在某些领域，地方立法比全国统一立法更具有优势性。这是因为：①地方的社会经济发展水平等因素会影响一些政府监管法规制度。由于地方经济状况的差异，不同的地方有不同的政策偏好，例如，对于经济发展水平较高的地方，当地政府可以制定高于全国的最低工资标准，让劳动者享受较高的福利。而对于经济发展水平较低的地方，当地政府只能制定较低的最低工资标准。②地方性政府监管法规制度更能反映特定地区成本与收益的差异性。从政府监管成本与收益的比较看，一项政府监管法规制度对某个地方可能是收益大于成本，而对另一个地方来说，可能是成本大于收益。地方性政府监管法规制度使地方政府可以通过成本与收益的比较，以制定收益最大化的政府监管法规制度。例如，对人口密度高的地区（特别是大城市），地方政府需要制定较为严格的汽车尾气、污水等排放标准，以控制空气污染，实现监管收益大于成本；而对于人口密度很低的西部地区，如果采用同样严格的排放标准，则可能导致得不偿失，监管成本大于收益。当地政府可以根据空气、水体的自净能力，在符合中央政府有关法规制度的前提下，制定较低的质量监管标准，从而保证监管收益大于监管成本。③地方立法有利于政府监管法规制度创新。政府监管法规制度创新是一种政策试验，既可能成功，也可能失败。如果某一个地方的监管法规制度创新成功，这种新的监管法规制度就成为一种公共产品，提供给其他地方政府模仿、借鉴、推广。相反，如果某项监管法规制度创新失败，其他地方政府就可以引以为鉴，减少政策试验的成本。如果实行全国性的监管法规制度创新试验，其成本往往是巨大的，还可能造成社会经济、政治的不稳定。

（二）政府监管中央立法与地方立法的关系

政府监管中央立法与地方立法的优势比较表明，在政府监管法律制度体系建设过程中，既要强调中央立法的权威性、全面性和系统性的优势，通过从上而下的强制性制度创新，完善政府监管法律制度；又要调动地方立法的积极性，根据当地需要实行创造性地方立法，并通过地方立法实践，在条件成熟时将地方性法规转化为国务院行政法规甚至法律，从而实现诱致性制度创新，完善政府监管法律制度。在这两种不同路径制度创新，共同完善政府监管法律制度过程中，需要根据中国《宪法》和《立法法》，遵循在中央的统一领导下，充分发挥地方的主动性、积极性的原则。

由于政府监管有关的法律制度包含在有关中央立法和地方立法的法律制度，因此，上述关于中央立法与地方立法的关系，实际上也就是政府监管中央立法与地方立法的关系，只是在政府监管立法实践中表现为更具有复杂性和细微性，也更需要创造性探索，以不断完善具有中国特色的政府监管法律制度体系。

第四章 中国特色政府监管法律制度体系

本章小结

一 探讨了政府监管的立法导向

立法导向是制定法律制度过程中应顺应、彰显和倡导的价值观，集中反映立法的目标、原则等基本法律问题。中国特色立法的改革导向应坚持立法与改革相兼顾的立法导向。政府监管立法的公共利益导向应注重维护消费者利益，规范企业行为，促进行业效率。坚持政府监管立法的效益导向，为实现科学立法，增强立法的正当性和合理性，需要探索具有中国特色的立法成本—收益分析制度。

二 构建了中国特色政府监管法律制度体系的整体框架

中国特色政府监管的法律制度体系是以《宪法》为指导，法律为基础，以其他法规、规章、规范性文件和强制性监管标准等制度为支撑的有机整体。其中，《宪法》是政府监管法律制度体系的总依据，具有至高无上的指导地位，而法律是所有法规、规章、规范性文件和强制性监管标准等制度的制定依据，具有基础地位。

三 分析了政府监管法律制度体系的特征

政府监管法律制度体系的特征表现为：高层级法律制度是低层级法规制度的法律渊源，低层级法规制度是高层级法律制度的适用。法律制度的层级越高，法律概念和原则性法律条款所占的比例就越大，随着法律制度的层级依次降低，具体法律规则和可操作性条款所占的比例就越大。法律制度的层级越高，法律的数量就越少，反之，法律制度的数量就越多。从动态变化的角度看，较高层级的法律制度是立法理念的体现，需要相对稳定性；而较低层级的规章和规范性文件需要根据现实需要适时调整有关规则。

四 分析了现行政府监管法律制度体系存在的"短板弱项"

中国政府监管法律制度体系建设首先需要发现现行体系存在的"短板弱项"，主要表现为：有效的政府监管需要权威性的法律规范，但至今中国不少政府监管领域或行业仍未颁布法律。在现行的法律制度中缺乏对政府监管的明确定位，监管机构在具体的监管执法时缺乏法律依据和授权。政府部门规章制度立法中存在明显的部门化倾向。

五　提出并论证了中国政府监管法律制度体系建设的基本途径

在分析现行体系存在问题的基础上，需要明确政府监管法律制度体系建设的战略步骤，区分近期目标和长期目标及其战略重点。针对中国在政府部门规章制度立法中存在明显的部门化倾向，规章制度立法数量过多的问题，应加强政府监管立法审查制度。分析政府监管中央立法与地方立法的比较优势，根据《宪法》和《立法法》关于中央和地方立法权划分，通过从上而下的强制性制度创新和从下而上的诱致性制度创新，共同完善中国特色的政府监管法律制度体系。

第五章

中国特色政府监管机构体系

本章将梳理监管机构体系相关研究成果，结合中国政府监管实际，分析监管机构的特点与职能定位，重点研究中国特色政府监管机构的理论模式，并基于对现行体系存在问题的深层次分析，探讨中国特色监管机构体系建设的基本途径。[①]

第一节　政府监管机构体系的相关理论研究

有关监管机构体系的研究文献比较丰富，本书主要讨论监管机构的性质与职权、监管机构的独立性、监管机构的基本模式等方面的相关研究文献，为研究中国特色监管机构体系作必要的理论铺垫。

一　监管机构的性质与监管权力

目前，国内外对监管机构还没有一个比较明确的定义。如美国学者丹尼尔·F. 史普博（Daniel F. Spulber）认为，美国管制机构是"国会创造出行政机构用以执行广泛而特定的政策"。"管制机构是执行国会政策的特殊手段。"[②] 在中国学术研究中，尽管不少学者在使用监管机构一词，但也只有少数学者探讨了监管机构的定义。如有的学者认为，监管机构是具有一定法律地位和相对独立性，依照相关法规对微观市场

[①]　在没有特别说明的情况下，本章所指的监管机构就是以政府机关为监管主体的政府监管机构。

[②]　[美] 丹尼尔·F. 史普博：《管制与市场》，余晖等译，上海三联书店、上海人民出版社1999年版，第86—87页。

主体实施行政管理与监督行为的政府行政机构。① 尽管不同学者对监管机构具有不同的定义，但监管机构的性质属于政府行政机构是基本一致的。

在相关理论研究中，对于监管机构的权力（监管权）的理解则存在较大的分歧。其中主要观点是以美国为例，如丹尼尔·F. 史普博认为，监管机构有多种形式。然而它们大多具有广泛的权力，制定政策时有相当的自由，还能独立行动。监管机构的权力和程序与政府立法、行政及司法三权机关的权力和程序相似。由于国会将一部分规则制定权授予监管机构。同时，监管机构还要承担从信息收集到法律执行的各种行政任务。此外，国会还让监管机构承担司法任务，具有法院的功能，对特定案件做出具体裁决。② 而美国监管机构的这些立法、行政及司法权被国内学者称为"准立法权（quasi‐legislative）、行政权和准司法权（quasi‐judicial）"，并由此派生出多种政府监管职能。有的学者认为，准立法权、行政权、准司法权是监管机构的基本权力，并对这三种基本权力及其相应的基本职能作了较为详细的讨论。③

二　监管机构的独立性

独立性监管机构首先产生于美国，然后发展到英国等发达国家。因此，理论界对监管机构独立性的讨论大多以美国等发达国家为背景。如有的学者总结了美国独立管制委员会的特点是：独立于政府行政系统；实行委员会制，集体决策；人事独立；交错任期；职权独立；经费来源独立等，并认为独立性是监管机构的核心特征。④ 而英国则在20世纪80年代开始，在电信、电力等垄断性产业政府监管体制改革时，设立了一批具有相当独立性的监管机构。⑤ 在发达国家监管机构理论与实践的影响下，在讨论中国如何设立监管机构时，许多学者也强调需要一定

---

① 王俊豪：《垄断性产业管制机构的几个理论问题》，《经济理论与经济管理》2008年第5期。
② ［美］丹尼尔·F. 史普博：《管制与市场》，余晖等译，上海三联书店、上海人民出版社1999年版，第87—89页。
③ 王俊豪：《垄断性产业管制机构的几个理论问题》，《经济理论与经济管理》2008年第5期。
④ 马英娟：《政府监管机构研究》，北京大学出版社2007年版，第33、103页。
⑤ 详见王俊豪《英国政府管制体制改革研究》，上海三联书店1998年版，第93—95页。

的独立性。如有的学者鉴于中国自然垄断产业管制权力分散和政企利益关系紧密的现状,主张借鉴发达国家的经验,在大部门体制改革中,继续推进监管机构的独立性。①

事实上,关于监管机构的"独立性",即使在被称为独立监管机构诞生地的美国,也是一个很有争议的问题。根据美国的有关法律,监管机构的法律地位是独立的监管机构,但一些学者以美国联邦通信委员会(FCC)为例,论证了监管机构的行为实际上受多种外在因素的影响,难以保持真正独立。② 监管机构面临的政治影响表现在许多方面:美国的监管机构实行委员会负责制,5—7 位委员都由总统提名,其中 1 位委员由总统任命为主席。而国会对监管机构的政治影响更为明显,如总统提名的 5 位委员须经国会批准,国会负责审批监管机构的预算报告,并决定监管机构的年度预算额度;国会负责评价监管机构的绩效;国会还对一些重大监管问题具有最后裁决权等。其中,对监管机构影响最大的政治因素是国会与总统对监管机构的监管行为与绩效的调查。虽然这种调查的名义目的是评价监管机构的绩效,以促使监管机构提高监管效率。但这种调查的隐含目的却并不是这么简单。如有的学者一针见血地指出:国会对监管机构的监管行为进行听证与调查的真正目的,是为了对监管机构施加政治影响,以控制监管机构③,因此,往往会偏离公共利益目标。有的学者通过对监管机构的历史研究得出的一个结论是:总统甚至所属的政党都会对监管机构的监管行为产生重要影响。④ 在一些学者看来,国会可以通过新的立法,修改有关法律,甚至废除管制机构等措施影响监管机构。因此,国会对管制机构的影响,除了公众所熟知的决定预算、批准管制机构委员等方面外,还有许多公众难以观察到的

---

① 刘华涛:《大部门体制下自然垄断产业管制机构改革的深化》,《生产力研究》2014 年第 1 期。

② Philip M. Napoli, "Government Assessment of FCC Performance", *Telecommunications Policy*, Vol. 22, No. 4 – 5, 1998.

③ Weingast, B. R. and Moran, M. J., "The Myth of Runaway Bureaucracy", *Regulation*, Vol. 6, No. 3, 1982.

④ Lichty, L. W., "The Impact of FRC and FCC Commissioners' Background on the Regulation of Broadcasting", *Journal of Broadcasting*, No. 6, 1962, pp. 97 – 110.

影响，而这些实际上对管制机构有更大的影响力。[1]有的学者还从总统、国会以及联邦最高法院这三者的角度，分析了对美国独立监管机构实施全方位的限制，共同构成的宏观制衡系统，在根本上保证其不会滑向专制与特权。[2]

三 监管机构的基本模式

在发达国家，由于各国的国情不同，监管机构的模式是多种多样的。如前述的美国独立监管机构模式；英国的许多监管机构虽然隶属于政府行政部，但也有相当的独立性，拥有较大的监管权，通常被称为政府部门下相对独立的监管机构模式；日本的多数监管机构内设于政府行政部门，这些机构作为下属机构在政府部门领导下承担监管职能。因此被称为政监合一的监管机构模式。[3] 事实上，采取哪种监管机构模式不仅因特定国家的政治经济制度差异而不同，而且，即使在同一国家，还因监管领域的差异而不同。例如，在独立监管机构模式最为发达的美国，也存在许多内设于政府行政部门的监管机构。如美国的食品药品管理局（Food and Drug Administration）内设于美国卫生和公共服务部，联邦航空局（Federal Aviation Administration）和联邦铁路局（Federal Railroad Administration）都内设于美国交通部。对于监管机构模式，国内不同学者也有不同的评价，例如，有的学者研究表明，为了克服监管俘虏问题，在垄断性产业设立独立的监管机构是必然选择。[4] 有的学者在分析英、美监管机构设立模式的基础上，认为中国最好采用隶属于国务院的监管机构模式，在经济性监管领域，应设立综合性的监管机构。[5] 因此，这是一个需要结合国情和监管领域的特点而作具体分析并做出合理评价与选择的问题。

---

[1] Gerald W. Brock, *Telecommunication Policy for the Information Age: From Monopoly to Competition*, Cambridge: Harvard University Press, 1998, p. 57.

[2] 丁捷：《美国独立管制机构的宏观制衡系统》，《苏州大学学报》（哲学社会科学版）2017年第6期。

[3] 对这三种政府监管机构模式的详细讨论，可参见王俊豪等《中国垄断性产业管制机构的设立与运行机制》，商务印书馆2008年版，第100—132页。

[4] ［法］让-雅克·拉丰、让·梯若尔：《政府采购与规制中的激励理论》，石磊、王永钦译，上海人民出版社1993年版，第261页。

[5] 马英娟：《政府监管的正当性》，《甘肃行政学院学报》2008年第3期。

四 对监管机构体系相关研究文献的简要述评

上述相关研究成果，为本书进一步研究监管机构体系提供了较为丰富的文献资料，但在这一领域还存在不少薄弱环节，有待深入研究。

第一，关于监管机构的性质与监管权力的研究还存在较大的分歧。监管机构通常被认为是政府行政机构，但即使在不少经济发达国家，监管机构也有多种形式，一些监管机构属于政府行政机关，而另一些监管机构不属于政府行政系列。这在理论上还没有得到较好的解释。而对于监管权力的合理分配更是一个国内外理论界一直争论的重点问题，特别是如何评价经济发达国家监管机构的准立法权、行政权、准司法权，中国的监管机构应该具有哪些基本的监管权力及其相应的职能？这些问题都需要结合中国的政府监管实际作深入研究。

第二，独立性是研究监管机构难以回避的理论问题，但现有研究成果还不能给中国监管实践提供有力的指导。即使在最为强调监管机构独立性的美国，对于是否真正实现独立性也是很有质疑。而在英国和日本等经济发达国家，监管机构的独立性更存在很大的差异。在中国现有制度环境下，"独立性"还具有敏感性，那么，是否应该强调监管机构的独立性以及如何体现其独立性？这是一个有待认真研究的理论与实践问题。

第三，根据有关研究文献，监管机构的设置可采取多种模式，除了独立监管机构模式、政府部门下相对独立的监管机构模式和内设于政府行政部门的监管机构模式这三种基本模式外，各国都存在多种混合型的监管机构模式。如何评价与比较各种监管机构模式的利弊得失，选择适合中国国情和监管领域特点的模式？这无疑是一个需要结合中国实际而深入研究的问题。

由于监管机构的研究涉及面很广，除了上述问题外，还有待深入研究中央与地方监管机构纵向关系和同级监管机构的横向分工协同关系，针对中国现行监管机构存在的问题，应该采取哪些可行途径以完善中国监管机构体系等基本理论与实践问题。

第二节 政府监管机构的特征与职能定位

一 监管机构存在与发展的合理性

政府监管是中国不断加强的一个重要政府职能，加强政府监管是促进国家治理体系和治理能力现代化的重要内容。[①] 经过 2018 年党和国家机构改革，目前国务院有 26 个组成部门、10 个直属机构、10 个直属事业单位和 16 个部委管理的国家局，[②] 但在这样的国务院部门规模下，主要从事监管职能的部门还很少，难以满足政府监管的实际需求。这就有必要通过比较监管机构与政府行政部的区别，分析监管机构存在与发展的合理性。

监管机构与通常的政府行政部存在一些显著的区别：①政府行政部的主要职能是宏观调控和在产业层次上制定与实施产业政策；而监管机构的主要职能是在微观层次对市场主体的市场准入、价格、产品与服务质量、垄断行为、环境保护和生产安生等实行有效监管。②政府行政部通常具有十多项甚至数十项管理职能；而监管机构的监管职能比较单一，专司相关领域的监管职能。③政府行政部与承担较多的管理职能相适应，其领导和多数工作人员强调任用通才；而监管机构的负责人及其重要岗位的成员通常需要相关领域的专家，具有较为丰富的专业知识。由于监管机构与政府行政部具有这些区别，监管机构显示出许多优越性。例如，许多政府监管领域具有技术性强、需求复杂多变等特点，而监管机构是由相应领域的专家组成，因此，监管机构能比政府行政部更好地履行监管职能。正因为监管机构具有这些优越性，许多较为成熟的市场经济国家同时也是监管型国家，重视监管机构有效运行。这也为中国随着社会主义市场经济体制的不断完善，深化政府监管体制改革，建立与发展高效的监管机构体系，以实现有效监管提供了合理性。

此外，在深化中国社会主义市场经济体制改革过程中，明确政府与

---

① 对此，我们在本书第一章已作了较为充分的论证，这里不作重复讨论。
② 详见《国务院关于机构设置的通知》（国发〔2018〕6 号）、《国务院关于部委管理的国家局设置的通知》（国发〔2018〕7 号）。

市场的边界是发挥市场在资源配置中的决定作用和更好地发挥政府作用的前提，由于政府监管的主要对象是微观市场主体，主要依据是有关法律制度，因此，只要在法律制度上明确监管机构的职能、监管范围和监管行为规则，就有利于明确政府和市场的边界，更好地发挥市场和政府的作用，从而有利于完善中国特色社会主义市场经济体制。

二 监管机构的基本特征

从国内外对监管机构的理论研究和实践分析看，监管机构的基本特征至少表现在以下几个方面。

（一）具有明确的法律地位和责权关系

从国际经验看，针对监管领域的技术经济特征和监管的需要，许多国家都通过立法明确监管机构的法律地位，如本书第四章表 4－1 所示，英国在 20 世纪 80 年代开始先后对电信、天然气、自来水、电力和铁路运输等产业实行政府监管体制重大改革时，都通过立法设立特定的监管机构，并明确监管机构的法定责任和相应的权力。

（二）具有相对独立性

我们在前面专门讨论了监管机构的独立性问题。综观经济发达国家，监管机构的独立性都是相对的，它们不仅受法律的约束，而且要接受行政部门的行政监督和司法部门的司法审查；还要受到一定的政治干预。同时，也要接受新闻舆论和社会公众的监督。但相对独立性是监管机构设立的一个重要原则，也是监管机构区别于政府行政部的基本特征。对于中国来说，监管机构的相对独立性主要表现在"政企分离"和"政监分离"，即监管机构独立于被监管企业，同时，监管机构的监管职能和政府行政部门的行政管理职能适当分离。

（三）可问责性

具有相对独立性的监管机构拥有相对独立行使监管职能的权力，这就会产生这样一个问题：如果监管机构的监管行为偏离公共利益目标；或者监管机构的效率低下；或者监管机构被受监管的企业所俘虏，成为它们的代言人而从事腐败活动；或上述问题兼而有之。其结果必然会给社会造成严重的损失。为此，除了在外部需要对监管机构形成有效的监督机制，对监管机构本身还需要形成一种权力与责任相一致的制衡机制。这就是对监管机构的"可问责性"（accountability）。因此，对于监管机构,应强调相对独立性与可问责性相结合,并通过合适的制度安排得到落实。

(四) 监管职能综合性

监管机构的活动涉及许多相关方面,具有系统性、整体性的特点,这要求对监管机构充分授权,使它们拥有综合性监管职能。我们可用范围经济原理加以说明:假设某一家监管机构具有 K 种密切相关的监管职能,它提供这 K 种监管职能的总成本为:$TC(G_1, G_2, \cdots, G_K)$。如果这 K 种监管职能分别由 K 个监管机构来承担,这 K 家监管机构都有自己的监管职能,那么,这 K 家监管机构提供这 K 种监管职能的成本分别为 $C(G_1)$,$C(G_2)$,$\cdots$,$C(G_K)$。则 $TC(G_1, G_2, \cdots, G_K) < C(G_1) + C(G_2) + \cdots + C(G_K)$ 成立,这家具有 K 种监管职能的监管机构就存在范围经济,也就是说,从经济合理的角度看,应当由这家监管机构承担这 K 种监管职能。当然,这家监管机构提供这 K 种监管职能的成本小于 K 家监管机构分别提供这 K 种监管职能总成本的幅度,反映了范围经济性的强度。而范围经济性越强,就越有必要将综合性监管职能授予这一家管制机构,反之亦反。

(五) 监管职能与监管人员专业性

监管职能专业性是监管机构的一个显著特点,也是监管机构和政府行政部的一个"分水岭"。在特定的监管制度环境下,监管效率的高低在相当程度上取决于监管人员的素质。因此,与监管职能的专业性相适应,要求监管机构的监管人员具有专业性。由于政府监管涉及技术、经济、管理、法律等方面的内容,这要求监管机构应拥有一批技术、经济、管理、法律等方面的专家,形成合理的知识结构,实行专家监管,为监管机构的精干高效提供人才保证。

当然,在中国建立具有上述特征的新型监管机构需要较大的制度创新,关键是要处理好政府行政部门的管理职能与监管机构的监管职能的适当分离问题。这必然涉及许多方面的利益关系,而且需要一个较长的过程。因此,目前在相当程度上还只是监管机构的理想特征。

三 中国监管机构的基本权力和主要职责定位

(一) 政监分离是监管机构职权定位的前提

从政府监管的国际经验看,政府行政部门是和国家政权同时产生与发展的,具有长期历史和稳固的政治制度基础,而监管机构是一种相对较新的政府机构,即使是在最先发展监管机构的美国,最早的独立监管机构是1887年设立的州际商业委员会,主要对当时铁路企业的垄断行为实行政府监管。它和美国政府行政部门相比也至少晚100多年。而在许多国家,监管机构的出现就更晚。因此,基于监管机构具有独特的优势,又为避免受政府行政部门的过多干扰,监管机构相对独立于政府行政部门就成为一种现实的选择,以保证其较好地行使监管职能。监管机构与政府行政部门相分离的实质是,无论采取哪种形式,都要以政监分离为基础,并对监管机构充分授权。政府行政部门主要制定宏观政策和产业政策,监管机构主要对市场主体实行微观监管。政监分离的目的就是更好地发挥政府行政部和监管机构各自的作用,更有效地履行各自的职权。

(二) 监管机构的基本权力

我们在前面专题讨论了监管机构的基本权力,美国等发达国家的监管机构都普遍拥有一定的立法、行政和司法权力。那么,中国的监管机构是否应该拥有这些基本权力?这不仅是一个政府监管的理论问题,更是一个必须面对的实践问题。而且,监管机构的主要职能也是从这些基本权力中派生出来的,是这些基本权力的表现形式。中国的监管机构作为政府机构,具有必要的行政权和相应的行政职能,这是没有争议的。例如,监管机构可对被监管对象进行调查;可批准其某些行为,禁止某些行为,追究某些违法行为,等等。所以,我们只需重点讨论监管机构的准立法权和准司法权问题。这里,我们不妨将"准"理解为"类似",准立法权和准司法权就是类似立法权和类似司法权。

1. 监管机构的准立法权

从理论上讲,监管机构不是立法机构,不具有立法权。但无论是垄断性产业领域还是环境保护、食品药品等卫生健康领域,需要政府监管的领域通常是技术经济特征复杂,具有较强的专业性,立法机关往往缺乏特定领域的专业技术知识,难以适应具体监管立法的需要;同时,法律具有相对稳定性,而特定监管领域具有可变性,原有法律和动态变化的监管领域经常存在不适应性,这需要不断制定或调整具体的监管规则;此外,法律条文通常比较原则、抽象,不能直接应用于监管对象,需要在基本法律的基础上制定较为具体的政府监管规则。因此，立法机构就将根据基本法律法规的监管规则的立法权授予监管机构，从而使监管机构拥有准立法权。

从中国的立法实践分析，以国家市场监督管理总局为例，2018年党和国家机构改革后，该局成为主要从事市场监管职能的国务院直属机构。根据《中华人民共和国立法法》（以下简称《立法法》）规定，国务院各部门和具有行政管理职能的直属机构，可以依法制定规章。同时，按照该局的"三定方案"，该局的职责之一就是"起草市场监督管理有关法律法规草案，制定有关规章、政策、标准"。可见，根据《立法法》和"三定方案"，国家市场监督管理总局具有制定有关规章、政策（包括规范性文件）、标准的权力，并有权起草市场监督管理有关法律法规草案。因此，事实上中国的监管机构也拥有准立法权，只不过通常称为立法权。中国的其他类似监管机构也具有这种立法权。

2. 监管机构的准司法权

监管机构对其监管的对象是否违反法律，有裁决的权力，即准司法权。与准立法权一样，从理论上讲，监管机构不是司法机构，不具有司法权。但至少有以下两个理由被认为监管机构拥有准司法权是合理的：①法院（主要司法机关）通常不具备对那些复杂多变的监管领域实行有效监管所需要的知识、经验与检测设施等物质条件，而监管机构在这方面具有绝对优势。②监管机构对其监管对象实行主动监管比法院实行被动监管更为有效。监管机构往往对其监管对象实行事前、事中和事后全过程监管，而法院在通常情况下以"不告不究"为原则，只实行事后司法监管。因此，监管机构能事前防止违法行为的产生，能事中控制违法行为的扩散，这显然比法院能更有效地实行全过程监管。

从中国的政府监管实践看，虽然监管机构的职权主要表现为行政权，但也不乏类似司法权（准司法权）。又以国家市场监督管理总局为例，该局是国务院产品质量的主要监管机构，根据《中华人民共和国产品质量法》（以下简称《产品质量法》）第五章（罚则），该局拥有多项行政处罚权。对此，该局（包括地方各级市场监督管理局）首先类似于司法，需要裁决特定企业是否违法以及违法的程度，是一般违法还是构成犯罪，触犯刑法；其次，在处以多少罚款方面，该局可在违法货值金额50%以上3倍以下的幅度内处以罚款，类似于司法具有较大的裁量权。又如，根据该法第四十七条："因产品质量发生民事纠纷时，当事人可以通过协商或者调解解决。"而在司法诉讼前，该局无疑是最为权威的调解者，发挥了类似司法调解的作用。此外，国家市场监督管理总局所属地方市场监督管理局还在企业名称争议、计量纠纷等方面类似法院承担了大量的裁决职权。例如，2019年江西省市场监督管理局还专门制定了《江西省市场监督管理行政裁决事项实施程序》（赣市监局法字〔2019〕9号），其中包括专利侵权纠纷处理实施程序、企业名称争议裁决实施程序、计量纠纷仲裁检定和调解实施程序、受检单位和监检机构争议的处理实施程序等。监管机构对这些事项行使行政裁决类似法院行使司法裁决，具有行使准司法权的性质。

（三）监管机构的主要职能

监管机构的各种权力是通过其具体职能反映与实施的，其主要职能包括：

第一，制定相关监管领域具有普遍适用性的监管规则。监管机构根据立法程序制定具体的规章、规范性文件和监管标准，从而为政府监管提供行为规则，这些规则具有不同层级的法律效力，相关人必须执行，违法者将受到制裁。制定各种监管规则是监管机构最为重要的职能。这也是监管机构准立法权的体现。

第二，颁发和修改企业经营许可证。监管机构根据特定产业的需求与供应能力、企业的资质等因素，颁发企业经营许可证。经营许可证实际上是监管机构与企业间的一种合同，详细规定企业应当承担的各项义务，在价格、服务质量、公平交易等方面的业务规范。同时，监管机构还可根据具体产业的发展状况和供求变化、技术进步等因素，修改经营许可证的部分条款。

第三，实行进入市场监管。对于一些具有自然垄断性、外部性显著的特殊产业，需要控制进入市场的企业数量，以避免过度竞争，这要求监管机构合理控制进入壁垒，对进入市场实行监管。这种监管实质上就是对特殊产业控制发放经营许可证的数量和时间。

第四，制定和监督执行监管价格。监管机构应根据电力、交通运输等垄断性产业的成本状况、科技进步、提高生产效率的潜力等因素制定监管价格,并周期性地实行价格调整,以刺激企业提高生产效率,并将因效率提高而带来的部分利益让渡给消费者。

第五,监督并惩处企业的不正当行为。监管机构应对企业的经营行为实行监督,如发现企业违反经营许可证所规定的条件、服务内容和标准或其他应遵守的规则,监管机构可以采取行政处罚甚至吊销其经营许可证。此外,监管机构还可通过判付赔偿金,迫使责任人承担相应的经济责任,由于行政裁决赔偿程序比法院裁决程序简单、经济、迅速,因而能有效地实现监管目标。这其中也在一定程度上体现了监管机构的准司法权。

第六,调查和公开信息。管制机构可对违规的企业进行调查,并公布其违规行为,如违反产品质量标准、安全标准等。公布这类信息,能够对违规企业的生存和发展造成极大威胁,有时甚至迫使违规企业陷入破产倒闭的境地。如美国安然公司、世界通信公司等企业造假丑闻被曝光后,这些企业立刻陷入了灭顶之灾。显而易见,公开市场信息将产生极大的威慑力,也是管制机构的一项重要职能。同时,公布某些信息,也有利于保护消费者的合法权益。管制机构为履行职责,还可以强制企业公开其有关信息。

第三节 政府监管机构的理论模式[①]

一 中国现有监管机构的主要类型及其问题分析

2018年2月,党的十九届三中全会通过的《中共中央关于深化党和国家机构改革的决定》以及国务院随后印发的《国务院关于机构设置的通知》(国发〔2018〕6号)和《国务院关于部委管理的国家局设置的通知》(国发〔2018〕7号),为中国监管机构设置提供了基本制度框架。根据国内外有关政府监管机构理论研究和发达国家政府监管实践,相对独立性是政府监管机构设立与运行一个重要原则,也是监管机构区别于政府行政部的基本特征。对于中国来说,监管机构的相对独立

---

① 王俊豪、李阳:《中国特色政府监管机构理论体系及其改革思路》,《中国行政管理》2020年第10期。

性主要表现在"政企分离"和"政监分离",即监管机构独立于被监管企业,同时,监管机构的监管职能和政府行政部门的行政管理职能适当分离。因此,本书从现有的国务院组成部门(26个)、直属特设机构(1个)、直属机构(10个)、办事机构(2个)、直属事业单位(9个)和国务院部委管理的国家局(16个)中,按照政府监管机构的相对独立性,将主要承担监管职能的政府监管机构分为以下三个基本类型,并以政府监管规范分析的方法,简要分析这三类监管机构存在的主要问题。

(一)独立设置的监管机构类型及其问题分析

这种类型的监管机构独立设置,具有相对独立的监管职责。最为典型的有以下三个主要监管机构。[①]

1. 国家市场监督管理总局(国务院直属机构,简称市场监管总局)

其主要监管职责包括:负责市场综合监管;起草有关法律法规草案,制定有关规章、政策、标准;负责准入监管;负责反垄断统一执法;负责市场秩序、产品质量安全、特种设备安全、食品安全等方面的监管。同时,负责统一管理计量、标准化、检验检测和认证认可等与市场监管相关的工作。此外,作为国务院主管市场监管的部门,根据《中华人民共和国产品质量法》(以下简称《产品质量法》)、《中华人民共和国食品安全法》(以下简称《食品安全法》)等法律法规,该局还具有较为广泛的行政处罚权和一定的裁决权。

2. 中国银行保险监督管理委员会(国务院直属事业单位,简称银保监会)

其主要监管职责包括:对全国银行业和保险业实行统一监管,对派出机构实行垂直领导;制定银行业和保险业审慎监管与行为监管规则;对银行业和保险业机构及其业务范围、高级管理人员实行准入监管;对银行业和保险业机构实行现场检查与非现场监管等。根据《中华人民共和国商业银行法》(以下简称《商业银行法》)、《中华人民共和国保险法》(以下简称《保险法》)和《中华人民共和国银行监督管理法》

---

① 本书所指的中国监管机构的监管职责主要根据2018年党和国家机构改革时,为各政府部门确定的"三定方案"中的基本职责。

（以下简称《银行监督管理法》）等法律法规，该局还具有较为广泛的行政处罚权和一定的裁决权。

3. 中国证券监督管理委员会（国务院直属事业单位，简称证监会）

其主要监管职责包括：起草有关法律、法规；制定有关规章、规则；对证券期货市场实行集中统一监管；监管证券期货各类机构和公司，审批基金托管机构的资格并监管其基金托管业务等。同时，依法对证券期货违法违规行为进行调查、处罚等。根据《中华人民共和国证券法》等法律法规，该局还具有较为广泛的行政处罚权和一定的裁决权。

除了上述三个监管机构外，一些政府机构也承担一定的政府监管职责。例如，国务院国有资产监督管理委员会（国务院直属特设机构）的部分职责是通过对国有企业的发展战略、重大投资等方面监管，促使国有企业资产保值、增值。海关总署（国务院直属机构）的部分职责是口岸监管，并从口岸通关环节向出入境全链条、宽领域拓展延伸监管范围。国家医疗保障局（国务院直属机构）也承担对医疗保障基金，药品、医用耗材价格和医疗服务项目、服务设施收费等方面的监管职责。但这些政府机构的主要职责不是单纯的监管职责，因此，不属于政府监管机构系列。

这种类型监管机构存在的突出问题是，虽然独立设置，但缺乏明确的法律地位。这首先表现在这类监管机构设置的主要依据是前述中共中央、国务院关于机构改革和设置的有关文件，其主要职责是根据国务院为各政府部门确定的"三定方案"。但事实上这些监管机构缺乏明确的法律地位，也没有得到法律的充分授权。例如，根据2019年12月修订的《中华人民共和国证券法》，并未明确国务院证券监督管理机构就是证监会。同时，中国证券市场的监管机构并不是唯一的。"市场监管总局"也存在类似缺乏明确的法律地位的问题，如2018年12月修订的《产品质量法》第八条规定：国务院市场监督管理部门主管全国产品质量监督工作。国务院有关部门在各自的职责范围内负责产品质量监督工作。这说明中国的产品质量实行多部门监管。其次，根据国务院机构设置的规定，证监会和银保监会都属于国务院直属事业单位，而事业单位在理论上通常是提供社会服务的，不具有行政监管职能。在2018年同时列入国务院直属事业单位的还有新华通讯社、中国科学院、中国社会科学院、中国工程院、国务院发展研究中心、中央广播电视总台、中国气象局。显然，证监会、银保监会和这些国务院直属事业单位在行政监管权方面具有不同的性质。这必然影响银保监会和证监会的法律地位和监管的权威性。

此外，对市场监管总局来说，还存在监管边界模糊的问题。根据《"十三五"市场监管规划》（国发〔2017〕6 号）和市场监管总局的主要职责，市场监管的对象是微观市场主体，市场监管的范围主要是：企业的市场准入与退出监管、反垄断和反不正当竞争执法、食品药品与特种设备等产品质量和服务监管。但在电力、电信、铁路运输等自然垄断行业，生态环境、生产安全、金融等领域都普遍存在对市场主体（主要是企业）监管问题，这就容易造成市场监管总局和其他领域的监管机构之间在监管边界上模糊不清。特别是随着电力等自然垄断行业以"管住中间、放开两头"为导向而深化改革，自然垄断性业务以外的其他业务领域将逐渐成为竞争性领域，以竞争性市场为主要监管对象的市场监管总局和其他相关监管机构之间的监管边界将更加会有交叉，模糊不清。

（二）国务院部委管理的监管机构类型及其问题分析

这种类型的监管机构由特定的国务院部委管理，具有一定的独立性，并承担一定的监管职责。比较典型的有：国家能源局（国家发展和改革委员会管理）、国家铁路局（交通运输部管理）、国家邮政局（交通运输部管理）、国家煤矿安全监察局（应急管理部管理）和中国民用航空局（交通运输部管理）。这种类型的监管机构由国务院有关部委管理，与独立设置的监管机构相比，不仅更缺乏法律地位，而且还缺乏必要的独立性。这突出地表现在这种类型的监管机构无权独立制定相关监管规章。根据《立法法》规定，上述证监会和银保监会作为具有行政管理职能的国务院直属事业单位，才有权根据监管需求制定规章，但国务院部委管理的所有监管机构都无权独立制定规章。根据国务院"三定方案"，这种类型的监管机构仅有拟订相关规章草案的权力，其拟订的规章草案还需要通过相关部委的审查，最后通过部委会议研究决定是否通过成为部门规章。这就使这种类型的监管机构失去了制定监管规章的职权，而这恰恰是作为监管机构最为重要的基本职权，从而缺乏必要的独立性。另外，这种类型的监管机构和相关部委内设的一些机构（或部门）在业务上往往有交叉，如果监管机构和部委内设机构在某些监管问题上存在不一致甚至产生矛盾，部委管理的监管机构反而处于弱势地位，一些监管决策和行为往往难以实施，这就使这种类型的监管机构不仅缺乏必要的独立性，而且缺乏应有的权威性。此外，国务院部委管理的许多监管机构本身也不是专业监管机构，只是承担特定行业或领域的行政管理职能和监管职能。例如，由国家发改委管理的国家能源局，主要承担能源发展战略、规划和政策、有关改革方案的制定等宏观管理职能，真正承担的监管职能相对较少，体现在国家能源局12个内部机构中，只有市场监管司和电力安全监管司主要从事能源监管职能。由交通运输部管理的国家铁路局和国家邮政局、由国家卫生健康委员会管理的国家中医药管理局和由应急管理部管理的国家煤矿安全监察局等都存在类似情况，在政府监管方面发挥的作用还比较有限。

（三）国务院部委内设的政监合一监管机构类型及其问题分析

这种类型的监管机构隶属于特定政府部门，作为一个司局（机构）承担一定的监管职责，行政管理与监管职能没有严格区分，因此，本书称之为国务院部委内设的政监合一监管机构类型。目前在大多数国务院部委都内设这种类型的监管机构。我们以下面5个国务院部委为例加以说明。

1. 工业和信息化部内设的信息通信管理局和无线电管理局

前者的主要监管职责是：负责电信和互联网业务市场准入及设备进网监管；承担通信网码号、互联网域名和IP地址、网站备案、接入服务等基础管理及试办新业务备案监管职能；推进三网融合，对电信和互联网市场竞争秩序、服务质量、互联互通、用户权益和个人信息保护的监管；负责信息通信网络运行的监管，组织协调应急通信及重要通信保障。而后者则主要负责无线电频率的划分、分配与指配；监管无线电台（站）；组织实施无线电监管等监管职能等。

2. 国家发展和改革委员会内设的价格司和投资司

前者的主要监管职责是：组织起草有关价格和收费法规草案和政策；组织拟订少数由国家管理的重要商品和服务价格、重要收费政策；

调整中央政府管理的商品和服务价格、收费标准；组织重点行业、重要农产品、重要商品和服务的成本调查，按规定承担政府定价项目成本监审等。后者主要承担部分重大投资项目的审批和监管职能。

3. 住房和城乡建设部内设的房地产市场监管司、建筑市场监管司和工程质量安全监管司

房地产市场监管司的主要监管职责是：承担房地产市场的监管；拟订房地产开发企业、物业服务企业、房屋中介的资质标准并监督执行等。而建筑市场监管司和工程质量安全监管司分别负责建筑市场和工程质量安全监管职责。

4. 生态环境部内设的核电安全监管司、核设施安全监管司和辐射源安全监管司

核电安全监管司的主要监管职责是：负责核电厂、核热电厂、核供热供汽装置、研究型反应堆、临界装置、带功率运行的次临界装置等核设施的核安全、辐射安全、环境保护的行政许可和监管工作。核设施安全监管司和辐射源安全监管司分别负责核设施和辐射源安全监管职责。

5. 商务部内设的产业安全与进出口管制局

其主要监管职责是：承担进出口管制（监管）、技术引进、设备进口、国家限制出口技术的监管；依法颁发防扩散等与国家安全相关的进出口许可证件等。

这种类型的监管机构内设于国务院有关部委并承担特定监管职能，在部委内实行政监合一，行政职能与监管职能难分难解，因此，缺乏必要的相对独立性和权威性。由于这些监管机构往往内嵌在行政机构中，政府的宏观规划与政策制定职能和微观层次的监管职能合并在一起，导致行政职能和监管职能边界的模糊，监管机构的行为往往受到行政机构的干扰，容易发生以强势的行政权力替代监管职能的行为，从而造成监管机构缺乏权威性的问题。同时，由于在同一部委内存在多个承担特定领域监管职能的机构，例如，上述生态环境部内设的三个司在监管职能上有一定的关联性；住房和城乡建设部内设的三个司也在监管职能上存在类似性。如果缺乏必要的协调机制，这就容易造成监管职能分散，在多头监管的情况下，由于监管边界模糊，而且存在一因多果、一果多因等复杂关系，造成各监管机构的职责不清，相互间协调成本高。如果各

个监管机构在监管的力度、方式等方面存在差别,还容易被监管对象各个击破,存在较大的寻租风险,影响整体监管水平。这些都可能会造成这种类型的监管机构低效率或监管失灵。

二 监管机构在中国未来政府行政组织架构中定位

(一) 中国和主要经济发达国家政府行政管理机构的比较

1. 中央政府行政部 (委) 的比较

为统一比较口径,中央政府行政部(委)在中国就是国务院组成部门,而在经济发达国家一般是指参加内阁的部级首长领导的中央政府的主要组成部门或类似主要政府部门。中国经过 2018 年国务院机构改革,目前的国务院组成部门是 26 个(不包括国务院办公厅)。而从表 5-1 可见,这 8 个主要经济发达国家中央政府行政部数量在 12—19 个,平均不到 16 个。而且,这些国家政府部门设置、权限及其变更主要通过《内阁法》《国家行政组织法》等法律加以规范,因此比较稳定。可见,中国比这 8 个主要经济发达国家的中央政府行政部平均数至少多 10 个。

表 5-1　　主要经济发达国家中央政府行政部设置情况[①]

国别	中央政府行政部 (个)	国别	中央政府行政部 (个)
美国	15	英国	18
德国	14	法国	18
加拿大	19	澳大利亚	16
日本	12	俄罗斯	15

2. 政府监管机构的比较

在经济发达国家,除中央政府行政部外,在政府行政组织系统中还存在着数量众多的相对独立机构,虽然不同国家对这些机构有不同的法律地位、组织形式和名称,但许多机构都承担监管职能,所以通常被称为监管机构。由于各国对政府监管机构还缺乏一个统一的认定标准,因此,这里只能作一个大致的比较。上一节我们对中国监管机构设置的现

---

① 参考左然《国外中央政府机构设置研究》,《中国行政管理》2006 年第 4 期。

有模式作了粗略分析，在列举承担监管职能的 15 个政府机构中，多数还同时承担政府宏观管理职能，主要从事政府监管职能的政府机关还很少。而西方成熟市场经济国家，同时也是"监管型国家"，虽然政府行政部并不多，但存在大量的政府监管机构。例如，美国具有最为发达的政府监管机构体系，目前美国联邦政府就有 25 个独立监管机构，其中经济性监管机构 12 个，社会性监管机构 13 个。[①] 除这些主要的独立监管机构以外，美国还有不少隶属于中央政府行政部的监管机构，如隶属于卫生和公共服务部的食品药物管理局等。[②] 除美国之外，较为成熟的市场经济国家都设立和发展了相当数量的政府监管机构，已经或转型成为"监管型国家"。因此可见，与经济发达国家相比，中国的政府监管机构在政府行政组织架构中不仅数量少，而且因缺乏相对独立性，其地位和层次也不高。

（二）中国大部门制改革和监管机构发展趋势分析

1. 继续推进大部门制改革

中华人民共和国成立以来，国务院机构一直处于不断调整和变动中，1981 年国务院所属部委达 52 个、国务院工作部门达 100 个，成为中华人民共和国成立后的峰值。1982 年国务院部委由 52 年裁并为 42 个。此后，基本上每隔五年进行一次机构调整，撤销部分国务院部委，如 1988 年国务院部委为 41 个，1998 年为 29 个，2003 年为 28 个，2008 年为 27 个，2013 年为 25 个。[③] 2018 年在新增应急管理部和退役军人事务部后为 26 个。2007 年，党的十七大明确提出，"要探索实行职能有机统一的大部门体制"，从而开始推进大部门制为导向的政府机构改革，即把一些职能相近或相关的部委重组为一个大部，把原来的一些部委改革为内设的职能司局或改革为部门管理的机构，以加快政府职能转变。2012 年，党的十八大报告指出，"稳步推进大部门制改革，健全部门职责体系"。2017 年，党的十九大报告也指出，要深化机构和行

---

① 参见王湘军、邱倩《大部制视野下美国独立监管机构的设置及其镜鉴》，《中国行政管理》2016 年第 6 期。
② 详见马英娟《政府监管机构研究》，北京大学出版社 2007 年版，第 39—43 页。
③ 参见赖先进《新中国 70 年政府机构改革历程回顾与成效》，《学习时报》2019 年 11 月 11 日第 7 版。

政体制改革，转变政府职能，深化简政放权，创新监管方式。题中之意也是要继续推进大部门制改革。继续推进大部门制改革的实质是，要进一步转变政府职能，简政放权，使市场在资源配置中起决定性作用、更好发挥政府作用。据不完全统计，2002—2017年，国务院共取消行政审批事项2813项，调整559项。[①] 主要是取消涉及企业行政审批事项。根据《中共中央关于深化党和国家机构改革的决定》精神，国务院所属部委的主要职能是实行有效的宏观管理，减少微观管理事务和具体审批事项，提高资源配置效率和公平性。

2. 大力培育与发展新兴监管机构

国务院部委通过大部门制改革，实现政府职能转变，在加强宏观管理的同时，需要把大量的对微观企业监管的职能转移给专门的监管机构承担。这必然要求大力培育与发展一批新兴监管机构，提高监管执法效能。由于政府监管涉及所有领域、中央和地方的纵向监管关系，这就要求加强监管机构体系建设，形成各领域分工合作、上下协调的政府监管机构体系。

3. 精干的国务院部委和高效的专业监管机构将成为中国政府行政组织的两大基本构架

继续推进大部门制改革和大力培育与发展专业监管机构的必然结果是，精干的国务院部委和高效的专业监管机构将成为中国未来政府行政组织的两大基本构架。经过改革开放以来国务院机构不断调整，国务院现有部委26个，但和市场经济体制成熟的国家相比（见表5-1），国务院部委数量还是较多，随着中国特色社会主义市场经济体制不断完善，继续推进大部门制改革，国务院部委数量可望进一步减少，但这些大部门的宏观管理能力将会更强，必然在政府行政组织中具有核心地位。同时，国务院部委通过大部门制改革，实现政府职能转变，在加强宏观管理的同时，需要把大量的对微观企业监管的职能转移给专业性监管机构承担。国际经验也表明，市场经济越发达，政府监管的需求就越大，这就需要大量专业性监管机构来承担多种监管职能，从而成为政府行政组织另一大基本构架。

[①] 潘小娟：《中国政府改革七十年回顾与思考》，《中国行政管理》2019年第10期。

三　中国特色政府监管机构理论体系及其主要理论模式

"体系"是由若干要素构成的整体，而且这些构成要素相互联系、相互制约，共同构成一个有机整体。中国特色政府监管机构理论体系则是由三种政府监管机构理论模式构成的有机整体，这些理论模式具有不同的相对独立性，分别适应于不同监管领域，共同构成整体性的政府监管机构理论体系。这为优化中国政府监管机构治理体系，促进治理能力现代化提供理论支持。同时，构建中国特色监管机构理论体系必须立足中国的政治、经济、文化等传统和现行体制。其中最鲜明的中国特色就是要坚持中国共产党的统一领导，坚持社会主义基本制度，强调以人民为中心。此外，需要学习借鉴发达国家的有益经验，注重国际发展趋势，便于国际接轨和交流。需要强调的是，构成中国特色监管机构理论体系的理论模式不是推倒重来，无中虚构，而是注重对中国现有监管机构类型的继承、改革与完善。因此，本书提出并重点探讨以下三种具有中国特色的监管机构理论模式及其改革思路。

（一）独立设置的监管机构理论模式及其改革思路

独立设置的监管机构理论模式不同于美国等发达国家的独立监管机构，后者通常是独立于政府行政体系，直接向国会负责，具有很强的独立性。而中国这种理论模式的监管机构从属于国务院行政体系，是在这一行政体系中独立设置的监管机构，在法律制度范围内相对独立地行使其监管权力及其监管职能。其基本特征是：①监管机构独立设置于国务院行政组织体系，属于政府行政机构，具有相应的行政权力。②监管机构具有基本的法定监管权及其相应的监管职能。包括相对独立地行使监管行政权，制定监管规章及其规范性文件等立法权和对违法违规行为的处罚权等基本权力。同时，监管职责明确，具有与基本监管权力相应的监管职能。③监管机构与行政部门相分离。监管机构不仅实现政企分离，而且实现政监分离，以独立地行使其监管职能。④监管机构拥有稳定的经费来源，这是监管机构履行其监管职能的经济基础。

这种监管机构理论模式可以在中国现有独立设置监管机构类型基础上改革而实现，根据这种监管机构理论模式的基本特征和现有监管机构类型存在问题分析，主要改革思路包括以下三个主要方面。

1. 将事业单位监管机构改革为行政管理型监管机构

目前,证监会和银保监会属于国务院直属事业单位,其承担的监管职能和事业单位的性质不符。根据《立法法》规定,具有行政管理职能的直属机构可以依法制定监管规章。但国务院直属机构不等于国务院直属事业单位,因此,从理论上说,国务院直属事业单位无权制定监管规章。此外,由事业单位承担监管职能在相当程度上还会影响监管权威性。根据中共中央、国务院《关于分类推进事业单位改革的指导意见》(中发〔2011〕5号)规定:对承担行政职能的事业单位,逐步将其行政职能划归行政机构或转为行政机构;今后,不再批准设立承担行政职能的事业单位。因此,将监管机构由事业单位型改革为行政管理型监管机构,成为国务院直属单位更符合分类推进事业单位改革的方向。

2. 明确监管机构的法定地位和基本权力及其主要监管职责

前面已对现有类型中三个独立设置监管机构缺乏法律地位的问题做了分析,其主要职责的依据是国务院为其确定的"三定方案",而不是相关法律的明确规定。因此,缺乏明确的法定地位和法定权力及其监管职责是现有独立设置监管机构共同存在的主要问题。对此的一种早期解释是,因中国处于政治经济体制改革时期,具体机构名称或者具体职能可能经常变动,作原则性规定更能适应市场变动的状况。[①] 但就长远和规范的角度而言,这既不符合国际惯例,也必然影响监管机构的权威性、公信力和依法监管。因此,在条件成熟时,应在与独立设置监管机构相关的中国《证券法》《银行业监督管理法》和《保险法》等行业法律中,明确特定监管机构和监管职能以及监管机构之间分工协作关系。在近期也可以先在相关法律的实施细则中加以明确。

3. 逐步推进政监分离改革,监管机构专司监管职责

发达国家的政府监管实践证明,监管机构与政府行政部相比具有明显优势,例如,监管机构的主要职能是在微观层次对被监管企业实行监管,监管职能比较单一,专业性强;监管机构的负责人及其重要岗位的成员通常是相关领域的专家,具有较为丰富的专业知识。由于许多政府监管领域具有技术性强、需求复杂多变等特点,而监管机构是由相应领

---

① 参见证券法起草小组编《中华人民共和国证券法条文释义》,改革出版社1999年版。

域的专家组成,因此,监管机构能比政府行政部更好地履行监管职能。而要真正发挥监管机构的优势,需要监管机构与政府行政部门相分离,独立地行使其监管职能。但在现行体制下,独立设置的监管机构还承担着许多宏观管理职能。例如,目前证监会承担了不少政治职能,中国的股市"政策市"色彩还比较明显,面对股市较大波动,证监会常有领导出面讲话,这种"喊话式监管"和过度干预市场正是政监不分的现实反映。因此,推进政监分离应成为一个重要改革内容,以保证监管机构专司其监管职责。

(二) 大部门制下相对独立监管机构理论模式及其改革思路

这种理论模式类似于国外隶属于政府部门的监管机构(departmental regulatory agencies)模式。虽然在不同国家这种监管机构模式的独立性存在一定差别,但多数监管机构都有相当独立性。例如,英国在1984年根据《电信法》设立"电信监管办公室"(Office of Telecommunications)隶属于贸易和工业部(Department of Trade and Industry),并由贸易和工业大臣委任电信监管总监,担任电信监管办公室主任。同时,该法第3条还详细规定了电信监管办公室的基本职责和权力,通过贸易和工业大臣授权,在电信监管总监的领导下具有相当大的权力。[①]与此相类似,美国的食品药品管理局隶属于卫生和公共服务部,但也有相当的独立性。这种理论模式的基本特征是:①监管机构隶属于政府行政部,同时又具有相对独立性,在一定范围内独立行使政府监管职能。②监管机构具有明确的监管权力和相应的监管职能。包括相对独立地行使监管行政权、制定监管规章及其规范性文件并有权对违法违规行为实行处罚等。③实行政监分离,监管机构专司监管职能。④监管机构拥有稳定的经费来源。

这种理论模式既有利于政府行政部和监管机构相协调,也有利于解决政府行政部和监管机构之间职能交叉等问题。这种理论模式可以在现有"国务院部委管理的监管机构类型"的基础上改革而实现,但至少需要从以下四个方面进行改革。

---

① 详见王俊豪《英国政府管制体制改革研究》,上海三联书店1998年版,第114—117页。

1. 调整国务院部委及其管理局之间宏观管理职能和监管职能

前面讨论的国家能源局、国家铁路局、国家邮政局、中国民用航空局和国家煤矿安全监察局等国务院部委管理的监管机构，实际上是国务院有关部委将部分政府管理职能由部委管理局承担，这些部委管理局不仅承担监管职能，还承担大量宏观管理职能，因此，要将其改革为实质性的监管机构，首先需要在部委及其管理局之间重新调整宏观管理职能和监管职能，将部委管理局有关拟订并组织实施相关行业发展战略、规划和政策，组织推进重大设备研发及其相关重大科研项目，指导行业科技进步等宏观管理职能交给相关部委，而将部委对有关市场、价格和准入等微观监管职能交给部委管理局，从而将部委管理局改革成为实质性的政府监管机构。这也有利于减少部委及其管理局之间内部机构重叠、职能交叉等问题。在调整职能的基础上，可调整原有部委管理局的名称，例如，可考虑将国家能源局更名为"国家能源监管局"或类似名称，以有利于名副其实。

2. 明确监管机构的基本权力和主要监管职责

在转变现有部委管理局基本职能的基础上，参照前面讨论的"独立设置监管机构理论模式"，以行业法律法规制度等形式明确监管机构的基本监管权力及其监管职能，在近期内至少可以通过调整"三定方案"或相关部委授权等形式赋予监管机构必要的监管权力及其监管职能，以增强监管机构必要的权威性。同时，保证监管机构开展监管活动所必需的经费。

3. 增强监管机构的相对独立性

目前，现有部委管理局无权独立制定监管规章，拟定的规章草案首先需要通过相关部委内特定司级机构审核，然后报部委会议讨论通过，如其中某一环节受阻，规章草案就不能成为正式规章，而且往往需要一个较长的过程。现有部委管理局在干部任免方面也缺乏必要的独立性。因此，需要通过法定程序扩大监管机构的立法权，在干部任免上扩大监管机构的组织人事权等，以增强监管机构的相对独立性。

4. 整合现有部委管理局，成立综合性监管机构

目前在部委管理局中，隶属于交通运输部的就有国家铁路局、国家邮政局、中国民用航空局这三个管理局，可参照大部门制改革，对部委

管理局实行"大局制",将这三个局合并为"交通运输监管局"(或类似名称),成为一个综合性交通运输监管机构。

(三)政府行政部内设综合监管机构理论模式及其改革思路

这种理论模式类似于日本内阁各省厅内设的监管机构,作为下属机构接受内阁部门的统一领导,承担政府监管职能。其基本特征是:①政府行政部统一行使宏观政策制定和监管职能,只是由内部单位按分工分别承担宏观政策制定和微观监管职能。②部委内部的所有监管职能由一个综合性监管机构负责承担,可有效规避因监管机构分立而导致碎片化监管,实现监管机构的范围经济性。③监管机构在部委内部具有明确的监管职责,并代表有关部委对外实行综合性监管。

这种监管机构理论模式可以在前述现有"国务院部委内设的政监合一监管机构类型"的基础上改革而实现,但至少需要从以下三个方面进行改革。

1. 整合现有部委内部监管机构,设立综合性监管机构

目前,不少部委内部设有多个监管机构,存在分散监管、职能交叉等问题。例如,前述住房和城乡建设部内设的房地产市场监管司、建筑市场监管司和工程质量安全监管司,可以将三个司整合为综合性的"房地产与建筑监管局"(或类似名称)。同样,生态环境部内设的核电安全监管司、核设施安全监管司和辐射源安全监管司,可以整合为综合性的"核安全监管局"(或类似名称),以在部委内部实现政府监管的范围经济性。

2. 明确部委内综合性监管机构的基本权力和主要监管职责

参照前面讨论的"大部门制下相对独立监管机构理论模式"的改革思路,通过调整"三定方案"或部委内部授权等形式赋予综合监管机构明确的监管权力及其监管职能。同时,保证综合性监管机构开展监管活动所必需的经费。

3. 增强部委内综合性监管机构的相对独立性和权威性

部委内综合性监管机构面对各种微观市场主体和复杂多变的监管事务,需要相对独立地开展监管业务,以提高监管效率。因此,综合性监管机构在部委内部应有相对独立性和权威性,可考虑由一位副部级领导主持综合性监管机构的工作,这也有利于增强部委和监管机构的沟通和

协调。

(四) 中国特色监管机构理论模式的适用性与动态性

1. 三种监管机构理论模式的适用性

独立设置的监管机构理论模式主要适用于监管范围比较明确，和国务院有关部委宏观管理职能边界比较清楚，政府监管职能关乎国计民生的领域。如目前现有的市场监管总局、证监会和银保监会这三个独立设置的监管机构经过规范化改革后基本上适用这种理论模式。大部门制下相对独立监管机构理论模式主要适用于政府行政部的宏观管理职能和监管职能密切相关，政府行政部的宏观调控和有关产业政策的效果，在相当程度上取决于监管机构对相关产业或领域的有效监管，以引导微观市场主体的生产经营活动符合政府行政部的宏观调控和产业政策目标。因此，适用大部门制下相对独立监管机构理论模式。政府行政部内设综合监管机构理论模式主要适用于政府监管职能需要政府行政部的宏观管理职能为支撑，监管职能相对单一，无须设立独立监管机构承担监管职能的领域。因此，在近期内适用政府行政部内设综合监管机构理论模式。

2. 中国监管机构理论模式的动态性

上述监管机构理论模式的适用性只是在现有政治经济体制下的静态适用性。随着中国政府管理体制改革的不断深化，社会主义市场经济体制的不断成熟，为适应国家治理体系和治理能力现代化的客观要求，对政府监管必然产生新的更高的需求。因此，从动态角度分析，中国不仅要求有更多的监管机构承担其监管职能，而且，为了实现有效监管，提高监管效能，监管机构的相对独立性和权威性需要相应增强，以适应监管服务型政府建设的需要，监管机构在三种理论模式的分布也将发生较大的变化。可预期的趋势是：一些政府行政部内设综合监管机构在监管职能增加，监管能力增强后可能发展成为大部门制下相对独立监管机构；而一些大部门制下相对独立监管机构，通过深化改革和监管制度创新，可望转型为独立设置的监管机构。

第四节 政府监管机构体系建设的基本途径

根据中国监管机构面临的制度瓶颈和建立中国特色政府监管机构体

系的客观需要，中国特色政府监管机构体系建设的基本途径至少包括以下四个方面。

一 明确监管机构的法律地位和监管职责

以法律的形式明确特定监管机构的法律地位，并授予必要的监管权力和监管职责，这既是监管机构依法监管的法律基础，也是国际上成熟市场经济国家监管机构设立与运行的基本惯例。目前，中国还没有一个按照全国人大颁布的法律而设立的监管机构，监管机构的监管职责主要是按照国务院机构改革的"三定方案"确定的，并以规范性文件的形式下发执行，既缺乏严格的法律规范和责任追究机制，又使监管部门在具体的监管行政执法时缺乏法律依据和授权。这使特定监管机构的设立和运行缺乏明确的法律支持。本书第四章在讨论政府监管法律制度体系时，也较为详细地分析了中国许多政府监管领域还缺乏权威性法律规范，在现行的法律制度中缺乏对政府监管的明确定位等突出问题。因此，政府监管法律制度和监管机构设立与运行的耦合是实现中国政府治理能力和治理体系现代化的重要内容。

中国特色政府监管机构体系建设需要解决的首要问题是明确监管机构的法律地位和监管职责，通过立法增强监管机构的相对独立性和权威性。当然可以采取分步实施的办法，对目前已经比较成熟的、国际上也比较通用的监管机构，在修订现有法律或制定新的法律时，明确其法律地位（包括监管机构的名称）和基本监管权力及其主要监管职责。而对于目前尚不成熟但社会迫切需要的监管机构，则加快培育促其成熟，采取成熟一个就在相关法律上明确一个。而对于新设立的监管机构，则尽可能按照立法先行的原则，先在法律上明确其法律地位，以不断提高监管机构的法治化水平。

二 推进政府宏观管理职能与微观监管职能相分离

实行政企分开和政监分离的体制是保证监管机构具有相对独立性，公正履行监管职能的基本条件。但中国目前还是政府宏观管理职能与微观监管职能相混同，实行政监合一的体制，这是各类监管机构面临的普遍问题。在前面分析的中国现有监管机构模式中，国务院部委内设的监管机构本来就实行政监合一的体制，国务院部委管理的监管机构的许多职责还是政府宏观管理方面的职责，真正承担的监管职责并不多。如前所述，国家发展与改革委员会管理的国家能源局 12 个内部机构中，只有市场监管司和电力安全监管司主要从事能源监管职能。而且，部委管理的监管机构和同一部委内的一些机构在业务上往往有交叉，监管机构处于弱势地位。即使是中国证券监督管理委员会等独立设置的监管机构也承担了许多政府宏观管理职能。这种政监不分的体制必然在相当程度上影响监管机构有效履行其监管职能。

中国特色政府监管机构体系建设需要推进政府宏观管理职能与微观监管职能相分离，实行政监分离的体制。这就首先需要在政府行政部和监管机构之间进行合理的职责配置，明确政府行政部门和监管机构的权力和职责范围，设置权力和职责清单，政府行政部的主要职责是制定与实施战略规划、产业政策和科技创新政策等宏观管理职责，而监管机构主要是通过准入、价格、质量、市场竞争秩序等方面的微观监管职能，实现有效监管。当然，监管机构和政府行政部只是监管职能和宏观管理职能分离，在实际运行中，监管机构必然需要与政府行政部发生业务上的联系，为此，两者需要建立协调机制和合作机制，以实现政府宏观管理和微观监管紧密配合和无缝对接。

三 理顺中央与地方监管机构的纵向配置关系

监管机构纵向配置包括属地监管与垂直监管这两种基本模式。属地监管模式是指地方监管机构的"人、财、物"由地方政府管理，受地方政府和中央同类部门的"双重领导"。而垂直监管模式是中央政府及其部门在地方设立派出机构，并对其进行直接管理，不列入地方政府序列。垂直监管模式又进一步细分为两种情况：一是省、市、县基层监管机构的"人、财、物"由中央政府管理。例如，国家能源局在区域和省级两个层面设立了能源监管派出机构。二是省级以下（包括市县两级）的监管机构由省级政府管理，而省级监管机构仍然列入省级政府序列，接受中央政府监管部门的业务指导。例如，省级以下的市场监管系统实行省级政府垂直管理。由于中国不同领域的监管机构实行了不同的纵向配置模式，这些纵向配置模式是否动态适应对应领域的监管需求，这是一个需要不断探索、不断完善的体制问题。

垂直监管模式具有较强的独立性，能保障中央政令畅通，维护中央权威，也有利于打破地方保护主义格局。但这一模式存在中央监管机构和地方派出机构多重委托代理关系，由于信息不对称而会影响监管效率；而且往往在监管机构和地方政府之间产生矛盾。属地监管模式能根据当地实际针对地开展监管业务，但容易受其他政府部门的影响而缺乏中立性，产生地方保护主义倾向。因此，理顺中央与地方监管机构纵向配置关系的一个最为重要决定因素是监管对象的性质。如在行业监管领域，对具有全国性网络业务的电信、电力、铁路、航空、银行、证券等产业，具有较强的专业性，需要建立一个全国统一监管体系，以保证全网全程互联互通，维护全国范围内的规模经济性。而对于区域性的城市水务、管道燃气、城市公交等城市公用行业，由于各地的经济发展水平、基础设施和自然条件等方面存在较大差异，则适合属地监管。而对于环境保护、食品药品、生产安全等跨行业领域的监管，虽然不断强调属地监管，但由于存在负外部性、产品质量的信息不对称性和地方保护主义等现实和潜在风险会从地区性扩散为全国性，因此，需要中央监管机构和地方监管机构共管共治，中央监管机构除了制定与实施全国性的监管法律制度外，还要实行"双随机、一公开"监管、大数据监管、"互联网+监管"等监管方式对地方市场主体进行动态监管，并通过督查强化属地监管的力度。总之，无论是实行属地监管模式还是垂直监管模式，都需要确保中央监管机构的领导地位，合理划分中央监管机构和地方监管机构的监管责任和权力，加强中央监管机构对地方监管机构的业务指导和问责机制。

四 构建以政府监管机构为主干的多元协同监管体系

本书第一章已作了论证，随着中国社会主义市场经济的不断发展和日益成熟，政府监管将成为一个不断加强的政府职能，国家治理现代化也迫切需要加强政府监管。但政府监管机构及其人、财、物和技术等方面的监管资源总是有限的。这样，不断增长的政府监管需求和政府监管资源有限性之间的矛盾将日益突出，解决这一矛盾的一个有效途径就是动员政府监管机构以外的多种监管力量。在市场经济体制下，政府监管机构不是唯一的监管主体，除政府监管机构外还存在大量的非政府监管组织和个人，包括行业协会、专业性社会中介组织、专业消费者组织、社会公众甚至包括企业等多元监管主体。因此，构建以政府监管机构为主干的多元协同监管体系，形成多元监管主体协同参与监管的力量，才能有效解决政府监管供给不足的问题，适应不断增长的政府监管需求。

构建以政府监管机构为主干的多元协同监管体系，首先需要认识多元监管主体的监管作用。例如，行业协会是特定行业内企业自组织而成，通过行业协会的行业自律，实行对本行业企业的监管。又如，专业性社会中介组织能为政府监管提供各种技术性服务，通过政府购买服务的方式让这些社会中介组织充分发挥专业优势，承担产品质量检验等监管工作，不仅有利于弥补监管机构的能力不足和降低行政成本，也有利于提高政府监管机构的社会认同度和有效性。而专业消费者组织是由具有专业技术的消费者组成，不仅能有效维护消费者权益，而且也是重要的监管力量。政府监管过程中，社会公众人多面广，能及时发现各种监管问题，发挥"吹哨人"的积极作用。而企业本身的自我监管则是保证产品和服务质量、维护市场规则的微观基础。其次，上述多元监管主体还是政府监管的重要监督力量，促使政府监管机构公正、高效地履行监管职责。最后，构建以政府监管机构为主干的多元协同监管体系需要提供和强化多种制度保障机制，例如，加强社会诚信体系建设，促进行业企业自律；有效推行政府购买服务，充分发挥社会中介组织在政府监管中的专业优势；创新相关法律制度，为专业消费者组织和社会公众参与政府监管活动提供制度保障；加大企业的奖惩力度，提高企业自我监管的自觉性。

五 监管机构体系的动态性

监管机构体系建设的过程是一个动态过程，其主要推动力包括政治经济体制改革、产业技术经济特征变化和产业融合等因素。其中，政治经济体制改革是最为重要的原因，就国际经验分析，英国在20世纪80年代对电信、电力和铁路运输等垄断性产业进行了以民营化和促进竞争为主要内容的政治经济体制，并在这些行业依法设立了一批政府监管机构。从中国政治经济体制改革实践看，在建立与完善社会主义市场经济体制过程中，不断加强政府监管，政府监管机构也在调整中得到不断发展。产业技术经济特征变化会导致市场结构的变化，如信息技术快速变化导致信息产业从自然垄断性产业逐渐成为竞争性产业，这就要求对建立在原有技术经济特征基础上的监管机构职能作相应调整，从动态上保证对信息产业的有效监管。而产业融合客观上要求将原来单一产业监管机构改革为跨产业的综合性监管机构。

根据上述促进政府监管机构动态变化的主要因素的作用方向，中国特色政府监管机构体系将呈现以下动态变化的特点。

（一）由政监合一的监管机构向相对独立的监管机构转变

完善中国社会主义市场经济体制过程，也是政府监管职能不断增强的过程，为适应有效监管和国际惯例需要，中国必然需要以立法的形式明确监管机构的法律地位和监管职责，并通过推进政府宏观管理职能与微观监管职能相分离，增强监管机构的相对独立性和权威性，表现为将政监合一的监管机构改革成为相对独立的监管机构，在中国设立更多的直属国务院的独立设置监管机构和大部门制下相对独立监管机构，并通过一系列的监管制度创新，形成一批具有中国特色又符合国际惯例的政府监管机构。

（二）由垂直为主的监管机构向属地为主监管机构的转变

中国是单一制同时也是集权制国家，随着社会主义市场经济体制的不断成熟，在保持中央统一领导的前提下实行分权制改革将是大势所趋。近年来在中国行政管理的"放管服"改革中，大量的行政审批权由中央下放到地方。在"谁审批、谁监管"的原则下，客观上倒逼地方政府强化事中事后监管，许多监管权及监管职能也随之从中央转到地方，由垂直为主的监管机构转变为属地为主的监管机构，这在环境保护、食品安全、产品质量、市场监管和工作场所安全等监管领域已表现得更为明显，属地为主的监管机构将成为主要监管力量。

（三）由单一行业监管机构向综合性监管机构转变

科学技术创新和发展为产业融合创造了物质基础，而在相关产业间追求范围经济性则为产业融合提供了制度条件。产业融合需要将单一行业监管机构改革为综合性监管机构。而将单一产业监管的成熟经验扩散到相关产业的监管，这又为这种改革增强了动力。例如，英国在1984年电信产业重大改革时设立了"电信监管办公室"作为电信行业的监管机构，2003年又将"电信监管办公室"和电视委员会、广播局、广播标准委员会、无线电管理局合并，成立"通信监管办公室"，成为一家综合性监管机构。2000年还将设立于1986年"天然气供应监管办公室"和设立于1989年的"电力供应监管办公室"合并为"天然气和电力市场监管办公室",重组为能源行业的综合性监管机构。中国在2019年国务院机构改革时,将原国家工商行政管理总局、国家质量监督检验检疫总局、国家食品药品监督管理总局重组为国家市场监督管理总局,成为中国市场监管的综合性监管机构。

(四) 由单一政府监管向多元协同监管转变

国家治理体系的核心内容是政府治理和社会治理,中国在推进国家治理体系和治理能力现代化的过程中,社会治理的作用日益重要。而社会治理在作为政府治理重要手段的政府监管中,表现为以政府监管为主导,充分发挥各种社会力量的作用,实行多元协同监管。这在西方发达国家已有成功的实践经验,例如,英国在20世纪80年代在电信、电力、天然气等产业根据《电信法》《电力法》和《天然气法》分别设立电信消费者委员会、电力消费者委员会和天然气消费者委员会,这些专业消费者委员会由相关行业专家和消费者代表组成,在协助政府监管机构制定监管规章、参加各种听证会和维护消费者权益等方面发挥了重要作用,并以法律的形式保障其权利和义务。[①] 值得中国借鉴。中国在完善社会主义市场经济体制过程中,为解决不断增长的政府监管需求和有限的政府监管资源之间的矛盾,就需要动员政府监管机构以外的多种社会监管力量,由单一政府监管转变为以政府监管为主导的多元协同监管。

本章小结

一 分析了监管机构的存在价值和基本特征

监管机构由相应领域的专家组成,监管机构能比政府行政部更好地履行监管职能;监管机构具有相对独立性,能客观公正地进行监管活动;监管机构的职能单一,机构与成员相对稳定,这有利于积累监管经验,保持监管政策的连贯性。这为建立与发展高效的监管机构体系,以实现有效监管提供了合理性。而监管机构应具有明确的法律地位和责权关系、相对独立性、可问责性、监管职能综合性和监管职能

---

① 详见王俊豪《中英自然垄断产业政府管制体制比较》,《世界经济》2001年第4期。

与监管人员专业性等基本特征，这是监管机构有效履行监管职能的必要条件。

二 探讨了中国监管机构的基本权力和主要职责定位

中国的监管机构作为政府机构，应具有必要的行政权和相应的行政职能；同时，还应具有制定监管规章、规范性文件和监管标准的准立法权；对监管对象是否违反法律法规，有进行裁决的准司法权。在这三种基本权力的基础上，中国监管机构应被授予较为广泛的监管职能。为有效保障监管机构的基本权力和主要职责，需要相关法律作出明确规定。

三 分析了中国监管机构设置的现有类型及其问题

中国监管机构设置的现有类型主要有独立设置的监管机构、国务院部委管理监管机构和国务院部委内设的政监合一监管机构，列举了这三种类型下的代表性监管机构及其主要监管职责，重点分析了这三种类型政府监管机构存在的突出问题，为构建中国特色政府监管机构理论模式提供现实基础。

四 提出并论证了中国特色监管机构主要理论模式

通过分析比较中国与主要经济发达国家政府行政管理组织机构、中国大部门制改革和监管机构发展趋势，提出国务院大部门和监管机构将成为中国政府行政组织的两大基本构架。在此基础上，提出了中国特色监管机构三种理论模式，即独立设置的监管机构理论模式、大部门制下相对独立监管机构理论模式和政府行政部内设综合监管机构理论模式，重点论证了实现这三种理论模式改革思路。并简要分析了中国特色监管机构理论模式的适用性与动态性。

五 论证了中国政府监管机构体系建设的基本途径

根据中国监管机构面临的制度瓶颈和建立中国特色政府监管机构体系的客观需要，中国政府监管机构体系建设的基本途径至少包括以下四个方面：明确监管机构的法律地位和监管职责，为政府监管机构的相对独立性提供法律基础；推进政府宏观管理职能与微观监管职能相分离，监管机构专司监管职责；理顺中央与地方监管机构的纵向配置关系，增强属地监管职责；构建以政府监管机构为主干的多元协同监管体系，缓解不断增长的政府监管需求和政府监管资源有限性之间的矛盾；监管机构体系建设是一个动态变化的过程，并将发生由政监合一的监管机构向相对独立的监管机构转变、由垂直为主的监管机构向属地为主监管机构的转变、由单一行业监管机构向综合性监管机构转变、由单一政府监管向多元协同监管转变。

第六章

中国特色政府监管方式体系

本章首先简要回顾管制经济学经典文献中关于政府监管方式的一般讨论。然后按照不同的监管内容，区分不同的监管方式，以从整体上把握政府监管方式体系。在此基础上，本章讨论中国政府监管方式的一般性问题与特殊性问题，以及政府监管方式的有效性问题。最后，本章将讨论中国政府监管方式体系的建设途径问题。

第一节 政府监管方式体系的相关理论研究

本节将简要地回顾管制经济学经典文献中关于监管手段或监管方式的论述。我们把这种讨论简单地分为两种不同的类型。第一种类型，对政府监管方式的讨论，主要集中在准入和定价方面。第二种类型，人们在讨论政府的监管方式的时候，不再仅限于传统的监管方式，而是在传统的监管方式的基础上，进行了相应的扩展，为了提高政府监管的有效性，提出一些有价值的新的监管方式。

一 传统监管方式的理论基础：规模报酬递增下的监管

自20世纪70年代管制经济学产生以来，在管制经济学的经典教科书和著作中，对政府监管方式大都进行了较充分的讨论。在管制经济学领域，在1970年首次出版，并在后来多次再版的经典教科书《管制经济学：原理与制度》一书中，卡恩教授对政府监管方式作了如下的概括：政府监管是政府对特定行业的结构及其经济绩效的主要方面所作出的一种直接的规定，政府监管的基本方式包括控制进入、制定或决定产品或服务的价格、规定有关的服务条件及质量，以及规定在特定条件下向所有客户提供服务时应尽的义务。① 管制经济学早期的研究兴趣主要集中于某些特殊的行业（这些行业主要以传统意义上的自然垄断行业为主，如电力、电信、管道等公用事业，铁路、航空等交通运输行业等），其核心问题主要是研究在规模报酬递增情况下如何定价及如何确定费率结构的问题。所以，在国内最早翻译过来的管制经济学的著作——日本学者植草益教授的《微观规制经济学》，在全书共十章的内容当中就有三章专门讨论收费水准和收费体系。②

史普博教授在他的著作中，对政府监管方式进行了较全面的论述。③ 包括规模报酬递增情况下的竞争与定价问题，涉及以成本为基础的定价、可竞争市场与可维持的垄断定价、次优的帕累托优化定价、次优定价、最优定价、特许权竞争等具体方式；市场的行政管制，涉及存在进入壁垒情况下的价格管制与谈判、信息不对称情况下的费率管制与谈判、存在外部性情况下的谈判与政策执行、存在内部性情况下的责任与管制，以及在反托拉斯领域的管制方式。对这些监管方式，他都做了详细的讨论。此外，在他的著作当中，史普博以他独特的视角研究了管制机构的行为，并且归纳出管制机构的五种政策手段：法规、许可证、命令、处罚、援助。这些机构的行为，实际上也是作为监管者的政府可以采取的监管方式。而且，他还进一步从信息收集、法规制定、裁决三个方面来描述监管机构的直接的行政过程。在这一直接的行政过程中，既有监管者与被监管企业的直接的互动关系，也有监管机构在不同的行政阶段所应该采取的监管方式。

在维斯库斯等的著作中，政府的监管手段也主要是控制价格、控制数量、控制进入和退出，以及控制一些其他变量。④ 在他们看来，价格、数量及企业的数目，是政府需要控制的三个主要变量，而企业提供

---

① Kahn, A. E., *The Economics of Regulation: Principles and Institutions*, Cambridge (MA): The MIT Press, 1988, p. 3.
② ［日］植草益：《微观规制经济学》，朱绍文、胡欣欣等译校，中国发展出版社1992年版，第61—144页。
③ ［美］丹尼尔·F. 史普博：《管制与市场》，余晖等译，上海三联书店、上海人民出版社1999年版，第134—342页。
④ ［美］W. 基普·维斯库斯等：《反垄断与管制经济学》，陈甫军、覃福晓等译，中国人民大学出版社2010年版，第304—308页。

的服务或生产的产品的质量,甚至广告等,则是政府较少控制的次要变量。

由此可见,传统的监管内容是基于规模报酬递增情况下的价格监管和准入监管。就具体的监管方式而言,价格监管的主要方式,是确立产品或服务的费率与成本;而准入监管则主要包括发放许可证和拟定标准。①

需要说明的是,在管制经济学的上述文献中,人们对健康、安全与环境保护(一般称为社会性管制)的监管方式,也做了较多的论述,如史普博关于外部性的谈判的论述,维斯库斯等关于环境保护、产品责任和工作场所安全等的论述,都提供了许多有价值的洞见。在这些讨论中,无论他们主张采取什么样的监管方式,其理论基础均是基于公共利益的视角,从维护公共利益出发,对相应的企业行为进行管制。但在具体的管制执行过程中,既会考虑经济学的成本与收益分析,也会考虑政治的影响。

有的管制经济学的文献,也会把反托拉斯政策或反垄断作为管制经济学的范畴。在反托拉斯的政策手段中,主要有结构主义的反托拉斯政策和行为主义的反托拉斯政策,或者是这两种的混合。反垄断的这种监管方式的理论基础是产业组织理论中的哈佛学派(结构主义)和芝加哥学派(行为主义)。②

二 政府监管方式的多元化:基于经济学、政治学和法学的发展

微观经济学领域关于信息经济学、博弈论、委托代理理论、机制设计理论等的发展,从20世纪80年代开始,被广泛地应用于产业组织理论的研究之中,自然地,作为产业组织理论中的一个重要组成部分的管制经济学,也开始大量地吸收这些新的进展。所谓的新管制经济学,主要反映了这些研究成果。

在劳伯和马盖特,以及巴农和梅耶逊等将机制设计理论引入管制经济学的分析中以后,有大量的文献采用机制设计理论的工具来分析在监

---

① 陈富良:《我国经济转轨时期的政府规制》,中国财政经济出版社2000年版,第21—31页。
② 陈富良:《放松规制与强化规制:论转型经济中的政府规制改革》,上海三联书店2001年版,第24—27页。

管中应当采取的方式。这类文献的集大成者应当是拉丰和梯若尔,在他们的著作中,政府最优监管方式的选择,必须考虑监管者和被监管的企业所面临的信息结构、约束条件和可行的工具。[①] 传统的管制理论假定政府与被管制企业之间的信息是对称的,而事实上管制者和被管制企业之间是存在不对称信息的,也就是说,在企业的成本信息和努力程度等方面,相对于企业而言,管制者是处于不利地位的。所以,传统监管方式的效率是要打折扣的。由于监管者和企业之间的不对称信息,逆向选择与道德风险问题都有可能存在,因此,在拉丰和梯若尔的著作中,将激励问题作为整个管制问题的核心,或者说是把激励问题当作一个最优机制设计问题,即在考虑政府监管者与被监管企业之间存在的信息结构、约束条件和可行工具的前提下,运用博弈论、信息经济学和机制设计理论的工具,对监管者和被监管企业之间的行为选择和最优权衡进行分析,从而给出最优监管方式(最优定价、最优接入定价、最优质量监管机制等)。

从完全合约理论到不完全合约理论的发展,使人们在研究监管方式的过程中,又找到了一种新的范式:不完全合约范式。在讨论监管方式的时候,一方面,人们借助不完全合约范式,运用机制设计的工具,讨论在确立政府监管方式时,如何考虑剩余索取权。另一方面,在研究政府在对基础设施行业的管制过程中,人们开始研究在基础设施行业的特许经营中,面对特许经营合约的不完全性,如何处理政府承诺能力的有限性及因此而引起的再谈判问题,以及如何优化再谈判的机制及对政府承诺问题的长效治理机制,从而丰富对政府的监管方式的研究。

在早期的政治学的文献中,政府监管被界定为是政府对私人行为的公共行政政策,是政府从公共利益出发而制定的规则和政策,包括政府机构对特许经营权或服务的分配;政府机构通过设立一系列的条件或标准来控制私人行为等。随着公共行政的理念走向公共治理理念和新公共服务理念,人们对传统的政府监管方式提出了新的补充:政府的监管方式,除了传统的命令—控制型机制以外,还可以通过一些其他的方式来

---

① [法]让-雅克·拉丰、让·梯若尔:《政府采购与规制中的激励理论》,石磊、王永钦译,上海三联书店、上海人民出版社2004年版,第1—5页。

实施监管。① 比如，把排污权交易机制和"点名与羞辱"机制也纳入可供选择的监管方式的范围之内；而且还提出了一个重要概念：元规制，其要义是对自我规制的规制。正是基于新公共治理和新公共服务的理念，多赫（Dohler）早在 2012 年就提出监管治理和元治理的概念。②雷本（Lebel）也认为，所谓的新治理，应当鼓励监管机构培育出一种令被管制产业守法的文化。③ 在监管实践中，应当充分利用私人参与者的知识和资源，而不是仅简单地把产业界视为一个处于被动地位的管制对象。新监管治理理论结合了传统基础设施行业管理模式与新公共服务的理念，其核心观点是，监管方式有多种选择，如引入第三方、公私合作、市场多样化等。在《牛津规制手册》和斯科特的著作中，对监管型政府、元规制、监管治理，以及自我监管的权威等都做了较新和全面的阐述。④

那么，在新监管治理理论的框架下，应该建立一种什么样的监管格局呢？早在 1992 年，艾雷斯和布雷斯怀特（Ayres & Braithwaite）就提出过一个新监管治理的三重路径。⑤ 对于自然垄断行业的监管，确立一种以自我监管为主、合约监管为辅、命令控制型监管作为最后必要手段的监管格局。企业的自我监管构成了金字塔的塔基，企业与政府间建立合约监管（或称为量体裁衣式的监管）构成金字塔的中间，如果企业既不实行自我监管，又不遵从合约监管，那么，政府就采取传统的命令控制型监管，它构成了金字塔的顶端。这种监管格局，改变过去传统的单一的命令控制型监管模式，而是向兼顾治理模式转型。而要完成这种转变的关键，可能在于第三方中介的作用。

---

① [英] 罗伯特·鲍德温等：《牛津规制手册》，宋华琳等译，上海三联书店 2017 年版，第 163 页。

② Dohler, M., "Regulation", In M. Devir ed., *The Sage Handbook of Governance*, Los Angles and London: Sage, 2012, p. 524.

③ Lebel, O., "New Governance as Regulatory Government", In D. L. Levi‐Faowr ed., *The Oxford Handbook of Governance*, Oxford: Oxford University Press, 2012, pp. 123–131.

④ [英] 罗伯特·鲍德温等：《牛津规制手册》，宋华琳等译，上海三联书店 2017 年版，第 188 页；[英] 科林·斯科特：《规制、治理与法律：前沿问题研究》，安永康译，清华大学出版社 2018 年版，第 85 页。

⑤ Lan Ayres & John Braithwaite, *Responsive Regulation: Transcending the Deregulation Debate*, Oxford and New York: Oxford University Press, 1992, p. 135.

法律文献对政府监管的研究一直有着非常重要的影响，这种影响主要反映在政府监管的程序上，如果要真正理解政府监管的法律框架及其演变，相关的法律文献和相应的判例可能是必要的。法学文献对政府的监管方式给出了不同于经济学的理解。如关于服务成本定价，可能更关注定价的合理性与公平性问题；而关于个别审查，可能更关注新产品或新的市场进入者是否合规或符合科学的标准。[①] 如同新治理理念一样，在法学文献中，法律可以通过这样一种方式来干预市场主体的微观行为，比如，一部法律可以通过某些具有约束力的具体条文对市场主体（如企业）的特定行为设立一种外在的制度框架，这种制度框架，有时候表现为最低要求或规范，有时候表现为绩效目标，目的是使企业实现自律性监管或自我监管，从而使企业在遵守法律规定的前提下，通过降低成本和改进技术等方面的创新方式，并且设定高于法律条文所要求的自律性规范，得以保障企业所提供的产品与服务的质量与安全。[②] 法学文献还提出了在监管过程中的司法审查与可问责的问题。

第二节 政府监管内容与监管方式体系

监管内容要解决的是监管什么的问题，而监管方式则是要回答如何监管的问题，也就是说，针对某一个具体事项，应该采取什么方式进行监管。这种监管方式，有时候也可以称为狭义的监管政策。而且，这种问题导向的监管方式，还必须与所要解决的监管问题，即监管的目标相匹配。

一 政府监管的内容体系

按照经济学的经典辞书《新帕尔格雷夫经济学大词典》的界定，政府监管的目标是要努力制止不充分重视社会利益的私人决策。这类私人决策涉及企业的生产、销售和价格决策。因而，政府需要针对这类决

[①] Breyer, S., *Regulation and its Reform*, Cambridge (MA): Harvard University Press, 1982, p. 7.
[②] ［英］科林·斯科特：《规制、治理与法律：前沿问题研究》，安永康译，清华大学出版社2018年版，第203页。

策采取各种行为，如控制定价水平、制定产品或服务的质量标准等。[1]然而，不同的著作，对企业的这些需要被监管的决策所进行的归纳存在较大差异。如有的学者归纳为：产权、契约，行业的进入退出，价格与收费，产品或服务的数量与质量，资源与环境，会计与统计，财务与预算，社会保障等。[2] 有的学者则将需要监管的行为归纳为：进入、数量，提供服务，设备，价格，卫生与健康，安全，防止公害与保护环境，教育文化与福利等。[3] 而目前大家比较接受的较广泛的区分是由维斯库斯等人所作的界定：经济监管，健康安全与环境监管，反垄断。[4]

经济监管主要控制价格、数量和企业数量这三个主要决策变量，也控制产品的质量与投资等次要变量。控制价格要求被监管的企业制定一个特定的价格，或是要求企业的价格制定在一个特定的范围之内。控制数量是对产品或服务的数量进行控制。控制进入和退出是为了控制某一行业中的企业的数量，监管者既可以限制潜在的新企业进入这一行业，也可以限制已经在这一行业的被监管的企业进入其他市场（行业）；而对退出进行监管，则是要求已经获得特许在这一市场上进行经营的被监管的企业必须为这一市场提供产品或服务，即被监管企业负有提供产品或服务的义务，在没有获得监管机构的许可的情况下，它不可以退出这一市场。这两个变量（产品与服务的数量及企业数目）的控制，往往与价格控制是联系在一起的。企业的市场行为除了涉及价格、数量、进入与退出决策之外，还涉及产品或服务的质量、广告及投资等决策。这些行为也有可能受到政府的监管。如对某项服务的可信度设立最低标准，控制针对某类产品或服务的广告，有时候也会控制企业的投资。而政府对产品或服务质量的控制，不如对价格、数量、企业数量的控制使用得那样频繁，其原因是，一方面，对监管者来说，价格、产品或服务

---

[1] 斯蒂芬·布雷耶尔、保罗·W. 麦卡沃伊：《管制和放松管制》，载《新帕尔格雷夫经济学大词典》（第四卷），经济科学出版社1992年版，第139—143页。

[2] 陈富良：《我国经济转轨时期的政府规制》，中国财政经济出版社2000年版，第21—26页。

[3] 张红凤：《西方国家政府规制变迁与中国政府规制改革》，经济科学出版社2007年版，第29—36页。当然，作者并没有严格区分具体的规制内容与规制方式。

[4] ［美］W. 基普·维斯库斯等：《反垄断与管制经济学》，陈甬军、覃福晓等译，中国人民大学出版社2010年版，第一编，第二编，第三编。

的数量和企业数量是比较直观的,且易于观测,而质量这一变量既不易定义,也不易观测。另一方面是质量控制的实施成本可能过高。如对航空服务业,监管者除了对安全做出最低标准的要求之外,对涉及航空服务质量的其他变量,如准点率、舱内服务等一般是无法控制的。这反而使得航空服务业在服务质量方面的竞争是较激烈的。

健康、安全与环境监管包括的主要内容有:对产品安全的监管,尤其是对食品和药品安全的监管;工作场所安全和健康监管与职业安全(健康)监管,对环境的保护监管等。健康、安全与环境监管主要针对人们所消费的产品的风险、工作场所的风险,以及环境中的风险而制定的。因为人们所处的社会风险无处不在,而有的风险是市场机制所无法解决的。与经济监管在不断放松的情况不同的是,健康、安全与环境监管即使不是在加强,也是在寻求一种更好的监管。

反垄断政策的目的在于限制市场势力。垄断者如果存在滥用市场支配地位的行为,如合谋、价格歧视等,必然要受到反垄断政策的限制。如果垄断企业决定合并某个企业,反垄断政策也必须对这一兼并行为进行审查,以确定这种市场集中是否妨碍了竞争。

二 政府监管方式体系

为了实现对上述内容的监管,政府在实践中采取了多种形式的监管手段(或监管方式,或监管的政策工具),而且这些可用的政策工具随着监管环境的改变也在不断地发生变化。其中,中国政府在实践中所创设的一些新的监管方式,如"放管服"改革、环境督察、"双随机、一公开"监管等,我们将在下一节中进行描述。在这里我们只描述针对上述主要监管内容的主要监管方式。

(一)价格监管

价格监管在监管实践中具有悠久的历史。现代意义上的政府监管就是从 19 世纪后期的铁路运输价格监管开始的。其后,在电信、电力、航空、城市公用事业等部门中,价格监管都成了这些行业监管的主要内容。在价格监管中,最理想的监管方式当然是边际成本定价。但一方面由于信息的约束,另一方面由于科斯、维斯库斯、拉丰和梯若尔等的批评,边际成本定价让位给了平均成本定价。而在监管实践中,价格监管最有影响的定价方式是公平报酬率定价、价格上限,以及阶梯价格。

公平报酬率监管在美国有较长的实施历史，它在确定准许成本的基础上，以社会认可的公平回报率确定准许的利润。这种方式有利于鼓励企业投资于基础设施，但也容易产生过度投资的情形。因为公平报酬率一旦被确定下来之后，企业能够获得回报的多少，就只与企业自身的投资总额成正比例的关系。目前在中国的污水处理设施的特许经营中，多数仍然在采用这种方式。

价格上限是英国电信行业改革过程中提出并实施的定价方式。它以社会零售物价指数和行业的劳动生产率的增长率为依据来确定当期价格的调整幅度，并且将这一幅度设为上限。这一定价方式得到了世界范围的广泛应用。目前中国电信行业也采用了这一定价方式。在不存在政府承诺问题的情况下，价格上限为被监管企业提供了较充分的改进技术与降低成本的激励，是一种完全剩余索取权合约。

阶梯价格是指在不同的消费量（一个量阶），按不同的单位价格进行定价，分为阶梯递增价格和阶梯递减价格，是一种较复杂的非线性定价方式。目前中国的水电气等行业已经全面实行了阶梯递增价格制度。从节约资源的角度出发，阶梯递增价格并不是一种较理想的定价方式，其原因是水电气作为人们生活的必需品，它们的需求价格弹性是较缺乏的，因而通过市场的价格机制并不能对资源的节约有较大的影响。另外，这一制度的福利转移效应也存在一定的问题，资源是由个体转移到垄断企业。如果采用资源税的形式，同样可以达到谁多使用资源，谁多承担费用的目标，同时，资源转移的方式则变成了由个体转移到国家。

（二）进入与退出监管

如前所述，企业的进入、退出监管的目的是控制行业内企业的数量。在实践中，政府对此采用的监管方式，从严苛程度的递减来看，有以下几种。

1. 直接的法律禁止

政府为了控制企业数量，可采用的最强硬的政策手段就是法律禁止。如环保机构禁止某种杀虫剂（如 DDT）的生产和使用，禁止人体器官的交易，禁止毒品的生产和交易，在资本市场上禁止基于内部信息的交易等。

2. 特许或行政许可

监管者把企业主体是否符合监管标准作为满足特定监管目标的必要条件。为决定企业能否进入某一个行业，监管者建立了一整套特许制度。包括行政审批、注册制、申报制、备案制等。无论哪种制度，如果申请者的资格的必要条件和相应的申报材料是齐备的，一般情况下都不会被限制进入；同样，无论哪种制度（审批、申报、注册、备案等），如果监管者没有受理，则没有完成进入的手续，从而企业也就不能实施有关运营行为。

3. 负面清单制度

中国在自由贸易区等区域已经实行了多年的负面清单制度，而且负面清单上的条目也在逐年减少。负面清单所列行业或领域，禁止进入或控制进入，而在负面清单之外的行业，企业可以自由进入。

（三）质量与安全监管

1. 产品质量标准

为了使产品安全与有效，监管者建立和实施了一系列的产品质量标准，尤其是在食品和药品监管以及消费者保护方面，在很大程度上是需要依赖这些标准的。

2. 生产技术标准

如果说，建立产品标准是为了确保产品本身的质量与安全的话，建立生产技术标准，则是对特定产品的生产程序或生产过程进行控制或提出要求。它不仅应用于职业安全与健康领域，在环境保护领域也有较为广泛的应用。

3. 信息提供

信息不对称本身就是政府监管的理由之一。为了弥补这种由于信息不对称所造成的市场失灵，监管者一方面可以向消费者直接提供信息；另一方面也可以强制要求企业向消费者提供信息，而且，如果在消费者对信息的接受程度有限的情况下，政府也会强制实施某种标准。

（四）环境保护

政府在环境保护方面所采取的监管方式越来越多样化。例如：①命令与控制型的监管方式。如直接的关闭污染企业。②基于市场的工具。从污染税，到排污收费，到排污权交易，到碳交易，各种市场工具已经得到了广泛的应用。③自愿性协议。政府也鼓励企业参与到环境保护中来，企业通过自愿加入有关环境保护的协议、认证或自愿约束等方式，而参与到环境保护中来。④设立绩效标准。基于企业对生产过程中技术上的信息优势，以及成本最小化的激励，监管者通过设立绩效标准，寻求使用激励，而不是控制政策，来降低空气污染。⑤产权与权利界定。监管者对有欠缺的或有害的产品造成的伤害界定产权和权利，使得民事补偿或合同法的实施更容易。这种方式，不仅在环境保护领域，同时也在消费者保护、职业健康与安全等领域都有广泛应用。

（五）反垄断政策

1. 结构主义的反垄断方式

针对企业在产业结构上的影响而设置规范，注重对企业在行业中的垄断状态或市场份额的判断，采取的措施包括分解，解散，或强制企业向竞争者出让市场份额等严厉手段，恢复市场竞争。

2. 行为主义的反垄断方式

它所关注的重点是，企业是否存在滥用市场支配地位，从事限制、排斥竞争的行为。采取的措施是责令停止和对造成的损害进行赔偿。

3. 准结构主义的反垄断方式

这种方式以规范企业行为为主，在设置目的与监管要件上与调整产业结构无关，但制裁措施具有调整产业结构的功能，故而可以看作介于结构主义与行为主义之间的一种反垄断方式。

第三节 政府监管方式的一般性与特殊性

本节我们讨论政府监管方式的一般性与特殊性。这里所说的一般性是指在监管方式上与主要市场经济国家的共同性；所谓特殊性是指根据中国自身的国情而创设的监管方式。最后，我们还将讨论中国特色如何与国际惯例相统一的问题。

一 政府监管方式的一般性

政府监管是基于市场经济的环境，政府对市场主体行为的一种直接干预。因而，在这种干预的方式上，中国与主要市场经济国家所采用的监管方式具有共同性。

在企业的进入与退出监管方面，我们在原来实行的严格的审批制度基础上，引入了注册制度、申报制度及备案制度。这种演变，与市场经济国家的放松经济监管的趋势是一致的。在进入退出监管方式上，中国放松监管以及与国际惯例接轨的最典型的例子，是引入负面清单制度。中国最早在上海自由贸易区引入了负面清单，清单上所列项目或领域正逐年减少。

在价格监管方面，在传统的成本审核，或基于成本定价方式的基础上，也广泛引入了价格上限的监管方式以及阶梯定价方式。目前，中国在电信领域已经较多地采用了价格上限的定价监管方式；在自来水、居民用电、城市用气等领域，已经全面实行阶梯递增定价的监管方式。

在产品质量、工作场所安全与健康监管方面，中国与主要市场经济国家一样，既实行了较严格的产品质量标准和生产技术标准，同时，政府也向消费者和公众提供相应的信息。

在环境保护领域，政府的监管方式，除了继续实行强硬的命令控制型的监管方式之外，也广泛地采用了基于市场的监管工具。如在实行排污收费制度的基础上，在20世纪90年代后期，就实行了环境的总量控制政策；在经过十几年的分散试点之后，到2013年正式将排污权交易上升为国家的统一的环境政策；同时也引入了碳交易制度以及押金返还制度等。

在反垄断领域，反垄断法实施后的司法实践表明，中国也在按照市场经济国家的主要做法，对经营者集中进行审查，对垄断者滥用市场支配地位的行为等进行相应的处罚。

二 政府监管方式的特殊性

政府监管方式的特殊性表现在两个方面：一是对引入的监管方式做出局部的改良；二是创设符合中国国情的独特的监管方式。

（一）政府监管方式的变异

即使是市场经济国家普遍采用的监管方式，在每一个具体的国家，对某种监管方式也会做出一定程度的改良或形式上发生某种程度的变异。比如说，价格上限的监管方式，自从英国在电信行业非国有化改革后实行以来，受到所有市场经济国家的重视，也逐渐引入这种价格监管方式，而且不仅是在电信行业实施，在电力行业、天然气管道配送行业等都有应用。即使是在美国，价格上限在上述三个行业的应用中，具体的定价模型也发生了不同程度的变异。例如，美国的价格上限模型相对来说，在电信行业更接近于典型的（英国的）价格上限模型，天然气管道配送行业则次之，而电力行业的价格上限模型则发生了较大的变异。中国电信行业中的价格上限模型，也不是纯粹的英国式价格上限模型。另一个例子是排污权交易制度。在这一个按照科斯定理而发展出来的制度中，排污权的初始分配，在美国一般是采用拍卖的形式，企业、个人、环境保护组织等，都可以参与拍卖。但在中国几十年的排污权交易的试点与实验中，几乎没有采用过拍卖的形式，一般采用的都是按企业的产量或其他标准直接分配污染指标。政府监管方式之所以会出现这种改良或变异的情况，原因可能是以下几个方面的。

一是制度约束。任何一种监管方式的创设者，首先考虑的是特定国家的法律制度环境。一种监管方式，如果监管者和被监管的企业都能够接受，那么这种监管方式就成为可实施的；但是如果法律框架不支持这种监管方式的实施，那么这种监管方式就是不可行的。英国的价格上限监管方式，作为一种高效能的监管模式，存在潜在的容易受到机会主义攻击的弱点。而英国的价格上限监管合约，之所以在法律上具有可实施性，就是因为它更适合英国的政府和法律制度结构。尽管英国议会拥有至高无上的权力，可以否决以前的立法，从而使立法承诺的可信度降低，但是，由于法院是独立的，能够较好地维护合约。同时，英国的价格上限监管，也是在电信行业的一整套法律制度框架下实施的。又如，排污权的拍卖本身就会产生政治问题，而中国目前只是在少数几个领域，如艺术品、汽车号牌等，拥有拍卖的实践，在排污权拍卖领域，既没有实践经验，也没有建立起相应的制度结构，照搬排污权的拍卖方式，可能不是一种最佳选择。

二是路径依赖。按照制度变迁的路径依赖原理，最初的制度安排一旦确立下来以后，会产生一种强有力的惯性，后来想改变一般也是比较困难的。这是因为，即使不考虑利益因素，沿着原有制度变迁的路径和方向继续进行下去，也会比另辟蹊径要来得省时省力。美国电力行业和天然气管道配送行业引入价格上限监管方式而发生变异，其中一个原因就是由于在这些行业的监管中，有很长的报酬率监管的历史。在中国的环境保护中所采用的基于市场的工具中，排污权交易的实际应用范围相对来说还是比较有限的，较多采用的仍然是排污收费制度，同样与中国有较长的实行排污收费的历史有关。

三是技术进步。如果一个行业的技术进步较快，就越容易较快地采用较纯粹的新监管方式；如果一个行业的技术进步较慢，即使采用了较新的监管方式，在形式上也会发生变异。美国电信行业和电力行业引入价格上限监管方式上的差异，就是一个例证。[①]

四是其他因素。这些其他因素包括：监管目标、对环境的考虑、不确定性等。即使存在一种跨越行业界线和国家界线的监管方式，但由于行业的特征以及国家经济特征不同，监管方式显然会存在差异。而最优监管政策的设计取决于监管的目标，如果监管目标不同，最优监管政策也就不同。比如，在阶梯递增价格中，监管目标的不同，就可能使设置第一个阶梯的幅度以及阶梯之间的级差存在差异。再如，在排污权交易制度中，对于已经获得排污指标的企业的排污行为，一般公众可能不恰当地认为这是政府对企业的排污的一种放纵，从而可能导致政治问题，并进而去抵制新的监管方式的运用。不确定性也是一个导致监管方式发生变异的一个因素。企业的成本结构和运营绩效的不确定性，以及采用新的监管方式的相应效果的不确定性，都有可能影响监管方式的运用范围和运用方式。中国并没有像一些国家那样，在某些行业实行阶梯递减价格，可能也是考虑到这种不确定性。

（二）独特的政府监管方式

在政府监管实践中，中国政府创设了一些独特的监管方式。这些方式包括："放管服"改革、"双随机、一公开"、环境督察、价格约谈等。

在经济监管中，推行"放管服"改革。所谓"放管服"，就是简政放权，放管结合，优化服务。在"放管服"改革中，放的内容主要包括：大幅削减政府部门的行政审批事项，大幅压减行政审批中介服务事

---

① Hemphill, R., et al., "Incentive Regulation in Network Industries: Experience and Prospects in the U. S. Telecommunication Electricity, and Natural Gas Industries", *Review of Network Economics*, No. 2, 2003, pp. 316 – 337.

项，大幅减少职业资格许可和认证事项，缩减中央政府和地方政府的定价项目，以及全面改革工商登记等商事制度。

在监管方式上，实行"双随机、一公开"。随机抽取检查人员，随机抽取检查对象，及时公开查处结果，提高监管效能。

在环境保护中实行环境督察制度。而在反垄断中，采取了柔性监管方式，如价格约谈等。

从发展趋势分析，当监管者获得了更多的监管经验，制度环境、技术进步、不确定性因素等发生了较大变化后，中国在设计监管政策时就会实行监管方式创新。随着中国特色社会主义市场经济体制的不断完善，许多监管方式会走向趋同，或者说与国际惯例接轨，即最终实现监管方式的一般性与特殊性的统一。

第四节　政府监管方式的有效性[①]

监管方式的有效性涉及两个方面的问题：一是监管方式是否与监管目标相匹配，即为了实现政府的监管目标，是否找到了合适的监管方式；二是监管方式本身的成本有效，即政府所选择或实施的监管方式，其本身是否成本有效。这需要从两个方面进行评估：既包括监管方式的实施成本是否节约，也包括监管方式的服从成本是否较低。因此，需要对政府的监管方式的实施进行相应的评估，进而选取组合实施相应的监管方式，对于更好地理解监管方式的有效性，将是有益的。

一　监管方式与监管目标的匹配性

一般来说，监管政策可以由两个相互联系的部分组成，一是确切的监管目标，二是实现监管目标的手段，这种手段又可称为监管的政策工具或监管方式。监管目标的设定，所要解决的是监管的强度或程度问题。这种目标的设定，与监管方式或政策工具又是相互联系的。例如，政府为了确保自然垄断性行业中的资源得到有效配置，以及这一行业中的企业运营效率，企业所提供的产品或服务的有效供给（所谓的监管目标），政府可以采取审批、标准、备案等手段，对企业的进入和退出

---

① 参考陈富良《规制工具选择及其成本有效性》，《改革》2007 年第 10 期。

进行监管。政府为了避免这类行业中的企业依托其垄断地位而向消费者收取较高的价格（监管目标），政府可以采用价格上限、公平回报率、平均成本定价等方式（监管方式），对企业的价格行为进行监管。如果政府是为了对消费者所需要的食品或药品安全设置一个可以容忍的水平范围（监管目标），政府也可以强制实施某一特定的安全卫生标准（监管方式）。政府为了达到某一环境清洁程度（监管目标），政府又可能采取对污染者征税或征收排污费（监管方式）等手段。

那么，如何决定监管方式呢？监管方式选择所要解决的基本问题是，在监管目标（或标准）已经确定的前提下，政府监管者如何选择能够达到既定目标的最优监管方式或相应的工具组合。对监管方式的评估与选择，可以有多个途径：一是监管方式是否能够达到监管所要求的目标或标准；二是监管方式如果可以达到监管的目标，那它是不是以最小的成本来达到这一目标或标准的；三是监管方式的选择是否为政府实施相应的监管提供了相应足够的或较充分的信息；四是监管方式的选择是否足够灵活，以适应市场环境的变化，或技术与偏好的改变；五是监管方式的选择是否为被监管的企业从事技术创新或降低成本等活动提供了相应的动态激励；六是监管方式的执行是否能够就监管的成本与收益在相应的主体之间进行较公平的分摊；七是监管工具的选择与实行，在法律上和政治上是否可行。

任何政策的确立和运行，都需要成本，也会产生相应的收益。但由于成本—收益分析本身的局限性，在选择监管方式的时候，我们并不能仅仅依靠监管方式的成本—收益分析。另外，政府监管的特殊性也表明，政府监管的成本—收益衡量是较为困难的。同时，虽然成本—收益分析不是政府进行监管政策决策的唯一参照系或评估标准，但它仍是一个主要的考虑变量，它要求政府在制定监管政策时，必须考虑政府的监管政策可能给社会带来的成本和收益，进而考虑监管政策（方式）的效率问题。

二 监管方式的成本有效性

所谓监管方式的成本有效性，就是在特定的条件下，监管方式能够以最小的社会总成本，或最小的社会福利损失，来达到既定的监管目标。如在环境监管中，已经证明，排污权交易这一市场导向的监管方式，就是一个具有成本有效性监管方式：在环境污染总量控制的前提下，它能以最小的社会总成本，来达到既定的环境标准。

监管成本，尤其是监管的实施成本，在相当程度上影响着监管工具的成本有效性。监管的实施成本从两个方面影响着监管政策的有效性：一是在监管的具体政策实施之前，能够预见到监管方式的实施成本较高，而有关成本的分摊机制却并不完善，从而导致在监管实施过程中的讨价还价；二是在监管政策的具体实施过程中，由于经济社会环境的变化等原因，出现了成本分摊的困难，从而导致监管政策执行的扭曲。这两个因素都影响着监管方式的有效性。在这里，我们以监管过程中常用的价格监管和准入监管这两种监管方式，分别讨论监管方式的成本有效性问题。

(一) 价格监管

价格监管是政府对企业的定价行为进行直接干预的一种主要方式，如在我们的日常生活中常见的最高限价、农产品最低收购价（最低限价）和城市水电气的阶梯递增价格。经济学原理告诉我们，无论是最高限价，还是最低限价，都会产生很高的实施成本。如政府对某种产品实施最低限价政策，就需要为此提供相应的支持政策：要么对过剩产品予以高价收购和储存，要么对生产者进行补贴。而政府如果对某种产品实行最高限价政策，这又有可能导致对该种产品的过度需求，从而有可能引发出黑市交易问题、产品质量的下降问题，甚至可能出现歧视性的分配机制等潜在问题或者代价。

在对自然垄断行业的价格监管中，理想的模式当然是边际成本定价。但边际成本定价受到了较多的批评，如激励问题、公平问题、没有考虑到前期的巨大投入问题等。因而，在价格监管的历史实践中，价格上限监管和公平报酬率监管是两种主要的价格监管方式。

价格上限的一般模型是：$P = Pa + (RPI - X)$。这一模型表明，当政府公布了零售物价指数 RPI，并经过监管者确定的特定行业劳动生产率的增长率 X 值之后，被监管企业在一定时期内的定价是自由的，它可以按当期价格 Pa 为基础，上下浮动，只要不超过 P 即可。可见，企业的服从成本较低。

公平报酬率监管的一般模型可简化为：$R = S \times V$。当监管者确定了公平报酬率（一般经过公开听证的讨价还价过程）S之后，被监管企业的收入R，就取决于企业的资产或投资V。可见，被监管企业的服从成本也较低。

但是，价格上限和公平报酬率监管两者所产生的间接成本却完全不一样。对被监管企业来说，在公平报酬率监管下，企业的间接成本低。而对社会来说，公平报酬率监管的间接成本则较高，如过度投资问题。而在价格上限监管下，这种方式对被监管企业和对社会的影响则完全相反。价格上限对企业的间接成本高，对社会的间接成本低，因为在价格上限监管方式下，企业通过技术创新和节约成本所带来的好处和风险，都由企业自己承担（价格上限也被称为完全剩余索取权合约）。

从衡量和监督的成本来看，价格上限的成本较低，公平报酬率监管的成本较高。因为在公平报酬率监管下，监管者需要审查批准收费期内企业准备进行的投资及其资金筹措，以及可能发生的费用变化情况，否则，公平报酬率的确定可能就有失妥当，而且这也比确定行业劳动生产率的增长率要复杂得多。而从实施监管的管理成本来看，两者的成本均较低，具体如表6-1所示。

表6-1　　　　　　　　价格监管的成本有效性比较

成本类型 监管方式	服从监管成本	衡量监督与实施成本	间接成本（对企业）	间接成本（对社会）	总体成本
价格上限监管	低	低	高	低	低
公平报酬率监管	低	衡量监督成本高，实施成本低	低	高	中

正是由于价格上限监管的成本有效性（以及它的激励导向），越来越多的行业开始采用价格上限监管方式。

（二）准入监管

我们可以简单地将准入监管区分为进入限制和对产品特征的限制。所谓进入限制，就是指对企业进入某一市场（或专业人员进入某一职业）的限制，在此情况下，一方面，消费者的选择受到限制；另一方面，企业也同样受到限制，这表现在：有些市场或领域，因受到限制而不能进入；可能与消费者订约的机会，由于受到限制而失去。所谓对产品特征的限制，是指当企业进行生产和提供服务时，政府对企业的生产技术进行限制，对企业为提供产品和服务所需要的原材料或投入物进行监管。这也是准入监管的一种特定形式，它同样会对企业和消费者产生影响：一方面，限制产品特征，也就限制了企业的经营范围，对于有些产品和服务，企业可能就不能提供；另一方面，对产品特征的限制，进而又使消费者和企业之间可能发生交易的范围也受到限制，从而降低了消费者与企业之间可能的订约机会。

在通常的监管实践中，进入限制也有特许、许可、审批等多种形式。但就进入限制和对产品特征的限制这两类准入监管来看，进入限制的服从成本较低，间接成本，尤其是对社会的间接成本较高，而衡量监督与实施成本较低。对产品特征的限制，服从成本高，间接成本低，衡量监督与实施成本较高，具体如表6-2所示。

表6-2　　　　　　　　准入监管的成本有效性比较

成本类型 监管方式	服从成本	衡量监督与 实施成本	间接成本	总体成本
进入限制	低	低	高	中
对产品特征的限制	高	高	高	高

正是由于这种情况，在现实监管中，政府对准入监管方式的偏好，尤其是地方政府部门，更偏好于使用进入限制。尽管进行了多年的行政审批改革，但在处理问题时，简单地进入限制方法仍然是首选的监管方式。而对于产品特征的监管，由于产品质量监管的成本偏高，尤其是对监管者而言，其监督与实施的成本偏高，而一旦投入不足，质量问题就可能层出不穷，甚至多个并行的监管部门也对产品质量问题难以监管。监管者的这种选择，应该说与监管成本的影响不无关系。

三　监管影响评价与监管工具组合

政府监管的目标是要增进经济和社会福利。选择监管方式时，就必须考虑其效率和经济性。从效率上来讲，监管方式的选择能够较好地达到监管的目标。从经济性来讲，达到这些监管目标时，所付出的成本较小，这些成本，包括政府的行政成本和企业的服从成本，以及实施监管的成本。当然，监管方式的选择，还会受到多重因素的影响，如监管承诺与政治支持、技术变化与生产率的增长、对服务质量的关注、制度的路径依赖、行业外部性以及不确定性等。

引入监管影响评价的目的是提高政策制定和公共治理的质量。政府监管可能产生好的结果，如增进经济和社会福利，但也可能导致巨大的经济和社会成本，如过度或不合理的监管可能产生负的激励或阻碍投资，这就要求有一个监管影响评价来审查监管的显性或潜在的影响。OECD的指导方针和监管影响评价在发达国家以及发展中国家中的应用表明，监管影响评价对提高监管方式选择的效果，确保监管方式的有效性方面具有很大作用。

尽管中国目前还没有确立监管影响评价制度，但在环境影响评价的立法和实践方面所积累的经验，为建立这一制度奠定了较好的基础。考虑到监管的成本约束，监管方式的选择还必须面临一个组合问题，即为了实现监管的目标，选择与目标相匹配的多种监管方式的组合，以提高监管的效率。

第五节 政府监管方式体系建设的基本途径

在讨论中国政府监管方式体系建设的基本途径之前，我们有必要回顾一下中国政府监管方式的演变特征。然后讨论监管方式体系建设的一般原则，以及从完善传统监管方式到创新监管方式的基本途径。

一 中国政府监管方式演变的基本特征

政府监管，如果仅仅是基于市场经济条件下的政府对市场主体的具体行为的监管与控制的话，那么，从严格意义上来讲，中国改革开放的初期，并没有所谓的政府监管，因为市场经济的基础并不存在。在改革开放初期，政企不分的情况是一个较普遍存在的现象。一些被监管的自然垄断行业或公用事业，一般都是由政府直接完全拥有并运营的，一些竞争性行业或特殊事业，一般也是由政府独资或控股。很多情况下，仍然沿袭了计划经济时期的做法：建立什么样的企业，企业在哪里建，企业生产什么产品，生产多少，生产的产品或服务如何定价，都是由政府直接管制的。

在中国建立与完善社会主义市场经济体制过程中，政府的行政干预才逐步向市场监管转变。在这一转变的过程中，中国的政府监管方式表现出以下的演变特征：

一是监管方式从明显的管制色彩向市场监管转变，并逐步放松监管。初期的监管方式带有明显的统制经济色彩，而随着政府职能的转变，逐步放松了政府管制，最明显的是放松了价格管制。从改革开放以来，政府逐步放松了大多数产品或服务的定价权，也大大缩小了价格监管所覆盖的产品范围。在准入监管方面，也在很多被监管行业引入了竞争机制。如电信等行业，已经从最初的政府独家垄断的格局，演变成了寡头竞争格局。

二是在放松经济性监管的同时，引入了激励性监管。改革开放以来，很多行业都不同程度地放松了监管，同时也引入激励监管方式。如在电力行业，在最初在准入方面，鼓励多家办电，到21世纪初的电力体制改革，形成了厂网分开，竞价上网的局面。在电信行业，在放松监管的同时，引入了价格上限监管方式。在水务领域，在引入竞争机制的同时，较广泛地采用特许经营模式，同时为鼓励对基础设施的投资，对污水处理设施采用了公平回报率的监管方式。

三是在监管手段上，从单纯注重行政手段，过渡到行政手段与市场手段相结合，并且引入了公众参与。从转变政府职能出发，在政府监管实践中，多次进行了行政审批改革，现在仍然在深化"放管服"改革，并且将市场在资源配置中的作用从基础性提高到决定性的高度，广泛引入了市场的机制。如在环境保护领域，在强调行政手段作用的同时，政府明确宣布将排污权交易制度作为国家的环境保护制度。在基础设施的建设与运营中，较广泛地采用了特许经营模式。公众或相关社会组织也参与到政府监管过程中。目前，价格听证会在全国各地的公用事业的价格调整中已经普遍采用。

四是监管政策的执行机制逐步完善。监管所依据的法律法规不断完善。为了防止地方保护主义，形成全国统一的市场，部分行业的管理，由分散管理改为了垂直管理，如工商行政管理。部分机构的职能进行了整合，如设立了国家市场监管总局。

五是监管的力度在放松监管与强化监管方面都有体现。在经济性监管方面，主要表现为逐步放松监管，如放松准入限制，缩小价格监管所覆盖的产品范围等。在社会性监管领域，则表现为监管的力度更大，监管的标准更严。如在竞争性行业，对产品和服务质量的标准更为严格，更加注重消费者权益的保护。在环境保护领域，不断加强政府监管的力度。

二 监管方式创新的一般原则

建设政府监管方式体系，必须改变传统的"管"的观念，按照让市场在资源配置中起决定性作用，并更好地发挥政府作用的要求，把激发市场活力和创造力作为政府监管的重要改革方向，注重审慎监管、简约监管、包容监管、智慧监管；同时，必须遵循一般原则，包括依法监管、可持续、激励创新、公共利益、工具有效等。

（一）依法监管原则

依法监管原则具有以下几个方面的内容。首先，任何监管行为都必须有法律制度依据。在监管领域，目前仍然有些行业缺乏必要的法律制度或时效性存在问题，如在电信领域。其次，通过法律制度对政府的监管行为提供有效的法律约束，以减少行政监管的随意性。最后，在监管过程中，引入司法审查。既对政府的监管政策进行合法性审查（如果企业对政府的监管政策有异议），也对企业不遵守监管政策的行为进行仲裁（如果政府认为企业违背了监管要求），同时依法进行违约制裁，培养政府和公众对法律制度的敬畏。

（二）可持续性原则

在传统的被监管的行业中，由于投资巨大导致政府的融资需求压力很大，因而大多采用特许经营的方式。在这些行业中，无论政府采用哪种形式的监管，首先都需要考虑行业的可持续性问题，同时，也由于这些行业所提供的产品或服务的特殊性，大多具有生活必需品的特性，企业的财务可持续性就成为监管方必须予以重视的一个问题。因此，无论什么样的监管方式，都要考虑企业或行业的可持续发展问题。另外，监管方式本身虽然随着时间的不同，也会有所变化，但也需要有一个相对的稳定性。

（三）创新激励原则

政府监管本身的目标之一就是要维护市场竞争秩序，从而为企业提供一个较好的营商环境。创新监管方式，在为企业提供一个稳定的可预期的市场环境的同时，还要激励企业从事节约成本与改进技术的创新活动。这样，才能让公众享受到越来越优的产品和服务。

（四）公共利益优先原则

政府是公共利益的代表，企业以追求利润最大化为目标。政府为控制企业的价格、销售和生产决策所采取的各种行为，其目的就是要努力制止企业不重视社会公共利益的私人决策。以公共利益为最终目标，是政府创新监管方式的一般原则。

（五）监管工具的有效性原则

监管方式的创新也必须遵循工具有效性原则。判断监管方式是否有效的依据包括两个方面的内容：一是监管方式与目标是否匹配；二是监管方式或政策本身的成本有效性。在第四节中我们对此进行了专门的讨论。

三 改革与完善传统的政府监管方式

如前文所述，经过多年的建设，中国已初步建立了较完整的政府监管方式体系，包括价格监管、进入退出监管、安全与质量监管、环境保护、反垄断政策等。随着改革的进一步深化，政府监管方式也需要进行相应的改革与完善。

（一）完善价格监管方式

在基础设施趋于完善的情况下，全面引入价格上限监管，并确保产品和服务质量，逐步放弃公平回报率监管方式。构建合理的价格形成机制，在水电气等行业全面引入阶梯价格的情况下，扩大第一阶梯的幅度，确保基本生活必需品的公平使用与普遍服务。同时，在特定行业内适时引入阶梯递减价格。

（二）改革与完善进入退出监管方式

进一步改革行政许可与审批制度，放松行业准入。近年来，各级政府既取消了大量的行政审批项目，也下放了许多行政审批项目。在这一过程中，值得注意的是，行政审批权的下放应当是逐步的，待条件成熟之后不断推进。我们在日常生活中可能会发现，一些层级较低的政府部门，在目前情况下，由于制度惯性、技术及相应的人才储备等原因，一时还无法承接上级部门下放的行政审批权。同时，逐步放开采用负面清单制度的适应范围。

（三）强化与完善社会性监管方式

在安全、质量监管与环境保护领域，中国已逐步建立了相对完整的政府监管法律制度。在这类社会性监管领域，总的趋势是进一步强化监管。同时，探索如何完善社会性监管的方式。在这一领域，在强调发挥政府作用的同时，还可以借助社会与市场的力量参与监管，最终形成由政府主导，企业自觉参与，社会第三方（中介）和公众共同参与监管的多元共治的格局。

（四）创新反垄断监管方式

中国的反垄断法已经实施了十多年，积累了较丰富的反垄断监管实践经验。但随着数字经济与互联网平台的不断发展，给反垄断监管带来了新的挑战。一方面，需要重新界定平台反垄断监管的目标；另一方面，也要合理设定平台经济反垄断监管的限度[①]，从而创新平台反垄断监管方式。

四 创新监管方式

监管方式创新的内容，涉及监管理念创新、监管技术创新和监管方法创新。

（一）监管理念创新

在新时代背景下，监管的理念必须创新。执政党领导的政府是为人民服务的。在监管方式的创新上，必须坚持服务型监管的理念。第一个原因是由政府的职能转变所决定的。过去，政府在管理社会经济生活方面发挥了重要的作用，但在新时代，社会经济生活中涉及多重群体和多重利益集团的相互作用，政府的职能在于，如何与非政府组织一起，为促进公共问题的解决寻求办法。这样，政府的作用就不再是简单地控制，而应当转变为对相关议程的安排，这种安排能够使利益相关者坐在一起进行讨论或辩论（听证），从而为促进公共问题的解决提供平台和通道。这样，在公民参与的社会中，政府的角色就成为协调者、中介人或裁判员。面对这些新角色的变化，政府所需要的就不再是管理控制的

---

① 参见陈富良、郭建斌《数字经济规制变革：理论、实践与反思——经济与法律向度的分析》，《理论探讨》2020年第6期。

老办法，而是作为中介者、协调人以及协商解决冲突或问题的新技巧。① 政府的职能就是服务。确立服务型监管理念的第二个原因是由新经济形态的发展变化所要求的。随着技术的不断发展，新的经济形态也不断出现，从20世纪90年代出现"新经济"一词以来，新经济、数字经济、共享经济等背景下，不断出现新的经济形态，政府无论是在知识上，还是在技术上，都不可能比企业更了解这样的经济，不可能事先就某一个新的经济形态的发展制定出相应的政策，只能是一种事后的监管。这就需要政府确立一种服务型监管的理念，确保新的经济形态正常有序的发展。如果采用传统的管理方式，可能会使某一新的业态还没有长大，就已经被扼杀在摇篮中。

（二）监管技术创新

在技术快速发展的今天，任何管理手段，都必须跟上时代的步伐。政府监管也不例外，也不断有新的技术应用到政府监管之中。在日常的监管中，政府也应当充分运用现代技术，如"互联网＋"、网格化管理、大数据等现代技术，既降低企业服从监管的成本与支出，也提高政府监管的效率。

（三）监管方式创新

在已有监管方式的基础上，按照中央和国务院等文件规定与要求，在市场监管中，全面推行"双随机、一公开"监管制度；全面实施市场准入负面清单制度；着力建设以信用为基础的监管机制等。而对于以信用为基础的监管机制的建设，具体提出了建设的总体要求，即事前环节的信用监管需要创新，事中环节的信用监管需要加强，事后环节的信用监管需要完善。在推行和完善上述监管方式的同时，还应当从以下几个方面创新监管方式：①建立企业的自我监管制度。企业也好，平台也好，都可以通过自愿性协议等形式，进行自我监管。②建立第三方监管制度。第三方机构，包括公众，充分参与监管过程，应该是一种监管的趋势。③建立合约监管制度。不同的行业和企业千差万别，不可能以一种标准的监管方式去监管所有的企业。这样，为实现在资源配置中既要

---

① ［美］珍妮特·登哈特、罗伯特·登哈特：《新公共服务：服务，而不是掌舵》（第三版），丁煌译，方兴、丁煌校，中国人民大学出版社2016年版，第2页。

能够让市场起决定性的作用，又要能够更好地发挥政府的作用这一目标要求，形成一种金字塔形的监管结构。在金字塔的底层是企业的自我监管；在金字塔的中间层是政府与企业的合约监管，也可以称作是量体裁衣式的监管；在金字塔的顶层则仍然是政府的命令控制型的监管。首先鼓励和允许企业实行自我监管，也鼓励企业与政府达成合约式的量体裁衣式的监管。如果企业既不实行自我监管，也不遵循合约监管，那么，传统的命令控制型的监管仍然可以作为最后一道屏障。

本章小结

一　监管方式体系建立在监管理论的演进与相关学科的发展的基础之上

在传统的以规模报酬递增条件下的监管理论中，监管内容主要是价格监管和准入监管。从具体的监管方式来看，价格监管有确定产品或服务的费率和成本，而准入监管则主要包括发放许可证和制定标准。同时，在多数监管理论中，社会性监管方式和反垄断监管方式也会纳入讨论范畴。而随着经济学、法学和政治学等相关学科的发展，监管方式变得多元化。在经济学文献中，管制经济学借助博弈论、信息经济学、机制设计理论、不完全合约理论等提供的工具，探讨了最优监管方式，如最优定价、最优质量监管机制等。随着公共行政走向公共治理和新公共服务，政府的监管方式在传统的命令控制型方式之外，又将新的概念和机制纳入监管方式的范围中，如监管治理、元治理、元规制，并在监管中注重引入第三方监管、注重公私合作和市场多样化等。法学文献对监管方式在赋予新的内涵的同时，也强调了监管过程中的司法审查和问责问题。

二　监管内容与监管方式体系

监管内容主要指针对什么问题进行监管，它涉及一个庞大的体系，可分为经济性监管、社会性监管和反垄断。经济性监管主要涉及价格、数量、企业数目的监管等。社会性监管主要涉及对产品安全的监管、工作场所安全的监管和环境保护。反垄断监管主要涉及限制市场势力、规范垄断者滥用市场支配地位行为等。针对上述监管内容，监管方式主要包括：在价格监管方面，实践中广泛采用了价格上限、公平回报率、阶梯价格等方式。在进入退出监管方面，实践中采用了直接的法律禁止、特许或行政许可、负面清单制度等。在质量和安全方面，采用了产品质量标准、生产技术标准、信息提供等方式。在环境保护方面，采用了命令控制型的监管方式、基于市场的工具、自愿性协议、设立绩效标准、界定产权与权利等监管方式。在反垄断政策方面，采用了结构主义、行为主义和准结构主义的反垄断方式。

三 监管方式的一般性与特殊性

监管方式的一般性是指在监管方式上中国与主要市场经济国家共同性。监管方式的特殊性是指符合中国国情的所特有的监管方式。监管方式的一般性表现为，在进入退出监管方式上，共同采用了注册、申报、备案、负面清单等制度；在价格监管上，都在成本定价方式的基础上，广泛引入价格上限、阶梯价格等监管方式；在产品质量和工作场所安全监管方面，同样实行了严格的产品质量标准和生产技术标准；在环境保护领域，同样广泛采用了基于市场的工具等监管方式；在反垄断领域，同样与国际惯例接轨。监管方式的特殊性表现在，改良监管方式和创设监管方式。对监管方式进行改良，监管方式发生变异的原因包括制度约束、路径依赖、技术进步等。独特性的监管方式包括"放管服"改革，"双随机、一公开"，环境督察，价格约谈等。随着市场经济体制的不断完善，监管方式的一般性与特殊性的离差将不断缩小。

四 监管方式的有效性

监管方式必须与监管目标相匹配。在监管目标确定的情况下，可以通过多种途径对监管方式进行评估与选择。通过对价格监管和进入退出监管所选择的监管方式的比较，表明在价格监管中，价格上限和公平回报率监管的成本有效性是不同的。同样，在准入监管中，进入限制和对产品特征的限制这两种监管方式的成本有效性也是不同的。应该通过对监管政策和方式进行影响评价，进而选择相应的监管方式的组合，以达到监管目标。

五 监管方式体系建设的基本途径

中国监管方式演变的一般特征包括：监管方式从明显的管制色彩向

市场监管转变；在放松监管的同时引入激励性监管；从单纯注重行政手段，过渡到行政手段与市场手段相结合，并且引入了公众参与等。监管方式体系建设的一般原则包括：依法监管、可持续、激励创新、公共利益，以及工具有效。监管方式体系建设的一般内容包括：改革和完善传统的监管方式，包括完善价格监管方式、改革进入退出监管方式、强化与完善社会性监管方式、创新反垄断监管方式；创新监管方式，包括监管理念创新、监管技术创新、监管方法创新。在监管理念的创新上，必须坚持服务型监管理念。充分运用现代技术进行监管，提高监管效率。在监管方式上，建立企业的自我监管制度、合约监管制度、第三方监管制度，从而建立金字塔形的监管方式结构。

第七章

中国特色政府监管外部监督体系

没有监督的权力必然导致腐败,没有监督的监管不仅会腐败,而且是低效的。党的十八大以来,确立加快建设法治监督体系,"加强党内监督、人大监督、民主监督、行政监督、监察监督、司法监督、审计监督、社会监督、舆论监督建设,努力形成科学有效的权力运行制约和监督体系,增强监督合力和实效"。[①] 本章在国家治理体系与治理能力现代化视野下,讨论构建中国特色政府监管的外部监督体系,进一步促进中国政府监管监督体系迈向现代化、法治化和高效化。

第一节 政府监管外部监督体系的相关理论研究

政府监管是政府管理和服务社会的一项基本职能,为便利地实行专业化监管,中国主要采用政监合一的监管模式。但这种模式还处于不断改革完善中,也存在诸多不足,监管效率不高、监管不力(或监管过度)和监管腐败现象等政府"监管失灵"问题,使公共福利受到损失。因此,建立中国特色政府监管外部监督体系,推进政府监管监督机制创新具有重要的理论和现实意义。通过梳理政府管制俘虏理论、公共选择理论、合法性理论等政府监管监督的基础理论,可以为加强和改善政府监管监督找到更好的思路。

---

① 中共中央宣传部:《习近平新时代中国特色社会主义思想学习纲要》,人民出版社 2019 年版,第 102 页。

一 政府管制俘虏理论

政府管制俘虏理论①认为，政府管制是为了满足产业对于管制的需要而产生的，执法者容易沦为被管制产业的俘虏。施蒂格勒曾指出被管制产业与不受管制产业相比未必有更高效率或者更低的价格。②他从以下三个方面做出研究假设：第一，政府权力与利益集团的利益交易假设；第二，管制者效用最大化假设；第三，政府管制向特定利益集团输送收益假设。同时，政府作为理性经济人，也从中获得收益。经济学家佩尔兹曼随后通过三个层次来系统地阐述了这一理论：一是和市场失败相联系；二是对政府管制的结果进行预期，管制者会沦为管制企业的俘虏；三是对管制结果进一步预期，认为管制经济在经济上仍然有效。③佩尔兹曼的研究结论是，管制对于被管制企业的产量和价格影响并不大，只是影响了收入在利益集团间的分配。而威廉姆森（Williamson，O. E.）将政府管制视为消费者与企业之间、企业与企业之间组织交易的一种方法，政府在管制中被俘虏意味着被管制企业针对管制者的自利寻租获得成功，而管制者也成功参与共同分享垄断利润。④政府管制俘虏理论在一定程度上解释了现实中的管制失灵现象。其兴起和发展增强了社会普遍的逆政府管制倾向，也为20世纪70年代以后西方国家放松管制运动提供了理论铺垫。

国内有的学者认为，作为一种特定利益集团的企业对政府管制的特殊影响力可能是构成或增加政府管制俘虏的重要因素。⑤有的学者还认为，政府管制者被俘虏有无意创租、被动创租和主动创租三个方面，政府的管制行为要对被俘虏有免疫力，关键还是要依法管制，从程序上规

---

① Kip W. Viscusi, et al., *Economics of Regulation and Antitrust*, The MIT Press, 1995, pp. 33 – 34.

② ［美］乔治·J. 施蒂格勒：《产业组织和政府管制》，上海三联书店1989年版，第210—241页。

③ Peltzmann, S., "Towards a More General Theory of Regulation", *Journal of Law and Economics*, Vol. 19, 1976, pp. 211 – 240.

④ Williamson, O. E., "Franchise Bidding for Natural Monopolies", *Bell Journal of Economics*, Vol. 7, 1976, pp. 1 – 73.

⑤ 王俊豪等：《西方国家的政府管制俘虏理论及其评价》，《世界经济》1998年第4期。

范管制行为。① 在政府管制的过程中，利益集团常常会与政府讨价还价，特别是如果相应的管制监督机制存在漏洞，政府管制就会衍生租金问题，管制方设租和企业寻租容易泛滥。即便在电力、油气等自然垄断行业去垄断化改革的条件下，被严重削弱的政府管制部门的既得利益也存在利用法规、管制便利、自由裁量等多种方式重新找回的动力和能力，使管制失效，从而破坏市场公平竞争。

总之，管制俘虏理论所揭示的管制—被管制之间的权力与利益交换问题，实际上提出了一个谁来监督监管者的问题。而关于监管者与被监管者之间之所以能形成利益关联的诸多假设中，最重要的是监管信息不对称和监管自由裁量权的存在，因此，在中国特色政府监管监督体系构建与创新中，需要特别重视加强监管信息的披露和对监管自由裁量权的约束，这是一个监管监督的体系、法治和运行过程的系统创新工程。

二 公共选择理论

公共选择理论被认为是非市场的经济学理论，即用经济学视角和方法研究政治问题。② 美国经济学家詹姆斯·布坎南是公共选择理论的代表性人物，他提出公共选择理论是"政治的经济学理论"或"新政治经济学"。公共选择理论以人作为"经济人"为基本假设，认为个体行为的出发点和目标就是追求自身利益的最大化，政府的政治、政策、行政和服务等行为过程和市场交换的过程具有相似性，交换中的供求双方是政府和普通民众，他们交换着公共物品，而由于人的趋利性特征，官员寻求自身利益的最大化，政府不是万能的，存在公共决策失误、效率低下、寻租和腐败方面的问题，并且政府失败比市场失灵带来的危害更大。③ 公共选择理论一方面基于自19世纪以来的政治理论和自凯恩斯以来的经济理论分析政治过程中的政治家的行为，研究政府失灵的内在原因，提出市场失灵不是政府干预的充分条件，政治制度也像市场一样具有缺陷，积极寻找弥补缺陷的措施，以改善政府行政。另一方面，事

---

① 廖进球、陈富良：《政府规制俘虏理论与对规制者的规制》，《江西财经大学学报》2001年第5期。
② [美] 詹姆斯·M.布坎南：《自由、市场和国家》，平新乔、莫扶民译，北京经济学院出版社1998年版，第12—13、20、22页。
③ 邵军、吴祥福：《公共选择理论文献综述》，《技术与市场》2010年第11期。

实上也是基于理性的经济人，强调公共物品即便由政府提供也须最大程度体现公众意志，而不是政府及其官员自身的意志。当然，"有人批评理性选择理论过高估计了人类理性，因为它忽视了这样的事实，即人们很难有一套清晰的首选目标，也很少在掌握充分和准确的条件下作出决定"。①

公共选择理论关于经济人假设与政治交换和政府失败论等都对理解监督监管者的重要性提出了很好的启示。比如，经济人假设与政治交换的论断，将经济学中的经济人假设在政治领域做了类比或者类推，认为公务人员虽有公务身份，但又是自然人，也有自利、以自己利益最大化的追求动力；同时进一步将市场交易分析应用到政治领域，甚至直称其为"政治市场"，认为政治行为及其相互关联过程就是"政治市场上的交易"。市场交易需要监管，而政治领域如果要避免交易就需要监督。再比如，政府失败论认为政府失败主要体现在：①公共决策失误；②政府扩张；③官僚机构的低效率；④寻租。② 根据布坎南的观点，经济活动中如果有过多的政府干预必然会使社会资源的配置效率降低，破坏市场机制的内在循环规律。其中的原因很多，而对政府官员行动的监督常常无效是重要一环。③

客观地说，公共选择理论是着眼于限制或减少政府干预的思想理论。因为政府与私人一样是功利的。另外，又恰恰强调了对政府管理包括监管行为进行监督的重要性。因为防止政府寻租和失灵正是加强对政府监管行为的监督的重要宗旨和功能。同时，正如批评者所阐明的那样，个体行为人包括企业组织也是自利的，那么公共利益的实现并不能完全由分散的公众形成所谓公共选择来决定，政府必须而且也只有政府能履行社会价值的分配功能，不过政府在履行这样的职责时，不能没有健全的监督体系和机制来支撑。

中国的政府监管较西方国家起步晚，理论与政策还有待进一步健

---

① [英] 安德鲁·海武德：《政治学核心概念》，吴勇译，天津人民出版社 2008 年版，第 129 页。
② 陈振明：《市场失灵与政府失败——公共选择理论对政府与市场关系的思考及其启示》，《厦门大学学报》1996 年第 2 期。
③ 张健：《布坎南与公共选择理论》，《经济科学》1991 年第 2 期。

全，监管法律体系尚不健全，若政府监管机构官员追求个人利益就会进一步撕裂监管漏洞，放大监管失效的危害。公共选择理论的分析视角有助于我们更全面地诊断政府监管中存在的问题，为克服政府监管失灵开出了开放对监管权进行普遍公开监督的药方，这对中国特色政府监管监督体系的完善也大有裨益。

三 政府监管的内部性

从字面上理解，内部性是指"内在的、固有的、必要的本质或属性"。内部性监管理论的代表美国学者史普博认为，内部性是指一种在交易行为中发生但又在交易双方明确表达的成本或收益[①]，如产品和服务产量、虚假广告、生产安全等问题。国内学者程启智进一步讨论了内部性包括利益收益攫取不知情或者转嫁成本不知情两种情况。[②] 因此，也可将内部性理解为信息不对称情况下引发的利益不对称交易收益或成本。基于此，内部性按照作用效果可以分为正内部性和负内部性，但不论何种情况都可以窥探其中由于信息不对称引致的利益不对称问题。解决市场交易行为的内部性问题要靠加强政府监管，而解决监管者与企业之间的内部性问题，则需要强化对监管的监督。

查尔斯·沃尔夫曾提出过关于非市场组织内部性的相关假定：①组织目标本身与生产最终产品不明确存在内在关联；②成员的各种收入最大化可能导致灰色收入；③某些利益集团可能控制特定的内在性产生，攫取内部性收益。[③] 政府的监管行为通常符合以上三个假定，并会带来政治交易成本和管理交易成本，使政府监管产生内部性问题。政府监管内部性会驱使监管机构在监管中渔利，而对公共目标打折扣，演变成自利监管或无为监管，像监管被俘虏一样，不同的是，此时监管者是被自己俘虏，但结果都一样，那就是政府监管失败。可见，监管的内部性与监管失效是密切关联的。

---

① [美]丹尼尔·F. 史普博：《管制与市场》，余晖等译，上海三联书店、上海人民出版社1999年版，第64页。
② 程启智：《内部性与外部性及其政府管制的产权分析》，《管理世界》2002年第12期。
③ [美]查尔斯·沃尔夫：《市场或政府：权衡两种不完善的选择》，谢旭译，中国发展出版社1994年版，第60—73页。

| 第二篇　理论体系要素 |

在史普博讨论的内部性问题产生的原因中，有三类交易成本需特别重视，即意外性合约成本、监督成本和信息交易成本。① 在政府监管中，由于成本—收益等信息公开不全面，为政府监管机构与被监管企业合谋，将交易成本转嫁给民众提供了便利，这是政府监管内部性问题产生的基本特征。监管政策缺陷也会造成政府监管信息的纵向传递不对称，使监管目标难以一以贯之，同样会造成政府监管的内部性问题。

对于中国政府监管内部性问题的治理机制，国内学者也开展了一些研究。一种观点认为，加强信息披露以减少信息不对称是矫正内部性的必要手段。② 另一种观点认为，信息不对称只是内部性产生的原因之一，鉴于政府自身的负内部性也可能使监管者获利，需要重点堵住这类内部"耗子"问题。③ 还有学者提出克服内部性问题的政府监管应包括制度环境、治理与个体之间的互动三个层次和目的性、相容性、合理性与效率四个维度，进一步提升政府治理质量。④ 但所有这些防控内部性问题的措施都离不开强化监管的监督，要进一步强化政府监管的行政监督，并与立法、司法和社会监督形成紧密合作，开展网络化的合作监督。⑤

政府监管的内部性理论对完善政府监管的监督体系具有多方面的启示：①内部性是监管失效、监督难动真格的关键因素。内部性意味着监督者—被监督者、监管者—被监管者之间存在某种利益关联性，如何从制度上最大可能抑制这种关联关系发挥作用的空间是完善监督体系的关键。②内部性的起因是利益和信息不对称。由于业缘、地缘、学缘和亲缘等特殊关系的存在，监督和监管的主客体之间容易钩织起某种"熟悉社会"性质的行业或者交往空间，这通常会屏蔽一些监督、监管的

---

① ［美］丹尼尔·F. 史普博：《管制与市场》，余晖等译，上海三联书店、上海人民出版社1999年版，第65页。
② 王冰、黄岱：《信息不对称与内部性政府管制失败及对策研究》，《江海学刊》2005年第2期。
③ 张东峰、杨志强：《政府行为内部性与外部性分析的理论范式》，《财经问题研究》2008年第3期。
④ 任洁：《内部性与政府规制的交易成本分析》，《中国海洋大学学报》（社会科学版）2014年第6期。
⑤ 郭剑鸣、蔡文婷：《不可完全合约、内部性与政府监管的行政监督惰性》，《学习与探索》2019年第4期。

功能。而由于机制的不完善，使监督关系、监管关系中信息难以对称，由此引发利益不对称，因而进一步放大了监督、监管中的"熟悉社会"的负面作用。因此，如何通过制度改进最大可能地抑制监督、监管中的"熟悉社会"是完善监督体系的另一个关键。③就监督、监管体系而言，内部性的最大危害是通过所谓的"正内部性"功效让监督、监管者突然"失能"。"正内部性"是指在活动中得到某种未知的利益，它犹如一颗"定时炸弹"，按利益输送方的需要如期"炸响"。"暗箱操作"是内部性滋生的"温床"。因此，如何构建整体性监督体系最大可能挤压"暗箱操作"空间是破除监督内部性的必要手段。

四 监管的合法性理论

"合法性"是社会学、政治学的重要概念。通常有广义和狭义之分。广义的合法性是指一种社会秩序、规范被社会接受与认同的程度。狭义的合法性专指国家的统治类型或者权威来源类型。因此，"合法性"本意上与"合法"并不构成同一关联关系，而是讨论法律或者政府权威来源方式及其被自主接受可能性。学界对合法性问题的关注从一开始就是围绕政治合法性、政府合法性展开的。政府监管作为政府权力运行的重要部门，自然也需要接受合法性的拷问。合法性理论通常从规范性、经验性和重建性三个角度展开分析。规范主义的合法性理论认为政权需要满足理性的标准。比如，在古代这种标准是某种永恒的美德、正义等终极真理，在近代则是卢梭提出的"公意"。如果未能满足这些标准，即便得到了人民大众的赞同、支持和忠诚，也是合法性缺失的。①马克斯·韦伯是经验性分析的合法性理论的代表人物。在他看来，社会系统的存续能力与它培育一种被广泛接受的普遍价值或信心的能力有关，政治合法性可以表述为引导或动员民众接受其命令的能力，也是社会对权威的确认程度。②而哈贝马斯则从重建性视角认为，合法性表示的是一种价值体系，是一种能在多大程度、范围被认可的价值。重建性的合法性理论认为合法性是某种可争论的有效性要求，政权统治

---

① ［德］马克斯·韦伯：《经济与社会》（上册），林荣远译，商务印书馆1997年版，第240页。
② ［德］哈贝马斯：《交往与社会进化》，张博树译，重庆出版社1989年版，第184页。

秩序的稳定性也依赖于自身被承认。

合法性理论的思想随后被广泛应用到组织和企业研究中，形成了组织合法性理论。尽管合法性形态不同，但作为合法性内核的价值认同性和秩序、规范被接受的意义均普遍保留。这就意味着，合法性不论从规范、经验和重建的意义上讨论，都需要将组织及其行为置于其受众的认可边界来讨论。自然，政府监管的合法性也不例外。

近年来，信息披露被大量应用到组织合法性研究中，国内外学者研究认为信息披露可以改变政府和民众对企业的看法，公开信息因此也成为企业获得和维持其合法性的重要手段。"暗箱操作"是政府管制俘虏理论和政府监管的内部性问题的一大引因，使企业和公众对政府监管提出了质疑，也动摇了政府监管的合法性基础。也许正是因为人们日益增加的对政府监管低效率、高成本引致的合法性质疑，美、英等国率先在20世纪70年代开始了放松管制的改革运动。由合法性推演至监管合法性、监督合法性，能够为我们重构和优化政府监管的监督体系进一步明确重点方向：①强化对政府监管价值导向的监督。这是要回答政府监管为了谁的问题。政府监管监督部门应认真甄别监管部门的努力是否有益于增强社会民众的福祉，是否有益于推进社会进步与文明，是否有益于人与自然的和谐，而不是简单地看是否为监管对象所认同。即增强民众获得感、促进社会进步和保护生态环境是政府监管监督体系必须秉承的三条基本原则。②强化对政府监管有效性的评价监督。合法性虽然不等同于有效性但却依赖有效性的支撑，因此，对政府监管的监督需要有科学的手段，以评价有效性为抓手开展监督，使监督落到实处。③依法监督。监管要时刻经受合法性拷问，对政府监管的监督也要接受合法性的拷问。因此，完善各个监督主体参与监督的法律体系、落实各监督主体的监督权利、重视监督方式方法的合法性、提供监督的法律保障都是构建中国特色政府监管监督体系的重要内容。

五 整体性监管

整体性监管是受整体性治理理论启发提出的。其代表人物是英国学者佩里·希克斯和帕却克·登力维，他们从新公共管理的反思和顺应信息技术和后工业社会发展的新环境视角，批评政府管理中的分割和碎片化的问题，其实在政府监管中可能最为严重，又是最需要逆碎片化的职能部门。① 因为，当今的政府监管体系—功能—过程基本上是分领域、行业和层次的，但政府监管的客体—社会风险却是紧密关联着的，这种政府监管结构极不利于防控风险。同时，提出政府治理需要经过逆碎片化，实现重新整合；重要服务重新回归政府；加强中央对过程的控制；集中采购、合理分配；共享服务、资源；简化治理网络等。通过将目标与目标、手段与手段、目标与手段的相互强化程度分析，认为只有整体性治理才有利于反对分散的绩效奖励，实现逆碎片化，达到目标与手段相互强化的理想格局。

较早将整体性治理引入中国的学者竺乾威指出：整体性治理极大地增加了决策系统制度上的复杂性，特别是减少了各系统解决其自身问题的自主能力。② 因此，在加强治理的整体性功能的同时还要积极回应公民的需要，以此强化政府间、政府与社会公民间的合作，使政府服务在行政系统内部形成一体化和政府服务系统与社会需求系统的无缝隙对接。

整体性治理理论发展至今已有20余年，将整体性治理理论引入研究政府监管问题也越来越引起人们的重视。比如，有学者认为整体性治理理论为中国分领域、分行业、分层次的食品安全监管体系和体制提供了改革思路，应该探讨在组织形式上，从横向和纵向上打破功能分化的组织壁垒；在社会参与方面，进一步强化政府定标准、企业参与标准制定并实施标准、社会民众监督标准实施的合作网络监管状态；在监管供给上提倡"一站式"服务。③ 还有学者通过分析各地市场监管体制改革，认为当前地方政府市场监管体制改革的目标就是实现"整体性监管"。④

从逆碎片化的整体性治理理论出发，我们可以寻找到有益于提升中国政府监管监督协同力的诸多方向性选择：要保障政府监管输出整体性

---

① Patrick Dunleavy, "New Public Management is Dead—Long Live the Digital Era Governance", *Journal of Public Administration Research and Theory*, Vol. 16, No. 3, 2006, pp. 467–494.
② 竺乾威：《经济新常态下政府行为的调整》，《中国行政管理》2015年第3期。
③ 宋强、耿弘：《整体性治理——中国食品安全监管体制的新走向》，《贵州社会科学》2012年第9期。
④ 徐鸣：《整体性治理：地方政府市场监管体制改革探析——基于四个地方政府改革的案例研究》，《学术界》2015年第12期。

功能，监督也不能碎片化。立法、行政、监察、司法和社会监督应该各司其职，但它们首先是一个监督整体，是在整体监督功能视域下的分工合作。因此，必须构建政府监管监督的信息系统，实现信息的共享；横向打通监督体系和部门，纵向贯通中央到基层监督单位，再建立统一监督信息交换平台，共同履行监管监督承诺和责任等。

第二节　政府监管外部监督体系的基本功能

一　克服监管失灵

监管失灵一般指两类情况：一是指监管失效，即未发生通过监管理应发生的政策—行为—效果传导效应，或者监管效果的取得代价太高；二是监管腐败，即监管者被俘虏。

党的十八大以来，政府监管职能受到国家和社会方方面面的瞩目。党的十八届三中全会、十九大及十九届三中、四中全会以及期间进行的国务院机构改革都大大强化了政府监管的重要性及其能力建设。党的十九届四中全会进一步强调提出要优化政府职责体系，完善市场监管等职能，强调要"严格市场监管、质量监管、安全监管，加强违法惩戒"。但是政府监管领域出现的问题依然令人忧心。政府监管失灵问题还比较突出。

（一）监管引导公共服务和公共产品供给的能力不强

改革开放以来，虽然公共服务和公共产品的供给能力显著增强，但仍有许多基本的民生保障和服务问题满足不了需求。比如，看病难、上学难、出行难、养老难等"七难八难"问题还比较突出，诸多社会矛盾均与此密切相关。这些服务和产品供给不足并非供给能力的限制而是供给动力和环境限制使然，是可以通过政府激励、引导等监管作为来改善和调整的。这说明政府监管还不到位或者不精准。

（二）公共服务和公共产品质量缺乏保障，影响社会运行秩序

作为政府购买服务的强制性疫苗和医疗保障性药品的质量常常受人诟病。近年来，长春、济南相继出现震惊全国的假疫苗、假药品案，充分暴露出政府在相关领域的监管失灵。

（三）公共服务和公共产品供给的均衡性配置问题突出，影响中国城乡和区域一体化发展

推进城乡统筹，实现国家均衡充分发展是党的十九大确立的中国今后一段时间的基本发展战略。但中国目前乡村医疗、教育和生活基础设施还难以满足乡村居民的需求，特别是乡村基本公共服务还难以达到均等化水平，政府对乡村基本生活和公共服务的监管投入明显不足，甚至无人监管，导致乡村沦为假冒伪劣产品流通的"天堂"。

（四）城市住宅价格上涨较快，影响公众的获得感

中华人民共和国成立 70 多年的成就举世瞩目，城乡居民收入增长超百倍，但如果与住房价格增长速度相比还有不小的差距。① 城市房价与居民收入比仍然大幅度高于国际平均水平。这给城市生产和居民生活造成较大负担，特别是影响了刚需人群的基本生活保障。虽然，城市住房价格过快上涨有多方面原因，但监管上没有实现"房住不炒"的目标也脱不了关系。

（五）公共卫生与安全领域的风险监管预警严重滞后

从严重急性呼吸综合征到新型冠状病毒肺炎暴发，一定程度引发社会恐慌，其中就有相关监管机构对市场监管、野生动物经营许可和公共卫生监管的失责、失效和推诿等诸多问题。重视重大事故的事后监督监管，搞运动式监督监管，而日常监督监管失守，既是中国市场监管、监督领域的顽疾通病，也是监管监督失效的一大引因。

（六）监管机构和人员的腐败现象相对多发

从党的十八大以来查处的腐败案件、涉案金额看，资源监管、金融监管、药品监管和宏观政策监管部门居前，监管腐败窝案时有发生。这既说明监管失灵现象，又揭示监管失灵的原因。

强化对政府监管的监督主要从两个方面克服监管失灵：一是督促监管体系内增活力，提高监管效能，减少监管失败。可以采取扁平化、集成化的思路深化监管体系和体制改革、完善数字化监管过程、全流程开展监管绩效评估等手段，确保政府监管规范化、即时化和长效化。二是

---

① 赵语涵：《70 年居民收入增长超百倍 首都市民钱袋子这样鼓起来》，《北京日报》2019 年 9 月 20 日。

监控政府监管的外部环境，切断利益集团与政府监管这合谋的链条。正如管制俘虏理论所分析的那样，仅仅依靠监管者与被监管者之间的自觉履职、依规经营，往往会遭遇双方的合谋，或者监管者被利益集团"围猎"，而监管者也有可能甘于被"围猎"的现象。比如，在中国诸多领域的标准制定过程中政府管制俘虏现象频发，政府主导的标准化管理体制决定了行政权力过多集中于政府手中，导致政府成为利益集团的俘获对象，并经常被利益集团所控制。① 这恐怕是许多产品质量、食品安全和公共卫生安全监管不到位的通病。因此，必须借助内外的监督强制力量。即通过设立一系列的监督法律、法规、规章和制度规范，明确多元利益相关者监督政府对各行业监管行为的权利和程序，督促监管方纠偏监管行为。

二 预防监管渎职

渎职既是行政管理的概念，又是法学的概念。是指对法定职责履行不到位、出现重大过失致使国家、公民和公共财产造成重大损失的行为，包括玩忽职守和滥用职权两大方面。理论上说，玩忽职守主要是过失引发，而滥用职权则是主观故意行为。无论哪种渎职行为由于其对利益相关者权益的重大侵犯都应该先行预防。渎职的发生除了自我放纵或渔利目的外，还有履职体制机制不健全、环境复杂和对履职监督不严密等因素。其中，对权力的监督是权力正常运行的前提和基础。政府监管中的渎职行为也屡见不鲜，如果对监管的监督能及时跟进，类似现象就会减少，促进监管领域的良性发展，反之，监管监督体系繁杂、职责混乱，功能边界模糊，势必会导致监管监督的局部真空，相应地，监管部门之间也会相互推诿。

强化对政府监管的监督主要从两个方面预防监管渎职：一是督促政府监管体系理顺职责、创新机制，整合监管权能，堵塞可能引发监管者玩忽职守的体制漏洞。当前，中国政府机构正处于"大部制"改革的深化磨合期，解决政府监管部门职责不清，监管机构的分散化、碎片化问题仍面临人事安排、职能重合、利益纠缠等阻力，监管政策相互矛盾

---

① 张晓博：《标准制定工作中的"政府管制俘虏"现象分析及防范对策》，《中国标准化》2013 年第 4 期。

或监管真空时有发生。宏观监管部门如国家发改委，与具体管理部门如自然资源、水利、交通等都存在监管权力的"交集"。国务院的"三定方案"确定由相关部委负责指导全国地方各级职能监管机构，然而地方政府决定监管体制的运行，由于面临地方利益选择的阻力，形成从上自国家、下到乡镇协同一体的纵向监管体系依然任重道远。即便是在同一层级上，横向不协同监管的问题也很突出，以水环境监管为例，建设、水利、环保、卫生、发改、财政、国资、质监等多个部门都涉及其中，但各自画地为牢，点到为止。例如，2018 年全国环保督查组查处齐齐哈尔市一个存在了二十年的臭水湖，发现问题就出在住建市政部门监督地方有没有建设污水处理厂，环保部门监督污水有没有流入污水处理厂，但它们都不监督污水处理厂有没有运行，结果废水在污水处理厂借路一圈后日积月累成了臭水湖。① 看似各自监管都履职到位了，但问题依然出现，这样的履职实际上渎职。二是督促监管者靠前监管，将监管隐患消灭在一线现场，尽可能减少因监管渎职造成的损失。

三 防止公权滥用

"一切有权力的人都容易滥用权力，这是万古不易的一条经验。有权力的人们使用权力一直到遇有界限的地方才休止。"② 在监管之外，再设置相关的监督机制就是为防止权力滥用上"双保险"。

党的十六大首次把市场监管作为一个重要的政府职能。从此，在中国市场化进程中，监管机构就发挥着促进市场化改革、提高资源配置效率和保障公众合法权益等多重功能。但同时也存在这样或那样的问题，特别是监管效率不明显和监管腐败还时常发生。究其原因是多样的，除了监管本身的问题，对政府监管的监督不力也难辞其咎。强化对政府监管的监督主要从两个方面防止监管权力滥用：一是抑制监管强权，防控监管腐败。正如管制俘虏理论指出："管制者即政府也并非总是追求公共利益最大化，他们也要追求自身利益最大化。因此，政府管制也未必实现资源的最佳配置，寻租和腐败等行为的滋生使得政府管制也会出现

---

① 郭剑鸣、蔡文婷：《不可完全合约、内部性与城市公用事业政府监管的行政监督惰性》，《学习与探索》2019 年第 4 期。
② ［法］孟德斯鸠：《论法的精神》（上册），张雁深译，商务印书馆 1961 年版，第 154 页。

失灵，管制容易偏离既定的方向。"① 而保证监管者不偏离公共利益的方向，防止监管者寻租和利益集团"围猎"是关键举措，构建对监管权力和监管过程360°的监督体系是达此目标的不二手段。二是整合社会力量评价公共服务质量和效果，最大可能压缩监管机构负向滥权、消极履职的空间。所谓负向滥权就是放任监管对象做监管法规不许可或有损利益相关者权益的行为发生。监管监督的客体主要是政府监管机构，而监管机构自我绩效评价又往往难免自说自话，起不到警示作用。这就需要监督机构及时补位，建立对监管机构的监管效果标准、体系和机制。

四　提高监管合法性

政府监管俘虏和政府监管的内部性问题，使企业和公众对政府监管提出了质疑，动摇了政府监管的合法性基础。正如合法性理论已言明"合法性作为政治利益的表述，它标志着它所证明的政治体制是尽可能正义的"。② 换言之，增加民众的福利是监管权力被民众认可为正义地行使的基础，这样的政府监管行为才会被接受为合法的。根据合法性理论分析，政府监管的合法性可以划分为规范性合法性、经验性合法性和重建性合法性三个层面。所谓监管的规范性合法性可以简要表述为政府监管价值追求的合法性。以这种价值为目标的监管合法性就在于为民谋利意愿和主动性。③ 所谓政府监管的经验性合法性就是政府监管目标价值的实现程度，也就是监管绩效。比如通过政府监管改善了相关公共产品和公共服务的质量，更好地促进了公共利益的实现和公平、公正分配，较好地促进了公共服务的普遍化、均等化。而政府监管重建性合法性则是政府监管产生的新社会效应，比如更好地实现了社会资源的分配、社会稳定和更充分地反映人民群众的意志、意愿和要求。然而对监管的监督不到位或缺位就会导致上述合法性实现的惰性，而难以真正实现。

强化对政府监管的监督，可以有效增强上述三个层面的合法性：一

---

① 李建琴：《政府俘虏理论与管制改革思路》，《经济学动态》2002年第7期。
② [法]让·马克·思古德：《什么是政治的合法性?》，《外国法译评》1997年第2期。
③ 张玉亮、王先江：《中国地方政府公共事业管理的哲学思考：谈绩效评估对公共事业管理工具理性与价值理性的整合》，《重庆工学院学报》（社会科学版）2007年第8期。

是通过强化多元监督体系、增强监督能力，使监管机构不敢违背监管为了公共利益的目标价值方向。这需要坐实立法机关对政府监管的监督、健全上级行政监管部门对下级监管部门的监督、增强政府监管的司法监督的震慑力、疏通社会公众对政府监管的监督的有效途径。只有当民众越来越满意政府的公共产品和服务时，政府监管工作才越来越被民众所认可，监管的合法性自然就提高了；反之亦然。二是通过形成多方参与的监督治理结构加强对政府监管的过程监督，可以规范其监管权力的使用，使之按照有利于产出令群众更加满意的公共产品的方向细化监管流程、公开监管信息。三是通过社会多方评价的方式加强对政府监管结果的监督，可以确保相关监管机构按照公平、公正、公开的原则来行使监管权力，防止和克服把等价交换原则引入到政府监管中来，杜绝监管权力的商品化。[①] 只有这样才能不断增加监管的公众获得感，进而提高政府监管的合法性。

五 提高监管协同性

整体性治理与协同治理是近半个世纪以来，去"碎片化"和解决冲突的两大主要路径，而协同是保障系统整体性功能的前提。协同性监管是基于整体功能输出导向的目标—结构—机制—过程—结果协同的统一。就政府监管而言也是如此，在监管系统内部，如果各子系统能相互配合，协同运作，形成目标和手段的一致，那么监管效应就会倍增。反之，只会徒增监管系统内耗，难以形成对有问题的公共产品和公共服务供给行为的无死角协同监管。

中国当前的监管体系主要还是分领域、行业、层级和地域设置的，由于受到地方或部门利益、行业特殊性和层级信息传递阻滞等方面的制约，监管的碎片化、不协同等问题还比较突出。以能源行业为例，横向的电力、天然气、石油、煤炭等能源由于长时期的条块状划分，由不同的行政管理部门进行监管；不同能源行业又按照生产、运输和供应等不同环节，监管职能又进一步碎片化。如天然气的监管职能分散在国家发改委、自然资源部、生态环境部、应急管理部、能源局等部门，各主管

---

① 张玉亮：《中国地方政府公共事业管理的哲学思考——谈绩效评估对公共事业管理工具理性与价值理性的整合》，《重庆工学院学报》（社会科学版）2007第8期。

部门分别对天然气行业产业链所涉及的不同环节实施监管和指导。[①]2013年，原电力监管机构——国家电力监管委员会并入国家能源局，石油和天然气管网的公平开放监管职能也划归能源局组建了新的国家能源局，能源监管的职能有所整合，但在监管机制设计上并没有考虑电、气等各种能源监管政策的耦合协同，各种监管制度仍然是并行的单行体，各自为政、互有冲突的情况时有发生。另外，能源新兴技术所推动的供热、供冷、分布式能源、电动汽车、智慧用能增值服务、能源大数据服务、综合能源服务等缺乏相应的监管。从纵向来看，国家能源局下设6个能源监管局和12个省级监管办公室，中央派出机构和各地方能源管理部门之间无行政关系，部分职能重叠、界限不清，缺乏沟通和协同，导致监管政策间存在相互矛盾，难以落实等情况。各政府机关间职能交叉，相互扯皮，行政职能错位和缺位等现象较为普遍，使得政府监管组织效率大打折扣。

政府监管机构的协同需要信息共享、沟通协商等相关制度的保障，制度的有效实施也有赖于外部监督机制的建立和加强。然而政府监管机构的多头格局导致监管机构的行政监督主体就更加纷繁复杂。虽然中国已形成较为系统全面的多元化行政监督体系，监督主体多，方式和渠道多，这是一个优点。但是在具体监督实践中多元化监督体系将面临许多协调、配合的考验，否则，多元监督体系就可能沦为一个松散的联盟体，难以形成监督合力，缺乏凝聚力。因此在现有体制下，政府监管监督体系还应充分考虑监督机构的协同性，发挥组织、协调作用，以使各大监督机构协调行动，形成监督合力保障政府监管协同制度的有效实施。

第三节 政府监管外部监督体系的构成要素

卡罗尔·哈洛、理查德·罗林斯认为，成熟的监管应当具备三项基本元素：制定规则、监督与检查、执行和制裁，其中监督与检查是监管

[①] 王俊豪：《中国现代能源监管体系与监管政策研究》，中国社会科学出版社2018年版，第1页。

的一项必不可少的重要内容。① 根据上文阐明的政府监管监督的功能需求，需要建构合理的监督体系结构。一般的监督理论认为，由多个监督主体共同来监督权力的运行是保障监督功能有效输出的前提。党的二十大报告指出："健全党统一领导、全面覆盖、权威高效的监督体系"，"强化行政执法监督机制和能力建设，严格落实行政执法责任制和责任追究制度。"② 这个体系通常包括立法系统、政党组织、行政体系、司法机关、社会团体、媒介舆论、公民个人等多方面的因素。理论上，这些多元复合的监督主体能够充分体现依法制约权力、依制度规约权力、权力之间相互制约、权利问责权力的原则。结合中国制度安排、政府监管状况、监督构成和社会力量参与监督的条件、参与意识和专业知识及能力现状，需要构建一个综合发挥立法监督权、行政监督权、监察监督权、司法监督权和社会监督权优势的政府监管监督有机体系。

一　立法监督

根据《中华人民共和国宪法》（以下简称《宪法》）和中国政治制度的基本安排，中国对政府监管立法监督的主体是各级国家权力机关，即人民代表大会及其常委会，在政府监管监督体系中具有核心地位。开展政府监管立法监督是为了保障国家监管法律法规得到完整有效实施，督促各级政府监管机关正确行使监管权。根据《宪法》、《中华人民共和国各级人民代表大会常务委员会监督法》（以下简称《监督法》）、《全国人民代表大会及其常务委员会组织法》（以下简称《组织法》）的有关规定，全国人大主要对国务院监管职能的履职情况实施立法监督；其他政府监管机关的立法监督由人大常委会负责实施。

从广义上讲，政府监管的立法监督对象包括所有的行政机构，因为它们都由所在地人大及其常委会选举或任命，并法定地向人大报告工作。同时，它们还基于职能和层级与下级行政机关构成管理关系，也需要接受人大的监督。但通常意义上讲的政府监管立法监督是指各级权力机关对专门履行监管职能的行政机构的监督，比如市场监督管理局、银

---

① ［英］卡罗尔·哈洛、理查德·罗林斯：《法律与行政》，商务印书馆2004年版，第28页。

② 习近平：《高举中国特色社会主义伟大旗帜　为全面建设社会主义现代化国家而团结奋斗——在中国共产党第二十次全国代表大会上的报告》，人民出版社2022年版，第41、66页。

保监会、能源监管局和专门监督机构审计局，也包括上级垂直管理的监管机构的有关执法和工作进行监督。例如，地方人大可以对垂直管理的海关、银保监等机构在本地执法及监管履职情况进行监督。

从监督内容上讲，主要包括：监管法制、人事使用和监管行为的合法性等，重点是对监管机关完整、准确贯彻执行国家关于监管的法律情况进行监督，纠正监管违法、有法不依、执法不严等问题，是从价值、法制和权力等源头性因素保障政府监管的有效性和合法性的基本监督。其中的法律监督主要是保障和督促政府监管机关完整履行法律赋予监管相对方的权利义务，检查监督政府监管中的规范性文件是否合法。而工作监督则是检查政府监管实践履职行为中的执法情况，包括贯彻人大及其常委会的决议、决定情况，是否贯彻以人民为中心的思想，符合人民的根本利益。对政府监管的人事监督就是人大及其常委会运用《宪法》和法律赋予的人事任免权依法任命符合履职条件的政府监管机关的领导人职务，同时，也依法罢免、撤销不适合或不正确履职的政府监管机关领导人职务，以此鞭策和激励政府监管机构依法积极履职。

根据《宪法》、各级人大和政府《组织法》以及《监督法》等法律法规的规定，立法机关行使监管监督权的有效途径包括：审议和决定政府监管机关设立、撤并案、任免属于政府组成人员的政府监管机构主要负责人、听取和审议政府监管的专项工作报告、审议和批准有关政府监管预算、审查政府监管规范性文件、开展专项监管执法检查和专题询问和质询、启动政府监管特别调查等。

二　政府监管的行政监督

对政府监管开展行政监督既是政府的一项日常工作，又是政府自身监督的重要组成部分，是中国政府监管的监督要素中最直接、最经常的基础监督，它包括一般监督、职能监督和专门监督。在监管监督体系中，由于行政监督是行政系统内部开展的监督，具有立法部门、监察部门、司法部门和社会团体监督所没有的在近距离和业务链中便利地发现监管问题、处置监管隐患的优势，是监督功能发挥经常性作用的重要平台。

政府监管部门之间上级对下级开展的纵向业务（职能）监督，在政府监管的行政监督体系中最为经常，也最直接。这种监督本身也是贯彻国家监管意志、政策的基本方式。其目的主要是监督下级政府相关部门贯彻执行相关领域监管法规、政策的情况，指导下级政府相关监管部门的工作，纠正其具体监管行为的失偏行为，其主要手段是行政复议。一定意义上说，这种监督又可称为监管系统内部的监督。来自横向的同级政府审计部门对监管部门开展的专门监督又可称为外部行政监督。依据新的《中华人民共和国审计法》（以下简称《审计法》），审计监督的职能已从原来的财经纪律为重的监督拓展为集政治纪律、财经纪律、社会效应、绿色发展和工作效率于一体的综合性监督。审计监督通常采用定期财务审计、任期（含离任）审计、绩效审计和来信来访、依举报核查等方式进行。党的十八大以来，审计监督的作用越来越受到重视，监督的领域和内容从财务意义上的审计监督进一步扩大到政治纪律、工作绩效等内容。而且监管部门负责人离任必须接受离任审计。政府监管的行政监督中还有来自同级政府其他部门的一般监督。这种没有特定目标、没有特定时间和形式的相互监督主要起着一种相互警醒的作用，是对职能监督和专门监督的必要补充和查漏补缺。特别是需要设立专门监管机构进行监管的领域要么涉及重要资源配置、交易，要么涉及国计民生和重要公共利益事项，强化政府机构之间的相互一般监督有助于发现一些监管机构内部监督或者审计专门监督发现不了的线索，有助于防止监管人员监守自盗或者与被监管者合谋。

由于行政监督主要以工作监督为主，因此，根据监督工作过程的不同阶段，分别开展有针对性的事前、事中和事后监督。监管行为中的违法违规问题可能发生于监管的每一个阶段。要保障监督的有效性就不仅要在事后问责，更要注重问题发生前和发生时的预防与控制，即加强事前和事中阶段的监督。事前监督是指建立健全并公开政府监管的行政监督程序。督促政府监管程序的公开有助于被监管对象更好接受监管，同时又有利于他们选择更好的、符合规范的经营方式，也有利于接受监督的政府监管机关提前做好各项监管准备工作。监督机构应就监督的法规政策、程序以及被监督方的合法权利等保障监督本身依规合法的要素予以公开，接受社会监督。事中监督是指对政府监管机构决策与执行过程所进行的监督，重点是对政府监管具体行为的依法依规性、监管决策执行的准确性和有效性。监督机构也要做好信息公开工作，让其他政府监管的监督主体熟悉被监督对象的监管行为，保障监督的透明性和客观公正。从监管决策的监督看，要重点监督监管机关的决策程序有无明显瑕疵，有无"拍脑袋"决策，是否符合科学、民主程序，为减少决策失误提供保障。对监管业务过程的监督，主要是发现监管与法规、决策间的偏差，既可以及时纠偏，也可以及时修正决策，还可以为修订监管法规提供依据。事后监督是对政府监管过程中出现的违法违规行为的调查、纠偏、问责和查处。现代社会日益复杂和多元化，特别是智慧社会的来临极大地改变着社会生产—生活—交往方式，诸如网店、网购、网聊、网游、网播、网约车、互联网金融、共享单车、互联网医疗等新业态层出不穷，在为满足民众的美好生活提供各种可能的同时，也给社会生产—生活—交往带来新风险，诸如客服关系的虚拟化、供应商的无址化、交往对象的虚假化、风险传递的迅时化以及网络霸权、数据垄断和高新技术犯罪等，这必将给传统的政府监管带来严峻的挑战。越来越多的不确定性因素使政府监管的预见性越来越差，事前预防监督难免百密一疏，需要有事后监督的补救补位，既可以惩戒违法违规的政府监管，又可以维护政府监管的公共性。

各类政府监管行政监督的对象既包括抽象监管行为，也包括具体监管行为。其具体监督指向是：①监管行为的合法性、合理性。主要针对具体和抽象监管行为的违规违法性，根据法律法规和监管相对方的举报、申诉，进行纠偏。②监管人员的廉洁性。主要针对监管中合谋、敲拿索要、行贿受贿等行为予以查处，促进监管机构及人员廉洁奉公、遵纪守法，遵守职业道德。③监管中的渎职行为。主要针对监管中的乱作为、不作为和消极作为现象，督促监管机构及其人员勇于担当作为。比如，长生生物假疫苗案和武汉华南海鲜市场长期贩卖野生动物案，既是监管渎职案，也是政府监管的行政监督缺位案。④监管自由裁量权适用是否正确。由于监管行为中的利益纠缠和复杂环境，监管机构及其工作人员容易被俘虏，监管者滥用手中的自由裁量权牟利的风险较大，必须加强监督予以遏制。

三 政府监管的监察监督

监察监督在各国有多种体制，有属于立法机关的，有属于行政机关的，也有属于司法机关的，还有独立设置的监察专员制度。在中国原本是行政监督内部的一种专门监督。中华人民共和国成立之初，就在政务院设立了人民监察委员会，开启了中华人民共和国的行政监督机制。这种格局一直沿用到2017年1月，中国开始在北京、山西和浙江试点设立监察委员会，从行政机构序列中独立出来，2018年在全国普遍推广设置监察委员会的体制。作为一个新的监督机构，各级监察委员会不仅在体制上是全新的，在监督职能上也有整合提升。在运作体制上监察机关同党的纪律检察机关合署办公，在监察监督领域做到了党政同体，有利于理顺关系形成监督合力。同时，它从行政机构中独立出来并与之并列于国家机构序列也有利于减少其监督履职中的各种掣肘。更重要的是其监督职能有了全面整合，监督内容、客体和对象都有大拓展。就政府监管的监督而言，监察监督职责涵盖六大方面：党、法、职、权、纪、风，可以说是在所有的监督体系中比较综合的一种监督。其主要功能和作用方式是：①按照党的章程和其他党内法规的高要求，检查政府监管机构在监管行为中贯彻执行党的路线方针政策和决议执行情况。②严格对标宪法、法律和法规，监督政府监管机构履行法定职责的情况，特别是对公共安全、环境保护、财税、金融、物价、证券保险等涉及经济发展、民生保障和社会稳定领域政府监管履职情况的监督。③根据公开、公平、公正的原则监督政府监管机构及其人员秉公用权情况，重点监督政府监管机构打击报复行为、贪污受贿行为、合谋侵犯人民利益行为和挥霍浪费国家资财行为。④依据社会组织、民众等社会线索及满意度对政府监管履职绩效进行监督，重点监督政府监管机构推诿搪塞、消极渎职、贻误监管时机和官僚主义行为。⑤依据党纪规定对政府监管机构及人员廉洁履职情况进行监督，重点监督政府监管机构及其人员有无牟取非法利益等行为。⑥从政风、行风以及道德操守要求对政府监管行为进行监督检查。在监督中对涉嫌职务违法和职务犯罪的行为进行调查并作出政务处分决定，对消极履职、失职失责的人员进行问责。

新的监察监督对监督的人员和机构范围拓展到原行政机构及其公职人员之外的国家机构和公职人员，包括其履职行为。比如，原先不在监察监督内的人大机关、法院、检察院都纳入新的监察监督中，对发现上述机关有违党、法、职、权、纪、风要求的行为，都可以监督，有力地做到纪法监督衔接、法律监督衔接。这对强化政府监管的监督来说也大有裨益。比如减少了跨界、跨部门间的扯皮，监察委员会可以对政府监管部门提出立法不及时、司法不作为问题进行监督。但这种监督体制从履行监督职能的实践看，纪法衔接、法法衔接既是有力保障，又可能是漏洞短板滋生之处。比如，出现一强一弱，强化了纪律监督，弱化了监察监督，查办大案要案得力，而保障监管机关政令畅通不力。再比如，监察机关与原检察院的部分机构整合中，由于相关法制、人员准备不充分，职能衔接上往往会是原先的司法检察监督弱化，也就是说在对政府监管的纪律监督强化的同时，可能会削弱法制监督职能。

四 政府监管的司法监督

政府监管的司法监督顾名思义是司法机关对政府监管机关及其工作人员在监管履职中执法守法情况的监督。司法监督通常也称为司法审查或者法律监督。根据现行《宪法》的规定[①]，人民法院和人民检察院是政府监管司法监督的法定主体，分别通过行使审判权和检察权发挥对政府监管的司法监督职能。

人民法院行使政府监管的审批监督职能的主要方式是行政诉讼，审查具体监管行为的合法性，撤销政府监管机关违法的具体监管行为，并依法变更显失公正的监管处罚行为。人民法院对政府监管机关监管活动的司法监督重点围绕以下内容展开：①对政府监管机关被诉具体监管行为的审查、裁判。人民法院有权审查这种具体监管行为的合法性，判决撤销适用法律法规不当、证据不足、违反法定程序和超权、滥权的具体监管行为，判决变更显失公正的监管处罚。[②] ②对审查和否定违法抽象监管行为。审查政府监管具体行为所依据的规章和监管规范性文件是否合法，判决取消与上位法规不一致的监管规范性

[①] 《中华人民共和国宪法》第 123 条规定："中华人民共和国人民法院是国家的审判机关。"第 129 条规定："中华人民共和国人民检察院是国家的法律监督机关。"

[②] 《中华人民共和国行政诉讼法》第 54 条规定："人民法院经过审理，根据不同情况，分别作出以下判决：（一）具体行政行为证据确凿，适用法律、法规正确，符合法定程序的，判决维持。（二）具体行政行为有下列情形之一的，判决撤销或者部分撤销，并可以判决被告重新作出具体行政行为：1. 主要证据不足的；2. 适用法律、法规错误的；3. 违反法定程序的；4. 超越职权的；5. 滥用职权的。（三）被告不履行或者拖延履行法定职责的，判决其在一定期限内履行。（四）行政处罚显失公正的，可以判决变更。"

文件的法律地位，判断监管机关颁发的规章的合法性并否定不合法规章和规范性文件的具体适用。从一定意义上讲，它比对政府监管机关被诉具体监管行为的审查、裁判更为深入的监督。③对政府监管机关的监管强制执行决定进行审查。人民法院可以通过受理政府监管机关有关决定的强制执行申请，审查相关决定的合法性并强化其强制执行力，也可以通过发现强制执行条件存在的问题而判决不予实施强制执行，并要求政府监管机关自己撤回或改变原错误的处理决定。④对政府监管机关提出司法建议。人民法院在司法审判工作中如发现涉及政府监管行为需要及时改进或处理的问题，可以依法向涉事的监管提出书面法律建议。

人民检察院对政府监管司法监督的主要方式主要是以公诉人的身份，采取立案侦查、起诉、抗诉和检查建议等手段是对政府监管机关工作人员犯有渎职、贪污、受贿等行为进行司法监督。

总而言之，对政府监管的司法监督是政府监管的形式合法性审查、实体合法性审查和行政法规审查的有机统一。

五　社会监督

政府监管的社会监督是实现政府有效监管、促进社会民主的重要制度，是行业协会、舆论媒体、公民个人以及受政府监管的利益相关者依据《宪法》和法律对政府监管的有效性、公平性和合法性的监督。社会监督的特点是非国家权力性和法律强制性，因此，社会监督功能能在多大程度上实现还与制度层面的民主化水平和社会层面的法律意识、道德水平以及监督专业化能力、信息共享水平等密切相关。因此，从广义上说，它又称为政府监管的非政府监督。

（一）公民监督

现代国家以法律的形式规定公民享有的权利，"公民权或公民自由权虽然与个人权利或自由权部分吻合，但它们更多的是属于各种社会和公共利益方面的权利，而不仅仅是个人利益方面的权利。公民权和公民自由权可以看作是自由理想的法律产物"。① 行使监督权是公

---

① ［英］戴维·M. 沃克：《牛津法律大辞典》，光明日报出版社 1988 年版，第 164 页。

民权利益中分量最重的一项。对此《宪法》第 2 条、第 27 条、第 41 条都有明确规定："中华人民共和国的一切权力属于人民。人民行使国家权力的机关是全国人民代表大会和地方各级人民代表大会。人民依照法律规定，通过各种途径和形式，管理国家事务，管理经济和文化事业，管理社会事务。""一切国家机关和国家工作人员必须依靠人民的支持，经常保持同人民的密切联系，倾听人民的意见和建议，接受人民的监督。""中华人民共和国公民对于任何国家机关和国家工作人员，有提出批评和建议的权利；对于任何国家机关和国家工作人员的违法失职行为，有向有关国家机关提出申诉、控告或者检举的权利。"可见，公民可以通过举报、诉讼、提出批评建议等方式向监管者及其监督者表达改进监管的诉求。比如，一个生产药品的企业，在不引入监督模式或者监督机制不健全状态下，该企业就可能通过俘虏药品监管者生产假劣药品，而当有了健全的公民监督模式，药品生产者只有把质量提高一条路，因为它不可能把药品监管者和药品使用者都用贿赂的方式搞定。

（二）舆论监督

舆论监督其实也是公民权的一种实现方式，但它是最广泛最有力的一种既可以个体实施又可以集体行使的一种方式。特别在智慧社会来临的时代，依托各种网络、自媒体和融媒体，公民和社会组织可以便利地对政府监管机关及其工作人员提出批评、建议、评价，揭露其中的问题。当这些被揭露的问题形成一定的共鸣性意见体系时，就成为舆论。因此，舆论本身就含有监督的内在属性，它反映着一定阶层、社会组织和人民大众的利益诉求。在"互联网+"时代，基于互联网的交往平台、自媒体和大数据挖掘等形式成为舆论监督的生力军。在权力制约监督的各种手段中，舆论监督有着广泛、透明、及时和影响力大的特点，发挥着重要作用。

一是广泛包容。不同行业、阶层和地域的公民都可能对纳入政府监管的自己感兴趣的、利益相关的事务发表意见、形成舆论。二是公开透明性。新闻媒体、自媒体利用自己深度挖掘事务真相的韧劲和专业特点，运用于对监管过程和效果的揭露中，发挥"让舆论的阳光驱散权力恣意妄为的阴霾"的功能。① 三是即时性。在新媒体、自媒体和融媒体的综合、全方位的报道中，相关监管问题容易聚焦并形成意见导向，往往一触即发，直接对政府监管机关、人员及其监管行为形成强有力的舆论监督。四是威慑性。舆论监督可以有效发挥其共鸣的鼓动功能，发挥"蝴蝶效应"，带动其他社会力量加入对重大监管失职问题的关注中，比如对长生假疫苗案的报道中，不仅迅速形成社会压力，还连动起立法监督、行政监督、监察监督和司法监督等力量，最终将假疫苗的生产者和相关监管机构及其责任人绳之以法。

但是，政府监管的舆论监督也并非无所不能。一方面，政府监管事项虽多属普遍性公共事务，其中的公共属性决定了其公开接受舆论监督的必要，但也有相当一部分涉及国计民生，又有安全保密要求，对这部分政府监管的监督主要由政府性监督机制完成比较妥当。比如，外汇监管、特殊资源的特许经营监管等。另一方面，舆论构成形式良莠不齐，所发布信息虚实不一，而导致监督功能输出成负能量。因此，应该从法制和道德两个层面重视互联网舆论监督的管理。

（三）社会组织监督

社团组织的监督是一种行业性、群体性监督。各种专业性行业协会介于政府监管机构与企业之间并为政府监管和企业提供信息咨询、沟通服务。作为政府与企业的桥梁和纽带，由于其特殊身份，政府监管工作是否规范、公正、公平有效直接关乎这些组织的生存，因而具有积极开展监督的动力和有效监督的资源。同时，行业协会虽是一种民间性组织，但却是专业性机构的协调组织，具有一般监督机构所没有的专业判别能力，这有利于它们洞察政府监管中的深层次问题、出具独特的监督意见。但长期以来，专业性协会等群众团体在组织上缺乏自立，往往是作为政府监管机关的一个部门，因此，对所监督的对象存在比较大的依赖，很难发挥表达与维护其所代表的群众利益，难以形成有效的外部监督。随着中国市场化改革的深入，应当进一步引导和培育行业协会的独立性，丰富其作为外部监督体系的重要社会监督力量，使其能有效施展其对政府监管的外部监督的作用。因为"社会性组织作为政府和社会

---

① 吴丕等：《政治监督学》，北京大学出版社 2007 年版，第 154 页。

信息沟通、对话、合作的桥梁和纽带,可以有效地平衡协调政府和社会的关系,降低政府制度创新的成本、政策制定的风险、政策执行的成本"。① 但目前社会组织和行业协会等组织的职能定位仍然比较狭隘,还相对限制在"收集意见、提出建议、代表公众进行监督等简单的层面",忽略他们的监督职责。②

因此,在现阶段建立政府监管社会监督体系的重点是,构建公民进入监督体系的保障机制、拓宽公民参与监督的有效途径、强化社会组织有序参与监督、促进政府监管信息公开和规范舆论监督等。

综上所述,我们从立法、行政、监察、司法和社会五个维度对政府监管的外部监督体系的总体构架、功能、特征和不足作了初步分析,但是,五大类监督都不是封闭运行,孤立履职的,而是有机关联、融合一体的。其中,立法监督是根本性监督,它是监管合法性的保障;行政监督则起着基础性工作监督的作用,是监管有效性的保障;监察监督具有综合性质,集法纪、政纪、风纪于一身;司法监督是"压舱石",是监督强制性的保障;社会监督是其他监督的触须,是提高监督科学性和民主性的不二路径。立法监督保障对政府监管的各种监督有法可依、诸法合法;行政监督保障监督的专业性、技术性和精细化;监察监督既是底线的监督,又是各种监督的综合协调,查漏补缺、整体督促;司法监督保障监督的功能坐实和效力稳固;社会监督增加监督的触角,堵塞监督的死角。除了体制上的功能互补外,在技术和信息上它们也是一个共享并联的体系。当然,这方面目前尚未构建完整,建设政府监管监督信息平台,健全共享的法制、机制正是加强政府监管外部监督体系的努力方向。政府监管"五位一体"外部监督体系及其关系如图 7-1 所示。

---

① 李长倬:《构建食品安全监管的第三种力量》,《生产力研究》2007 年第 15 期。
② 安丽娜:《公用事业特许经营中的公众监督委员会制度研究》,《长春市委党校学报》2012 年第 2 期。

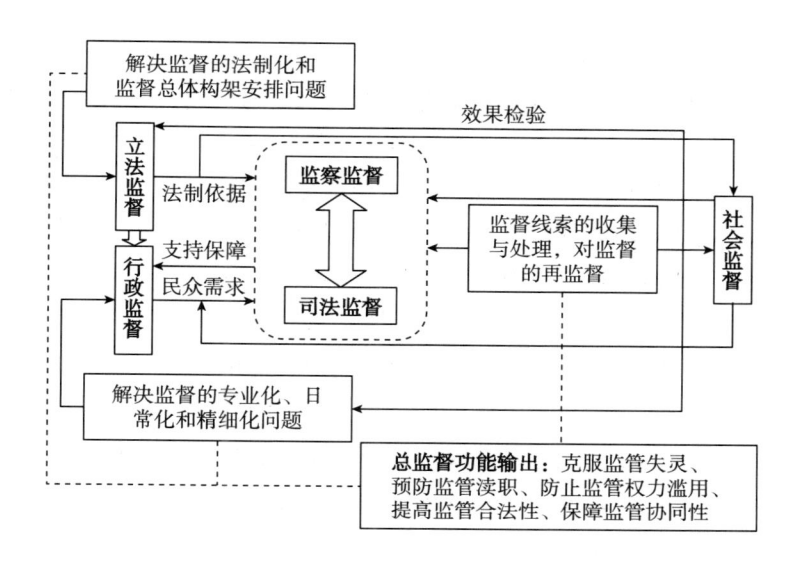

图 7-1 政府监管"五位一体"外部监督体系及其关系

第四节 政府监管外部监督体系建设的基本途径

要保障监督体系发挥应有的功能，不仅需要建构科学合理的监督结构，还要有科学可行的建设路径。对政府监管的有效监督，既是对监管机构的监督，也是对公职人员的监督，但归根结底是对这些机构和人员的监管行为的监督，目的是促使监管行为依法、合规和有效。因此，应根据政府监管行为有效的规律来探索构建政府监管外部监督体系的基本途径。

一 完善"多元一体"协同监督体系

主体多元、职能广泛的政府监管外部监督体系是促进政府有效监管"保障阀"，但监督主体多，往往难以统一协调，形成合力，监督效果也自然打折扣，给"多管齐下"的监督体系功能输出带来掣肘和阻力，"漏监""虚监""难监"等现象还不同程度存在。多年来，中国在政府监管领域的腐败问题呈现出窝案化、高端化、部门化、大额化的趋势，对政府监管监督体系形成了严峻考验，大部制改革虽使政府监管机构有所整合，但政府监管外部监督体系分散化、碎片化问题依然突出，各监督主体监督过程之间并非无缝衔接，还存在不少监督盲点，亟须整合多种监督资源，建立多元一体的监督体系，发挥多方协同作战优势。

"多元一体"协同监督体系是协调外部监督中政党、人大、政府、监察机关、司法机关、群众团体、舆论媒体等监督主体，实现资源共享、优势互补，同时各监督主体之间既相互独立又相互约束，在各监督主体相互支持与相互监督中，发挥监督体系的整体效应。可以根据监管行业的特殊性，完善监管监督主体，建立起从线索处置、问题研判，到督促整改、风险防控，再到监督问责、完善制度的一套闭环式监督体系，实现对政府监管的全覆盖监督。

第一，明确政党领导、人大主导和政府职能监督为主体的政府监管监督体系的总体工作格局。政党领导是中国特色社会主义制度优势的集中体现，在监督体系中，政党监督是集领导与监督于一身的，或者说寓监督于领导之中。政党对政府监管的监督主要是通过领导立法、行政、监察、司法和社会监督来完成的，是通过保证这些监督渠道贯彻党的路线方针政策和人民意志来实现的。对政府监管机构的制约、控制、调节是人大对政府监督的一项基本任务，《宪法》、《监督法》和其他相关法律对政府机关包括监管机关接受人大监督已有明确的规定，但是对落实内容全面、监督范围较广的人大监督权的工作机制尚不完善。比如，有关人大对政府监管监督的基本性质—法律地位—基本原则—基本程序—方式方法—权利义务，特别是法律后果等都有待于进一步明确。此外，为坐实和提高人大对政府监管监督的科学性、专业性，针对金融、能源等具有较强专业性监管需求的领域的监督，可以设立监督金融、能源监管的专业委员会强化人大监督的专门性作用，提供监督的针对性和有效性。人大作为受托与人民的国家各级最高权力机关，还应当承担对政府监管监督效率和社会效果进行评估的职能，并定期反馈绩效评估结果，指导和监督其他监督主体绩效改进，使监督权力也有监督。

第二，厘清多元监督主体间协同职责。一是监察机构与政府专门监督（审计）的协同职责。当前实施的监察体制改革虽然已初步解决了监察监督独立性问题，但监察监督从原来行政专门监督剥离出来后，如何与原同属行政专门监督的审计监督无缝对接形成合力，仍需从法制和机制对各方的协同监督职责作出安排。因为监察监督与审计监督的对象本身就是纠集在一起的，党纪、政纪、风纪与财经纪律不可能分离。鉴于现在两种监督分属不同序列，就需要在人大监督机制中找到解决促进监察监督与审计监督的协同渠道。二是监察机构与司法监督机构的协同职责，坐实纪法衔接和法法衔接。政府监管监督实践证明，在出现监管行为罪与非罪两可情况下，两个监督主体常常会出现互相推诿的现象，使违法犯罪的政府监管行为难以及时被查处。因此，监察监督与司法监督应加强联合行动，构建经常办案的协同机制。三是密切社会监督与其他有权监督间的协同关系。一方面，在整合监督体系中，社会监督是唯一没有实际行使公权力的监督体系，它自己没有保障其能力的公器，因此，社会监督的功能发挥需要其他有权监督主体的保障；另一方面，社会监督优势是所有监督中最能触及监管底层、揭开监管琐事的体系，是其他监督体系发挥作用的养分来源。它们之间的相互协同就好比监督体系的血肉关系。否则，整个外部监督体系就缺乏了坚实的社会基础和灵敏的社会触角。因此，应重视社会监督与其他监督主体的协同，让社会监督的线索可以及时传递给其他监督主体，并能迅速推进，为其他监督主体提供有效支撑。

第三，建立监督主体间的长效沟通协调机制。[①] 积极建立各监督主体之间的工作联系制度，形成政府监管监督工作联系会议机制，打通各监督机构信息渠道、实现资源共享，发挥各自专长，形成监督合力，取长补短，发挥监督的整体功效。

二 构建"事前事中事后"监督过程对接机制

监督是一项经常性工作，应当贯穿于监管行为的事前、事中和事后全过程。事前监督重在预防；事中监督重在控制止损；事后监督重在补救追责。可以说，这三者的监督思路不同、功能不同，但监管行为所有需要管控的违法、适当和无效行为总伴生在监管行为全过程链，需要不同监管环节的有效对接，以取得切实的监督效果。

客观地说，中国政府监管的外部监督存在一定程度的重事后监督惩处的积弊。往往是问题发生了，才启动相关监督，比如，新冠肺炎疫情

---

① 李景元：《对接高端城市与都市区公共事业协同发展——京津冀协同发展与京津廊区域公共事业运行机制变革》，《城市住宅》2014年第8期。

暴发后，各地才启动对有关市场监管、林业监管部门的监督程序，虽然很有必要，但毕竟已对社会产生了危害或不良影响，给国家和人民利益已造成了损失，只能惩前毖后。由于事前预防性监管监督失位，往往事故发生前，长期地存在各种不当交易，累积酿成重大突发性事件便成必然之势，监督工作本身也常陷入被动消极的不利局面。[①] 其实，这些监管机构及其工作人员的寻租行为、渎职行为早已不是什么秘密，但由于种种原因，总要等到所谓的时机成熟之时，才能引起重视，公之于众。其纵使有"杀鸡儆猴"的作用也是以损害公众福利为垫付代价的，迫切需要加以改进。

因此，政府监管外部监督主体从思想上要将事前和事中监督与事后算账式的监督一样重视。重视事前对可能出现的监管腐败、寻租等问题进行监督，认真分析和反思以往出现的违法违规行为，寻找在事前和事中可能预防和堵漏的措施以及行为发生时的警戒线，建立违法违规行为的"预警"机制，可以在问题发生之前即将其扼杀在萌芽状态。通过对近10年的监管违法行为进行分析总结认为，监督程序和信息的公开是有效进行事前、事中和事后监管对接的重要保障。这种对接机制主要解决好三个层面的问题。

一是程序对接。不论是哪一种监督介入政府监管，实际上都有事前准备、事中事态把握和事后处置意见拟定三个阶段，同时，不同监督体系又可能互为事前、事中或事后监督的基础。也就是说，所谓事前、事中和事后监督是相对的交叉的。比如，立法监督总体上是事前监督，但它又是基于行政、监察、司法和社会的事后监督结果进行监管法规废立的。所有的监督都是依法进行，各种监督的程序就需要环环相扣，对违规违法监管主体、证据事实和处置意见的拟立在不同监督体系和过程中需要对接协商好，这样才不至于出现某种监督是基于其他不合法监督开展的。因此，每一种监督启动之前，都要公布和检查监督适用的法规程

[①] 比如，新冠肺炎疫情发生以后，市场监管部门加大了网络监管力度。据统计，期间全国主要电商平台共筛查下架或者屏蔽、删除野生动物交易信息75万多条，关停网店或者账号1.7万个。同时，市场监管总局还通过全国网络交易监测平台，发现电商平台野生动物交易信息3.3万条，及时督促电商平台进行了整改。这些举措虽然很快收到成效，但毕竟只能是亡羊补牢。

序、权责、手段和方式以及政府监管对象申诉举报的程序和途径等，供后续监督阶段和其他监督主体备查，做好衔接。

二是信息对接。监督是否有效、有公信力、有震慑力，在很大程度取决于不同监督体系、不同监督阶段的信息获取是否准确和共享。信息公开便于其他监督主体基于各自的专业特点判断被监督对象的监管行为的合法合理性，也有利于他们了解相关监督过程的客观公正性，便于其他监督主体和监督阶段调整监督重点和方式，做到有的放矢。

三是结果处理对接。根据不同监督主体的性质和监督阶段的特征，它们产生的监督功能是不同的或者有所偏重。但对某个具体的政府监管违法违规行为进行的监督却是一个整体。比如，事前监督纠察动员是否到位、准备是否充分和决策程序是否科学合法，事中监督主抓行为事实是否合法合规、是否有特殊情况，事后监督拷问补救措施是否得当、损失大小情况等，每一个阶段的结果无缝对接才能形成某一个完整的监督结果意见。同理，各个监督主体的结果之间也是相互影响的，它们的无缝对接才能保证对某个政府监管行为监督的整体结果是否客观公允。①

三　强化"激励与约束"互补监督功能

保证和促进监管机构的各项工作高质、高效开展，应建立科学合理的激励与约束监督机制②，让赏罚严明的理念深入每个监管人员的心中，避免监管处于"干了不表扬、不干不批评，干好没奖励、干差没惩罚"的状态。

（一）建立内外结合的考评体系

单一的内部考评是以往部门考评的通病，监管部门也不例外，外部监督主体及其意见很少直接参与或纳入监管部门、监管人员考评中。要在政府监管部门及人员考评中，引入外部监督评价主体及其意见，首先要应建立监管信息平台，并与监督部门共享，打破对外部监督与政府监管之间"躲猫猫"式的信息壁垒，增加外部监督主体对监管部门和监管人员履职情况的了解。其次要定期组织监管部门主要负责人向相关监

---

① 曾保根：《行政监督模式的现状与制度创新》，《党政论坛》2014 年第 10 期。
② 李代明：《完善激励与约束并重的生态政绩考评机制》，《湖南行政学院学报》2018 年第 4 期。

督主体或其代表述职，让外部监督主体可以切实地参与到考评活动中来，保证考评评价动真格、有实效。

（二）完善激励与约束并重的监督机制

1. 树立对监管者"勇于监管"与"干净监管"协同激励的监督理念

习近平总书记提出，"时代是出卷人，我们是答卷人，人民是阅卷人"。[1] 民众痛恨乱作为的腐败分子，也不满意不作为的官僚主义。因此，有必要将监管者的廉政绩效确定为约束性绩效，而将监管者的监管业务绩效列为标志性绩效，共同组成监管者绩效评价的核心内容。一方面，强化所有监管者都要贯彻"廉"为基础、廉为底线的价值理念，先行审核监管行为的合规性、廉洁性。只有符合"廉"的规定，监管者的绩效考评才会有最前面的1、2、3，否则就是0，甚至是负数。另一方面，又要贯彻"突出干部实绩"的干部使用理念，在符合廉政要求的基础上，给不畏惧被监管对象打击报复或"围猎"而积极主动监管的干部更多的发展机会。既要管控不顾过程合规与否的"野蛮监管"，又鞭策单纯避险、避责的"消极监管"。

2. 构建组织容错与社会容错结合的制度和文化

从制度和人文环境上建构有利于政府监管创新试错的氛围，不仅党政组织自身要有放弃"地方发展之手"的容错雅度，还要积极引导动员公众从长远利益，宽容监管创新中的失误，尽最大可能为政府监管改革营造鼓励担当、容忍试错的环境。这是因为，由于政府监管的领域及其涉及的利益往往错综复杂，是政府、公众和被监管对象博弈的焦点场域，既是实现组织目标的需要，也是满足公众利益的需要，监管工作是否得当或者失误仅仅得到组织的理解还不足以全然释怀，监管对象如何看待政府监管工作中的失误会直接影响监管人员在公众中的形象和履职的民意基础。基于此，在完善党政组织容错纠错机制的同时，还要积极构建社会容错的制度和文化。当前特别是要谨防高压反腐败背景下对政府监管干部举报的民粹化现象[2]，比如，妒忌、恶意举报和诬告等方式

---

[1] 石平：《时代是出卷人 我们是答卷人 人民是阅卷人》，《求是》2018年第4期。
[2] 李建民：《关于查处恶意举报情况的调研报告》，《中国纪检监察》2019年第8期。

给勇于揭短、打击操纵垄断市场的干部造成中伤。① 可以探索制定类似"预防和查处诬告陷害类信访举报办法"作为实施干部容错纠错机制的配套措施，给政府监管干部必要的体制和人文关怀。

（三）完善外部监督主体的"激励与约束"制度

一方面，应建立有效激励制度，充分调动外部监督主体履行监督职责的积极性。对于监督成效显著的组织和个人进行表彰，并保护监督者的隐私和人身安全等。根据监管监督工作开展的实际情况，如媒体和社会公众参与等，应提供必要工作经费，保障监督工作全面开展的实际需要。另一方面，进一步完善和执行好监督法，约束政府监管外部监督主体的监督行为，明确其职责与权力范围，通过宣传教育的方式加强监督主体的守法意识。对于违法监督或以监督之名干扰监管工作的外部监督主体也要做到违法必究，及时追究监督主体的责任。

四　发挥"智慧监督"的技术赋能作用

在建设"数字中国"和"智慧社会"的时代潮流中，"互联网+"政务管理成为管理创新的必然趋势。② 以数字化为核心的"智慧监督"可以有效提升监督信息互通水平，进而提升监督决策、行为和处置质量。

（一）建立"智慧监督"信息大数据平台

加大对监督信息的收集、整理和分析，对内实现纪律监督、监察监督、派驻监督和巡察监督信息互通，对外建立与司法、行政、群众、舆论监督的联动机制，丰富和完善监督"大数据库"，为日常监督打基础、瞄重点。将信访、审理、党风等部门日常监督发现的问题、谈话函询结果、问题线索处置结果、问责情况、受理组织处理、党政纪处分、监管执法干部个人及其主要亲属财产情况等信息上传并共享至智慧监督信息大数据平台，并探索建立覆盖各部门权力运行重要信息采集分析系

---

① 近年来，一些地方的干部和民众借高压反腐败态势，出现诬告、勒索和恶意举报干部的现象，不容小觑。仅2018年，湖南、江西、山东和浙江就通报数十起恶意陷害干部的典型案例。河南周口曾出现集中诬告举报某一乡镇干部100余次的事件。参见史建民《净化政治生态当谨防诬告》，《中国纪检监察》2019年第8期。

② 张俊林、胡艳：《提升信息化水平，推进"智慧监管"》，《中国市场监管研究》2018年第11期。

统，实行 24 小时实时在线留痕监督，并利用云计算等先进信息技术，建立监管信息核实、分析和预警的自动化数据平台，推动监督从被动向主动、从人力向科技的转变，以信息科技切实提高监督实效。

（二）建立情报信息共享的监督信息互通机制

以政府监管监督信息自动化或者直报数据平台为基础，健全共享机制：[1] 开放监管机构违反法规、纪律档案互相调阅与信息分享机制；对违法违规违纪监管行为查处过程的通报机制；合作分析违法违规违纪监管行为特点；对重大案件和疑难案件共同研究、协同防控监督机制。

（三）运用智慧监督技术提升监管监督效能

为适应智慧社会的新风险挑战，同时合理应用智慧治理技术的最新成果，必须重构政府监管监督部门的"职责—结构—功能"体系，提升监管监督效能。厘清智慧化监督与传统监督的差异，为优化政府监管监督职责体系提供正确的方向和系统框架。比如，智慧化政府监管监督职责的内容将新增反数据垄断、反网络霸权、反虚假信息和反高新技术犯罪等政府监管状况的监督；智慧化政府监管监督方式也将运用移动互联网、物联网、大数据、云计算、人工智能、区块链等新一代信息技术进行系统性创新：从横向分行业、分领域监督走向跨域集成化监督，从层级制监督走向扁平化监督，从封闭式监督走向开放式监督，从静态化监督走向动态化监督，从模糊化监督走向精准化监督，从网格化监督走向网络化监督，从单向度监督走向协同化监督。

五 综合运用"经济法律行政社会诚信"多维惩处手段

惩处是遏制监管失效最直接、最具有威慑力的手段，因此应充分发挥惩处在政府监管违法违规行为治理中的重要作用，建立从经济、法律、行政、社会和诚信为依据的多维整体监督惩处体系，充分发挥社会和诚信机制等对监管违法违规行为的惩戒作用[2]，这是对政府监管监督工作认识的进一步深化。

一是在经济惩处方面，对监管中的涉腐行为和明显伤害监管对象利

---

[1] 陈奇星：《中国公共行政监督机制现状分析与对策思考》，《国家行政学院学报》2003 年第 3 期。

[2] 冷葆青：《关于加大惩处贪污受贿力度的几点思考》，《中国纪检监察》2017 年第 4 期。

益的行为要实行罚没与追缴并举，国家赔偿与个人赔偿结合的制度。也就是要区分不同监管违法违规乃至犯罪行为的危害程度和属性，分清监管者个人与国家的经济责任，不能让违法犯罪的监管行为因为监管者个人的经济赔偿能力而蒙受损失。以此，可以强化具体监管者和国家对监管行为的经济责任。

二是在法律惩处方面，针对监管工作人员的违法行为，严格按照刑事诉讼法有关规定执行，依法从严惩处，该判处刑罚或重刑的要坚决判处，绝不手软，切实让刑法的威慑作用发挥到位。

三是在行政惩处方面，依照监管部门的内部规定以及政党内部的法规条例对腐败行为进行制裁，如行政机关公务员处分类型包括警告、记过、记大过、降级、撤职、开除，建立终身责任制，针对失职及违法乱纪的官员，不再录用。

四是在社会和诚信惩处方面，形成多维协同的惩处机制。及时向社会公布监管工作人员的失职违规行为，让其违反社会公德的行为受到社会层面的谴责、排斥、唾弃，将失职、违法乱纪官员纳入失信人，在微信公众号、报纸、电视等平台媒介上对失信官员信息进行公布，增加失信官员的曝光度。与此同时，对失信官员在高消费、出境和出行方式等多个方面加以限制，采取"三停五不"措施（停职、停岗、停薪和不提拔、不调动、不评先、不加薪、不晋级），最大限度打压失信官员的生存空间。多维协同的惩处机制可使监管公职人员因腐败而身败名裂、倾家荡产，提高腐败成本自觉消除其贪腐动机。

本章小结

一 梳理了构建政府监管外部监督体系的理论框架

从防控政府监管可能出现违法违规、权力滥用、监管合谋、利益输送和监管不作为的目标出发，寻找约束政府监管权、规范政府监管机构与监管对象的关系以及发挥社会力量的监督作用等维度，梳理政府管制俘虏理论、公共选择理论、合法性理论、整体性治理理论和监管的内部性理论的内涵及其对建构政府监管监督体系具有的指导意义，探明了构建政府监管监督体系的结构和功能方向，提出从立法、行政、监察、司法和社会监督五个维度构建政府监管监督体系的整体思路。

二　阐明了中国特色政府监管外部监督体系的功能需求

基于新时代中国特色社会主义制度优势和治理体系的特点，结合中国政府监管实践中存在的问题，较为系统地阐述了政府监管外部监督体系的功能需求，概括起来：一是克服监管失灵、监管失效，最大可能降低监管成本；二是预防和惩处渎职，最大限度管控法定职责履行不到位、出现重大过失致使国家、公民和公共财产造成重大损失的行为；三是预防监管权力滥用、抑制监管腐败，最大可能堵塞监管者与监管对象合谋或者监管者被俘虏的空间；四是提高监管行为的合法性，保障监管决策、执行体系依法依规运行；五是形成监管合力，保障监管无死角。

三　构建了中国特色政府监管外部监督体系的结构要素

从国家治理体系的内在结构、特征和功能划分的实际出发，提出建立"五位一体"政府监管监督体系的结构，并分别对政府监管立法监督、行政监督、监察监督、司法监督和社会监督的主体、宗旨、内容、手段和有效途径做了详细的论述。认为在政府监管"五位一体"监督体系中，立法监督是整个监督体系的核心，承载着保障政府依法监管的功能；行政监督是整个监督体系的基础，承载着保障政府专业有效监管的功能；监察监督在整个监督体系中具有综合作用，承载着保障政府监管符合法纪、政纪和风纪的综合功能；司法监督是整个监督体系的强制保障，是监督有效落实的关键；社会监督是整个监督体系的触须，还是政府监管监督的民意基础。

四　探索了中国特色政府监管外部监督体系的建设的基本途径

从保障政府监管监督体系有效运行的科学逻辑出发，紧紧围绕提升监督力的各种重点难点问题，提出要构建"多元一体"协同监督体系，保障监督合力；构建"事前事中事后"监督过程对接机制，保障监督形成功能链条；强化"激励与约束"互补监督功能，保障监督机构勇于担当作为的动力；综合运用"经济法律行政社会诚信"多维惩处手段，保障监督有效落实能多管齐下；发挥"智慧监督"的技术赋能作用，保障监督的现代化与智慧化。这些机制将监督体系、过程、行为、保障和处置各个环节串联起来，使整个政府监管监督能无缝衔接、功能互补，发挥对政府监管的最大监督功效。

第八章

中国特色政府监管绩效评价体系

政府监管作为现代政府的重要职能,其主要是一种政府行政行为。为了保证政府监管的有效性,政府监管应该是一个闭环系统,即政府依法授权—监管机构依法履行监管职责—监管机构监管绩效评价—保证对监管机构的可问责性—更有效的政府监管。在这个闭环系统中,监管绩效评价是重要的一环。本章将梳理政府监管绩效评价体系的相关研究成果,从总体上分析政府监管绩效评价体系的构成要素,重点研究如何构建政府监管绩效评价指标体系和绩效评价技术与方法,最后探讨中国特色政府监管绩效评价体系建设的基本途径。

第一节 政府监管绩效评价体系的相关理论研究

一 监管失灵与监管治理理论

（一）监管失灵理论

政府监管制度创立的最初目的是维护公共利益,实现公共利益最大化。即在市场机制运行存在市场失灵的情况下,通过政府监管使市场的运行重归实现社会福利最大化的理想状态。但是以斯蒂格勒、佩尔兹曼为代表的芝加哥学派学者则提出了管制私人利益理论,他们指出政府监管是政治家出于迎合特定产业利益集团的利益需要而设立并为特定利益集团的利益所服务的,政府监管并不一定会实现社会公共利益最大化的目标。芝加哥学派的监管俘获理论认为,监管机构并未像公共利益假说所预测的那样,从社会公共利益出发来制定和实施监管政策,而是会被监管对象所游说和收买,所制定的监管政策以损害社会公共利益为代价，主要是服务于被监管对象或特定产业利益集团的利益。[①]

佩尔兹曼进一步分析了监管俘获的形成机制并指出：第一，监管的实质是社会财富的再分配，政府监管政策的实施一定是有人受益、有人受损。在此情况下，产业利益集团有激励通过游说活动来追求占有更多社会财富。第二，监管政策制定者并不是完全追求公共利益目标，而是追求获得政治支持的最大化，即政策制定者希望继续留任或再次当选。第三，利益集团通过政治支持来影响监管政策制定者以争取有利的监管政策。不同利益集团的政治影响力与集团人员数量负相关而与组织凝聚力正相关。因此，监管倾向于组织更好的小规模利益集团，却牺牲偏好不明确的大规模利益集团。[②] 由于产业利益集团往往更有凝聚力和明确的利益目标，而消费者群体人员众多且无法有效组织协调，则消费者的利益往往受损。

贝克尔认为，监管主要是用来增加有强势利益集团的利益。因此政治影响活动均衡是所有集团影响活动共同决定的，政治影响力均衡结果根本上是由集团之间的相对影响力而非绝对影响力决定的。这就是说，政治竞争的结果并不是赢者全赢、输者全损的结果，即使是受损者也不是被动接受福利被转移的现实，它们也可以通过自己的行动来提高影响力，从而成为赢者，改变已有的监管立法决策。因此，监管是用来提升具有强政治影响力集团福利的政治工具。[③]

针对监管俘获带来的监管失灵风险及其对公共利益的损害，一些学者提出两种政策思路：一是以拉丰、泰勒尔等为代表的学者提出了激励性监管理论，即改革传统监管体制，放松政府监管和引入竞争，由基于成本的价格监管转向以价格上限的监管，从而降低监管负担，减少监管机构与企业讨价还价，以最小化监管机构被监管对象俘获的可能。二是以布坎南为代表的公共选择学派则提出监管治理理论，即为了防止政府

---

① Stigler, "What Can Regulators Regulate? The Case of Electricity", *Journal of Law and Economics*, Vol. 5, 1962, pp. 1 – 16.

② Peltzman, "Toward a More General Theory of Regulation", *The Journal of Law & Economics*, Vol. 19, No. 2, 1976, pp. 211 – 240.

③ Becker, "A Theory of Competition among Pressure Groups for Political Influence", *Quarterly Journal of Economics*, Vol. 98, 1983, pp. 371 – 400.

监管机构被特定利益集团所俘获,必须建立有效的监管行政权力制衡体制,实现有效的监督制衡。[1] 在此意义上,监管绩效评价就成为实现良好监管并保证监管实现公共利益目标的重要治理机制。

(二)监管治理理论

监管治理的概念是由莱维和斯皮勒首先提出来的,他们强调指出,监管的有效性根本上取决于政治制度与监管过程的相互作用。他们将监管治理界定为社会采用的用来约束监管机构自由裁量权及其制度冲突的各种治理机制的总和。[2] 显然,监管治理主要是用来控制监管自由裁量权滥用行为,其主要对象是监管机构,监管治理的主体是社会而非政府,是社会力量限制行政权力滥用的制度安排。即监管治理提供了一种限制监管机构的行动范围以及解决这些限制所带来的矛盾和冲突的机制。正是基于这一概念,斯特恩和霍尔德提出了监管治理的六个原则:目标清晰性、独立性、公众参与性、可问责性、透明性、可预见性。这六个原则包括了监管机构设立、职权配置、政策制定、行政执法程序、问责机制、信息公开等多个方面。[3]

1997年,英国良好监管委员会(The Better Regulation Commission)提出了实现有效监管的原则:均衡性、可问责性、可预测性、透明性、针对性、公开性、独立性、专业性。[4] 2000年,英国改进监管委员会在其发表的"良好监管的原则"中进一步提出了监管治理应遵循的基本原则为:透明性、可问责性、均衡性、一致性、针对性。[5] OECD发布的《监管机构治理》报告系统提出监管机构治理体系的七个原则:①明确定位,即通过立法对监管目标、机构职责、机构权力等做出明确的规定,并具有良好的跨部门协调机制,即实现职权法定、权责明确对

---

[1] Buchanan, "Rent Seeking, Non-compensated Transfers, and Laws of Succession", *Journal of Law and Economics*, Vol. 26, 1983, pp. 71–85.

[2] Levy and Spiller, "The Institutional Foundations of Regulatory Commitment: A Comparative Analysis of Telecommunication Regulation", *Journal of Law, Economics and Organization*, Vol. 153, No. 4, 1997, pp. 607–629.

[3] Stern and Holder, "Regulatory Governance: Criteria for Assessing the Performance of Regulatory Systems: An Application to Infrastructure Industries in the Developing Countries of Asia", *Utilities Policy*, No. 8, 1999, pp. 33–50.

[4] The Better Regulation Commission, Principles of Effective Regulation, 1997.

[5] The Better Regulation Commission, Principles of Good Regulation, 2000.

等和部门间运转协调;②防止外部不恰当的干涉和维持可信度,确保监管机构独立于政府和产业利益集团,保持决策的独立性;③独立决策和内部治理,建立以委员会制为核心的监管机构决策机制并建立有效的监管机构内部治理机制,具有长期可信的承诺;④问责性和透明度,建立以监管政策评论、利益相关方上诉机制为核心的监管问责机制并确保信息公开;⑤公众参与,建立制度化的利益相关者参与机制,包括政策制定、政策实施和政策评价的全过程,同时又有效防止监管俘获的发生;⑥资金充足,监管机构具有独立、稳定、充足的资金保障,并规范合理地使用资金;⑦绩效评价,明确监管绩效评价的内容、建立评价指标体系、有效使用绩效评价结果以促进监管绩效提升。① 这七个原则共同构成监管治理最佳行动指南(见图8-1)。

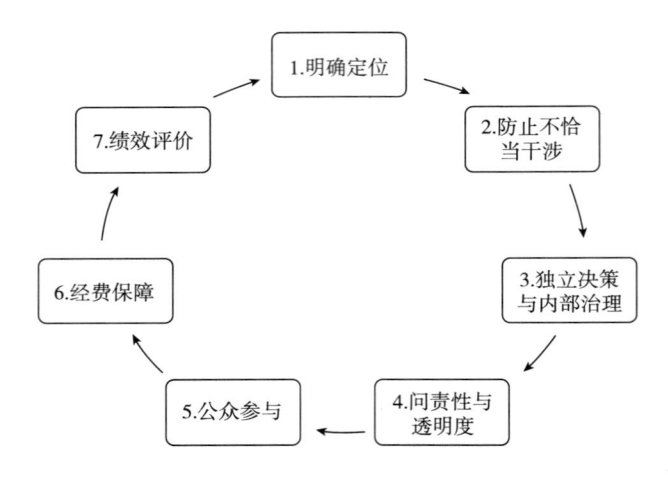

图8-1 OECD监管治理最佳行动指南

二 监管委托代理理论

政府机构并不是一个单一的组织体,政府机构内部实际是一个纵向的分权与授权的层级制组织体系,是典型的纵向委托代理关系。由于信息不对称和利益目标的不一致,监管机构行政组织体制仍然面临着激励问题。政府机构实际上是由官僚所组成,政府官僚属于政治家的雇员,

---

① OECD, *The Governance of Regulators*, Boulogne: OECD Publishing, 2014.

他们应该对立法机关负责，但是由于信息不对称和约束机制的不完善，政府机构或部门往往会出现追求部门利益最大化或官员个人利益最大化的行为，因此授权必定产生代理成本。在此情况下，采取什么样的组织治理机制，保证政府官员的参与约束和激励相容约束，激励官僚实现政治委托人的目标最大化是公共管理面临的重要课题。

委托代理理论是建立在信息不对称基本假设下，委托人如何设计一种机制使代理人实现委托人的目标。在委托代理关系中，委托人将一项任务委托给代理人来完成，但代理人的目标追求并不与委托人保持一致，代理人可能出于自身利益追求而采取偏离委托人利益最大化的行为。由于委托人与代理人之间存在不对称信息，委托人无法直接对代理人进行完全监督，因此就会产生一定的代理成本问题。委托人与代理人之间的不对称信息会产生两种行为结果：隐藏类型和隐藏行动。对于隐藏类型而言，委托人不知道代理人的具体类型，只知道代理人的类型分布，而代理人的类型却是客观存在的，并不受代理人控制；对于隐藏行动而言，委托人不知道代理人的具体行动，只知道代理人的可能的行动分布，而代理人的行动却是代理人受主观控制的，代理人可以自由选择。

以拉丰、泰勒尔等为代表的学者采用委托代理理论框架重点分析了信息不对称约束下的政府监管机构体制运行中的代理问题和激励机制设计问题，从而内生地解释了政府监管为什么会背离公共利益目标，并提出了防止监管俘获的政治和行政制度设计问题。在代议制体制下，社会公众及其代表国家立法机关是委托人，政府监管机构是代理人，议会通过制定法律授权监管机构对特定行业或领域实行监管，并且监管机构最终的监管结果需要向议会负责。就这个角度而言，委托代理关系包括两层：第一层是议会与监管机构，委托人是议会，代理人是监管机构，议会出于社会福利最大化的目标委托监管机构对特定行业或领域进行有效的监管；第二层则是监管机构与被监管企业，委托人是监管机构，代理人是被监管企业。由于监管俘获，监管机构可能与被监管企业之间达成合谋，没有按照议会的要求实行公共利益最大化的监管，反而为了谋取被监管企业的利益而损害消费者利益。①

在政府监管纵向委托代理关系中，议会作为委托人，公正地追求社会福利最大化目标，将监管职权授予监管机构，议会依赖监管机构提供有关企业的信息。监管机构的专业知识使其具有了信息优势，可以对议会隐瞒信息以分享受影响利益集团的租金。此时，利益集团可以贿赂监管机构使其不向国会汇报真实的信息。因此，信息优势赋予了监管机构较大的自由裁量权并且议会无法对其实行完全的监督，这是产生管制俘获的根本制度原因。在此情况下，监管机构会利用其掌握的信息和自由裁量权来影响不同利益集团的福利，因此每一集团都有激励去影响政府监管机构制定和实施有利于自己的监管政策。委托人为了保证代理人能够始终贯彻委托人确定的代理目标，需要采取各种有效的激励约束手段，而定期的绩效评价是议会和公众了解监管机构职责履行情况的重要治理机制，其不仅能在一定程度上降低信息不对称问题，也有利于形成对监管机构的有效激励约束机制。

三　公共受托责任理论

从现代公共管理和政治学研究的角度来说，政府监管绩效评价体系的理论基础是公共受托责任。目前关于受托责任研究的文献涉及政治学、公共管理、宪法学等不同的学科，尽管不同的学科领域关于公共受托责任的定义有所不同，然而一个基本的共识是，公共受托责任本质上是一种委托人与代理人之间的关系，代理人完成委托人交付的信托任务需要向受其行为影响的委托人负责，这既是代理人应尽的义务，也是委托人维护其利益的必要权力行使。因此，公共受托责任定义为一种权利与义务关系，公共行政的代理人有义务向委托人汇报自己的行为及其产生的结果，而作为委托人的社会公众、立法机关和上级部门则有权询问受托人有关其行为的情况并对其做出评判。为此，公共受托责任的公共性有三层含义：一是公共受托责任关系必须是涉及公共利益而非私人利益，主要是针对公共部门；二是信息公开与透明是基础，有关代理人的

---

① Tirole, "Hierarchies and Bureaucracies: On the Role of Collusion in Organizations", *Journal of Law, Economics, and Organization*, Vol. 2, No. 2, 1986, pp. 181-214; Laffont and Tirole, "The Politics of Government Decision - Making: A Theory of Regulatory Capture", *The Quarterly Journal of Economics*, Vol. 106, No. 4, 1991, pp. 1089-1127.

活动的信息必然是公众可得的,而不应该是闭门信息不为公众所知;三是受托的对象具有多元性,公共受托责任的审查对象是公众所关心的内容,例如公共资源的使用、公共权力的行使以及公共制度的运行,公共受托责任审查主要是关注经济性、效率性和效果性。

政府监管是现代社会政府的重要职能之一,政府监管机构是政府的重要的行政部门,有效的政府监管是实现现代行政管理善治目标的重要组成部分和路径。作为一个公共行政部门,监管机构的基本职责是以合理的成本来维护社会公共利益。由于政府监管机构的运行需要支付较高的行政成本,同样需要向社会公众筹集公共资金来维持其运行,同时政府监管机构也并非必然会按照社会公众的期望那样积极地履行监管职责和充分维护社会公众的利益。为此,社会公众与政府监管机构之间本质上是公共受托责任关系,监管机构的行政行为需要向公众负责并接受社会公众的监督。在监管行政权力的运行过程中,监管机构也有义务向社会公众汇报自己的监管行动以及产生的积极效果,作为委托人的社会公众有权力监督评价监管机构的工作成效,评价其是否有效地维护了社会公共利益,并提出相应的治理要求。

公共受托责任界定了社会公众与政府监管机构之间的权利义务关系,政府监管机构有义务向社会公众汇报自己所从事的监管工作的有关情况,而社会公众也有权力向政府监管机构的职责履行提出询问与质询。为将这种抽象的权利义务关系固化下来,政府监管绩效评价就成为重要的机制。政府监管绩效评价作为政府监管活动的事后综合评价措施,可以承载和体现公共受托责任所界定的权利与义务之间的关系。在政府监管绩效评价中,社会公众可以通过绩效评价全面并完整地了解在过去一段时间内政府监管机构做出了哪些监管工作,取得了哪些效果,为自己带来了哪些收益,并且可以将绩效评价中所报告的收益与自己的实际收益进行对比,从而验证政府监管绩效评价的真实性和可靠性。如果绩效评价结果与自己的真实感觉相差太多,则表明政府监管机构可能存在履职不力的可能,可以借此进一步向有关的监管机构提出询问与质疑,也便于政府监管机构发现工作中的薄弱环节,以便在未来的监管工作中加以改进,从而实现委托主体和代理人之间良性互动。

尽管政府监管绩效评价是公共受托责任的一种实现机制,但公共受托责任的实现也绝不仅仅是监管工作完成之后的事后评价工具，应当是贯穿整个监管工作的理念，作为一种行政美德和合意的品质加以贯彻。这就要求政府监管行政过程要做到充分的信息公开与透明，在监管政策的构思、起草、公布、执行与事后评价全过程保持充分的公开和透明，为社会公众在事前和事中阶段参与到监管工作来创造更多的机会，从而使政府监管职责的履行充分地体现社会公众的利益。就这个角度而言，公众受托责任的提出对政府监管机构的要求已经超过了监管绩效评价的要求。然而，公众受托责任作为政府监管机构的基本义务要求，仍然是监管绩效评价的重要理论基础，实现对政府监管机构的可问责性是现代监管治理体系不可或缺的要素和基本原则。

尽管中西方政治体制存在明显的差异，西方国家独立监管机构公众受托责任政治实现机制并不能直接照搬和适用于中国。然而中国特色社会主义市场经济体制下同样也会出现市场失灵，也需要政府设立专门的监管机构，从社会公众利益出发，在尊重市场机制的前提下对市场运行加以干预，弥补市场失灵，体现和维护社会公共利益。政府监管是中国政府的重要职能之一，政府监管机构的运行仍然要遵循成本—收益原则，高效率使用国家财政预算资金，作为始终强调政府执政要以人民为中心的中国监管机构来说，政府监管机构也仍然需要按照社会公众的期望积极履行监管职责，维护广大人民群众的根本利益。政府监管机构的权力来源和权力合法性依然来自人民群众，在人民群众与政府监管机构之间仍然存在公共受托责任关系，政府监管机构也要接受人民群众的委托行使监管这种公共权力。在权力的运行过程中，政府监管机构也有义务向社会公众汇报自己的监管行动以及产生的积极效果，是否有效地维护了社会公共利益。社会公众也有权利向政府监管机构询问有关监管职责履行的情况。由于社会公众是一个群体而非单个个体，政府监管机构在向委托主体传递信息的过程中是面向不特定的个体，因此主要采取的是信息公开的形式，通过电视、广播、报纸以及网站等各种媒体向社会公众披露职责履行责任的情况，并且接受公众的质询。因此，中国特色的公共受托责任是中国社会主义民主的重要体现，加强对政府监管的监督治理和绩效评价是社会主义民主政治的内在要求。

既然公共受托责任是定义在两类不同主体之间关于信息披露的权利

义务关系，那么对于政府监管情景下的公共受托责任的研究，还需要进一步明晰委托人和受托人两类主体之间的关系。尽管从抽象意义来看，政府监管的委托人是社会公众，而受托人是政府监管机构，但社会公众与政府监管机构之间并没有直接明确的委托代理关系。中间还隔着若干层代理环节。在现代代议制民主政体之下，社会公众通过选举的形式产生立法机构，然后再由立法机构委任行政机构领导人员，并且通过立法授权监管机构履行具体监管职能。而对中国来说，由有选举权的普通公民选举出各级人大代表组成人民代表大会，并且由各级人民代表大会任命各级政府监管机构领导人，并且监管机构依据有关的法律制度履行监管职责。因此，从这一条委托代理链条来看，首先是人民代表大会受托于全体普通公民，其次是各级政府受托于各级人民代表大会，最后各级政府监管机构受托于各级政府。因此委托人和代理人之间的信息传递关系上，应该是有关监管机构向所属政府汇报监管职责履行情况，再是各级政府将监管机构的履职情况整合进入整体政府工作报告向人民代表大会汇报，并且最终向全体公民披露。由于全体公民是一个抽象的群体，本身并不具备向委托的政府监管机构询问职责履行的情况，因此这一权利也就随着选举机构转移到了各级人民代表大会。当然普通公民也有权利通过申请政府信息公开的方式查询有关政府监管机构职责履行情况。政府监管机构向全社会的信息透明度也是公共受托责任的关键。

第二节 政府监管绩效评价体系

政府监管绩效评价是现代政府监管体系的重要组成部分，是一种新型公共治理模式，政府监管绩效评价体系是绩效评价主体对政府监管行政行为绩效进行评价的相关制度及其运行机制的制度体系。

一 政府监管绩效评价体系基本内涵

（一）政府监管绩效评价

政府监管绩效评价就是把不断提高政府监管绩效作为目标，通过建立科学合理的绩效评价指标体系和评价机制，从政府监管的有效性、经济性和社会满意度等多个维度对政府行政监管行为进行系统评价，并运用评价结果促进政府监管绩效提高的重要治理机制。政府监管绩效评价包含了以下四方面的内涵：

第一，政府监管绩效评价是以预期监管目标为前提和依据，明确清晰的监管目标是实施政府监管绩效评价的前提。政府监管绩效评价具有明确的目标导向，是实现更好监管的重要手段和必要过程。

第二，政府监管绩效评价内容是监管机构行政过程和监管政策实施结果评价的有机综合。政府监管机构行政过程评价是反映政府监管行政过程的正当性和效率性，政府监管政策结果评价是评价政府监管政策是否高效实现了监管目标，主要针对维护消费者利益、促进行业高效率发展、降低负外部性等监管政策目标。

第三，政府监管绩效评价基于多元绩效标准。政府监管的根本目标是维护公共利益，这决定了其价值目标的多元化。政府监管绩效评价不仅需要考虑经济效率目标，如消费者支付合理的价格、企业高效率经营、行业稳定的投资和持续的技术进步等经济目标，还要考虑促进社会公平、环境保护、社会稳定、公共安全等非经济目标。

第四，政府监管绩效评价服务于良好的治理目标，是一个动态的政府监管绩效优化过程。监管绩效评价不是一项孤立的评价技术，而是一个系统的多维度绩效评价体系，包括确定监管绩效评价的目标、建立评价指标体系、选择评价方法、采集评价信息、反馈评价结果和应用评价结果的完整过程，最终服务于提高政府监管绩效持续改进的根本目标。因此，监管绩效评价是政府监管治理体系动态优化和有效性提升的重要促进机制。

（二）政府监管绩效评价体系

政府监管绩效评价体系是政府监管行政活动的利益相关者依据相关的法律制度，按照明确的目标、规范的方法和法定的程序，由多元化主体运用评价指标体系对政府监管绩效进行系统全面的评价，以服务于实现良好监管治理的目标。根据政府监管绩效评价体系的上述界定，政府监管绩效评价体系一般由以下五部分构成：

一是政府监管绩效评价的主体。政府监管绩效评价主体，将在很大程度上影响政府监管绩效评价体系的有效性和社会认可度。因为不同主体往往具有不同的利益诉求，因此代表其利益的监管绩效指标也不同，为了全面反映政府监管绩效，就需要评价主体具有多元性，能够覆盖政府监管所涉及的众多主体，从而通过监管评价促进多元监管治理，平衡多种利益诉求。

二是政府监管绩效评价的客体。政府监管绩效评价的客体主要是各级各行业政府监管部门。对政府监管绩效的评价是法治政府和高效政府的体现，是实现政府监管治理体系和治理能力现代化的必然要求，政府监管机构都应成为绩效评价的对象。

三是政府监管绩效评价的法律制度保障。政府监管绩效评价是政府监管行政行为的必要组成部分，为了保证监管绩效评价的制度化和权威性，必须通过科学明确的立法对监管绩效评价做出系统的法律规定，为依法进行监管绩效评价提供法律保障，践行法治原则。

四是政府监管绩效评价过程。政府监管绩效评价是一个系统的过程和法定的行政程序。政府监管绩效评价的实施过程需要依法依规进行，突出政府监管绩效评价过程的公开透明，强化政府监管绩效评价结果的反馈问责机制。

五是政府监管绩效评价的指标体系和评价方法体系。政府监管绩效评价的实施需要通过系统科学的指标体系来加以落实，并采用科学的方法和技术手段来保证评价的高效科学。

二　中国政府监管绩效评价实践

2004年中共中央、国务院印发了《全面推进依法行政实施纲要》，此后在文件中开始正式使用"政府绩效评价"的概念。2010年，国务院《关于加强法治政府建设的意见》进一步推动了政府绩效评价实践。2015年国务院印发《法治政府建设实施纲要（2015—2020年）》，政府绩效评价成为推进法治政府建设的重要措施，这为政府监管绩效评价作出了顶层设计。2013年党的十八届三中全会提出："全面深化改革的总目标是完善和发展中国特色社会主义制度，推进国家治理体系和治理能力现代化。"2019年10月党的十九届四中全会审议通过的《中共中央关于坚持和完善中国特色社会主义制度、推进国家治理体系和治理能力现代化若干重大问题的决定》指出，推进国家治理体系和治理能力现代化是一项重大战略任务。

随着中国法治政府建设的深入推进，国家积极推进在电信、能源等自然垄断性行业和环境、安全等社会性监管领域的监管绩效评价的实践探索。城市供水行业较早就开展监管绩效评价实践并取得了较好成效。早在 2001 年，国家建设部就下发《关于印发〈城市建设统计指标体系及制度方法修订工作方案〉的通知》（建综〔2000〕26 号），提出修订城市供水和节约用水指标，为行业绩效评价提供了依据。2004 年由清华大学、深圳水务集团等机构共同设计了中国第一套城市供水绩效指标系统，在深圳、哈尔滨以及宿迁等 11 个大中城市都进行实践应用。2006 年，山东省住房和城乡建设厅、山东城市供水协会和国际咨询公司在世界银行的支持下，完善了本区域的供水服务监管绩效评价指标体系，并实证评价山东省 30 多个供水企业绩效。在城镇污水处理方面，2010 年建设部通过《关于印发〈城镇污水处理工作考核暂行办法〉的通知》，建立了城镇污水处理工作考核指标体系，并于 2017 年修订了《城镇污水处理工作考核暂行办法》，这是考核省际以及城市进行城市污水处理工作的重要依据。2016 年，北京首创股份有限公司依托"十一五"水体污染控制与治理重大专项建立了中国城市供水绩效指标体系。当前，中国各地已经基本建立了较为完善的监管绩效评价指标体系并积极实践。

中国在社会性监管领域绩效评价方面也取得了一定成效，典型的如安全生产监管。首先，在安全生产监管领域制定颁布了较为完善的政策法规体系，包括《中华人民共和国安全生产法》、《中共中央国务院关于推进安全生产领域改革发展的意见》（2016 年 12 月）、《省级政府安全生产工作考核办法》（国办发〔2016〕64 号）等。其次，确立了纵向监管考核评价责权分配。国家主要负责全国安全生产的整体工作，各个省作为实施的主要单位，根据要求各省要确定本省安全生产目标，制定了安全生产考核细则，建立健全安全生产责任考核机制。各级政府不仅考核本级安委会成员还考核下一级政府的安全生产工作。最后，明确了安全生产考核评价实施体系。安全生产监管绩效考核采取结果考核与过程考核相结合的方式，同时将安全生产监管绩效与奖励惩处、职务晋升、履职评定挂钩。

中国在政府监管绩效评价实践中取得了一些好的经验和成效，对政府监管政策科学化、政府监管行政行为规范合理化发挥了一定的促进作用。中国政府监管绩效评价实践具有以下的显著特点。

第一，法治政府建设是政府监管绩效评价体系建设的基本推动力。国家将政府监管绩效评价作为法治政府建设和依法行政的重要内容，为此国家将政府绩效考评机制和指标体系建设纳入国家法制政府建设的整体制度体系中来系统规划和设计，并整体协同推进改革，以保证监管绩效评价的实施效果。

第二，国家治理体系和治理能力现代化是总的战略依据。政府是实现国家治理体系和治理能力现代化的重要主体，政府监管是政府的重要职能，因此政府监管是国家治理体系和治理能力现代化的重要组成部分，在一定程度上体现了政府治理能力现代化水平。近年来，中国将政府监管绩效评价纳入国家治理体系和治理能力现代化的重大战略中来进行系统谋划和顶层设计。

第三，通过行业监管绩效评价改革试点来逐步摸索经验和完善相关制度是基本的路径模式。政府监管绩效评价是一个完整的制度体系，需要多种相关制度的配套实施和整体推进。为此，中国监管绩效评价体系建设并没有一下子全面铺开，而是在发展基础相对较好的特定的行业和领域先进行改革试点，针对发现的问题并逐步完善相关制度，然后再进一步推广应用，从而保证了适合中国国情的监管绩效评价体系的逐步形成和完善。

三 中国政府监管绩效评价的主体构成

政府监管绩效评价首先是要确定合理的监管评价主体，这也在很大程度上决定政府监管绩效评价体系有效性以及监管绩效是否成为利益相关者充分维护公共利益。为保证政府监管绩效评价的全面性和科学性，在选择评价主体时应该满足代表性、独立性、广泛性、比例协调性原则。构建具有中国特色政府监管绩效评价体系，必须基于中国的政治和行政体制，选择最能实现监管绩效评价效能的监管主体。在改革实践中，中国政府监管绩效评价主体主要有以下几个方面。

（一）中国共产党

中国是共产党领导下的社会主义国家，党的领导是中国特色社会主义最本质的特征。加强党的领导是提升国家治理能力的基本原则。在现行的政治体制下，一切政治活动都需要在党的领导下进行，党政领导干部的考察任用也要在党的领导下进行，具体由党委组织部门负责。政府监管部门领导干部的履职考核也要在党的领导下由组织部门负责，并且报党委会批准。在中国特色的政府监管机构绩效评价体系中，应该将党对领导干部的考核与监管部门绩效评价有机地结合起来，监管部门绩效也是领导干部考核的重要内容，把监管部门绩效评价作为领导干部考核的重要支撑，将党的领导贯穿于政府监管的各个方面。

（二）人民代表大会

人民代表大会作为全体公民选举出来的代议制机构，将监管职能授予特定政府监管部门，是政府监管绩效的评价主体。目前中国的各级人民代表大会每年只在固定的时间召开，需要完成大量的立法、人事任免以及批准国民经济和社会发展计划和计划执行情况的报告，无法对作为政府职能一个方面的监管工作实行专门的绩效评价。因此，各级人民代表大会作为政府监管绩效评价的主体，主要应由各级人民代表大会常务委员会设立的财政经济委员会来完成。

（三）社会公众

作为公共受托责任链中的起始委托人，社会公众必然是政府监管绩效评价主体之一。然而从中国的实践来看，社会公众对政府监管绩效评价的参与程度与发达国家相比仍然很低。公众参与程度低的一个重要原因是部分政府监管活动与公众的日常生活相对较远，缺乏切身体验，因此即使作为评价主体，公众评价结果也很难客观公正。但政府监管的目标导向就是维持公众切身利益，与其他行政活动相比，政府监管涉及的领域是与社会公众日常生活密切相关的，例如公用事业价格、食品安全、环境质量、人身安全等，因此需要社会公众参与政府监管绩效评价。

（四）被监管企业

被监管企业是政府监管的对象或者客体，监管直接影响其利益，它也能最直接感受监管绩效好坏。因此，被监管企业也应参与监管机构绩效评价。然而，值得注意的是被监管企业作为监管绩效评价的主体，也会存在利益倾向的问题而未必对监管绩效给出客观公正的评价。特别是政府监管主要是从保持消费者利益出发，抑制被监管企业侵蚀消费者利益，被监管企业有可能在绩效评价中出于自身利益而对监管绩效做出负面评价。

（五）审计部门

政府监管机构作为政府部门，其监管职责的履行，包括机构的日常运行和人员供养，需要花费财政性资金，根据《中华人民共和国审计法》的规定，政府审计部门有权对政府部门的财政资金的使用情况进行审计。就资金开支的角度而言，审计部门也是政府监管绩效评价的主体之一。从中国政府审计实践来看，审计部门掀起的"审计风暴"暴露出了有关部门职责履行不力的情况，起到了极大的震慑作用。然而中国的政府审计目前偏重于以财务收支的真实性与合法性审计，只能证明资金支出的合规性，却无法对资金支出的效率加以审计，即无法证明办成同样的事情的条件下可以花更少的钱。值得指出的是，中国目前审计部门还属于政府序列，内设于政府的审计部门仍然难以完全保证独立性，未来应考虑由各级人大常委会设立独立于政府序列的审计机构来保证其独立性。

（六）第三方专业监管评价机构

第三方机构作为政府、社会公众和被监管企业之外的机构，既不受政府内部官僚作风的约束，又不像社会公众和被监管企业那样涉及利益牵连，因而能对政府监管绩效给出一个客观公正的评价。作为政府监管绩效评价的第三方机构，中立性是其核心的属性，缺乏中立性的第三方机构不足以成为政府监管绩效评价的主体。这就要求第三方机构加强组织自律，构建内部有效的治理结构和制度，对内部工作人员进行有效的监督和管理，倡导客观公正的组织文化，并且注重声誉的积累，依靠良好的职业操守来保证中立性。目前，我国政府监管中尽管引入了向第三方购买服务制度，在城市公用事业领域引入了第三方的评价，但是由于相关制度不完善，第三方评价的作用还相对有限，在未来还应大力培育专业的第三方评价机构，发挥第三方评价机构的专业性优势并强化其评价活动的独立性。

四 中国政府监管绩效评价体系存在的主要短板

中国政府监管绩效评价体系的研究和实践已经取得了一定的成效，但仍然存在一些"短板"，需要进一步深化改革加以完善。

（一）政府监管绩效评价尚未形成制度化

立法保障是开展政府监管绩效评价的前提和基础，目前中国政府监管绩效评价尚未实现制度化和法制化，还没有专门的法律法规对政府监管绩效评价做出明确的法律规定，由此造成监管绩效评价的随意性和非连续性，也弱化了监管绩效评价对监管机构的激励约束作用。其次，目前对于政府监管绩效评价的地位和作用、监管机构必须履行的定期报告义务、监管绩效评价结果的信息公开、监管绩效评价主体的组成等核心问题尚缺乏明确的法律规定。最后，尽管在很多政府监管领域已经开展了卓有成效的监管绩效评价工作，但是由于缺乏立法保障和明确的程序化规定，监管绩效评价尚未成为政府监管行政过程中一个必不可少的程序要求，监管绩效评价无法成为一个制度化的监管治理制度。因此，需要尽快完善相关立法，使政府监管绩效评价具有制度化、规范化和常规化的基本特征。

（二）政府监管绩效评价主体相对单一

从中国实践来看，政府监管绩效评价的主体还比较单一，政府监管绩效评价通常有两种模式：一是上级政府部门组成评价小组对下级监管部门实施评价；二是上级政府部门从下级各监管部门中抽调相关人员组成多个评价小组，评价小组进行跨区域无利害关系评价。这两种模式的监管评价主体都局限在政府部门内部，从而降低了评价的客观性与科学性。在政府监管绩效评价中，公众及立法机关（人大）应为主体，但当前公众在政府监管绩效评价的参与范围有限且具有被动性，在进行绩效评价时公众参与程度很低。同时，作为重要利益主体的相关企业也很难真正参与监管绩效评价。另外，政府监管绩效评价体系中，第三方专业评价机构的参与相对不足。因此，形成基于"多方利益主体的评价体系"仍然是中国监管绩效评价体系建设的重要任务。

（三）政府监管绩效评价指标体系不完备

现行的政府监管绩效评价指标体系不完备、不系统、不科学的问题仍然非常突出，很大程度上影响了监管绩效评价的质量。首先，由于政府监管是一个动态的行政过程，现有的绩效评价指标主要是考核事后的监管结果，忽视对政府监管过程规范性、合法性与有效性的考核，"重结果、轻过程"的问题比较突出。由于目前制约中国政府监管有效性的根本问题是监管行政过程，"重结果、轻过程"的监管绩效评价体系不利于促进监管行政过程的优化。其次，监管评价指标体系的完备性和考核指标的科学性还有待提高。目前，大部分政府监管领域的产品或者服务缺乏替代品，不能通过销售量等客观指标来衡量公众对于产品或者服务的满意程度。最后，监管评价指标以定量指标为主，定性指标的量化处理面临一定的难题。从中国实践来看，绩效评价主要依赖定量指标来进行，希望以此提高监管绩效指标的客观性，但这同时也导致评价指标体系具有一定的片面性，不能全面反映监管绩效。因此，构建科学的政府监管绩效评价指标体系需要对能反映监管绩效的"过程和结果""客观和主观"指标进行有效结合。

（四）监管绩效评价结果的反馈应用机制缺乏

政府监管绩效评价是政府监管治理体系的重要组成部分，其最终目的是通过监管绩效评价不断完善政府监管，促进实现良好监管。为此，需要强化监管绩效评价结果反馈和应用，以不断提升政府监管水平。目前，中国现行的政府监管绩效评价体系并没有充分发挥促进监管的作用，很多监管绩效评价往往是流于形式，尽管评价年年搞，但是政府监管工作没有明显的改进，监管绩效评价没有起到提升监管水平的治理机制的作用。造成这一现象的根本原因是中国尚未建立政府监管绩效评价结果的反馈运用机制及相应的行政问责机制。当特定政府监管部门的监管绩效评价结果较差时，并没有相应的行政问责制度，立法机关和社会公众也没有相应的质询问责机制。

第三节　政府监管绩效评价指标体系构建

一　政府监管绩效评价内容

评价政府监管绩效的前提是正确理解和准确把握政府监管绩效的含义。早期关于政府监管绩效的研究多集中于监管效率，即重点进行监管的成本—收益分析。阿尔方斯和安德鲁斯提出，监管绩效评价的成本—收益分析方法，即通过对政府监管行政行为的投入成本和监管产生的实际效果来进行权衡以评价监管效率。[1] 布朗斯沃德和莱特指出，监管绩

---

[1] Alfon and Andrews, "Cost‐benefit Analysis in Financial Regulation: How to Do it and How it Adds Value", *Journal of Financial Regulation & Compliance*, Vol. 7, No. 4, 1999, pp. 339–352.

效不仅要考虑监管是否有效,还要考虑监管是否经济以及监管的效率。[①] 我们认为,政府监管绩效包括监管效率和监管效果,监管效果主要体现在通过政府监管是否有效实现了监管目标。如从公用事业行业来说,监管成效不仅包括行业供给保障能力、投入产出效率、动态创新效率、行业安全等经济性目标,以及促进环保、健康、社会公平等社会性目标。监管效率主要反映监管行政过程的效率,即政府监管应该以最低的行政支出实现既定的监管目标,满足成本—收益分析的要求。相对来说,监管效果的意义要大于监管效率,现代政府监管绩效评价则是追求监管效率和效果的统一。

政府监管绩效评价内容是构建评价指标体系的基础,应反映政府监管目标、相关主体利益诉求和对监管者约束机制。具体来看包括经济效率、社会效益、可持续发展和监管效率等。

(一) 经济效率

经济效率是指特定行业或领域的企业向社会提供的产品或服务供给是以较低的成本来实现,即企业以低成本来供应产品或服务,从动态来说则是企业具有持续加强管理、降低成本和通过创新来提高动态效率的激励。由于监管的前提是存在市场失灵,所以这些企业通常都是自然垄断性企业或者具有外部性的企业,在很多国家这些企业往往是国有企业或政府持股的企业。由于公用事业等行业的企业缺乏有效的内部治理机制和充分的外部竞争压力,企业往往缺乏降低成本和提高效率的激励,在某些情况下特定的监管政策工具甚至也会导致企业经营行为的扭曲来带来低效率问题(典型的 A-J 效应)。因此,政府监管是否促进了企业高效率运营,促进社会资源的最优使用就成为重要的内容。

(二) 社会效益

政府监管的社会效益主要包括社会公众满意度和社会责任履行两个方面。首先,公众作为消费者可以对企业提供的产品或服务的质量进行直接的感受,其对政府监管行为也可以进行间接的感受。因此,公众既可以对特定行业提供的产品或服务进行满意度评价,也可以对监管部门

[①] Brownsword and Right, *Regulation and the Technological*, Oxford : Oxford University Press, 2008.

的监管行为进行满意度评价,前者是监管的间接绩效,后者是监管的直接绩效。公众满意度的评价对象主要包括企业提供产品或服务的价格、质量、安全等方面,其中最重要的是公众认可满意度。其次,社会责任则主要体现在环境、公共产品或服务覆盖水平、促进就业、普遍服务政策以促进公平等方面。因此,政府监管有利于促使企业履行社会责任,为公众提供更满意的产品或服务,促进整个社会的和谐发展。

(三)行业可持续发展

行业可持续发展包括被监管行业企业具有合适的投资激励,进而保持行业稳定可持续的投资,从而保障供给安全。政府监管的行业往往是基础设施行业,其供给的产品或服务往往是居民的生活必需品,并对整个经济社会的安全稳定运行发挥决定性影响。因此,保障安全可靠供应,防止重大安全事故和供给短缺成为政府监管的第一要务。另外,政府监管的自然垄断行业以及环境、健康、安全等社会性监管领域对整个国家的可持续发展产生重大的影响,是国家实现可持续发展的重点领域。为此,政府监管就不仅仅是关注当代人的福利状况,而是要同时关注子孙后代的生存发展。

(四)政府监管行政行为绩效

政府监管行政行为绩效包括政府监管效率是指政府监管相关部门监管执行的投入和产出效率;政府监管质量则是监管过程是否公平、公开、公正;相关的监管法律制度是否合理完备以及其对相关的突发事件与群众投诉的处理效率等。

二 政府监管绩效评价指标体系构成

建立科学完备的监管绩效评价指标体系并以此进行评价是各国政府监管治理的通常做法,典型的如澳大利亚政府直接将其监管改革的目标与一系列监管绩效指标(RPI)挂钩,使政府能够根据这些指标来对监管部门的工作绩效进行统一的评价,并找出监管绩效较差的部门及领域,从而督促其更好地改进监管工作。[1] 因此,监管绩效评价指标体系设计是政府监管绩效评价的前提工作,也是决定监管绩效平台有效性的

---

[1] Francesco and Radaelli, "Indicators of Regulatory Quality", in Kirkpatrick and Park eds., *Regulatory Impact Assessment: Towards Better Regulation*, Edard Elgar Publishing, 2007.

重要基础工作。绩效就是政府监管职能履行的程度和质量，政府监管绩效评价要基于政府部门的监管职能，评价指标体系需要围绕职能来构建，评价的目的也是促进监管机构更好地履行监管职能。

本节以城市公用事业为例，借鉴平衡记分卡（The Balanced Score-Card，BSC）的指标体系，①来设计城市公用事业政府监管绩效评价指标体系，以实现量化政府监管绩效水平。

（一）一级指标设计

监管机构作为行政单位，考察其执行监管的绩效，应当体现其在监管过程中机构运作效率以及监管行为实施后的成效。市场失灵是政府监管的主要原因和依据，因此弥补市场失灵和缺陷是监管成效指标体系的内容，除此之外，监管成效指标应反映监管对相关利益群体的影响度及其对监管的满意度，在经济性监管中，行业健康有序发展也是监管成效的重要指标。因此，政府监管成效指标对应于平衡计分法中财务和客户维度。监管机构运作效率则主要通过监管机构的组织结构及人员配置、监管制度及执行、监管创新和监管水平等指标来体现，这体现了平衡计分卡的内部运营、学习与成长维度。

由于政府监管的内容宽泛，各领域政府监管成效衡量指标差异性大。为此，以城市公用事业为例，借鉴BSC方法构建监管绩效评价的一级指标（见图8-2），包含监管业绩指标、受益人指标、监管机构管理指标及监管机构成长指标，其中监管机构管理指标和成长指标体现了监管机构在执行监管过程中的运作效率，而受益人指标和业绩指标则体现了监管成效。

（二）二级指标和三级指标设计

为更科学反映监管绩效和实现可操作性，需要对上述一级指标进行细化与分解，明确每个一级指标的具体影响因素或关键变量，确立二级指标和三级指标，形成指标体系。

1. 业绩指标分解

城市公用事业监管目标包括"消除行业负外部性，保障行业健康有

---

① 平衡计分卡是一种企业绩效管理的工具，它将企业战略目标逐层分解转化为各种具体的相互平衡的绩效考核指标体系，并对这些指标的实现状况进行不同时段的考核，从而为企业战略目标的完成建立起可靠的执行基础。第四节对其进行具体介绍。

第八章 | 中国特色政府监管绩效评价体系

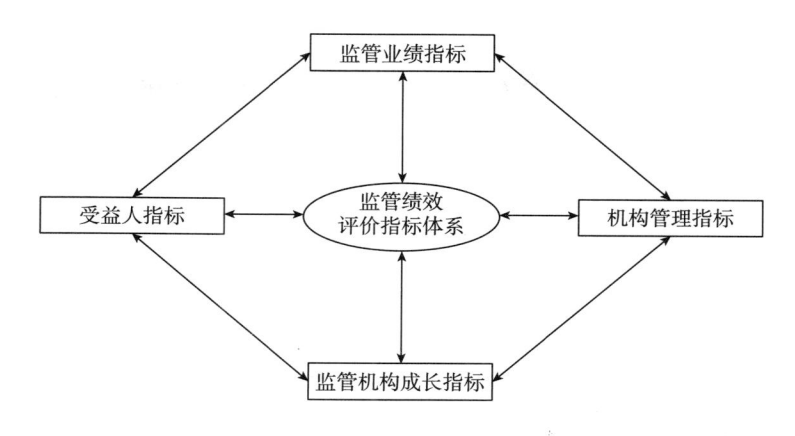

图 8-2　政府监管绩效评价一级指标

序地发展",因此可以将业绩指标分解为满意度、城市公用事业有序发展和消除城市公用事业产品和服务供给过程中的环境污染。"满意度指标"则包含两个部分,一是社会公众对产品或者服务的满意度;二是产品覆盖度和对弱势群体的扶持程度;"城市公用事业有序发展"涉及的要素有产品达标率、是否存在垄断、垄断者是否获得垄断利润和生产经营者对市场的信心;公用事业产品或服务供给过程中的环境污染则主要体现相关企业环保净化装置装配使用情况和"三废"排放达标率。具体的二级、三级指标及定量打分的实施方法(见表 8-1)。

表 8-1　监管业绩指标体系及实施方法

一级指标	二级指标	三级指标	定量打分的实施方法
监管业绩	公众满意度	产品(服务)价格满意度	设计调查问卷进行抽样分析,根据消费者填写的打分情况计算平均分
		产品(服务)质量满意度	设计调查问卷进行抽样分析,根据消费者填写的打分情况计算平均分
		产品(服务)覆盖率	通过实地抽查与上报数据相结合,进行分数的计算
		对弱势群体的扶持程度	设计调查问卷进行抽样分析,根据弱势群体填写的打分情况计算平均分

229

续表

一级指标	二级指标	三级指标	定量打分的实施方法
监管业绩	城市公用事业有序发展	产品达标率	抽查一定数量的产品，根据其达标率进行定量打分
		生产经营者对市场的信心	设计调查问卷进行抽样分析，根据生产经营者填写的打分情况计算平均分
		生产经营者的经济效益	通过实地抽查与统计数据相结合，进行计算
		垄断者是否获得垄断利润	随机抽查垄断企业，根据其是否获得垄断利润进行定量打分
	消除环境污染	企业环保设备装配率	通过实地抽查与上报数据相结合，进行分数的计算
		企业环保设备使用率	通过实地抽查与上报数据相结合，进行分数的计算
		企业废气排放达标率	通过实地抽查与环保统计数据相结合，进行分数的计算
		企业废水排放达标率	通过实地抽查与环保统计数据相结合，进行分数的计算
		企业固体废弃物妥善处置率	通过实地抽查与环保统计数据相结合，进行分数的计算

2. 受益人指标分解

城市公用事业监管涉及的受益人主要指生产经营者、消费者、其他与城市公用事业生产消费相关的第三方监督机构等主体。为引导各相关主体的行动，保证有关政策落实到位。在受益人的各个主体上，可采用三到四个具体的主要因素进行定量打分，表8-2中列出了二级、三级指标，并给出三级指标定量打分的实施方法。

3. 监管机构管理指标分解

城市公用事业监管机构内部管理指标可以分解为组织机构、管理制度、人员配置和执行能力四个二级指标，每个二级指标又可以分解为三到四个可以定量打分的三级指标，表8-3列出了各级指标及定量打分的实施方法。

表 8-2　　　　　　　　　受益人指标体系及实施方法

一级指标	二级指标	三级指标	定量打分的实施方法
受益人	对城市公用事业生产经营者监督与引导	按照行业标准生产经营	随机抽取部分企业分析，设定评分标准
		控制产品质量	随机抽取部分企业分析，设定评分标准
		全环节日常监管	通过实地抽查与资料数据相结合，设定评分标准
	对消费者进行宣传教育与引导	政府教育与宣传力度	查阅资料，判定得分与不得分
		消费者参与举报的积极性	设计调查问卷进行抽样分析，设定评分标准
		消费者所掌握的消费安全知识	设计调查问卷进行抽样分析，设定评分区间，获取相关得分
	与第三方监督机构的关系建设	与研究机构合作	查阅城市公用事业监管机构与研究机构合作资料，判定评分区间，得出分数
		与宣传教育机构合作	查阅城市公用事业监管机构与宣传教育机构合作资料，判定评分区间，得出分数
		与风险评估机构合作	查阅城市公用事业监管机构与风险评估机构合作资料，判定评分区间，得出分数
		与质量认证机构合作	查阅城市公用事业监管机构与质量认证机构合作资料，判定评分区间，得出分数

表 8-3　　　　　　　　　监管机构管理指标体系及实施方法

一级指标	二级指标	三级指标	定量打分的实施方法
监管机构管理	组织结构	层级简单	查看机构层级设计，进行定量打分，并作分数化处理
		沟通通畅	查看机构之间沟通情况，进行定量打分，并作分数化处理
		权力分配清晰合理	查看机构权力分配情况，进行定量打分，并作分数化处理
		各单位职责明确	查看会议记录，对有争议的职责是否进行明确与改进

续表

一级指标	二级指标	三级指标	定量打分的实施方法
监管机构管理	管理制度	行为规范的设置	查询资料，是否存在有关城市公用事业监管行动规范
		处理办法的制定	查询资料，是否设置了违规违法行为的处理办法
		社会监督透明度	在调查问卷中设置相关问题，分析民众对社会监督透明性的看法
		问责机制完备	查询资料，是否有完备的问责机制
	人员配置	岗位人员比例协调	查看监管机构内部岗位人员配置情况，进行定量打分，并作分数化处理
		机构人员学历水平	查看监管机构人员平均学历，进行定量打分，并作分数化处理
		专家配置比例	查看监管机构内专家配置比例，进行定量打分，并作分数化处理
	执行能力	领导重视	查看资料，考核监管工作是否在部门议事的范围之内
		政策有无保障	查询资料，是否制定了相关的政策
		完备的协调机制	查询资料，是否配置了相关的协调机制
		应急能力强度	查找往年记录，是否包含应急训练

4. 监管机构成长指标分解

城市公用事业监管机构成长性主要通过机构"监管机构创新能力及其监管水平的提高"来反映。在机构管理创新性突破方面，主要考虑的要素包括上级政府部门的认可、绩效较上一年度的提高程度以及监管方法的改进。在监管人员教育与培训方面，考虑的要素是监管人员培训方案与培训开展、监管人员学历水平提升和监管人员专业水平提升等。具体的各级指标与定量打分的实施方法如表8-4所示。

表8-4　　　　监管机构成长指标体系与实施方法

一级指标	二级指标	三级指标	定量打分的实施方法
监管机构成长	监管机构创新能力	上级政府部门的认可	查询资料，上级政府部门是否在城市公用事业监管方面有过认可与表彰

续表

一级指标	二级指标	三级指标	定量打分的实施方法
监管机构成长	监管机构创新能力	监管绩效较上年提高程度	查询资料，监管绩效是否较往年有所提升
		监管方法改进	查询历年监管典型案例，评价监管方式和方法的改进与创新，并定量打分
	监管水平提高	监管人员培训方案与培训开展	查询相关资料，了解是否有培训与方案制定，有即得分
		监管人员学历水平提升	通过调查，了解人员在职学历晋升情况，进行定量打分
		监管人员专业水平提升	长期跟踪，在问卷调查中设置相关专业问题，分析监管人员专业知识掌握水平，进行定量打分

第四节 政府监管绩效评价方法

不同的监管绩效评价方法具有不同的原理与特点，运用合适的监管绩效评价方法对监管绩效进行准确与合理地评价，对促进监管水平的提升具有重要的现实意义。

一 平衡记分卡法

平衡记分卡评价法由美国哈佛商学院卡普兰和诺顿两位教授于1992年提出，其最原始的思想是构建更全面的企业战略绩效评价体系。[1] 平衡计分卡法主要包括四个方面的绩效考评内容，即包括财务、客户、内部流程、学习和成长，并强调这四个方面的有机联系的因果关系和动态相互作用，从而形成一种动态的战略管理系统。传统的平衡计分卡框架，其综合考虑了股东、员工以及客户三个群体的组织关系，注重对企业员工的培养来提高企业内部运营效率，并提高客户的满意度。

传统平衡记分卡评价法仅适用于营利性传统企业评价，并不适用于

---

[1] Kaplan and Norton, "The Balanced Scorecard – Measures that Drive Performance", *Harvard Business Review*, Vol. 83, No. 7 – 8, 1992, pp. 71 – 79.

追求公共利益最大化的政府监管绩效评价，为此需要对其加以修改。在政府监管的背景下，用于监管绩效评价的平衡计分卡模型应包括监管经济效益、监管对象、监管流程、监管学习能力提升四个维度（见图 8-3）。基于平衡计分卡法的政府监管绩效评价方法是力图实现经济效益指标和社会效益指标、主观指标与客观指标、定性指标与定量指标等的平衡，是一种综合的绩效评价方法。

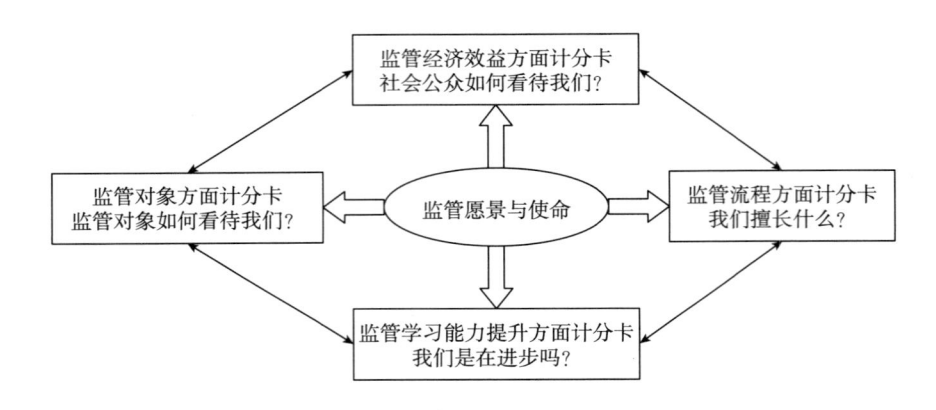

图 8-3 政府监管平衡计分卡的四个维度

二 标杆管理法

标杆管理法最早可追溯至日本企业在"二战"之后积极分析西方管理实践，并且吸取其精髓至自身的管理中来。标杆管理法在 1979 年由美国施乐公司正式创立，具体是指企业在生产活动过程中，通过寻找处于同一个行业的最强对手，或在同类型企业中寻找关键业绩最突出的企业作为标杆，并以该企业为比较基准，与自身在组织机构、管理机制、业绩指标等方面进行比较分析，找出自身的不足与改进方向，从而达到提高自身绩效水平的评价方法。

标杆管理法的主要优点是解决了绩效考评所面临的信息不对称和环境不确定性问题的干扰，从而使考评结果更为客观。同时，如果选择一个较高绩效的对象为标杆还有助于被考核对象准确地找到自身的弱项并有针对性地加以整改，从而提高自身的绩效，从而产生较好的绩效提升的激励效应。标杆管理法的实施一般包括四个基本步骤：第一步是找出关键绩效指标；第二步是确定绩效管理标杆；第三步是优化关键绩效指标；第四步是实现绩效超越目标。在政府监管绩效评价中运用标杆管理法时，最重要的是取决于两项工作：一是关键绩效指标的确定，只有科学选择最能反映监管绩效的关键指标才能保证绩效评价的有效性；二是"标杆"对象的选取，如果选择的标杆对象与考评对象之间具有较大的差异性，会产生二者之间"不可比"问题，这在明显具有地域性差别或资源环境条件差别的城市公用事业监管中特别重要。

在政府监管绩效的背景下，标杆管理法一方面可以用于被监管企业的区域间比较竞争监管，另一方面也可以用于不同政府监管部门之间的绩效评价。这里的不同政府监管部门既可以是同一领域的地方监管部门或者是中央监管部门的派出机构，也可以是不同领域监管部门。例如，国家能源局设置了18个能源监管派出机构，对这些监管派出机构的绩效评价就可以采用标杆管理法，选择一家监管绩效最好的派出机构作为标杆，其他的派出机构可以参照这个标杆进行绩效评价。以此为基本原理，这种方法还可在环境监管机构和食品安全监管机构之间实行标杆管理，将某一类监管机构在某个监管事项的成功经验作为标杆，由其他监管机构借鉴学习其成功经验。

三　公众满意度评价法

公众满意度是建立在公众主观体验基础上的情感反应，是受益者指标的核心部分。公众满意度取决于公众接受某项产品或服务后的主观感知与在接受产品或服务前的期望之间的比值，这一比值越大，公众满意度就越高。据此，政府监管公众满意度也是指公众对政府监管效果的感知与他们对监管期望值比较后形成的一种满意程度判断。通过对政府监管公众满意度进行评价，可以较直观地反映政府监管效果的好坏和水平的高低。典型的公众满意度模型结构如图8-4所示。

借鉴公共服务公众满意度理论模型中设置潜在变量及观测变量的方法，可以构建政府监管公众满意度评价指标体系，潜在变量包括：公众期望、监管机构响应、监管信息透明度、危机处理、感知质量、监管成熟度、公众抱怨、公众信任、公众满意度（见表8-5）。

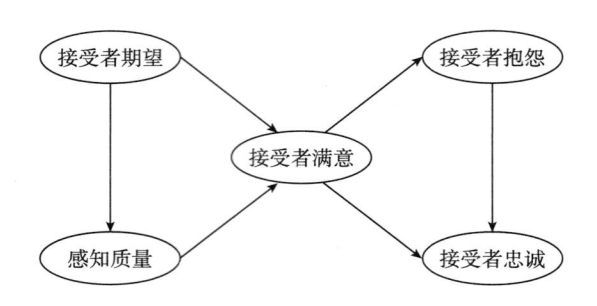

```
              接受者期望                  接受者抱怨

                        接受者满意

              感知质量                    接受者忠诚
```

图 8-4　公共服务接受者满意度指数模型

表 8-5　　　　　政府监管公众满意度测评量表

潜在变量	可测变量
公众期望（X_1）	公众对结果的期望
	公众对监管机构可靠性的期望
监管机构响应（X_2）	反应速度
	处置能力
监管信息透明度（X_3）	公开信息时效性
	公开信息准确性
	公开信息实用性
危机处理（X_4）	恢复秩序
	动态反应
	问责力度
感知质量（X_5）	整体感知应对能力
监管成熟度（X_6）	政府监管覆盖范围（广度）
	政府监管完善程度（深度）
公众抱怨（X_7）	公众对政府监管的抱怨行为
公众信任（X_8）	公众对政府监管政策的信心程度
	公众对政府监管政策的支持程度
公众满意（Y）	政府监管的整体满意度

四　政府监管绩效评价 IPOO 模型

针对私营部门绩效评价方法应用于政府监管公共部门时存在的适用性问题，为此探讨适用于公共部门的绩效评价方法就成为提高评价方法科学性的重要需求。IPOO（Inputs – Process – Outputs – Outcome）模型是适应这一要求并重点针对公共部门的一种新的绩效评价方法（见图 8-5）。① 依据监管行政过程，IPOO 模型主要由四个模块构成：投入、过程、产出、效果。其中投入是指公共部门提供公共服务的公共资源投入，包括人力和预算投入；过程则是公共部门提供公共服务的过程，包括规则的制定与政策的实施；产出是指公共部门投入公共资源之后提供的公共服务数量与质量；效果则是公共部门提供了公共服务产出之后，对于公共目标的实现以及社会公众满意度产生了哪些实在的效果。

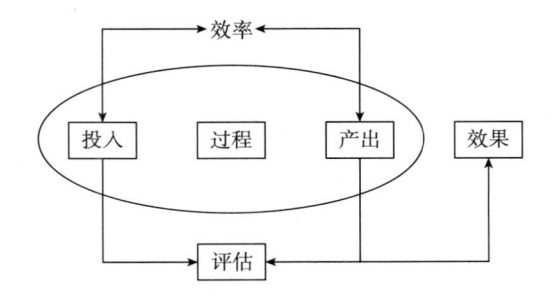

图 8-5 政府公共部门绩效评价 IPOO 模型

结合环境监管而言，IPOO 模型的四个要素的具体表现如下：投入是指环境监管部门为了污染物治理投入了哪些监管资源，包括监管执法人员的现场检查、环境监管预算投入等。过程则是指导环境监管的过程，包括监管规则的制定与公布、具体的监管政策执行。产出则是监管政策实施所实现的效果，例如污染企业达标排放的数量与比率、污染物排放量的减少等。效果则是环境改善的程度以及社会公众对环境改善的满意度等。值得指出的是，产出与效果之间不是等价的，产出是监管部门实施监管投入之后所实现的直接效果，公共资源的投入，必然会转换成一定数量的公共服务产出。而且这种投入与产出之比可以作为监管部门的效率评价指标，投入产出越大，证明监管部门的效率越高。然而产

---

① Talbot, "Public Performance – towards a New Model?", *Public Policy and Administration*, Vol. 14, No. 3, 1999, pp. 15 – 34.

出的数量越多,并不一定代表效果越好,也有可能出现产出与监管目标之间存在偏离的情况。例如,对于环境监管而言,监管的最终目标是实现环境质量的明显好转,社会公众对环境满意度持续提高。尽管通过环境监管部门的努力,使污染物排放有了明显的减少,但由于整体的环境质量出现了恶化,一定数量的污染物减少并不能代表整体环境质量的明显改善。因此,在监管绩效评价中,不仅需要关注监管产出的数量,还需要关注监管的实际成效。

第五节 政府监管绩效评价体系建设的基本途径

政府监管绩效评价体系建设的基本路径有以下几个方面。

一 以国家治理体系和治理能力现代化为根本依据

党的十八大以来,中国高度重视科学决策、民主决策,大力推进国家治理体系和治理能力现代化。党的十九届五中全会审议通过的《中央关于制定国民经济和社会发展第十四个五年规划和二〇三五年远景目标的建议》提出,要健全重大政策事前评价和事后评价制度,提高决策科学化、民主化、法治化水平。这是健全决策机制、提高决策科学化和法治化水平的一项重要制度安排,对推进国家治理体系和治理能力现代化具有重要意义。实践证明,政府监管绩效评价是国家治理体系建设的重要内容,是推进国家治理能力现代化的重要举措,是中国政府监管体制创新的重要举措,对提高政府监管的科学性和公正性,促进经济社会和谐发展具有重大的意义。

监管绩效评价的根本目的是促进政府监管绩效的提升,更好地实现政府监管的公共利益目标并合理平衡不同利益相关者的利益诉求,从而实现善治的目标。为此,需要建立有效的监管绩效评价体系,包括通过立法来保障监管绩效评价的制度化、适合中国国情的多元评价主体、建立完善的监管绩效评价指标体系、完善监管绩效评价结果问责机制、保证监管绩效评价的透明度和公众参与等。

二 通过立法实现监管绩效评价的法定化

政府监管绩效评价需要有一套立法保障机制来确保绩效评价得到有效的实施,将绩效评价机制以法律的形式固化下来。国家应研究制定和出台相关的法律、规章或指导性文件，确立政府监管绩效评价的地位，对监管绩效评价的原则、评价主体与对象、评价程序、评价结果的使用和公开做出明确规定，实现政府监管绩效评价的法制化和制度化的道路。

目前，政府监管绩效评价制度的立法主要有综合立法和专门立法两种模式。综合立法是出台综合性的、适用于所有政府监管绩效评价的综合性法律。专门立法则是针对特定领域或行业的实际情况制定专门的监管绩效评价规定。中国监管绩效评价制度的立法应该采取先专门立法然后逐步过渡到综合立法。针对中国的现实，近期主要是在有关领域或行业监管立法中增加有关绩效评价的章节，对绩效评价做出明确的规定。这种立法路径可以将监管绩效评价与领域或行业监管立法中的监管职能、监管内容和监管措施紧密结合起来，能更好地体现不同领域或行业监管的差异，从某个领域或行业监管绩效评价入手，带有改革试点的性质，待领域或行业监管绩效评价经验积累成熟之后，再将各个专门立法中的绩效评价共性的内容提炼出来，总结为综合性的政府监管绩效评价立法。

三　建立适合中国国情的多元评价主体

充分发挥党委、人大、政协、财政、审计等部门的监督作用。一是发挥党委的监督作用，增强党委对政府监管部门监管行政行为的监督，切实发挥党对政府监管工作的领导作用。二是充分发挥人大和政协的职能，在承担部分评价工作的基础上，加大对评价过程的监督和支持。对于各级政府颁布实施的政策，建议由同级人大和政协负责组织评价，并对评价过程进行监督。三是强化财政和审计部门的监督作用，加强对评价过程的财政和审计监督。任何一项重大政策的出台和实施，都需要财政资金的支持，都需要审计部门的参与，因此需重视发挥财政、审计等综合部门在重大政策评价中的监督、评价和推动作用。

重视发挥第三方评价的作用，进一步规范整合现有的政策研究和咨询机构，注重官方、非官方政策评价机构功能的协调互补。鼓励和引导民间政策评价机构的发展，充分发挥民间评价机构体制灵活、专业性强、客观公正、社会关系广泛的优势，特别应注意赋予民间评价机构的独立地位。要鼓励和引导第三方评价机构的发展，支持建设一批高水平的第三方评价机构。强化非官方智库在政策评价中的作用，特别要注意赋予非官方评价机构超然、独立的地位，保证其机构独立、人员独立、经济独立，保障其评价工作公正、客观运行。

四 加强监管绩效评价指标体系和评价方法建设

建立适合部门特征的政府监管绩效评价指标体系是进行政府监管绩效评价的重要抓手，是政府监管绩效评价全面、科学的重要保证。由于不同领域或行业的政府监管具有明显不同的领域或行业特征和监管问题，无法采用"一刀切"的监管绩效评价指标体系，必须根据不同领域或行业的特点来进行选择。目前，在中国政府监管实践中，城市公用事业领域已经具有了一定的监管绩效评价基础，应该首先以城市公用事业为样本来试点建立系统的政府监管绩效评价指标体系，对于食品、环境、安全等社会性监管领域则逐步建立完善评价指标体系。尽管政府监管绩效评价指标体系要体现领域或行业差异性，但仍然要遵循一些共性的基本原则，如监管过程评价指标与监管结果评价指标的结合、数量指标与质量指标的结合、定量指标与定性指标的结合、经济性指标与社会性指标的结合等。

要不断加强评价方法体系建设，积极借鉴学习成熟、实用的监管绩效评价方法，如平衡记分卡法、标杆管理法、公共服务满意度评价法和政府绩效评价IPOO模型等，实现政府监管绩效评价的科学化和精确化。在数字经济背景下，要重视对大数据资源挖掘和大数据、人工智能等新技术在政府监管绩效评价中的广泛应用，积极引入决策树模型、神经网络模型和基本规则模型等大数据技术背景下的监管绩效评价方法，实现政府监管绩效评价的智能化。

五 完善绩效评价结果反馈处理机制

政府监管绩效评价最终应服务于不断提高政府监管工作质量，因此建立有效的绩效评价结果反馈处理机制是政府监管绩效评价不可或缺的重要环节。只有建立完善的绩效评价结果反馈处理机制才能促使监管机构针对政府监管过程中存在的问题进行整改，完善政策方案和行政过程，全面提高政府监管绩效。完善政府监管绩效评价结果反馈处理机制的基本路径为：一是建立制度化的反馈处理机制，明确反馈处理机制是政府监管整体过程的必要程序，反馈结果将提交给被评价部门及相关的主管部门，对此被评价部门需要针对评价报告中发现的问题提出有针对性的整改意见和具体措施；二是明确整改程序和上报流程，保证绩效评价中发现的问题能够在规定时间内得到逐一落实处理，主管部门要对整改情况进行必要的监督检查；三是建立问责机制，将政府监管绩效评价结果作为监管部门主要领导考核评价的重要依据和部门及人员奖惩的主要依据，对于存在重大监管失职、明显行政不作为的部门及其负责人要建立严格的问责机制。

六 提高政府监管绩效评价的透明度与公众参与度

政府监管绩效评价的最终目标是促进政府监管绩效的改进，更好地为社会公众提供监管公共服务。根据政府监管绩效评价理论，政府监管不仅是维护广大人民的利益，同时也是广大人民行使对政府监管机构必要监督的要求。根据公共受托责任理论，受托人有义务向委托人汇报自己行为的责任。特别是对于行使公共权力的政府监管机构而言，更有义务将自身职责履行情况向社会公众公布，保持高度的透明度，让监管权力在阳光下运行，也能够让社会公众充分了解政府监管机构的所作所为。为此，政府监管绩效评价应保障公众的知情权和参与权，具体来说：一是应扩大公众参与，增加监管政策制定和监管绩效评价过程中政府与社会、公众的互动，在绩效评价过程中要倾听公众的意见和吸收公众代表参与；二是建立监管绩效评价信息系统，完善政府监管绩效评价公开制度，包括评价指标体系、评价方法与过程、评价结果等都应通过有关的网站向社会公开，接受公众监督和评议。

本章小结

一 论证了政府监管绩效评价的必要性及制度设计的重点

监管是现代市场经济中政府的一项重要职能，是一种政府的行政行为。由于政府监管会存在由于监管俘获所引发的监管失灵，以及委托代理关系中信息不对称引发道德风险，政府监管绩效评价能在一定程度上降低信息不对称并缓解监管失灵；同时，监管机构作为公共代理机构，需要向社会公众和立法机关负责，政府监管绩效评价体系是体现公共受托责任的重要机制。因此，监管绩效评价是实现良好监管治理的重要机制,是提高国家治理能力和实现治理现代化的重要内容。

二 评价了政府监管绩效评价体系的实践及完善政策重点

中国监管绩效评价体系建设的主要特点是将其纳入法治政府的总体制度框架中进行设计并推进改革实践,并在一些行业或地区的政府监管改革实践中进行了有益的尝试。尽管中国监管绩效评价体系建设取得了一定的成效,但是在法制化、制度化、评价主体组成、指标体系完善、考核评价结果应用等方面仍有待通过改革加以完善,从而构建更符合中国国情的政府监管绩效评价体系,以提高政府监管的有效性,促进国家治理体系和治理能力现代化。

三 设计了具有参考价值的政府监管绩效评价指标体系

政府监管绩效评价体系的有效性很大程度上取决于监管评价指标体系的设计,这不仅关乎评价质量也影响监管机构的行为激励。政府监管绩效评价指标体系构建需要遵循系统性、科学性、可行性、前瞻性原则,并结合特定领域或行业特点。为此,采用平衡计分法并以城市公用事业为例,构建了三级监管绩效评价指标体系,为政府监管绩效评价的实践提供有益的参考。

四 探讨了评价政府监管绩效评价的主要方法

监管绩效评价的有效实施需要依赖科学可信的评价方法,本章重点讨论了政府监管绩效评价的平衡记分卡法、标杆管理法、公共服务满意度评价法和政府绩效评价 IPOO 模型。每种监管绩效评价方法都具有各自的理论指导、相应的适用场景和优缺点,在现实的监管实践中,需要根据实际情况来灵活选用具体的绩效评价方法,以取得最佳的实施效果。

五 提出了政府监管绩效评价体系建设的基本途径

基于中国的制度现实和政府监管绩效评价的实践经验,本章提出建立有效监管绩效评价体系的基本路径为:通过立法来保障监管绩效评价的制度化,形成适合中国国情的多元评价主体,建立完善的监管绩效评价指标体系,完善监管绩效评价结果问责机制,保证监管绩效评价的透明度和公众参与度。

第三篇　监管实践应用

第九章

基于自然垄断的能源监管体系

本章首先分析能源行业的自然垄断性与政府监管需求，简要回顾中国能源行业政府监管体系沿革，并对现有能源行业监管体系进行评价，以反映中国能源行业现有监管体系的基本特征。在此基础上，探讨中国能源行业监管体系的目标模式，最后，提出并讨论完善能源行业政府监管体系的路径选择问题。

第一节 能源行业的自然垄断性与政府监管需求

一 能源行业的自然垄断性

能源行业是由电力、石油、天然气和煤炭等行业组成的，其中，电力行业是能源行业的基础，电力行业不仅在整个能源行业中占绝对比重，而且，煤炭、石油和天然气还是发电的一次能源。电力行业在总体上具有较为显著的规模经济性和自然垄断性。在电力行业的发电、输电、配电和售电这四个主要业务领域中，发电具有一定的规模经济性，太小的发电单位是低效率的。特别是原子能发电厂的规模经济更为突出。经济学对自然垄断的最准确定义是其成本函数的弱增性（subadditivity）。[①] 可用图9-1加以说明。

在图9-1中，假定有两个企业具有相同的生产效率，AC_1是一家

[①] William W. Sharkey, *The Theory of Natural Monopoly*, Cambridge: Cambridge University Press, 1982, pp. 4-5; W. J. Baumol, "On the Proper Cost Tests for Natural Monopoly in a Multiproduct Industry", *American Economic Review*, December 1977.

企业的最小平均成本曲线，AC_2 是具有生产效率的两个企业的平均成本曲线。成本弱增性所要讨论的是，由一家企业提供整个行业的产量成本较低还是这家企业与另外的企业共同提供相同产量的成本较低。在图 9-1 中，AC_1 和 AC_2 在产量为 Q^* 点处相交，Q^* 点决定了成本弱增的范围，当产量小于 Q^* 时，由单个企业生产成本最低。因此，成本弱增性是描述自然垄断性的最好方法，尽管在产量 Q' 与 Q^* 之间存在规模不经济，但从社会效率看，由一个企业生产效率最高。由此可见，规模经济并不是自然垄断的必要条件，决定自然垄断的是成本弱增性。

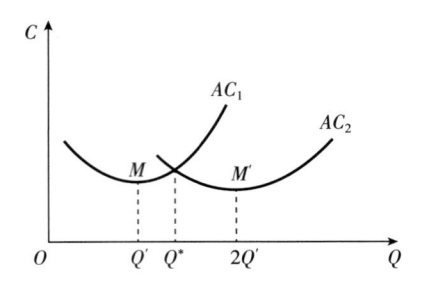

图 9-1　两个企业的平均成本曲线

以成本弱增性作为衡量自然垄断的标准，输电和配电业务领域具有自然垄断性，因为输电和配电是通过物理电网进行的，如果有两家或两家以上的企业在同一区域内分别建设电网，这就会造成低效率的重复建设。对于售电业务领域，虽然现有体制是以配电与售电实行垂直一体化经营为主导的，但如果其他企业能以合适的条件自由运用配电网，那么，售电业务领域就不具有自然垄断性。

在石油、天然气行业也存在与电力行业类似技术经济特征。如石油行业的主要业务包括油田勘探与开采、原油存储、原油管道运输、炼化业务和成品油销售等。天然气行业则包括天然气勘探与开采、天然气主干网输送、城市配送和销售等业务领域。在这些业务领域中，油气管网输送业务是自然垄断性业务，其中油气主干网输送属于"强自然垄断"，油气配送则属于"弱自然垄断"；而其他业务领域则是竞争性或潜在竞争性领域。

总体而言，由于能源行业存在管网输送和配送业务，因此，能源行业属于自然垄断性行业。

二　能源行业的监管需求

由于能源行业具有自然垄断性，这就在客观上存在政府监管需求。政府应该对能源行业的价格实行监管，能源价格监管的主要目标是抑制企业制定垄断价格，以保护广大消费者的利益。在电力行业，由于发电上网价格，输电、配电价格都会通过转移价格而影响最终电价，特别是由于输电、配电企业具有相当大的市场垄断力量，因此，政府对输电、配电价格应该实行严格监管。而在石油、天然气行业，油气管网输送业务是自然垄断性业务，油气管网输送价格是政府监管的重点。同时，能源行业的自然垄断性也要求政府对进入壁垒实行监管，当然，这需要对不同业务领域区别对待，实行不同的政府监管政策。对于能源行业的竞争性业务领域，政府可以放松进入和价格监管，以运用市场竞争机制，提高经济效率，但能源行业竞争性业务领域毕竟具有一定的规模经济性，因此，政府还是需要控制进入壁垒，以防止企业过度进入。而对于能源行业的自然垄断性业务领域，政府应该实行重点监管，以避免低效率的重复建设。

第二节　能源行业政府监管体系沿革与现状评价

一　能源行业政府监管体系沿革

中国的能源行业曾长期实行高度政企合一、垄断经营的体制，为从根本上解决这种体制问题，作为能源行业一次重大改革，1997 年 3 月，成立了国家电力公司，专门从事电力生产经营活动。但当时国务院许多政府部门都对能源行业有监督管理权，形成了对能源行业多家监管的局面。[①] 为解决这一问题，并加强政府对电力行业的监管能力，根据 2002 年 2 月《国务院关于印发〈电力体制改革方案〉的通知》（国发〔2002〕5 号），2003 年 7 月组建成立了正部级的国务院直属事业单位

---

① 详见中国基础设施产业政府监管体制改革课题组《中国基础设施产业政府监管体制改革研究报告》，中国财政经济出版社 2002 年版，第 271—273 页。

国家电力监管委员会（以下简称国家电监会）。

国家电监会成立以后，作为一个新型的电力监管机构，在较短的时间内已做了许多开创性的工作。[①] 可是，在它成立后，电力行业原有监管体制并没有实质性变化，原来多家监管的格局依然存在。特别是国家发改委仍然是电力价格监管主体，与电力进入监管密切相关的重大电力项目投资审批权也掌握在国家发改委手中，这就使国家电监会缺乏价格监管和投资准入监管这两个最为重要的监管职能。因此，国家电监会不是一个相对独立的综合性电力监管机构。这使它成立几年后，社会各界对它的期望与现实存在较大差距，不少专家学者提出了许多批评意见。[②] 正如有的学者所指出的那样，由于国家电监会是政府行政组织体系中的"弱势规制者"，面临较大的冲击时，必然成为被"清理"的对象[③]。其结果是，在2013年国务院机构改革时，将国家电监会和国家能源局合并，成立新的由国家发改委管理的副部级国家能源局。2018年国务院机构改革时继续保持国家能源局的这种管理体制。

二 能源行业政府监管体系现状评价

随着能源行业改革的不断深化，中国的能源监管体制也得到不断完善，但以国家治理现代化为衡量标准，现行能源监管体制还存在不少"短板弱项"，还存在不少有待解决的问题。本书从系统反映能源监管体制特征的监管法律制度、监管机构、监管方式、监管监督和监管绩效评价这五个要素，对能源行业现有监管体制进行评价，重点分析其存在的突出问题，为深化能源监管体制改革提供问题导向。

（一）能源监管法律制度难以满足能源监管的需要

中国目前还没有颁布能源行业基础性的能源法，现行能源监管法律中的重要法律是1995年12月颁布的《中华人民共和国电力法》（以下简称《电力法》），虽然该法分别在2009年8月和2015年4月作了部分

[①] 详见谭荣尧、赵国宏等《中国能源监管探索与实践》，人民出版社2016年版，第81—206页。

[②] 详见王俊豪等《中国垄断性产业管制机构的设立与运行机制》，商务印书馆2008年版，第58—60页。

[③] 白让让：《制度均衡与独立规制机构的变革——以"信息产业部"和"电监会"为例》，《中国工业经济》2014年第10期。

内容修改，但从电力行业有效监管的需要分析，仍存在许多明显不适应的方面。例如，该法没有明确特定的监管机构，这给电力行业多头监管提供了法律空间，而且该法也没有界定有关政府部门的具体职责和权力，这必然造成部门间的矛盾和冲突，影响电力监管效率。

为适应电力行业改革和监管的需要，国务院在 2005 年 2 月专门颁布了《电力监管条例》（国务院令第 432 号），但十多年后，该条例与现有的电力行业现状存在较大的差距，例如，由于输配分开、交易独立等改革关键环节没有实质性突破，关于电网公平开放、电力市场份额监管、调度交易监管等和电力市场相关的条例内容难以落实和执行。该条例和其配套的不少规章、规范性文件等法规制度也存在不协调问题。而在石油、天然气行业，既没有这些行业的法律法规，也缺乏可作为监管依据的系统性制度文件，导致石油、天然气行业的能源监管无法可依。

2015 年 3 月，中共中央、国务院印发了《关于进一步深化电力体制改革的若干意见》（中发〔2015〕9 号），同年 11 月国家发改委印发了电力体制改革的六个配套文件。2017 年 5 月，中共中央、国务院又发布了《关于深化石油天然气体制改革的若干意见》，推进石油天然气行业市场结构战略性重组。从 2015 年年底开始，各项能源体制改革试点工作在全国范围内展开，对加强能源监管提出了新需求，原有的能源监管法律制度体系更不能适应改革的需要，亟须加强制度创新，完善能源监管法律制度体系。

（二）能源监管机构缺乏明确的监管职责

在中国现行的能源监管体制下，中央层面的主要能源监管职能分散在国家发改委、国家能源局、财政部、国家市场监管总局等多个国家部委，而且各部委的能源监管职责不明确，容易造成监管职责交叉重叠和缺位、越位问题。[①] 国家电监会并入后的国家能源局理应是主要能源监管机构，但国家能源局主要承担能源行业的宏观管理和制定并实施行业管理政策职能，从国家能源局内部机构设置看，只有市场监管司和电力安全监管司主要从事能源监管职能。因此，国家能源局只是承担部分监

[①] 王浩：《行政组织法视野下能源监管体制改革研究》，《西南石油大学学报》（社会科学版）2019 年第 1 期。

管职能的由国家发改委管理的政府行政机构，其监管权力和职能都很有限。表现为国家能源局作为一个委管副部级单位，监管职能不完整，权威性不强，特别是能源重大投资、价格、反垄断等核心监管职能都在其他部委，也没有独立制定监管规章的权力。因此，国家能源局显然缺乏作为能源监管机构所必需的相对独立性。

在能源监管机构纵向配置上，国家能源监管派出机构设置、派出机构和地方能源管理部门的关系等方面也存在不少问题。例如，国家能源局现设有 6 个区域监管局和 12 个省级监管办公室，但区域监管局与省级监管办公室是平级关系，各自独立向国家能源局负责，区域监管名不符实。同时，在国务院"放管服"改革过程中，能源行政审批权下放后，实行"谁审批、谁负责、谁监管"机制，地方能源管理部门也在强化能源监管职能，成立了相应的监管处室，这些处室的职能与国家能源派出机构的职能高度相似，二者之间的职能界面不清晰，职能冲突时有发生。由于国家能源局派出机构与地方政府能源部门没有行政隶属关系，二者之间缺乏常态化的信息沟通和监管协作机制，导致地方层面的能源监管难以落实，派出机构的监管履职也难以得到地方能源主管部门的有力支持。

（三）传统的能源监管方式影响能源监管效率

能源监管方式的科学性、先进性对监管效率具有直接影响，但现行能源监管还是以传统的行政管理方式为主导。例如，长期以来，在能源价格监管中通常实行传统的投资回报率定价方式，2015 年开始了新一轮电力体制改革，改革的重要目标之一是建立独立的输配电价体系，并颁布一些相关规章制度①，规定在成本监审基础上，按照"准许成本 + 合理收益"的定价方式核定输配电价。但这本质上还是属于传统的投资回报率监管方式，不能有效激励电网企业提高效率。因为根据有关规定，目前审核电网企业的准许成本和有效资产主要考虑成本或资产是否与输配电业务直接相关，却没有充分考虑资产的实际使用情况。如果低

---

① 例如，国家发改委颁布的《输配电定价成本监审办法（试行）》（发改价格〔2015〕1347 号）；《区域电网输电价格定价办法》（发改价格〔2020〕100 号）；《省级电网输配电价定价办法》（发改价格规〔2020〕101 号）等。

使用率的资产全部记入准许成本和有效资产，必然导致过度投资问题，从而产生扭曲资源合理配置的低效率 A－J 效应。① 表现为电网企业在投入要素间的比例分配上，过多地使用资本投资，导致电网企业过度投资而使电网设施利用率较低，输配电成本价格较高。因此，以传统的投资回报率方式实行价格监管，必然造成电网企业的低效率，这也是中国输配电价居高不下的一个体制性问题。②

根据快速发展的现代科学技术提供的可能性，在能源监管中应充分利用现代科技手段，运用互联网、人工智能、区块链等新技术推动能源监管方式创新；积极推行移动监管、远程监管等非现场监管，提升能源监管的精准化、智能化水平。但目前先进科技手段在能源监管方式中应用还很少，更多的是运用传统方式进行能源监管。根据笔者对多个国家能源局派出机构的调研，其客观原因是存在多方面的约束条件：一是能源监管机构缺乏必要的工作场所，如移动监管、远程监管需要有一定的场所安装设备，但不少监管机构没有自有的工作场所，而是向当地的国家电网省级分公司租用，仅能维持人员办公所需；二是监管经费不足，无法购买科技水平较高的设施；三是监管人员薪酬待遇不高，难以吸引拥有高科技知识的专业人员。这些实际问题迫切需要得到解决，以加强能源监管机构的科技水平，以高科技推动监管方式创新，提高能源监管效率。

（四）能源监管的监督缺乏有效的途径和手段

传统经济理论假定，政府监管的目标是增进社会经济福利，并假定政府监管者（监管机构和监管人员）专一地追求这一公共利益目标。但在 20 世纪 70 年代，经济发达国家出现了一种政府监管俘虏理论③。这一理论的核心观点是，消费者和被监管企业是两个不同的利益集团，其中，由极其分散的消费者组成的利益集团对政府监管者的影响力很

---

① Averch, H. and L. Johnson, "Behavior of the Firm under Regulatory Constraint", *American Economic Review*, Vol. 52, 1962, pp. 1052–1069.

② 详见王俊豪等《电网企业纵向一体化、成本效率与主辅分离改革》，《中国工业经济》2021 年第 3 期。

③ 详见王俊豪《政府管制经济学导论——基本理论及其在政府管制实践中的应用》，商务印书馆 2017 年版，第 56—68 页。

小，而由数量很少的垄断企业组成的利益集团对政府监管者具有特殊的影响力。同时，政府监管者也是"经济人"，也追求私利。这样，企业利益集团的特殊影响力和一些政府监管者的私利相结合，便为少数政府监管者的腐败行为提供了现实基础，这些腐败的监管者为实现私利便成为企业的俘虏，偏离了政府监管的公共利益目标而为企业谋利益。这一理论虽然存在很大局限性和片面性，但它为政府必须加强对监管者的监督机制提供了理论依据。

从中国近几年的反腐倡廉现实情况看，能源行业也是腐败问题高发区，曾经出现严重的寻租和腐败问题，在社会上造成了极其恶劣的影响，对国家和人民群众的利益造成了严重的损害。其中一个值得反思的重要原因是对能源监管缺乏有效的监督约束机制。由于现行能源监管体制还是实行多家监管，而且监管职责不清，这就对监管者的行为缺乏可问责性，难以实行有效的行政监督。在社会监督方面，由于能源行业的技术经济特征比较复杂，各种社会组织和消费者掌握的信息不多，对能源监管机构了解更少，因此，难以对能源监管机构实行有效的社会监督。由于能源监管的监督缺乏有效的途径和手段，这就造成对能源监管机构缺乏强有力的监督约束机制。

（五）尚未建立科学的能源监管绩效评价体系

能源监管的专业性强、涉及面广、社会影响大，这要求对能源监管机构建立监管绩效评价体系，以保证能源监管绩效能够得到科学评价和及时反馈，提高能源监管能力和监管水平。由于能源行业具有高度专业化、系统化的特点，对于能源生产、输配、销售等方面的信息，在能源监管机构、能源企业与消费者、社会公众等之间存在严重信息不对称。而目前能源监管绩效评价还缺乏较为充分的能源监管信息披露机制。[1]

目前中国尚未建立较为科学的能源监管绩效评价体系，表现为能源监管绩效评价的主体单一，缺乏利益相关方的广泛参与；能源监管绩效的评价方法缺少对能源监管的成本收益分析，主观判断多，经验证据少；能源监管绩效评价缺乏持续性和规范性，评价的公开性和透明度不

---

[1] 陈兴华：《以国家能源局 2014—2017 年监管报告为样本的能源监管实践考察》，《北方工业大学学报》2018 年第 4 期。

足，缺乏必要的社会监督等。由于缺乏科学的能源监管绩效评价体系，导致能源监管中的问题不能及时发现和解决，能源监管政策的实际执行情况和实施效果得不到如实反馈，能源监管政策的调整缺乏科学依据。

第三节 能源行业政府监管体系的目标模式[①]

一 能源监管机构在能源监管体系中的基础性地位

在能源行业监管体系的法律制度、监管机构、监管方式、监管监督和监管绩效评价这五个构成要素中，监管机构具有基础性地位。这是因为，能源监管机构的相对独立性和基本职能等需要通过相关法律制度加以确认，反过来说，能源监管机构性质和定位是相关法律制度确认的依据；能源监管机构是监管主体，监管方式是监管机构为实现一定的监管目标而采取的各种有效方法和手段，不同性质的能源监管机构可供选择的方式也不同；能源监管机构独立性、基本职能和可问责性密切相关，可问责性又在相当程度上影响对能源监管机构的监督和绩效评价。同时，考虑到2013年后国家电力监管委员会并入国家能源局，对能源领域实行综合监管，而且这也符合国际上能源监管综合化的趋势，已不可能单独设立电力监管机构。但在能源监管中，电力监管无疑是最为重要的监管内容。因此，本节主要围绕能源监管机构目标模式讨论能源监管体系的目标模式问题。

二 能源监管机构近期目标模式：国家能源监管局

现有的国家能源局是一个由国家发改委管理专门从事能源管理的政府机构，根据2018年的"三定方案"，在国家能源局的十二项主要职责中，只有电力市场监管和电力安全生产监管属于政府监管职责，与此相应，在国家能源局的12个内设机构中，只有市场监管司和电力安全监管司主要承担监管职责。可见，严格地说，国家能源局还不属于本书第五章讨论的国务院部委管理的监管机构模式，而是属于部委管理局内设的政监合一监管机构模式。因此，中国能源监管机构近期目标模式是

[①] 参见王俊豪、金暄暄《中国能源监管体制深化改革研究》，《经济学家》2020年第9期。

成为"大部门制下相对独立的能源监管机构"。这种目标模式类似于国外隶属于政府部门的监管机构，如英国在 2000 年将天然气供应监管办公室和电力供应监管办公室合并后成立的天然气和电力市场监管办公室，它隶属于英国贸易和工业部，作为能源行业的综合性监管机构。而将中国现有的国家能源局改革成为国家发改委管理的相对独立的能源监管机构（为便于讨论假定为"国家能源监管局"，下同），[①] 至少需要从以下三个方面进行改革。

（一）国家发改委等部委和国家能源局之间调整政府行政管理职能和监管职能

目前，国家能源局不仅承担部分监管职能，还更多地承担宏观管理和行业管理职能，因此，要将国家能源局改革为实质性的能源监管机构，首先需要在国家发改委等部委和国家能源局之间重新调整管理职能和监管职能，将国家能源局有关拟订并组织实施相关行业发展战略、规划和政策，组织推进重大设备研发及其相关重大科研项目，指导行业科技进步等宏观和行业管理职能转移给国家发改委等相关部委，而国家发改委等部委将有关市场、价格和投资准入等微观监管职能转移给国家能源局，从而将国家能源局改革成为实质性的能源监管机构。这也有利于减少国家发改委等部委和国家能源局之间内部机构重叠、职能交叉等问题。在调整职能的基础上，将国家能源局更名为"国家能源监管局"，专门从事能源监管职能。

（二）明确"国家能源监管局"的基本权力和主要监管职责

在转变国家能源局基本职能的基础上，以能源行业法律制度等形式明确"国家能源监管局"的基本监管权力及其监管职能，在近期内至少可以通过调整"三定方案"或国家发改委授权等形式赋予"国家能源监管局"必要的监管权力及其监管职能，以增强"国家能源监管局"开展能源监管的权威性。同时，保证"国家能源监管局"开展监管活动所必需的经费，充分运用现代科学技术创新监管方式，提高能源监管效率。

---

① 不少学者和能源行业实际工作者主张成立国家能源部，对能源行业实行统一管理。如果这种政策主张成为现实，"国家能源监管局"由国家能源部管理就更为合适。

（三）增强"国家能源监管局"的相对独立性

目前，国家能源局无权独立制定监管规章，拟定的规章草案首先需要通过国家发改委内部相关部门审核，然后报委会议讨论通过，如果某一环节受阻，监管规章草案就不能成为正式规章，而且往往需要一个较长的过程。同时，国家能源局在干部任免方面也缺乏必要的独立性，副司级甚至处级干部都要由国家发改委批准或认可。因此，需要在法定程序上扩大"国家能源监管局"的立法权，至少可以直报国家发改委审批。此外，在干部任免上扩大"国家能源监管局"的组织人事权等，以增强"国家能源监管局"的相对独立性。同时，增强"国家能源监管局"的相对独立性后，应强调相对独立性和可问责性的对应关系，强化对"国家能源监管局"监督机制和绩效评价机制。

此外，可继续实行"国家能源监管局"负责人进入国家发改委党组，担任副主任的做法，以有利于实现国家发改委对"国家能源监管局"的有效管理和协调。

三 能源监管机构远期目标模式：国家能源监管委员会

在作为国家发改委管理的相对独立的"国家能源监管局"运行一定时期积累监管经验后，可进一步改革为"独立设置的能源监管机构目标模式"，成为国务院直属的能源监管机构（便于讨论假定为"国家能源监管委员会"，下同），在法律制度范围内更能相对独立地行使其监管权力及其监管职能。而实现这一目标模式，除了巩固前期政府管理职能和监管职能相分离等方面改革成果外，至少还需要从以下两个方面进一步推进改革。

（一）将"国家能源监管委员会"设置为国务院直属机构

前面已经讨论，根据现有的《中华人民共和国立法法》，具有行政管理职能的直属机构，可以依法制定规章，而国务院直属事业单位不等于国务院直属机构，而且，事业单位承担行政职能也不符合事业单位改革的方向。因此，将"国家能源监管委员会"设置为国务院直属机构，这有利于明确"国家能源监管委员会"独立制定能源监管规章的立法权。

(二) 进一步明确"国家能源监管委员会"的法定地位和监管权力及其职责

在将要颁布的能源法和修订后的《电力法》等能源法律中，明确"国家能源监管委员会"的法定地位。在市场经济体制较为成熟的国家都依法设立了特定的能源监管机构（如设在美国能源部的"联邦能源监管委员会"），这既符合国际惯例，也有利于加强"国家能源监管委员会"的权威性、公信力和依法监管。同时，在有关能源法律中明确"国家能源监管委员会"的基本权力及其监管职责，为在能源行业实行依法监管提供法律依据，并以此增强对其问责性，进一步强化对"国家能源监管委员会"的监督机制和绩效评价机制。

第四节 完善能源行业监管体系的路径选择

一 完善能源监管的法律制度

完善能源监管法律制度首先要明确能源监管立法导向，为保证能源监管立法动态适应能源监管法律制度的新需求，首先，能源监管立法需要强调改革导向，坚持立法与改革相兼顾的中国特色立法导向。无论是制定新的能源法律制度还是修订完善原有的能源法律制度，都需要前瞻性地分析能源改革的发展趋势和改革对法律制度的新需要，尽可能做到先立法后改革，为能源改革提供法律依据。[①] 其次，要加强能源监管法律制度和能源监管机构的耦合性。完善能源监管法律制度的一个重要内容，就是要明确特定能源监管机构（如前面假定的"国家能源监管局"或"国家能源监管委员会"）法律地位、基本法定权力及其主要监管职能。最后，形成较为完善的能源监管法律制度体系。鉴于中国目前尚无能源法的现状，制定符合中国能源监管现实需要的能源法作为能源领域的基本法律制度，这是完善能源监管法律制度体系的核心。在此基础上，形成由法律、法规、规章、规范性文件和行业标准等构成的能源监

---

① 在"先立法后改革"方面，一些发达国家的经验值得中国借鉴，例如，在20世纪80年代，英国对电力、天然气等能源行业进行了重大改革，在改革前分别颁布了《天然气法案》（1986）和《电力法》（1989年），对改革中的关键性问题作了法律规定，特别是依法设立能源监管机构，并明确规定监管机构的责任和相应的监管职能。

管的法律制度体系。

二 建立高效的能源监管机构体系

近几年来,能源行业是中国经济体制改革的重点领域,能源行业的自然垄断性固然是实行有效监管的基本理由,而中国能源行业竞争性领域的放松进入监管和对原有垄断企业的战略性重组这两大改革则强化了对能源监管机构的需求。[1] 能源行业深化改革后,电力行业的发电、输电、配电与售电等业务领域,油气行业的油气开采、炼化、管道输送和销售等业务领域将由不同的经济主体承担,客观上要求能源监管机构对不同业务领域和同一业务领域的不同企业采取一系列的协调政策,保证能源行业的正常运行与公平竞争。[2] 针对目前能源监管机构体系存在的突出问题,为建立高效的能源监管机构体系,首先需要解决国家部委之间的能源监管职能分散问题,[3] 在进一步推进国务院机构改革过程中,实行政监分离,重新调整国务院部委和能源监管机构之间的行政管理职能和监管职能,按照大部门制改革思路,设立大部门能源监管机构,将分散在各部委的能源监管职能集中到一个综合性的能源监管机构(如前面假定的"国家能源监管局"或"国家能源监管委员会"),以解决各部委监管职责交叉重叠和缺位、越位问题。在纵向能源监管机构体系方面,需要理顺国家能源监管机构及其派出机构和地方能源管理部门的关系。作为一种可供选择的改革方案是,国家能源监管机构只设立6个区域能源监管机构作为派出机构[4],不再设立省级能源派出机构,由各省级政府设立地方能源监管机构,合理界定中央和地方的监管权限和责任[5],形成体系完整、互不交叉、各司其职、上下协调的国家、区域和省级这三个层次的能源监管体系。

---

[1] 郭克莎:《简政放权改革中的政府监管改革》,《经济学动态》2017年第6期。

[2] 王俊豪、程肖君:《网络瓶颈、策略性行为与管网公平开放——基于油气产业的研究》,《中国工业经济》2017年第1期。

[3] 杜倩博:《政府部门内部机构设置的组织逻辑与整合策略——基于中美差异性的比较分析》,《中国行政管理》2018年第9期。

[4] 这6个区域能源监管机构可以现有国家能源局派出机构——华北能源监管局、东北能源监管局、西北能源监管局、华东能源监管局、华中能源监管局、南方能源监管局为基础,并重组12个省级能源监管办公室而设立。

[5] 沈宏亮:《现代市场体系完善进程中的监管体系改革研究》,《中国特色社会主义研究》2018年第4期。

三　实施精准有效的能源监管方式体系

在市场经济体制下，传统监管方式已难以适应能源监管的现实需要，为实现能源监管成本最低化、对能源市场主体干扰最小化，能源监管效能最大化，要求创新能源监管方式，形成精准有效的能源监管方式体系。对此，中国有必要借鉴国外先进的监管经验，紧密结合中国能源监管实际，探索激励性的能源监管方式。特别是最高限价监管、特许投标竞争监管和地区间比较竞争监管这三种激励性监管方式[①]，在许多较为成熟的市场经济国家已有较长的应用历史，在激励能源企业努力降低成本，提高效率方面取得了较好的监管效果，值得中国学习探索。同时，现代科学技术的发展为运用互联网、大数据、物联网、云计算、人工智能、区块链推动能源监管方式创新提供了技术支持，为积极探索以远程监管、移动监管、预警防控为特征的非现场监管，提升能源监管的精准化、智能化水平提供了可能性；"互联网+监管"和信用监管等新型监管将成为常规性能源监管方式。这些新型监管方式为实现精准高效的能源监管提供了科学技术条件。值得一提的是，基于激励性的能源监管方式和基于科学技术的能源监管方式是按照不同特点分类的能源监管方式，能源监管机构可根据需要综合运用这些监管方式，以实现精准有效的能源监管目标。

四　形成对能源监管机构的多元监督体系

根据前面对能源监管机构改革目标模式的讨论，如果改革到位，能源监管机构将拥有相当大的监管权力，被赋予相应的监管职能，但如果缺乏有效的外部监督机制，就会导致监管失灵。对能源监管机构的监督体系就是要解决监管失灵问题，为实现有效监管提供重要制度保障。从对能源监管机构监督的主要途径看，可分为立法监督、行政监督、司法监督和社会监督，它们构成"四位一体"的多元监督体系。其中，立法监督是通过立法部门对能源监管机构立法行为的监督，以保证其制定的规章制度科学合理；行政监督是政府行政部门或能源监管机构上级对下级的内部监督，以促进监管机构依法监管和提高效率；司法监督是司

---

① 详见王俊豪《政府管制经济学导论——基本理论及其在政府管制实践中的应用》，商务印书馆 2017 年版，第 107—111、153—164 页。

法部门约束能源监管机构行使自由裁量权的重要手段，以保证能源监管的公平性；而社会监督是促使能源监管机构的监管行为符合社会公共利益目标的重要途径，主要包括社会组织监督、公民监督、社会舆论监督、能源协会自律监督等。

五 构建科学的能源监管绩效评价体系

基于能源行业的技术经济特性，能源监管政策制定、实施和调整需要加强科学的绩效评价体系，这是现代能源监管体制建设的重要内容。在能源监管绩效评价体系中，重点要明确能源监管绩效的评价主体、评价对象、评价指标体系和评价实施这四个关键问题。其中，能源监管绩效评价主体应包括社会公众、学术组织和民间机构等在内的多元化评价主体，改变目前能源监管绩效评价由政府部门单一主导的现状。由于能源监管机构是多层级的组织，各层次的监管机构均应纳入监管绩效评价的范围，但对不同对象在评价目标、程序、指标体系上需要有一定差异性。能源监管绩效评价指标体系是绩效评价的核心内容，应建立以能源监管能力、经济绩效、社会绩效和行政绩效等为主要内容的多维监管绩效指标体系。能源监管绩效评价的实施，很大程度上依赖于能源监管机构的信息公开状况，因此，要实行强制性制度，促使能源监管机构公开必要的信息，为能源监管绩效评价提供较为充分的信息。最后，要强化能源监管绩效评价结果的综合运用，包括建立评价反馈机制，作为改进能源监管工作的重要依据和途径，提高能源监管水平与效率；建立监管问责机制，对能源监管绩效评价过程发现的问题，要对评价对象进行问责、约谈、通报、稽查、处罚等手段促使其整改；加大对违法行为处理力度，对违法行为直接负责的能源监管机构主管人员和其他责任人，依法给予处分，涉嫌犯罪的，依法移送司法机关处理。

本章小结

一 分析了能源行业的自然垄断性与政府监管需求

能源行业的自然垄断的最准确定义是其成本函数的弱增性，表现为在一定范围内单个企业能比两家或两家以上的企业更有效率地向市场提供相同数量的产品。以成本弱增性作为衡量自然垄断的标准，电力行业的输电和配电业务领域、石油和天然气的管道输送业务领域具有自然垄断性，其他竞争性或可竞争性业务领域具有规模经济性但不具有自然垄断性。这决定了对能源行业的自然垄断性业务领域需要实行严格的价格和准入监管，而竞争性业务领域应逐步引进并强化竞争机制的作用，并实行必要的反垄断监管。

二 能源行业现行政府监管体系存在一系列有待解决的问题

以电力为核心的能源行业政府监管体制已经历了较长的改革过程，但以中国特色政府监管理论体系为"镜子"作对照，还存在不少有待解决的问题。主要包括：能源监管法律制度体系难以满足能源监管的需要；能源监管机构体系缺乏明确的监管职责；能源监管方式落后影响监管效率；能源监管的监督缺乏有效的途径和手段；尚未建立科学的能源监管绩效评价体系等。

三 提出并论证了能源监管机构的近期目标模式

能源监管机构在能源行业监管体系中具有基础性地位，能源行业监管体系的目标模式的核心是能源监管机构目标模式。中国能源监管机构近期目标模式是成为"大部门制下相对独立的能源监管机构"，将中国现有的国家能源局改革成为国家发改委管理的相对独立的能源监管机构（假定为"国家能源监管局"），但需要采取在国家发改委等部委和国家能源局之间调整政府行政管理职能和监管职能，明确"国家能源监管局"的基本权力和主要监管职责，增强"国家能源监管局"的相对独立性等改革措施。

四 提出并论证了能源监管机构的远期目标模式

能源监管机构的远期目标模式是"独立设置的能源监管机构"，在作为国家发改委管理的相对独立的"国家能源监管局"运行一定时期积累监管经验后，可进一步改革成为国务院直属的能源监管机构（假定为"国家能源监管委员会"），而实现这一目标模式，除了巩固前期政府管理职能和监管职能相分离等方面改革成果外，至少还需要从以下两个方面进一步推进改革：一是将"国家能源监管委员会"设置为国务院直属机构；二是进一步明确"国家能源监管委员会"的法定地位和监管权力及其职责。

五 论证了完善中国能源行业监管体系的基本途径

根据建立中国特色能源监管体系的客观需要，完善中国能源监管体系的基本途径主要包括五个方面：完善能源监管的法律制度体系；建立高效的能源监管机构体系；实施精准有效的能源监管方式体系；形成对能源监管机构的多元监督体系和构建科学的能源监管绩效评价体系。每一种基本途径都包括具体的改革政策建议。

第十章

基于信息不对称的食品安全监管体系

本章基于食品安全信息属性分析政府监管需求，回顾中国食品安全监管体系沿革并对现状进行评价，分析食品产业演变及分类监管政策，探讨完善食品安全监管体系的路径选择。

第一节 食品安全信息不对称与政府监管需求

本节在阐述食品安全含义与食品产业链的基础上，研究影响食品安全市场中的供求因素，并基于食品安全信息属性分析食品安全政府监管需求。

一 食品安全含义

一般而言，食品质量包括安全、营养、可食用等特性，主要包括食品颜色、风味、营养、变色、变味、腐烂等。由于食品消费关系到消费者的健康，显然，安全问题是食品质量中最重要的要素。食品安全是指食品中不含有可能损害健康的有毒有害物质，避免消费者受食源性疾病伤害。在食品产业发展进程中，食品安全含义包括营养成分。也就是说，食品安全与质量的概念趋向一致。但本书仍将食品安全与质量区分开来。这是因为，食品安全与质量在公共政策方面的含义存在差异。食品质量大部分属性（如风味等）都可在市场中进行交易。但食品安全涉及公共卫生问题，需要政府在公共政策层面给予特别关注。

二 从"农田到餐桌"的食品产业链

在现代社会,食品生产、加工、销售和处理等均融入高度复杂的分工中,包括数量繁多的环节和生产经营者。在"农田到餐桌"的食品产业链上,从土壤、水源、种植、养殖、采集、加工、包装、储存、运输、销售直至消费各环节中,任何环节存在安全隐患都会危及食品安全。食品产业链的主要环节如图 10-1 所示。

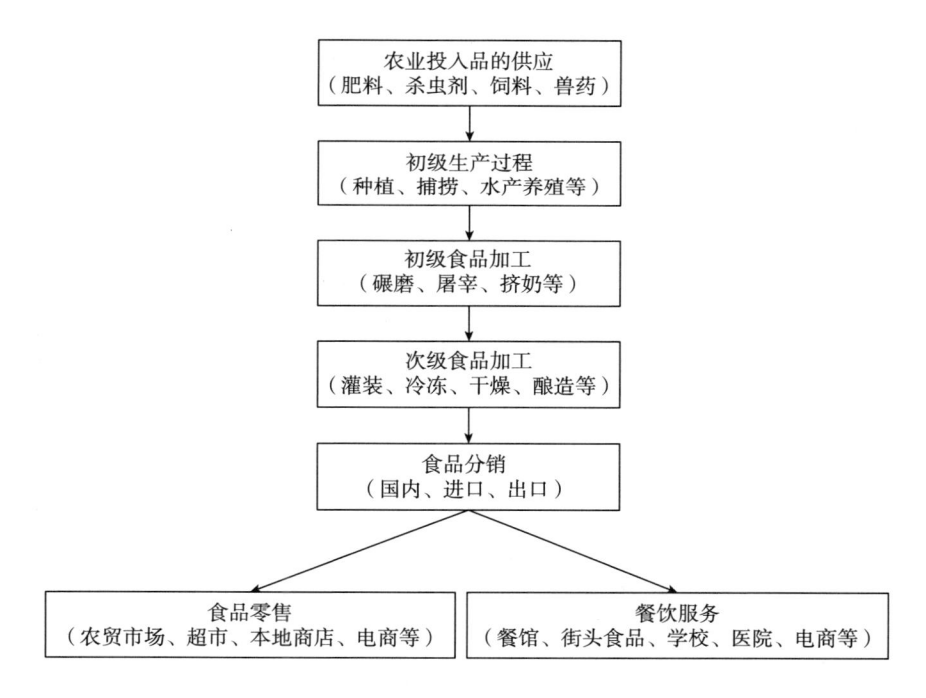

```
农业投入品的供应
(肥料、杀虫剂、饲料、兽药)
         ↓
初级生产过程
(种植、捕捞、水产养殖等)
         ↓
初级食品加工
(碾磨、屠宰、挤奶等)
         ↓
次级食品加工
(灌装、冷冻、干燥、酿造等)
         ↓
食品分销
(国内、进口、出口)
    ↙         ↘
食品零售              餐饮服务
(农贸市场、超市、    (餐馆、街头食品、
本地商店、电商等)    学校、医院、电商等)
```

图 10-1 食品产业链结构

资料来源:胡楠等:《中国食品业与食品安全问题研究》,中国轻工业出版社 2008 年版,第 110 页。

三 食品安全市场

食品安全市场中的供求决定市场出清的价格和数量。[①] 消费者收入等因素决定其对食品安全的需求水平。企业通过满足食品安全细分市场

[①] Caswell, J. A., and E. M. Mojduszka, "Using Informational Labeling to Influence the Market for Quality in Food Products", *American Journal of Agricultural Economics*, Vol. 78, No. 5, 1996.

中的不同需求获取利润。

(一) 食品安全需求

现代社会人们对食品的需求从数量转向安全，食品安全水平受到更多的关注。科学技术不断努力地界定食源性疾病及其对健康可能造成的伤害。随着人们收入水平不断提升及预期寿命逐步延长，消费者的食品安全需求随之增加。特别是在经济发展过程中，人们逐渐增加从市场购买食品的比例，而对食品安全的直接控制则不断减少。这种趋势下也强化了人们对更安全食品的需求。

根据供求理论，食品安全需求取决于食品的价格、消费者收入水平以及对食品的实际和感知风险等。鉴于此，消费者购买更安全食品的支付意愿（Willingness to Pay，WTP）决定了食品安全需求，反映消费者减轻痛苦以及更长预期寿命等收益的价值。随着收入的增加，消费者则提高对食品安全的需求，食品安全属于收入弹性较高的商品。[1] 消费者对食品安全的支付意愿取决于其对风险的知识和认知。针对有知识的消费者而言，如果拥有相应的信息，则可评估食品的安全特征。而对于缺乏知识的消费者而言，在拥有信息的情况下也很难正确评估食品的安全性。消费者如果不了解食品的安全性，就不会产生对食品安全的需求。

由于更安全的食品可在不同程度上降低消费者健康风险，因此，消费者从食品安全中获得相应的效用。可用患病率和死亡率反映健康风险。以患病率为例，考虑一个静态模型，消费者通过选择食品数量 $y_f > 0$、非食品数量 $y_n > 0$，规避健康风险的活动 a 以及医药支出 m 使其预期效用最大化。在此模型中不考虑消费者时间分配。假设健康风险与食品消费数量 $y_f > 0$ 有关，而与非食品（也可以是无风险食品）消费数量 $y_n > 0$ 无关。效用函数则为 $U(y_f, y_n, h)$，h 是消费者健康状况的等级指标，并假设 $h \leq 0$ 代表死亡，也就是 $U(y_f, y_n, 0) = 0$。暴露在风险 $e(r, a, \rho)$ 下的健康函数 $h(e, m, \varepsilon)$ 是递减的，且随健康支出 m 而增加。消费者选择活动 a 规避健康风险 $r(y_f, \delta)$，在此，假设与食品相关的健康风险是食品消费的非负增函数，且 δ 是风险程度的参数，ρ 是暴露在与食品相关健康风险下的随机因素。值得注意的是，一

---

[1] Swinbank, A., "The Economics of Food Safety", *Food Policy*, Vol. 18, No. 2, 1993.

定时期，风险也是累积性消费函数。消费完全安全食品则有 $r=0$，而消费具有正健康风险的食品则有 $r>0$。

在货币收入 I 和价格 p_f、p_n 以及 p_a 一定时，在相应约束下，消费者选择是使效用 $U(y_f, y_n, h)$ 最大化。①

从理论上分析，为实现效用水平最大化，消费者选择食品安全水平的基本原则应是每单位货币支出食品安全得到的边际效用应等于单位货币支出非食品得到的边际效用。

根据市场调研可了解消费者对食品安全的支付意愿（WTP）。利用随机抽样方法调查消费者对食品安全的支付意愿，变量包括年龄、性别、收入、偏好和教育等。研究目的在于较全面地了解消费者对于食品安全与其他特征间复杂的替代关系。这些信息可用于推断消费者选择，并制定满足消费者食品安全需求的战略。

现实中，风险认知、收入、知识和免疫力的差异导致人们风险的偏好存在差异，即在相似风险信息下，人们的选择却不同。例如，虽然有大量关于食源性疾病风险的警示，部分消费者仍选择食用烧烤和腌制食品，同时也有消费者不会去食用这类食品。

（二）食品安全供给

食品安全供给是指为了降低食品安全风险而发生的成本。市场竞争环境下，如果企业能弥补为提高食品安全性而增加的成本，企业则愿意为消费者生产经营具有安全特征的食品。②

为实现利润最大化的目标，食品生产经营企业提供的食品安全水平由控制食品安全水平而产生的边际收益和边际成本来决定。

纵观"农田到餐桌"的食品链，规模大小不同的生产经营企业承担着食品安全的责任。一方面，家庭农场的业主从事农产品生产，小规模肉类加工厂从事食品加工，或家庭杂货店从事食品零售业务，这类小规模企业基本上都属于市场中的"价格接受者"。另一方面，则是控制许多工厂的大型企业有能力实施市场控制力。伴随现代电子商务平台的

---

① Antle, J. M., "Economic Analysis of Food Safety", in B. L. Gardner, and G. C. Rausser eds., *Handbook of Agricultural Economics*, Vol. 1, Chap. 19, *Elsevier Science*, 2001, pp. 1083 – 1136.

② Swinbank, A., "The Economics of Food Safety", *Food Policy*, Vol. 18, No. 2, 1993.

发展，大型电商零售企业在食品安全控制方面起到重要作用。企业管理食品安全的能力一般取决于企业规模及产业组织。企业生产经营安全食品的激励很大程度上取决于企业规模和产业组织。

1. 食品安全供给的生产函数

可通过企业生产安全差异化产品分析食品安全供给问题。考虑一个企业经营一家工厂且生产一种产品 y，安全水平为 q。x 代表企业生产投入，k 表示资本存量。企业生产函数为 $f(y, q, x, k) = 0$。

2. 实现利润最大化的食品安全供给

食品生产经营企业提供完全安全的食品是违背效率原则的。利润最大化目标下的食品安全供给取决于企业控制食品安全的边际收益和边际成本。其中，边际收益由市场中企业面对的需求曲线决定，而边际成本则由前文分析的生产函数决定。如果食品安全事件产生的直接成本（如对受伤害的消费者进行赔偿）和间接成本（如声誉受损）大于控制食品安全的成本，则企业存在增加食品安全投入的激励。反之，则控制食品安全的激励不足。[①]

四 食品安全信息属性与政府监管需求

食品安全供求双方交易的有效性取决于食品安全信息的可获得性。随着现代食品科学技术进步，食品生产技术与组成成分的复杂程度超出了人们原有的知识和经验，诸如食品组成、安全卫生状况等相关信息在食品消费者和食品生产经营者间出现较严重不对称。

尼尔逊（Nelson，1970）根据信息不完备程度，把产品信息属性分为三类：[②] 一是搜寻品。搜寻品是消费者在购买前就能掌握的食品安全信息（如食品气味等）。显然，此类信息较易获得，而具有此类安全信息属性的食品为搜寻品。在搜寻品信息属性的食品安全市场中，市场一般能够发挥作用。政府仅需对食品广告、商标等实施监管，以防止企业欺骗行为。二是经验品。经验品是消费者在食用后才能掌握的食品安全信息（如食品食用后导致食源性疾病）。而具有此类安全信息属性的食

---

① 周小梅等：《食品安全管制长效机制：经济分析与经验借鉴》，中国经济出版社2011年版，第32—35页。

② Nelson, P., "Information and Consumer Behavior", *Journal of Political Economy*, Vol. 78, No. 2, 1970.

品为经验品。在经验品信息属性的食品安全市场，购买前消费者无从了解信息，但购买后消费者能掌握食品的安全性，消费者可通过重复购买某种食品了解食品安全有关信息。在此过程中，市场声誉起到重要作用。企业可构建和维护自己食品的声誉，在声誉机制作用下，消费者逐渐了解食品安全性，企业可给安全性更高的食品定更高价格。由此可见，尽管消费者不能在购买前拥有食品安全相关信息，但其与拥有完全信息的市场有同样结果。企业可为高安全性食品确立声誉，且制定相应的高价格以弥补生产食品的成本。许多食品市场满足允许企业确立安全声誉的条件。国内消费的食品基本可进行重复购买，且通过口传、报纸和信息公开等途径都可以低成本获取食品安全信息。另外，餐饮连锁模式的兴起让消费者在不同地方都可从同一家企业购买食品，为借助声誉机制控制食品安全提供了条件。三是信用品。信用品是消费者在购买前或购买食用后也无法了解的关于食品安全的部分信息（如食品中的菌类总数和农兽药残留指标等），由于受专业水平和食品检测成本的制约，消费者就算在食用这类食品后，也没法判断此类信息，只能借助专业服务获取相应信息，而具有此类安全信息属性的食品为信用品。如果食品包括化学成分、有毒化学物的污染或微生物时，则在购买前或购买食用后消费者通常都不能掌握相关食品安全信息。诚然，化学污染对消费者健康产生的急性危害可与食品原料联系起来。但很难了解对消费者健康产生的慢性影响。这是因为，要经过多年甚至几十年才会发现食品安全性与慢性疾病间的关系。此外，人们还无法完全了解一些慢性疾病产生的原因。[1] 这种情况下，消费者很难把特定物质与相关疾病联系起来。表10-1是食品安全信息的基本属性。

根据食品安全供求市场分析，企业提高食品的安全性需要增加检测成本或信息成本，此成本是需要消费者愿意支付较高价格来弥补的。[2] 就食品安全信息属性而言，消费者对搜寻品和经验品属性的需求会对食品安全变化做出反应，但对信用品的需求却难以做出相应的反应。面对

---

[1] 周小梅：《开放经济下的中国食品安全管制：理论与管制政策体系》，《国际贸易问题》2007年第9期。

[2] 赵翠萍等：《食品安全治理中的相关者责任：政府、企业和消费者维度的分析》，《经济问题》2012年第6期。

安全信息属于信用品的食品，消费者没有能力鉴别食品安全性的高低，则会诱导企业隐藏有安全隐患的信息以获取更高利润。可见，食品安全事件多数是由于消费者无法获取具有信用品属性的安全信息所致。因此，通过相应渠道获取具有信用品属性的信息是消费者避免购买不安全食品的前提。

表10-1 食品安全信息属性

信息属性分类	特征	典型信息
搜寻品	购买前对食品安全信息有充分了解，可以进行比较	气味等
经验品	只有购买食用后才了解的食品安全信息	食用后在一定时间内导致食源性疾病等
信用品	在购买食用后也很难确定的食品安全信息	是否含有抗生素等

综上分析，食品安全市场中信息不对称，尤其是信用品属性，消费者受自身专业水平的限制和食品检测成本的制约，缺乏对食品安全性做出正确判断的能力。

事实上，消费者获取食品安全信息的局限性取决于获取信息的费用。即不论是搜寻品、经验品还是信用品，获取信息都需付出一定成本。其中，信用品属性的信息则需通过专业检测获取，其投入成本较高。根据信息的可分享性，把信息划分为共用与私用[1]信息。谢俊贵指出，共用信息是指基于信息的共享特点，由政府监管部门在行政过程中产生、收集、整理、传输、发布、使用、储存和清理，并能为全体社会公众共同拥有和利用的信息。[2] 而那些不能免费获取使用、具有排他性的信息则属于私用信息。对于食品安全信息而言，信息一旦生成，复制信息的边际成本几乎可以忽略不计，因而食品安全信息供给具有非竞争性，但最初信息生产成本却较高。单个消费者无法承担诸如安全信息的搜寻与加工处理等成本。也就是说，规模化的专业机构承担食品安全信息供给让食品安全信息具有共用性。然而，一定条件下食品安全信息也

---

[1] 共用品是指那些在消费上具备非竞争性和非排他性的物品，私用品是指那些在消费上具备竞争性和排他性的物品。

[2] 谢俊贵：《公共信息学》，湖南师范大学出版社2004年版，第44—45页。

可实现排他性，这是因为，任何消费者通过付出搜寻成本以获取食品安全信息。搜寻成本包括时间、技术或货币支出，这种情况下，其他消费者则无权获取相关信息。付出搜寻成本的消费者拥有该食品安全信息的"产权"，此时，食品安全信息则具有私用性。诚然，基于私用属性，第三方认证机构提供部分食品安全信息，该认证费用则通过食品销售由消费者负担。消费者购买食品后不仅支付安全信息费用，且使用信息。而未付费的消费者则无法使用相应信息。食品购买的排他性让食品安全信息具有私用性。

根据共用性和私用性可对食品安全信息进行分类。其一，食品消费过程中，部分食品安全信息是消费者普遍需要的基本信息（如定期公布国家或地区食品安全状况，以及在发生食品安全事件情况下及时发布应对及处理情况的信息等）。此类食品安全信息供给具有共用性，即相关食品安全信息生成后具有非竞争性和非排他性。这种情况下，政府则需承担相应责任。诚然，政府监管部门的公信力也为其披露食品安全基本信息提供了保障。其二，就部分诸如认证等食品安全信息而言，某类食品安全信息一旦经认证，尽管不会因为有更多消费者获取认证信息而增加成本，但在销售认证食品过程中，认证机构则可获得认证成本补偿，此时的食品安全信息则从"共用品"变为"私用品"。使用上的排他性为第三方认证机构供给食品安全认证等信息提供了条件。由于食品安全信息收益权归第三方认证机构，清晰的产权归属可激励第三方认证机构的食品安全信息供给。[①]

如果食品安全基本信息供给不足，则会导致低安全性食品过度供给。这是因为，就算在相当严格的责任法规约束下，企业也不可能总是承担完全的食品安全责任。市场很难激励企业把食品安全投资确定在最有效率的水平。[②] 鉴于此，对于具有信用品属性的食品安全信息，为避

[①] 周小梅、杨洋欣晨：《食品质量安全信息供给——政府 vs 第三方认证机构》，《价格理论与实践》2018 年第 9 期。

[②] Viscusi, W. K., "Toward a Diminished Role for Tort Liability: Social Insurance, Government Regulation and Contemporary Risks to Health and Safety", *Yale Journal on Regulation*, Vol. 6, No. 1, 1989.

免消费者利益受损,必须实行政府监管。[①] 食品安全政府监管就是通过系列法规制度保证消费者获得更多食品安全信息,从而尽可能降低市场中的交易成本以及公众健康风险。[②] 如果食品安全监管改善了消费者对信息价值的评估,或降低了消费者获取信息的成本,或两者兼而有之,则食品安全监管才会让消费者福利得到改善。

在发达国家,为控制食品安全,两种趋势已开始改变食品安全立法以及设计和实施监管方式。首先,消费者关注的问题已逐渐从食品供给保障向食品安全、营养以及质量其他特征转变。其次,自20世纪80年代开始,为减少政府财政负担,发达国家的政府已开始努力改善监管的效果、效率和透明度,以达到提升食品产业效率和国际竞争力的目的。中国食品安全监管体系也在朝此方向努力。

第二节 食品安全监管体系沿革与现状评价

食品安全监管体系是法律制度、机构和人员设置以及权责关系等制度构成的,实质上是行政资源配置方式。本节回顾中国食品安全监管体系沿革并评价现有食品安全监管体系。

一 转型期食品安全监管体系沿革

计划经济时期,中国食品业政企合一,食品生产经营主体的财务、人事、价格、物资、生产、供应和销售等都是在政府主管部门直接控制下进行。计划体制下食品链上的生产经营者缺乏追求利润的动力,通过隐藏食品不安全信息获利的现象较少。食品安全问题主要是生产经营过程中的技术或管理水平不高所致。鉴于此,本书主要从法律法规、监管机构和人员设置以及权责关系等方面回顾中国改革开放后市场经济体制下食品安全监管体系的变迁。

(一)不断完善的法律制度为食品安全监管提供依据

对中国而言,食品安全不仅影响公众健康,还影响食品是否可以出

[①] 尽管食品部分信息属于信用品属性,但市场在一定程度上仍有作用,这要取决于消费者的支付意愿。根据经济理论,为确保食品安全性,消费者可通过更高支付意愿,向市场发出信号,激励企业提高食品的安全性。

[②] 周小梅:《我国食品安全管制的供求分析》,《农业经济问题》2010年第9期。

口到发达国家市场。20世纪70年代末，随着实行改革开放政策，食品市场属于较早开放的市场之一。食品市场开放过程中，在利润驱动以及法律法规尚不完善的情况下，"毒蔬菜""瘦肉精""三聚氰胺"和"地沟油"等食品安全事件时有发生。面对各方压力，中国食品企业在不同程度上开始注重食品安全控制问题。与此同时，政府对食品安全问题也给予高度重视，围绕食品安全控制问题，法律制度在不断制定和完善中。

1979年，国务院颁发了《中华人民共和国食品卫生管理条例》；1982年，全国人大颁布了《中华人民共和国食品卫生法（试行）》，1993年颁布了《中华人民共和国产品质量法》（以下简称《产品质量法》），1996年颁布了《中华人民共和国保健食品管理法》（以下简称《保健食品管理法》）等法律及其相应的法规制度。食品安全监管法律制度的建设对于控制食品安全起到重要作用。1993—2002年，中国共颁布8部食品安全相关国家法律以及67部部委规章。1995年，全国人大颁布了《中华人民共和国食品卫生法》（以下简称《食品卫生法》），确立和强化了卫生部门对食品卫生监管的主导地位，食品安全监管进入法制化建设新时期。[①]

然而，2004年安徽阜阳劣质奶粉及2005年"苏丹红"等食品安全事件说明，法律制度缺失是食品安全事件发生的根本原因。鉴于此，关于食品安全监管的法律制度体系始终在不断完善过程中。为实行从"农田到餐桌"的食品安全监管，针对《食品卫生法》不适用于种植、养殖等农业生产活动以及《产品质量法》不适用于未经加工的农业产品，为从源头上保障农产品安全，2006年中国通过了《中华人民共和国农产品质量安全法》。尽管如此，农兽药残留超标问题时有发生，添加剂的误用滥用等问题依然存在。而2008年"三聚氰胺"乳制品事件更是引起人们对食品链上食品安全控制的关注。在此背景下，2009年6月1日实施《中华人民共和国食品安全法》（以下简称《食品安全法》）。随后，食品安全监管的实施细则分阶段出台。围绕《食品安全

---

① 文晓巍等：《改革开放四十周年：我国食品安全问题关注重点变迁及内在逻辑》，《农业经济问题》2018年第10期。

法》的原则性法律框架，为提高法律制度的可操作性，中国各省市根据当地实际情况以及各职能部门针对各食品行业的特点，颁布适合本行业和本地区的多项法规制度。各省市颁布的法规从"拾遗补阙"和"配套衔接"角度对《食品安全法》相关法规进行细化。例如，2011年7月浙江省颁布了《浙江实施〈中华人民共和国食品安全法〉办法》，主要对食品加工小作坊和食品摊贩的治理进行规定。又如，鉴于山东省是粮食和蔬菜生产大省，根据《农产品质量安全法》等法律法规，结合实际，2011年5月山东省颁布《山东省农产品质量安全条例》，此条例对农产品质量安全做出具体规定。2011年5月，宁夏回族自治区颁布了《宁夏回族自治区清真食品管理条例》。该条例主要针对少数民族对清真食品的需求，出于当地特殊食品消费市场的考虑。由于食品市场区域性差异，各地有必要因地制宜地制定符合当地食品市场规律的法规制度。而食品安全监管机构根据不同食品行业所颁布的规章制度，根据新出现的食品安全风险及时制定了许多具体的监管制度，以规范食品企业行为。例如，根据食品加工行业滥用添加剂问题，为控制食品企业滥用添加剂带来的风险，2010年3月原国家质检总局及时颁布了《食品添加剂生产监督管理规定》。2012年12月贵州省颁布了《贵州省食品安全条例》，针对备受公众关注的"地沟油"问题，就餐厨废弃物处理进行严格约束。显然，面对时有发生的食品安全事件，各级政府不断颁布和完善法规制度引导食品企业向消费者提供安全食品。

为适应食品安全监管新体制，2015年4月，经全国人大修订通过了《食品安全法》，明确了食品安全控制的基本原则是预防为主、风险管理、全产业链控制和社会共治，并构建科学、严格的监管制度。[①] 伴随电子商务的发展，网购食品成为人们消费食品的重要组成。而网购食品在为消费者提供便利的同时，也为食品安全控制带来挑战。为确保网购食品安全，2016年10月原国家食品药品监督管理总局制定并实施了《网络食品安全违法行为查处办法》；2017年9月原国家食药总局颁布了《网络餐饮服务食品安全监督管理办法》。

---

① 胡颖廉：《改革开放40年中国食品安全监管体制和机构演进》，《中国食品药品监管》2018年第10期。

回顾中国食品安全监管法律制度体系构建和完善历程发现，食品产业演化进程中，为有效监管食品安全问题，必须及时完善相应的食品安全法律制度。

（二）调整监管机构以实现食品安全监管的无缝对接

在中国，中央及地方政府共同履行食品安全监管职责。多年来，为协调食品链不同生产环节上的食品安全监管，食品安全监管机构一直处于不断调整中。就中央与地方食品安全监管机构职能而言，中央食品安全监管职能主要是向上对国务院负责并汇报工作，向下则各成体系，在地方均有对应机构。地方食品安全监管机构在对当地政府负责的同时，在监管及技术上接受上级部门指导。[①]

1978—2003年，卫生部门负责监管食品安全。1982年，全国人大颁布《中华人民共和国食品卫生法（试行）》，确定由各级卫生管理部门履行食品卫生监督职能，明确卫生管理部门监管食品卫生的法律地位。但因当时还是政企合一的体制，对食品行业而言，卫生部门是其上级管理部门，还不是履行食品卫生监管的职能部门。[②] 中国经济改革历程伴随政府机构改革。1992年10月中国确定社会主义市场经济体制后，经济快速发展，同时强调要转变政府职能，推动政企分开改革。1993年国务院推动政府机构改革，其中，食品等制造业主体与轻工业主管部门逐步分离，政府仅负责监管食品安全，而不直接干预企业市场行为。[③] 自此，社会各界开始特别关注食品卫生安全问题。自2003年以来，中国食品安全监管机构经历了七次重大改革和调整。

1. 成立国家食品药品监督管理局

2003年，国务院机构改革将原国家药品监督管理局调整为国家食品药品监督管理局，国家食品药品监督管理局被确定为食品安全的综合监管和协调机构。

2. 建立食品安全分段式监管体制

2004年9月，国务院颁布《国务院关于进一步加强食品安全工作

[①] 唐民皓：《食品药品安全与监管政策研究报告（2009年卷）》，社会科学文献出版社2008年版，第2—8页。

[②] 邓萍：《食品安全政府监管主体探究》，《学术交流》2016年第8期。

[③] 文晓巍等：《改革开放四十周年：我国食品安全问题关注重点变迁及内在逻辑》，《农业经济问题》2018年第10期。

的决定》，明确食品安全监管为"分段监管为主、品种监管为辅"的体制。分段监管是指农业部门、质检部门、工商部门和卫生部门分别监管初级农产品生产、食品生产加工、食品流通和餐饮业等，而食品安全综合监督、组织协调和查处重大事故等由食品药品监管部门负责，质检部门监管进出口农产品和食品等。而品种监管是指生产方式有交叉，一些涉及多部门的食品需要有专门的部门负责监管食品安全。

3. 成立国务院产品质量与食品安全领导小组

面对分段监管产生的监管部门间协调问题，2007年成立国务院产品质量与食品安全领导小组，协调解决产品质量和食品安全的重大问题。

4. 调整食品安全综合监督和协调职能

2008年，把原来由国家食品药品监督管理局负责的食品安全综合监督和协调的职责划归卫生部承担。

5. 设立国务院食品安全委员会

2009年《食品安全法》对食品安全监管体制进行了部分调整，政府监管机构间的职责更为明确。然而，分段式监管体制还是不能实现"无缝对接"。为此，2010年2月成立国务院食品安全委员会（以下简称"食安委"），其职责主要包括对食品安全形势的分析，提出食品安全监管重大政策措施，督促食品安全监管机构履行食品安全监管责任等。从监管机构设置看，"食安委"的设立有助于对食品安全进行全面综合监管，减少监管执行和协调等成本。但就监管机构职责看，"食安委"在促进食品安全监管机构间的协调问题上面临挑战。这是因为，《食品安全法》并未在实质上改变分段式监管体制，仍然规定质监部门、工商管理部门和食品药品监督管理部门分别负责食品生产、流通和餐饮等的监管。卫生部则负责食品安全的综合协调以及食品安全风险评估、标准制定、信息发布、食品检验机构资质认定和检验规范制定和查处重大食品安全事故等。显然，原来多个食品安全监管机构的职能分工是按照食品链上的环节和属地进行的。鉴于分段式的食品安全监管机构设置存在的问题，当时由卫生部牵头，组织国家食品药品监督管理局、农业部、质检总局等部门研究制定分工方案。主要解决的问题是：其一，针对监管存在交叉和重复问题，进一步明确分工，专由一个部门负责，其他部门退出。其二，对无人监管领域进行明确分工，确定具体部门担当相应的责任。尽管如此，分段式监管依然存在以下由体制固有缺陷产生的问题：一是各监管部门间具体监管权责不清，有利就争夺监管权，无利就相互推诿监管责任；二是监管机构臃肿、效率低。各监管部门从中央到地方形成垂直系统，监管权责不清导致面对部分食品安全问题时监管职责难以落实的局面；① 三是监管部门间缺乏真正意义上的统筹协调，监管难以形成合力。尽管设立国务院食品安全委员会的目的在于消除"分段式监管"弊端，增强食品安全的综合协调管理。但作为高层次的议事协调机构，国务院食安委的职责是在分段监管基础上协调和指导监管部门填补漏洞、减少重叠。但毕竟仅限于协调和指导，很难从根本上解决问题。

6. 整合食品安全监管机构

2013年，国务院机构实施大部制改革，将食品安全办、食品药品监管局、质检总局和工商总局的职责整合，组建国家食品药品监督管理总局。国家食品药品监督管理总局的主要职责是，对生产、流通、消费环节的食品安全和药品安全性、有效性实施统一监管。将质量技术监督和工商行政管理部门相应的食品安全监管人员和检验检测机构划归食品药品监督管理部门。保留国务院食品安全委员会，由食品药品监管总局承担具体职责。食品安全监管机构的调整使得食品安全监管主体得到落实。2013年，国务院发布《关于加强农产品质量安全监管工作的通知》，落实地方监管机构责任，强化畜禽屠宰等环节监管，提高监管能力。此轮改革的目标是整合职能、强化监管，在各级政府落实食品药品监管机构职能。② 2013年机构改革后，部分地方将工商行政、质量监督、食品药品监管等部门整合为市场监督管理局，优化了食品药品监管职能，强化了监管水平和支撑保障能力。在此背景下，食品安全水平明显提升。对此可借助抽检合格率来评价食品药品安全总体状况。2016年，在全国范围内食品安全监管机构组织抽检25.7万批次食品样品，

---

① 资料来源：《官员和学者透露：我国将设自己的FDA一条龙监管》，《钱江晚报》2013年3月8日第2版。
② 王可山、苏昕：《我国食品安全政策演进轨迹与特征观察》，《改革》2018年第2期。

抽检合格率为 96.8%，比 2014 年提高了 2.1%；而 2017 年上升到 97.6%，比 2014 年提高了 2.9%。[①]

7. 组建国家市场监督管理总局

2018 年 3 月，全国人大通过《国务院机构改革方案》，整合了原质检总局、工商总局、食品药品监管总局、国家发改委、商务部以及国务院反垄断委员会办公室等职责，组建国家市场监督管理总局，其职责主要包括市场综合监督管理以及食品安全、检验检测和认证认可等。组建国家药品监督管理局，归国家市场监督管理总局管理。市场监管实行分级管理，而药品监管机构则仅设至省级，由市县市场监管部门承担药品经营销售等行为的监管。海关总署接管质检总局出入境检验检疫管理职责。组建农业农村部，负责农畜产品质量安全，原农业部不再保留。组建国家卫生健康委员会，负责食品安全风险评估、标准制定，原国家卫生与计划生育委员会不再保留。2019 年 9 月，全国范围内基层政府基本完成食品安全监管机构改革。此轮食品安全监管机构改革体现了综合监管，但食品安全监管的专业性问题是改革方案面临的挑战。

综上分析，中国食品安全监督机构的变迁由计划体制下的从属管理逐步走向市场经济体制下的独立监管。但需要注意的是，食品安全监管机构改革方案在综合性与专业性之间权衡，而目前综合性的食品安全监管机制一定程度上削弱了专业性。

二 对食品安全监管体系现状的评价

党的二十大报告强调，要"强化食品药品安全监管，健全生物安全监管预警防控体系"。经过多轮改革，中国食品安全监管体系正趋于完善和成熟。然而，中国属于转型经济体制，食品安全监管的法律体系仍有待完善，而食品安全监管机构改革与调整也表现出路径依赖。

（一）食品安全监管法律制度体系仍有待完善

1. 关于食品安全监管者的责任追究制度尚需完善

中国在食品安全立法方面作了很多努力，但目前食品安全监管法律制度体系仍有待完善。在食品安全监管体系中，追责制度建设尚处于起

---

① 胡颖廉：《改革开放 40 年中国食品安全监管体制和机构演进》，《中国食品药品监管》2018 年第 10 期。

步阶段，而追责制度的不完善及落实难是监管主体失职的主要原因。中国目前尚缺乏约束监管者权力的法律制度以及责任追究的常规制度。

为进一步加强对食品安全监管机构的约束，2020 年 12 月全国人大常委会通过的《中华人民共和国刑法修正案（十一）》第四十五条规定：负有食品药品安全监督管理职责的国家机关工作人员，滥用职权或者玩忽职守，造成严重后果或者有其他严重情节的，处五年以下有期徒刑或者拘役；造成特别严重后果或者有其他特别严重情节的，处五年以上十年以下有期徒刑。然而，由于入罪门槛高影响了食品安全监管渎职罪适用。尤其是该法对具体情形的认定，在现行法律和司法解释中缺乏相关参考标准。如果不履行监管职责或监管不力，只要未产生严重后果就不会追究责任。另外，由于追责涉及部门利益，查办过程中难免遇到阻力大等问题。这些主客观因素最终导致部分食品安全监管者在处理食品安全问题上心存侥幸。尽管食品安全监管机构很清楚部分企业生产经营有安全隐患的食品，但也可能不愿主动揭露问题，因为在缺乏常规责任追究制度下，一旦暴露食品安全问题，在社会舆论压力下，通常事件主要责任人必须引咎辞职，面临行政问责风险。这种情况不仅挫伤监管人员对监管工作的主动性和积极性，还让监管者背负心理压力。多年来，中国食品安全事故陷入媒体曝光—监管人员善后—媒体再曝光的恶性循环，而责任追究制度存在的问题也是形成恶性循环的原因之一。显然，通过法律制度对监管者在履行职能过程中的"不为"行为形成强有力的约束，是保障监管者对食品企业实施有效监管的前提。

2. 食品安全监管的法律制度执行效率有待提高

食品安全监管的法律制度最终需通过执法来落实。对食品企业违法行为进行监管，如果执法保障不足，则很难落实监管职责。分析发现，中国不少地区都存在执法人员及经费不足问题，部分制度设计让执法人员在执法过程中因缺乏有效手段而受阻，尤其是食品安全监管执法人员尚缺乏必要的权力落实监管职责。另外，针对企业生产经营存在安全隐患食品的行为，法律制度对涉事企业的处罚往往远低于其违法收益，对食品企业而言，法律制度尚未形成足够的威慑力以阻止其违法行为。尤其是，现实中最终受处罚的违法企业占比很低，心存侥幸的多数违法企业仍逍遥法外。事实说明，中国部分食品安全事件是"人为"所致，这已不属于经济问题，而是故意违法行为，需要借助刑事犯罪管理机构的力量共同解决。2010年9月，最高人民法院、最高人民检察院、公安部、司法部公布《关于依法严惩危害食品安全犯罪活动的通知》（以下简称《通知》）。《通知》要求依法严惩危害食品安全犯罪的累犯、惯犯、共同犯罪中的主犯、对人体健康造成严重危害以及销售金额巨大的犯罪分子，罪当判处死刑的，要坚决依法判处死刑。显然，严惩的法律制度主要是可把生产不安全食品的成本内化为企业自身的成本，以禁止企业提供不安全食品。我们应该意识到，法律及配套的法规不健全、不完善，特别是执行不到位，是造成食品安全问题的主要原因之一。

3. 网络食品安全监管法律制度的约束力需要强化

目前，中国网络食品安全监管主要以《食品安全法》和《网络食品安全违法行为查处办法》为依据。然而，在具体落实过程中，网络食品安全法律制度对监管对象的约束作用有限。这是因为，一方面，消费者对网络食品安全事故维权意识不足，被侵权后通常缺乏维权的主动性；另一方面，食品安全监管的执法部门对问题食品的调查取证存在难度，且查处取缔难，违法企业比较容易重新注册登记。

（二）食品安全监管机构履职中还存在薄弱环节

1. 食品安全监管机构缺乏相对独立性

中国具体履行监管职能的主要是地方各级政府机构。尽管地方政府被要求对食品安全负责，但没有相应的考核指标去具体衡量监管机构的监管绩效，一旦出现食品安全问题，通常也不需要承担具体责任。地方政府负责本行政区域食品安全监管有利有弊。一方面，地方政府最了解被监管的食品生产经营者，比较容易对食品安全源头实施监管；另一方面，地方政府及其监管机构与被监管的食品生产经营企业间有密切的利益关系，考虑到本地财政收入、政绩和人情等因素，政府食品安全监管职能被边缘化。部分地方政府忽视食品安全监管，尽管短期获利，但长期却对当地食品业甚至整体产业诚信造成负面影响。鉴于此，应将食品安全监管作为考核地方政府政绩的重要内容，如果监管机构属地发生严重食品安全事件，应当追究相关人员渎职犯罪的刑事责任，促进各级食品安全监管机构能把公众利益放在首位。

为引导地方政府重视并落实当地食品安全监管，2012年7月，《国务院关于加强食品安全工作的决定》将食品安全纳入地方政府年度绩效考核内容。并将考核结果作为地方政府考核评价的重要依据。[1] 显然，中央政府已开始通过调整政绩考核内容引导地方政府加强食品安全监管，以改善食品安全监管效果。

2. 食品安全监管机构的职能错位

多数食品市场属于垄断竞争市场，企业进入、退出以及食品价格应由市场竞争决定，政府应主要履行对食品安全（质量）的监管职能。但研究发现，近年来发生的食品安全事件，除了前面分析是源于政府监管职能缺位外，还存在政府监管职能错位问题。

近年来为促进经济快速增长，中国政府采取较宽松的经济政策，在物价水平出现普遍上涨趋势下政府对食品类产品价格进行控制，少数企业则采取降低食品安全性以应对物价上涨。政府监管错位加剧了食品安全市场失灵。分析发现，2008年三聚氰胺奶制品事件与政府的价格控制存在一定关系。2008年，中国宏观经济形势面临通胀压力下，政府对奶制品进行限价，即任何奶制品涨价都要报国家发改委批准。限价迫使企业压缩原奶供应成本。即奶企向奶站压价，奶站则向奶农压价，而奶农面临饲料成本持续上涨，导致正常养牛没有利润空间。这种情况下，奶农可能掺假，奶站也可能掺假，奶企则默许上游的掺假行为。因为不掺假的牛奶可能已无法维持经营成本。[2] 政府食品价格控制与食品安全控制目标间存在冲突。事实上，食品业属于竞争比较充分的市场，政府不宜对食品价格进行干预。这是因为，在竞争环境下，任何企业为确保市场份额，不会贸然提高价格。由于把食品涨价看作通胀的主要原因，政府通常要对食品实施限价。限价下的趋利企业则可能通过降低食品安全（质量）水平以达到降低成本的目的。[3] 分析发现，政府对本应由市场决定的食品价格实施了控制，但对于本应由政府履行的食品安全

---

[1] 佚名：《食品安全首次明确纳入地方政府年度绩效考核内容》，《中国食品》2012年第15期。

[2] 李静：《我国食品安全监管的制度困境——以三鹿奶粉事件为例》，《中国行政管理》2009年第10期。

[3] 周小梅：《质疑食品价格管制——兼论政府管制职能定位》，《经济理论与经济管理》2014年第7期。

信息披露以及监管职责却存在缺失或不足。例如，农业农村部 2019 年 12 月 20 日发布的第三季度国家农产品质量安全风险监测信息称，农业农村部第三季度共监测 31 个省（区、市）和 5 个计划单列市，共 161 个大中城市。但在农业农村部的网站，通过网络搜索均未发现这 161 个城市的名单。显然，目前中国食品安全信息公开透明情况仍有待改进。

3. 食品安全监管机构责任与资源间的错配

经过多轮机构改革，目前中国食品安全监管机构仍存在监管责任与资源间的错位。因为就食品安全监管系统内事权划分而言，在国家、省甚至市级层面上没有直接的监管对象，具体监管责任都在区县等基层。在街镇设立监管所后，监管任务基本集中在基层所。也就是说，具体监管责任逐层下放（基层承担食品、药品、化妆品、保健品和医疗器械等监管职能），但监管人员素质和执法水平随层级递减而不断递减。监管责任与监管资源和能力间出现错配。① 以江西省为例，食品安全监管机构改革后，江西省县级仅设置市场监督管理局 100 家，在现有 822 个乡镇、街道工商分局基础上组建市场监管分局，每个基层分局平均有行政编制 7.2 名。江西基层分局人均承担 71 户食品生产经营单位现场检查任务。但基层监管对象包括小摊点、小作坊、农贸市场等。② 也就是说，食品安全监管职能最终通过基层政府监管机构实施。然而，中国食品安全基层（地方）监管机构保障能力相对不足，主要问题是，目前各级食品安全监管机构的资源配置呈"倒三角形"分布，即越到基层，食品安全监管机构的人、财、物配置则越少。到县一级，专业食品安全监管机构的监管力量相对单薄，很难从食品安全源头实施常规监管。③ 尤其是，食品链具有跨地域和跨部门的特点，而目前属地化的食品安全监管模式，导致地方政府监管权限和责任意识都局限于属地，不会主动对发生在跨地域、跨部门的食品安全问题负责。这就容易产生多地域甚

---

① 邓萍：《食品安全政府监管主体探究》，《学术交流》2016 年第 8 期。
② 徐匡根等：《大市场监管模式下基层食品安全监管能力分析——以江西省为例》，《中国卫生政策研究》2018 年第 5 期。
③ 周小梅、张琦：《产业集中度对食品质量安全的影响：以乳制品为考察对象》，《中共浙江省委党校学报》2016 年第 5 期。

至全国性食品安全事件。

综上所述，中国进行市场化改革40余年，针对竞争性食品市场而言，政府职能应及时做出调整，即诸如食品价格和数量这些市场有能力调节的经济活动，政府应放松监管；而市场在对食品安全控制问题上容易出现失灵，政府应强化这类社会性监管职能。否则，政府监管职能一旦错位，不仅不能解决市场失灵，反而会加剧诸如食品安全市场的失灵。① 目前中国发生这些食品安全事件，除了市场失灵外，还与政府监管职能错位有关。由于政府控制食品市场职能模糊，本质上给生产经营食品的企业带来很大不确定性，使其没有稳定的预期。这种情况下，企业不会考虑长期的声誉投资。要规范食品企业首先要规范政府行为，没有规范的政府行为不会有规范的企业行为。为改善食品安全监管效果，必须尽快放弃诸如价格等经济性监管，同时担负起安全等社会性监管。

第三节　产业演化过程中的食品安全监管

食品产业是监管的基础，而有效的食品安全监管是产业有序发展的保障。发达国家经验表明，食品产业发展与食品安全监管体系构建互为支撑。食品产业是中国国民经济支柱产业，2018年全国规模以上农副食品加工业和食品制造业企业有33988个经营主体，营业收入6.64万亿元。食品产业有6000多万从业者和2.3亿多农民。然而，现阶段中国食品产业结构以散、低为主要特征，食品企业诚信守法意识不强，产业素质系统性薄弱。②

中国食品产业结构经历了从低级向高级演化的过程。食品产业演化过程中，一方面，随着产业集中度的提升，大型企业控制食品安全的激励不断增强，并向食品链上游传导，激励不同环节食品生产经营者加强安全控制；另一方面，食品业态演变（如零售电商平台）缩短了供应链，零售商采取产地直采或建立生产基地，通过纵向契约协作控制食品

---

① 政府可能为消费者控制了食品支出，但同时可能提高消费者为不安全食品所付出的代价。
② 食品药品监管总局：《2017年度食品药品监管统计年报》，原国家食品药品监督管理总局网站：http://www.nmpa.gov.cn/WS04/CL2151/329204.html，2018年4月2日。

安全的能力也在增强。食品产业集中度的提升有助于提高食品安全监管效率。鉴于此，本书在简要分析食品不同生产环节演化的基础上，提出食品安全分类监管原则。

一　中国食品产业组织演化历程

综观食品链，从种植养殖业到食品加工业，再到食品零售业，在体制改革和技术创新驱动下，中国食品业处于动态演进中。

（一）食用农产品生产组织演化进程

改革开放以来，中国农业生产经营组织是以家庭联产承包制为基础的，农户是农产品的生产经营主体，农户平均耕地数量基本上可反映农产品生产经营规模。"集体所有，家庭经营"制度决定农村集体土地是以公平为原则在成员间分配的，且兼顾土地数量与质量的公平。按照此原则进行分配，户均土地数量与每户人口数量紧密相关，而农村家庭人口数一般在3—5人，尽管农村人口变动会引起农户承包经营土地变动，但户均耕地数量大体上反映农产品生产经营规模水平。

2012年，中国农村户数1.7亿家左右，即1.7亿个农产品生产经营主体。1995年，农户平均耕地面积8.5亩；而到了2012年，农户平均耕地面积8.4亩，其间略增或减。2000年以前，农户平均经营山地面积1.7亩左右，而2000年后是在0.8—1.2亩。农户平均经营牧场面积为12.6—17.7亩。这些数据大体反映中国农业生产经营规模偏小的状况。[①]

实践证明，最具规模经济效率的家庭土地经营规模是4公顷（约60亩）左右。但2012年，中国农村户均耕地仅8.4亩，且比较分散，与适度经营规模有很大的差距。中国以家庭为基本生产经营单位的农业组织结构，生产经营主体规模小而分散，受规模限制，农户获利微薄，这显然不利于激励农户提高食品安全水平。另外，面对大量小规模的农产品生产经营主体，食品安全监管难免出现"流于形式"。虽然这种以家庭为基本生产经营单位的农业组织结构，在一定程度上可调动个人积极性，提高生产效率，但分散、小规模的生产经营组织不利于农产品质量安全水平的提升。

---

① 参考国家统计局《中国统计年鉴》（2003—2012年），中国统计出版社2003—2012年版。

面临小农户与食品安全控制的矛盾，近年来，在土地制度约束下中国不断探索促进农产品生产经营规模化的路径。东部沿海经济发达地区先后出现"合作组织+农户""企业+农户""企业+合作组织/大户+农户"等组织模式。值得关注的是，不断深化的土地流转等农村土地制度改革加快从传统农业向规模化、品牌化现代农业的转变。而提高农业产业组织程度不仅有助于食品生产经营者对食用农产品安全水平的控制，而以大规模食品生产经营者为对象的食品安全监管也更具可行性。

(二) 食品加工业演变：基于乳制品产业集中度的分析

中国食品加工业处于发展初期阶段。2011年，中国食品生产加工企业大部分是10人以下小企业，规模以上食品生产企业仅3万余家。食品生产加工企业以"小、散、低"为主，小、微型和小作坊式的食品生产加工企业占比为90%以上（10人以下企业占比为79%，规模以下且10人以上企业占15%）。[①] 2018年，在全国1.03亿户市场主体中，有生产经营许可证的食品企业有1300多万家，[②] 占比为13%。显然，在中国食品加工环节，市场集中度低，中小企业、加工小作坊数量众多，规模较小。食品加工业市场集中度低的现状，一方面小企业控制食品安全的动力和能力相对较弱，另一方面对食品安全监管机构提出很大挑战。本书主要以乳制品产业为例，分析产业演化过程中食品安全监管问题。

改革开放以来，中国食品加工业发展迅速。乳制品产业是食品加工业发展最快的产业之一。在乳制品产业不断发展壮大过程中，乳制品安全事件时有发生。从2005年"皮革奶"事件到2008年"三聚氰胺"事件，乳制品安全问题成为公众关注的焦点。

从1995年开始，中国乳制品加工业集中度不断提升。以"三聚氰胺"乳制品事件为界，1995—2007年，乳制品加工业集中度 CR_4 从25.52%上升至50.3%，2007年首次突破50%。除1996年下降外，总体呈现缓慢上升的趋势。2008年，受"三聚氰胺"乳制品安全事件影响，乳制品加工业集中度大幅下降。2009年开启新一轮提高集中度的

[①] 转引自吴林海、钱和《中国食品安全发展报告（2012）》，北京大学出版社2012年版，第63页。

[②] 食品药品监管总局：《2017年度食品药品监管统计年报》，原国家食品药品监督管理总局网，http://www.nmpa.gov.cn/WS04/CL2151/329204.html，2018年4月2日。

历程。2011 年，皇氏收购来思尔乳业 55% 的股权；2012 年，三元股份收购株洲太子奶及供销公司各 100% 股权及对应资产；2013 年，蒙牛收购雅士利 75.3% 的股权；2013 年，伊利收购辉山乳业股份。[①] 各大乳企通过收购兼并提升竞争力。从发展趋势看，乳制品产业集中度不断提升，如图 10-2 所示。

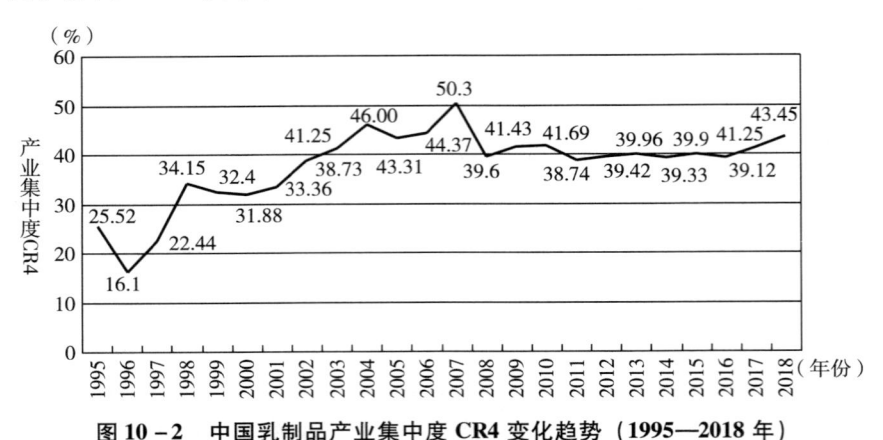

图 10-2 中国乳制品产业集中度 CR4 变化趋势（1995—2018 年）

资料来源：农业部（农业农村部）：《中国奶业年鉴（1996—2018）》，中国农业出版社 1997—2019 年版。

根据市场结构划分，1998 年前乳制品业集中度 CR_4 均小于 30%，属竞争型市场。1998—2001 年，乳制品加工业集中度 CR_4 在 30%—35%，属寡占Ⅴ型（最低寡占型市场结构）。自 2002 年开始，集中度在 35%—50%，进入寡占Ⅳ型，而 2007 年产业集中度达 50.3%，为寡占Ⅲ型。

分析发现，目前中国乳制品加工业集中度仍偏低。较低的产业集中度很容易导致乳企一方面在零售市场降低乳制品价格，另一方面是争夺原料乳，提高乳企生产成本，获利空间下降制约了乳品安全水平的提升。[②] 诚然，乳制品加工业集中度的提升有助于提高乳制品安全监管效率。

---

① 佚名：《我国乳制品企业并购状况分析》，中商情报网，http://www.askci.com/news/201402/14/141659036051.shtml，2014 年 2 月 14 日。

② 周小梅、张琦：《产业集中度对食品质量安全的影响——以乳制品为考察对象》，《中共浙江省委党校学报》2016 年第 5 期。

（三）食品零售业态演变：以生鲜农产品为例

中国实施改革开放政策以来，在产权制度改革和技术创新推动下，生鲜农产品零售业态不断演进。

1. 改革开放后，政府逐步放松生鲜农产品零售业进入监管

1985年，除极少数农产品外，政府对农产品不再实施"统购统销"政策，基本放开了生鲜农产品经营。且在农村经济发展水平快速提高的背景下，生鲜农产品的品种和数量迅速增长，小规模的集市贸易已很难满足农产品异地交易需求。此时，生鲜农产品的批发市场应运而生。1995年，中国农产品批发市场3517个，[①]约为1986年的4倍。2018年，农林牧渔批发市场4841个。[②]在生鲜农产品零售业中，以批发市场为核心的农贸市场占主导地位。尽管近年受连锁超市和生鲜电商的冲击，但传统农贸市场销售生鲜农产品仍具有菜品新鲜、品种丰富、价格较低及面对面交易等优势，在生鲜农产品市场中仍有不可忽视的地位。然而，农贸市场存在基础设施落后、管理粗放，以及安全检测体系不完善等问题很难满足消费者对食品安全以及购物环境的需求。近年来，部分城市对农贸市场进行改造升级。以浙江为例，2014年，浙江有225家农贸市场经过改造成为"放心"市场。2015年，浙江出台市场认证办法，促进农贸市场的改造升级。[③]尽管各地存在差异，但农贸市场经营环境的改善进入实质性落实阶段，并取得一定成效。

2. 连锁超市的发展为农产品零售提供了良好的购物环境

自1996年开始，连锁超市经营模式陆续进入中国零售市场，且数量和经营规模迅速扩大。与传统生鲜农产品零售贸易市场相比，干净整洁的购物环境，较严格的安全控制体系，以及"一站式"购物体验等为连锁超市经营生鲜农产品提供了得天独厚的条件。2002年，部分城市推行"农改超"，将农贸市场改造为生鲜超市。由于针对生鲜农产品安全水平，连锁超市可对上游生产端的农户提出相关要求，为生鲜农产

[①] 国家统计局贸易外经统计司等：《中国商品交易市场年鉴》，中国统计出版社1987—2002年版。

[②] 参考国家统计局《中国统计年鉴（2019）》，中国统计出版社2019年版。

[③] 张瑞云等：《杭州市江干区农贸市场209份蔬菜中12种有机磷农药残留监测结果分析》，《中国卫生检疫杂志》2014年第9期。

品安全控制提供了更好保障。需求引导下，2008年"农超对接"进入快速发展阶段，连锁超市生鲜销售额占比渐增，形成了农贸市场与连锁超市并行的生鲜农产品零售业态。目前部分连锁超市不断增加生鲜农产品经营比例，且许多大型连锁超市零售的生鲜农产品，在价格、种类和品相等方面与农贸市场相当，甚至部分农产品比农贸市场更丰富，价格更便宜。为缩短供应链、降低采购成本、控制生鲜农产品安全等，各超市实施"农超对接"，扩大基地直采生鲜农产品比例。以经营生鲜为特色的永辉超市为例，根据2018年年报，永辉超市在福建、重庆等24个省市发展708家连锁超市。全年营业收入705.2亿元，同比增长20.4%，其中生鲜及加工业务营业收入达316.6亿元，占全部营业收入的44.9%。年报显示，永辉超市生鲜主要通过产地直采以及与生鲜源头生产商、制造商合作，在2018年已建立覆盖果蔬、水产、蛋品品类的88个检测站点，年检测60万批次；供应商端从寻源、资质和风险等环节进行管控，并通过第三方食安抽检，验证质量安全风控体系。[1] 扩张过程中，永辉超市不断加强生鲜农产品安全控制。

然而，分析发现，近年在电商零售平台冲击下，连锁超市发展受阻。如表10-2所示，连锁超市的总店数和零售额都出现增长乏力的趋势。

表10-2　　连锁超市（超市+大型超市）门店数量与零售额（2009—2019年）

年份	总店数（个）	门店总数（个）	零售总额（亿元）
2009	592	35717	5013.00
2010	558	39140	5686.00
2011	540	41096	5992.70
2012	568	42963	7137.80
2013	592	43215	7623.40
2014	592	42683	7629.00
2015	586	41885	8081.00

---

[1] 资料来源：永辉超市2018年年度报告。

续表

年份	总店数（个）	门店总数（个）	零售总额（亿元）
2016	565	41824	8175.20
2017	559	36036	7935.40
2018	542	32924	8096.40
2019	512	32268	8108.50

资料来源：国家统计局：《中国统计年鉴》（2010—2020），中国统计出版社2010—2020年版。

3."互联网＋"背景下电商成为生鲜农产品零售新业态

2012年中国零售电商平台进入快速发展轨道，2018年网上零售额达9万亿元。① 而在冷链技术支持下，生鲜零售电商平台发展势头不减。2010年生鲜电商交易4.2亿元；2012年交易规模则达40.5亿元。根据易观智库（Analysys）的调查统计，中国生鲜电商平台进入高速发展期，在生鲜电商不断完善产业链的情况下，市场交易规模扩张迅速。2016年，生鲜电商交易规模扩大到913.9亿元，同比增长68.6%，是2010年的217.6倍。预计至2019年，中国生鲜电商市场交易规模将达3506.08亿元。② 除了规模经济优势外，在食品安全信息传递方面生鲜电商有明显的优势。生鲜电商主要实行品牌战略，这对其控制农产品安全有很强的激励作用。如"1号店"等知名生鲜电商均建立直采基地，与基地间的契约有较强约束力，通过建立安全监测体系，以确保生鲜农产品安全。另外，电商零售平台让生鲜农产品生产者与平台对接，没有中间代理商赚取差价，缩短环节，节约成本，有价格竞争优势，为网络交易中的食品生产经营企业提供更多利润空间，为其控制食品安全提供了激励。

综上分析，在连锁超市和电商市场份额扩大过程中，中国生鲜农产品零售业集中度不断提升，而集中度的提高可增强零售企业对食品链上游的纵向控制能力。另外，食品链上游也不断涌现大量农民专业合作社

---

① 参考国家统计局《中国统计年鉴（2019）》，中国统计出版社2019年版。
② 资料来源：《易观：中国生鲜电商市场发展趋势预测（2016—2019）》，易观智库网，https：//www.analysys.cn/article/analysis/detail/1000641。

及大中型龙头企业。这两种趋势对于加强生鲜农产品产业链的纵向契约协作起到重要作用。与此同时，生鲜农产品安全则可得到有效控制。[①]

二　产业演化过程中的食品安全监管

从中国食品产业演化规律可见，从初级的种植养殖业到食品加工业，再到食品零售业均出现集中度逐步提高的趋势。在此过程中，食品生产经营企业对食品安全控制能力在不断增强。鉴于此，政府应根据产业演化规律，有针对性地实施食品安全分类监管。[②] 食品安全分类监管是指监管部门实施监管过程中，以市场主体诚信记录及相关食品产业规范程度为依据，衡量企业控制食品安全的激励和能力，采取对食品企业实施分类监管的政策。分类监管有利于提高食品安全监管效果和效率。

（一）食用农产品生产组织演化与食品安全监管

中国食用农产品生产经营在向规模化、组织化演进。为落实食品安全监管政策，提高农业生产经营组织化程度是食品安全控制的关键。然而，目前中国食用农产品的生产经营组织总体上表现出分散、规模小的特点，尤其是部分地区（主要是南方）限于山多地少、类多量少的自然条件，农业处于由分散、小规模农户主导的格局，导致农产品生产经营者缺乏控制食品安全的动力和能力。这种情况下，政府则可利用其整合资源的优势，通过设计相关制度，把分散的农户联合起来，通过建立区域品牌激励农户生产经营优质安全的农产品。诚然，在区域品牌建立过程中，需要有效的政府监管作为重要的制度保障。例如，浙江丽水市拥有较丰富的自然资源，但在山多地少局限下，丽水农业呈现以分散、小规模农户为主的格局。2014 年，丽水市政府成功打造"丽水山耕"这一区域共用品牌。而区域品牌的维护取决于食用农产品安全的控制。鉴于此，政府把食用农产品安全的事后追溯改为事前追溯。也就是说，为控制该品牌下的食品安全，要求使用"丽水山耕"的商家都须拥有食品安全溯源系统，即根据"丽水山耕"包装上的二维码，消费者可扫到相应农产品相关信息。尽管溯源系统会增加食品生产经营成本，但

---

① 周小梅、卞敏敏：《零售业态演变过程中生鲜农产品质量安全控制：市场机制与政府管制》，《消费经济》2017 年第 6 期。

② 杨慧：《市场监管模式从运动化向常态化转型的路径思考》，《工商行政管理》2005 年第 24 期。

引入溯源系统后可提高消费者对优质安全农产品的信任，溯源系统提高的成本可通过食用农产品"溢价"销售得到补偿。[①] 共用品牌下的共同利益为农业向高质量发展提供了基础。浙江丽水市政府围绕打造区域品牌对食品安全实施监管的经验值得其他地区借鉴。

面对中国目前生鲜农产品组织化程度低的现状，食品安全监管机构应根据不同效率以及不同生产经营方式的生产经营者实施分类监管，有针对性地加强食品安全风险高的环节监管。

(二) 食品加工业演变与食品安全监管

食品加工业演变过程必然伴随集中度的提升，这不仅激励食品加工企业控制食品安全，且有助于提高食品安全监管效率。鉴于此，政府应打破地方行政垄断壁垒，鼓励企业间兼并重组，引导食品加工企业做大做强。尽管食品加工业集中度的提高会产生一定的市场垄断，但在开放的市场环境下，市场内的企业间以及市场外的潜在竞争对在位企业均形成竞争压力。因此，对于诸如食品价格和数量这些市场可以调节的经济指标，政府应放松监管，而相应加强食品安全监管。否则，政府监管职能的错位，不仅不能解决市场"失灵"，反而会导致产生诸如食品安全问题的市场失灵。也就是说，部分食品安全事件，除了市场固有的局限外，还与政府监管职能错位有关。政府控制食品市场职能模糊不清给生产经营食品的企业带来很大不确定性。政府食品价格监管与安全监管目标间的冲突加剧了市场失灵。为改善食品安全监管效果，必须放弃政府不应履行的价格监管职责，同时担负其应该履行的食品安全监管职能。

另外，受政府财政预算约束，与中国现阶段食品加工业分散格局相对应的是，目前食品安全监管机构的人力资源呈"倒三角形"分布，即越到基层，人、财、物配置越少。食品安全监管机构也是"心有余而力不足"。随着食品加工业集中度的提高，食品安全监管机构资源配置与产业格局相互匹配。

(三) 零售业态演变与食品安全监管

本书重点以生鲜农产品为主，分析零售业态演变与食品安全监管。

---

① 周小梅、范鸿飞:《区域声誉可激励农产品质量安全水平提升吗?》,《农业经济问题》2017年第4期。

1. 农贸市场中生鲜农产品安全监管

由于农贸市场中经营者规模小、数量多，对于农贸市场的监管需大量人力、财力，存在监管缺位现象。尽管政府履行监管职能，但难度太大，导致安全事件时有发生。政府监管机构可通过限制农药生产企业生产剧毒农药以减少源头污染，加大农贸市场基础设施投入，提高安全检测水平，一定程度上起到控制安全的作用。2019年初，浙江启动实施农药购买实名制、化肥使用定额制，以带动种植业领域绿色高质量发展。目前，浙江7000多家农药店门店全部实现实名制购买。[①] 食品安全监管机构对农户购买农药的行为进行控制不仅效果好且效率也高。

2. 连锁超市中生鲜农产品安全监管

由于连锁超市经营规模大，在声誉机制的激励下，建立安全检测体系，且采取纵向协作方式保障生鲜农产品货源，增强零售端对生鲜农产品安全的控制能力。基于连锁超市对食品安全的控制，政府监管机构无须面对大量分散的生鲜农产品生产经营者，只需落实连锁超市对食品安全控制的责任，这可在很大程度上改善食品安全监管效果，提高监管效率。

3. 电商平台上生鲜农产品安全监管

与连锁超市相似，在电商平台交易环境下，政府无须面对众多小型生鲜农产品生产经营者实施监管的压力。尤其是目前大型生鲜电商基本采用全产业链经营模式，在生鲜电商平台上，消费者可在网上搜索了解生鲜农产品的安全、价格、商家信誉和物流等信息。与实体市场交易相比，尽管生鲜电商平台交易存在信息虚拟性问题，但生鲜电商平台具备作为信息传播载体的功能，其信息量大、传播广、速度快和互动性强等，很大程度上降低了消费者获取信息的成本。电商平台不仅为信息传播提供技术支撑，更为重要的是提高了食品零售业集中度，而较高的组织性让其有动力且有能力维护平台声誉。电商平台建立进入资质审核、信用评价体系及第三方支付等对卖家信誉的约束制度，把平台上卖家的信用"捆绑"起来，在确保卖家信誉的基础上，维护电商平台信誉。

---

① 新华社：《浙江深化"农药购买实名制、化肥使用定额制"发展绿色农业》，中华人民共和国中央人民政府网，http: //www.gov.cn/xinwen/2019-11/11/content_5450918.htm。

电商对平台信誉的维护根本上对在平台上交易食品的安全起到很好的控制作用。诚然，与生鲜电商零售平台相似，一般食品电商零售平台上食品安全控制具有相似的机制。尽管电商为网购环境下的食品安全增加一道防线，但作为食品安全监管机构仍需对电商平台实施必要的监管。政府除了对电商平台上的食品实施常规抽检制度外，主要是对食品链末端电商的监管和问责。政府应利用网络平台纪录信息数据的功能，整合、发布食品安全及平台信誉信息，让食品安全信息的信用品属性转为搜寻品，降低消费者网购过程中信息获取成本，有效引导食品卖家生产经营质量安全有保障的食品。面对电商平台食品交易新模式，食品安全监管面临新挑战，从监管法规完善、监管机构设置到监管手段和方法改善等都需适时调整。

综上，目前中国食品产业链上不同生产经营环节集中度在不断提升，在此过程中，食品生产经营企业控制食品安全的激励和能力也在提高。鉴于此，政府应根据食品产业演化规律，针对不同食品生产经营环节以及不同阶段适时调整食品安全监管措施。

第四节 完善食品安全监管体系的路径选择

食品安全问题实质上是食品安全信息的披露和传播问题。食品产业演化过程中，食品产业集中度不断提升，且互联网让食品电商零售平台成为新业态。食品产业演化结果让企业控制食品安全的能力得到提升。因此，完善食品安全政府监管体系必须充分尊重食品产业发展规律，以及食品企业作为市场主体的自主权。食品安全政府监管是市场机制的补充而非替代，有效的食品安全监管体系应该让激励和约束集中于食品生产经营者行为上。诚然，强调市场机制并非否定监管的作用，而是避免传统监管体系的弊端。因此，进一步完善法律法规制度、明确监管机构职能和调配监管资源，以及构建外部监督机制和监管绩效评价机制等是改善食品安全监管效果及提高监管效率的主要路径。

一 完善食品安全监管法律制度体系

（一）完善食品安全监管追责法律制度

食品安全监管体系中，完善的法律制度追责体系是落实监管机构职责的关键。为提高食品安全监管机构履行监管职责的主动性，尚需完善对监管机构不履职或监管不力行为相关的法律制度体系。

（二）提高食品安全监管法律制度的执法效率和执行力度

食品安全监管法律制度对食品生产经营企业威慑力的大小很大程度上取决于法律法规的执行效率。尽管多年来中国食品安全法律制度不断得到完善，但执行效率尚有待提升。鉴于此，食品安全监管的职责主要是由地方政府承担，因此，各级地方政府应根据当地实际情况，在国家食品安全相关法律制度基础上，制定落实具有针对性和操作性的地方食品安全监管条例，并逐步加以修订完善，以更好地为食品安全监管提供依据，①确保法律法规执行的有效性。而针对目前食品安全监管执法资源不足问题，政府还需要在食品安全监管的执法人员、经费和权力保障等方面给予必要的支持。另外，为增强食品安全法规对食品企业违法行为的威慑力，必须提高企业违法成本，监管部门要做到对违规企业"发现一起，查处一起"，向违法企业处以较高罚款。提高企业违法成本，让企业对处罚的预期成本加上声誉损失等成本超过其预期收益，有效遏制食品企业违法行为。值得肯定的是，法律制度的完善及执法力度的加大对食品安全水平的提高必定有促进作用。2015年新修订《食品安全法》的实施提升了处罚力度，各方责任也更加明确。

（三）完善网络食品安全监管的法律制度

目前，网络食品安全监管以《食品安全法》和《网络食品安全违法行为查处办法》为依据，但仍不够具体，不利于网络食品安全监管的落实。鉴于此，各级政府应根据实际情况制定具体的法规条例。同时还应加强食品安全相关法律法规教育，引导消费者借助法律法规维护自己的权益。根据电商平台运营特点，要发挥网络平台对入网食品经营者管理的作用，作为网络食品经营主体的媒介，第三方平台具有监管的优势，督促第三方平台落实《网络食品安全违法行为查处办法》规定的责任，加强对经营者资质的审核，确保经营者相关信息和交易数据、资料的真实性，依法取缔违规的食品经营者入网资格，同时要为食品安全

---

① 郑风田、焦贝贝：《我国地方政府食品安全监管困境及改善路径研究》，《现代管理科学》2016年第12期。

监管机构提供必要信息作为网络食品安全监管的依据。

二 提高食品安全政府监管效率的路径

食品安全监管效率很大程度上取决于监管机构的专业水平、信息管理水平、监管机构的协调性以及监管手段等。因此，提高食品安全政府监管效率主要从以下几方面展开。

（一）提高食品安全监管机构的专业水平

中国多轮食品安全监管机构改革克服了"分段式"监管产生的权责不清导致监管效率低的问题。但目前市场监管的综合性削弱了食品安全监管的专业性，尤其是地、县级行政区监管能力十分薄弱。这也是中国目前食品安全监管绩效不良的原因之一。对此，政府应支持基层食品安全监管机构，通过奖惩机制提高基层监管主体执法能力和效率。另外，食品安全相关技术是食品安全监管有效落实的保障，政府应提高检测、评估和认证等技术监督机构科技方面的投入，构建与中国经济发展水平相适应的技术支撑体系。[1]

（二）提高食品安全监管机构的信息管理水平

鉴于部分食品安全信息的信任品属性，政府应加强对该类信息的收集、分析，重点披露这类信息，提供从种植、养殖、加工、配送至零售等环节的食品安全检测信息，建立公开、全面的食品安全信息平台，及时发布食品生产经营企业信誉信息，拓展信息传播渠道，让消费者快速有效地获取相关食品安全信息。食品安全信息充分有效的披露和传播可引导食品企业加强食品安全控制。另外，政府通过建立国家食品安全基础信息数据库和信用体系，完善的征信制度可减少相关主体搜集、处理信息的成本，并帮助他们提高识别食品安全风险的能力。[2]

（三）加强网络食品安全监管部门的整体协调性

尽管食品安全监管机构改革基本解决了不同监管部门的协调问题。但由于网络食品交易的特殊性，面临网络食品安全监管问题时，仍存在监管部门协同性问题。这是因为，从政府层面看，网络食品安全监管涉

---

[1] 王冀宁等：《中国食品安全监管绩效的评价研究——基于全国 688 个监管主体的调研》，《现代经济探讨》2018 年第 8 期。

[2] 杨明：《我国互联网食品安全监管的现状、困境与优化对策》，《中国食品学报》2017 年第 11 期。

及农业农村部、市场监督管理局、工业和信息化部、公安部等多部门，一旦出现食品安全事件，需要多部门协调监管才能有效解决。而目前的网络食品安全监管，监管机构相关职责是在传统食品安全监管方式的基础上增加部分权限演化而来的，存在监管交叉或疏漏问题。现阶段的市场监管局还在磨合期，相关机构间的职责整合与分拆还有待衔接。另外，网络食品交易跨区域性让以属地为基础的监管部门执法存在职责划分与管辖问题，且跨地域执法对食品安全监管机构而言也存在困难。[①]鉴于此，食品安全监管机构在针对网络食品安全监管问题上还应加强整体的协调性。

（四）分类实施HACCP体系以提高食品安全监管效率

面对众多监管对象，食品安全监管机构应分类实施HACCP（Hazard Analysis and Critical Control Point，即危害分析和关键控制点）体系以提高食品安全监管效率。HACCP体系要求确认风险控制点并发展监管控制过程以弥补控制中的失灵。考虑到HACCP体系的实施成本，食品安全监管机构可针对不同效率企业采取分步骤、有重点、逐步推进的方式。由于小企业服从食品安全监管的成本高，而大企业服从成本相对较低，鉴于此，强制要求食品企业实施HACCP体系应根据企业类型而不同。首先在某些食品行业中强制要求实施HACCP体系（如奶业等），最终逐步推广。针对不同效率的食品企业，食品安全监管机构应设计激励相容的方案。通过相应政策引导食品企业通过扩大规模提高对食品安全的控制能力。与此同时，还可减少监管执行成本。

三 完善食品安全政府监管的多元监督体系

政府是弥补市场在提供具有信用品属性的安全信息方面的缺陷，但在实施食品安全监管政策过程中，受人财物等资源的限制，政府监管机构在履行监管时难免存在"失灵"。因此，食品安全多元监督机制是食品安全控制制度的重要组成部分。在监管决策过程中，食品安全监管机构应提高决策的透明度，并在监管政策的准备及执行阶段引导更多的主体参与进来。

---

① 康智勇等：《网购食品安全协同治理体系探析》，《食品科学》2019年第5期。

（一）公众参与对食品安全监管机构的监督

可通过提高食品安全监管机构决策的透明性引导公众监督食品安全监管机构权力的行使。在食品安全监管法律法规的准备、评估以及修改过程中，政府应公开向公众征求意见。食品安全监管结果及监管过程都应向公众公开。尤其在处理食品安全事件过程中，食品安全监管机构必须注重与公众进行风险交流并公布相关活动和信息，且公众可通过相关咨询平台参与食品安全监管。针对重要科学问题，政府应进行公开的听证会。鼓励公众参与食品安全监管机构的监督，这不仅有利于恢复消费者对食品安全的信任，还可促进食品安全监管效率的提高。

（二）媒体对食品安全监管机构的监督

在监督食品安全监管机构方面，作为食品安全相关信息主要传播渠道，媒体的信息透明起到重要作用。中国这些年多数食品安全事件均经媒体曝光，事实证明，媒体在监督食品安全监管机构职能履行方面发挥了应有的作用。

（三）食品行业协会对食品安全监管机构的监督

为促进食品行业协会对食品安全监管机构的有效监督，应积极发展行业协会。行业协会可利用各种资源，吸纳各种人才，除了专业人员外，还可针对性地吸纳各行业的行家。这是因为，这些行家通常都有多年从业经验，某些情况下不用仪器设备进行检测，仅借助简单的观察就可判断食品安全性。行家参与食品安全控制无疑可提高食品行业协会的监督效率。这种监督不仅成本比监管机构低，且效率比监管机构高。

四 构建食品安全政府监管绩效评价机制

强化落实政府监管责任就是要针对各级政府监管进行系统科学的评估。2012年，国务院颁布《关于加强食品安全工作的决定》，提出要建立食品安全责任制，对各级政府进行年度食品安全绩效考核，考核结果作为地方政府综合考核评价的重要内容。中央政府需要借助食品安全监管绩效评价落实并监督地方政府食品安全监管。对各级政府食品安全监管绩效评价是改善食品安全监管绩效的依据。

食品安全监管绩效的评价对象是食品安全监管主体行为及其行为结果，评价的目的在于衡量食品安全监管机构职责履行情况以及监管效果的好坏，评价结果则作为绩效改进以及奖惩依据。[①] 食品安全监管绩效评价主要是针对食品安全监管机构的事前、事中和事后监管进行评价。而食品安全监管绩效评价的指标体系决定了食品安全绩效评价的科学性，对食品安全监管起到引导作用。鉴于此，为确保食品安全监管绩效评价的客观公正性，必须构建科学的食品安全监管绩效评价指标体系。

食品安全政府监管绩效评价指标主要有以下几个方面。[②]

（一）投入指标

投入指标主要包括人力资源（食品监管人员数量、食品安全监管经费在区域 GDP 中的占比等）和物质资源（食品安全经费在地方财政支出中的占比、居民人均食品安全经费等）。

（二）监管过程指标

监管过程指标主要包括监管机构能力（监管机构信息化水平、监管机构办事效率、监管人员专业素质等）和监管政策执行情况（食品安全突发事件应急处理能力、监管政策制定的科学性和民主性、监管政策的连续性和稳定性、食品违法案件的执法力度、公众对食品安全的满意度等）。

（三）产出及结果指标

产出及结果指标主要包括食品产业发展（食品产业在地方 GDP 中的占比、食品产业增值率、食品小企业小作坊在食品企业中的占比等）和食品安全指标（食品质量抽检合格率、食品中毒事故发病人数、食品中毒死亡人数、食品企业 QS 达标率、食品企业 HACCP 认证率等）。

构建食品安全政府监管绩效综合评价体系，借助量化食品安全政府监管能力和监管效率，分析政府食品安全监管过程中存在的不足，并采取有效的改善措施，这对于保证公众健康、树立政府威信以及促进食品产业有序发展具有重要现实意义。

[①] 刘鹏：《省级食品安全监管绩效评估及其指标体系构建——基于平衡计分卡的分析》，《华中师范大学学报》（人文社会科学版）2013 年第 4 期。

[②] 刘录民等：《食品安全监管绩效评估方法探索》，《广西大学学报》（哲学社会科学版）2009 年第 4 期。

本章小结

一 从市场供求角度研究影响食品安全水平的因素

食品安全市场中，随着人们收入水平不断提升及预期寿命逐步延长，消费者的食品安全需求随之增加。特别是在经济发展过程中，人们从市场中购买食品的比例逐渐增加，消费者对食品安全的直接控制则逐渐减少。这种趋势下也强化了人们对更安全食品的需求。市场竞争环境下，如果企业能弥补为提高食品安全性而增加的成本，企业则愿意为消费者生产经营具有安全特征的食品。为实现利润最大化目标，食品安全供给取决于企业控制食品安全产生的边际收益和边际成本。食品安全水平最终取决于市场中的供求关系。

二 分析食品安全信息属性对企业隐藏具有安全隐患信息的影响

食品安全市场中供求双方交易的有效性取决于食品安全信息的可获得性。根据信息属性，可把产品分为搜寻品、经验品和信用品。搜寻品是消费者在购买前就能掌握的食品安全信息；经验品是消费者在食用后才能掌握的食品安全信息；信用品是消费者在购买前或购买食用后也无法了解的关于食品安全的部分信息。根据食品安全信息属性，消费者对搜寻品和经验品属性的需求会对食品安全变化做出反应，但对信用品的需求却难以做出相应的反应。面对安全信息具有信用品属性的食品，消费者很难鉴别特定食品安全性的高低，则会诱导企业通过隐藏存在安全隐患的信息以获取更高利润。可见，食品安全事件多数由于消费者无法获取具有信用品属性的安全信息所致，因此，消费者能通过相应渠道获取具有信用品属性的信息是避免食品安全事件的关键。

三 从理论上探讨了食品安全政府监管需求的逻辑

食品安全市场中信息不对称导致消费者的福利损失，进一步的影响还表现为消费者对企业的不信任，以及由此增加市场交易成本，导致买卖双方无法达成交易。如果食品安全基本信息供给不足，则会出现低安全性食品过度供给。鉴于此，对于具有信用品属性的食品安全信息，为避免消费者利益受损，必须实行政府监管。食品安全政府监管就是从制度上保证消费者获得更多食品安全信息，从而尽量降低市场交易成本和公众健康风险。

四 回顾了法律制度建设和监管机构改革等食品安全监管体系的沿革

面对时有发生的食品安全事件，政府高度重视食品安全问题，不断完善食品安全监管法律制度体系。食品安全政府监管法律制度的建立和完善为监管提供了依据。但作为转型经济体制，中国食品安全监管法律制度体系仍有待完善。为协调食品链上不同生产经营环节食品安全监管，中国食品安全监管机构处于动态调整中。中国经过多轮政府机构改革，食品安全监督机构的变迁由计划体制下的上下级管理逐步走向市场经济体制下的相对独立监管。食品安全监管机构改革与调整表现出路径依赖，且频繁重组的行政体制对食品安全监管专业性产生了一定的负面影响，需要采取针对性的政策措施以提高食品安全监管专业性。

五 根据食品产业演化规律分析食品安全分类监管

从中国食品产业演化规律可见，从初级种植养殖业到食品加工业，再到食品零售业均出现集中度逐步提高趋势。这个过程中，食品生产经营企业对食品安全控制能力不断增强。鉴于此，政府应根据产业演化规律，实施食品安全分类监管。食品安全分类监管是指监管部门实施监管过程中，以市场主体诚信记录及相关食品产业规范程度为依据，衡量企业对食品安全控制的激励和能力，采取对食品企业实施分类监管措施。分类监管有利于改善食品安全监管效果，提高监管效率。

六 论证了完善食品安全政府监管体系的路径选择

完善食品安全政府监管体系须尊重食品产业演化规律，以及食品企业作为市场主体的自主权。有效的食品安全监管体系应该让激励和约束集中于食品生产经营者行为上。改善中国食品安全监管效果和提高监管效率，还需从法律制度建设、明确监管机构职能、调配监管资源以及构建多元监督机制和监管绩效评价机制等方面完善食品安全监管体系。

第十一章

基于外部性的环境监管体系

环境监管是政府监管的一个重要内容。本章首先从环境外部性、公共环境物品、环境中的信息不对称等市场失灵以及可持续发展的角度讨论监管需求，在梳理中国环境监管历史沿革的基础上，分析环境监管中的基本经验与教训，最后将讨论完善中国环境监管体系的基本思路与路径选择问题。

第一节 环境外部性与政府监管需求

按照传统的政府监管理论，政府监管的理由之一是市场出现了失灵的情形，政府可以通过有形之手来干预市场，从而弥补市场失灵。而微观经济理论告诉我们，当市场不具备完全竞争所需要的严格假设条件的时候，市场就不能有效运行，就会出现市场失灵。这些市场失灵包括：不完全信息、公共物品、外部性等。这三种情况，与环境问题也是紧密相连的。处理这些市场失灵的情形，同样也构成环境监管的理由。

一 环境问题与市场失灵

在环境资源的配置上，导致市场失灵的原因主要表现在以下五个方面。

（一）环境主体的有限理性导致市场失灵

一般来讲，环境资源涉及三个主体：环境资源的直接消费者（企业）、环境资源的间接消费者（公众）以及环境资源的管理者（人们往往假定政府就是环境资源的管理者）。就环境问题而言，我们之所以说环境主体的理性是有限的，主要是从这样的角度来考虑的：首先，人们对环境问题的认识本身就经历了一个发展的过程，比如说，随着技术的进步，人们才逐渐认识到哪些生产过程或排放物会对环境产生不好的影响，人们也并不是一开始就清楚污染物的构成。而在人们对环境还没有足够的科学认识以前，难以避免地会出现一些损害或破坏环境的非理性的行为。其次，即使人们已经认识到了良好的环境对于生活质量的重要性，但是由于区域经济发展的不平衡问题普遍存在，以及由于经济发展条件的限制与约束，在经济落后地区，从政府到企业，甚至到公众，都可能为了实现对本地区经济的快速发展而在一定程度上容忍对环境的破坏，以牺牲长远的环境福利为代价而采取破坏环境的经济增长模式。再次，假设上述两个方面的问题都不存在，但是，由于环境区域与现行的行政区域并不是完全对应的，人们也往往存在机会主义的行为倾向，比如，处于河流上游的人们可能就不会过于重视自己的生产与生活方式可能对河流下游的生态的影响，从而可能会做出有损环境的行为，或者是环境区域内的某些主体等待同一个环境区域内的另一些主体来对现在已经被破坏了的环境进行修复。

（二）环境资源的公共性导致市场失灵

环境污染问题之所以越来越严重，其中一个主要原因就是因为环境是一种公共资源。经济学的基本原理告诉我们，作为一种公共资源，可能具有这样的特征：有一定的竞争性，但却不具有排他性。就环境资源而言，说它不具有排他性，是由于我们无法明确环境资源的产权，因而我们也就没有办法向环境资源的使用者收取费用（或者是收取费用本身的成本很高），从而也就没有办法排除别人对环境资源的使用。但是，环境资源却又具有一定的竞争性，这种竞争性表现在，当一个人（或一群人）使用环境资源时，必然会对其他人（或另一群人）对环境资源的使用产生影响。因此，环境资源的这种公共性的属性，可能导致大家都无节制地使用环境资源，造成环境资源的枯竭，进而形成公地悲剧。一些环境资源，如清洁空气，正在变得日益稀缺。

（三）环境污染的负外部性导致市场失灵

企业在生产过程中将自身产生的污染物或者是废弃物排入环境之后，如果这种污染物的排放数量超过了特定范围内环境本身的自净能力或环境容量（总量），会因为污染而改变环境的构成状态，并可能最终使得环境质量不断恶化，进而影响人们的日常生活和生产所需要的优美的外部条件。环境污染一般都具有很强的负外部性，这种负外部性较直观地表现为企业的私人（或个人）成本与社会成本的不一致。企业自身的成本核算中，并不包括社会为修复环境所花费的成本。这同样会导致环境资源的过度使用。

（四）环境保护的正外部性导致市场失灵

环境保护可以分为环境治理和环境服务。环境治理包括污水治理、生态防护林的建设等；而环境服务则包括环境保护技术的研发与提供等。这种环境保护具有较典型的公共品性质，具有较强的正外部性。在环境保护这种公共品的消费过程中，人们不可避免地会产生搭便车的行为，从而导致环境保护这种公共品的供给严重不足。

（五）环境信息的稀缺性与不对称性导致市场失灵

环境信息的稀缺性表现为，人们对生态环境或生态系统的认识和了解是非常有限的，有关这方面的信息的供给也是非常有限的。而且，这类信息也具有公共品的性质。环境信息的不对称性主要表现在三个环境主体之间在有关环境信息的掌握上是不对称的，比如，在有关企业的生产过程、生产技术、排污状况、污染物的危害程度等方面，公众或管理者往往远远不如有关企业知道得多。由于信息不充分和信息不对称的存在，市场机制不能有效地配置环境资源。

二 环境领域的市场失灵与政府监管需求

（一）环境外部性与环境监管

按照史普博的说法，外部性是这样一种情形，它指的是在没有任何相关的经济交易的情况下，两个当事人之间，由一个当事人向另一个当事人所提供的物品。[①] 这一外部性的定义所强调的是，在事情发生之前，供应者和接受者事前没有任何谈判。环境外部性有正外部性和负外部性。环境正外部性的典型代表是环境保护，如中国实行的三北防护林，长江上游地区的退耕还林还草，对自然保护区、生态保护区及湿地的保护，对黄河、长江、淮河污染的治理等。这种环境正外部性具有很

---

① ［美］丹尼尔·F. 史普博：《管制与市场》，余晖等译，上海三联书店、上海人民出版社 1999 年版，第 55—56 页。

强的公共物品属性。而环境负外部性的典型代表，则是环境污染及生态破坏，这方面的例子更多，比如大气污染、水污染、噪声污染等。而现实生活中的环境外部性，大多数也表现为负外部性。同时，环境资源还有代际传递的特征。因此，对环境外部性的监管，成为政府的一项基本职能，而且越来越受到人们的重视。公众对环境质量越来越高的要求和对环境的持续关注，在促使政府逐渐将环境保护作为环境监管政策的焦点和重点方面，也起到了重要的推动作用。首先，科学技术的发展使公众对有害与有毒物品对环境危害的了解与认识越来越深入，从而促使人们对环境质量的关注度不断提高。其次，人们对待环境污染的态度也发生了改变，人们越来越不能容忍对身边的环境的污染。因为随着社会经济的不断发展，以及由此而导致的人们物质生活水平的不断提高，使得人们对包括环境在内的生活质量提出了更高的要求，从而促使政府采取各种政策工具来解决日益严重的环境污染问题，强化环境监管，确保环境质量不断改善。

（二）环境公共物品供应与环境监管

环境具有公共物品的属性。所谓环境公共品，是指消费或使用过程中具有非排他性和非竞争性的环境设施和服务，比如，清洁能源供应设施、给排水设施、污水处理设施、废弃物与垃圾回收处理设施、公共绿地等。按照受益范围，这些公共品，有的是区域性的，有的是社区性的。公共物品的特性导致"搭便车"效应，进而导致公共物品的供给不足。如果从经济上来分析，环境公共物品的供给之所以会出现短缺的情况，可能是由于以下原因：一是社会需求的快速增长与政府公共环境支出的缓慢增长之间的矛盾；二是公共部门生产能力的有限性与决策者的有限理性；三是政府的价格限制，不利于私人部门投资和运营环境公共设施；四是公共部门垄断经营的低效率也会导致环境公共物品供给的短缺。[①] 当然，前面所说的外部性与"搭便车"问题，以及私人参与环境公共物品生产的障碍，也都是影响因素。

政府为了确保环境公共设施的供给，在自身提供服务的同时，也可

---

① 姚从容：《公共环境物品供给的经济分析》，经济科学出版社2005年版，第52—57页。

以借助社会的力量共同提供。再考虑到环境公共物品的特性，因而，面对环境公共物品的供给，政府的监管就必不可少。同时，由于环境公共物品的多样性与多层次性，就环境公共物品的供给来说，可以运用多中心治理理论做出解释。按照多中心治理理论的政策主张，我们可以就环境公共物品的供给，构建一个包括政府、市场和社会三个维度框架下的多中心治理模式。与以往的环境公共物品由政府作为唯一的供给方所不同的是，多中心的供给模式可以在政府部门之间、政府与企业之间、企业与公众之间等，建立起一种互动关系，如果在各个利益主体之间存在着代表不同需求和偏好的公共利益的契合点，要建立复合多样的环境公共物品供给模式就成为可能。例如，在较小的社区内的环境公共物品的供给，可以由私人间的谈判来确立；而对于城市大气污染的治理，私人谈判是不现实的，则由政府进行决策。因此，如果能够考虑到环境公共物品的多样性与多层次性，以及人们对环境公共物品的需求的多样性，我们就可以建立起一个符合大众需求的多中心的环境公共物品供给制度，它应该比单一由政府供给环境公共物品的制度更有效率。

（三）环境信息不对称与环境监管需求

信息不对称是指有关交易的信息在交易者之间是不对称的，某些参与人拥有另一些参与人不拥有的信息。这种状况，可能是相关参与人的知识的局限性所导致的，也可能是信息的搜寻成本过大引起的，还有可能是拥有信息优势的参与人对信息的垄断所造成的。因而，信息不对称也成为政府监管的理由之一。政府在制定和实施环境监管政策时必须设法减少信息不对称的影响。政府可以从以下几个方面来实现这一目标：一是削弱企业垄断或操纵信息的意愿，如强制企业提供或披露相关信息。二是降低获取信息的成本。如广泛吸收企业、非政府组织及其他相关的利益集团参与环境监管政策的设计、执行、监督，以及清洁生产方式的实施过程。三是降低对信息依赖的程度，如强制实施标准，或采取与企业签订污染控制的自愿性协议等。

当然，政府监管在弥补信息不对称的同时，监管者与污染企业之间也存在严重的信息不对称，这可能使政府在环境监管中也要多采用基于市场的监管工具等，而不是简单地采用命令控制型的监管工具。

三　可持续发展与环境监管需求

所谓可持续发展，是指这样一种发展模式，这种发展既要满足当代人的需要，也要满足后代人的需要。也就是说，当下的发展不能以牺牲后代人的福利，"不能对后代人满足其自身发展的能力构成损害"。[①] 这一界定向我们清晰地描述了一个代际公平的目标。这一目标同样清楚地表明，环境监管政策必须要有一个长远的考虑，不能只追求当前的经济利益而破坏环境。它要求人类必须根据可持续性的条件调整自己的经济发展方式和生活方式，在保持自然资源和环境生产率的限度内确定自己的消耗目标。要求人们在考虑和安排自己的行动时，必须考虑到这一行动对其他人及生态环境的影响，并共同努力保持自然资源和环境的可持续性。

中国从 20 世纪末就采取了可持续发展的理念，将转变经济增长方式，实现可持续发展作为一项重大战略。进入 21 世纪后，又进而提出了循环经济和生态文明建设的战略。这一战略的实施离不开全方位的环境监管。同时，按照环境库兹涅茨曲线，随着经济的进一步发展，环境监管也必然由原来的很宽松或根本不存在，转变为严格监管。

第二节　环境监管体系的历史沿革与现状评价

本节首先概述中国环境监管演变的总体情况，然后描述环境监管政策的法律体系与机构体系，以及环境监管政策的基本特点，并从纵向的角度讨论环境监管的基本经验。

一　中国环境监管的历史沿革

环境问题由来已久，但真正成为政府所重视的问题，并实施一定的政策措施加以控制，则是在环境污染问题日益加剧的情况下开始的。同大多数国家一样，中国的环境保护政策也是在环境破坏不断加重的情况下形成和发展的。从中华人民共和国成立到 20 世纪 70 年代之前，中国也制定了一些与水土保持、森林保护和环境卫生相关的政策措施，但并

[①] 联合国世界环境与发展委员会：《我们共同的未来》，吉林人民出版社 1997 年版，第 10 页。

未形成系统的、明确的、以环境保护为目标的公共政策。中国环境保护工作的标志性事件是参加了联合国于 1972 年召开的人类环境会议。在大会通过的《人类环境宣言》中，中国明确将环境与发展问题结合起来。这次会议不仅是世界环境保护的一个重要里程碑，也是中国环境保护工作的转折点和环境政策的新起点。随后，中国召开了全国第一次环境保护会议，成立了国务院环境保护领导小组，并且开始在全国推动工业"三废"的治理工作。[①]

在 20 世纪 80 年代，中国先后两次召开了全国环境保护工作会议，并且逐渐形成了"预防为主、防治结合""谁污染，谁治理"等环境保护政策。其间，环境管理工作也得到了强化，包括建立环境法规，加强环境检测和统计，实行"三同时"政策；并且逐步实行了排污收费制度、环境影响评价制度、环境保护目标责任制、企业环保考核制度、排污许可证制度、污染源限期治理制度等环境保护制度。1989 年 12 月《中华人民共和国环境保护法》（以下简称《环境保护法》）的颁布，中国结束了环境保护工作无法可依的局面。

20 世纪 90 年代以后，中国的环境保护工作，尤其是工业污染的防治工作，在三个方面发生了较大的转变，即在污染源的治理上从末端治理向污染的全过程控制转变；在污染物的排放上从原先的浓度控制转变为浓度控制与总量控制相结合；在区域环境的治理上从原先的分散治理转变为分散治理与集中治理相结合。在 1992 年，联合国召开了环境与发展大会。其后，中国也提出了自己的关于环境与发展的十大对策，并且明确宣示将可持续发展作为中国的发展战略选择。而作为可持续发展道路的基础和关键的环境保护工作，其重要地位从新的角度得到了重新确认并受到广泛重视。1994 年，在中国政府发布的白皮书《中国 21 世纪议程：中国 21 世纪人口、环境和发展白皮书》中，对可持续发展的总体战略和实施方案作了进一步的明确。这一白皮书的发布，标志着中国形成了以实现可持续发展为目标的环境保护政策。1996 年，中国再次召开了全国环境保护会议，提出了总量控制原则，为在全国实行可交

[①] 曲格平：《中国环保事业的回顾与展望》，《中国环境管理干部学院学报》1999 年第 3 期。

易的排污许可证制度打下基础。1998年,新的国家环境保护总局成立,加强了对环境保护的相关职能。

进入21世纪以后,在科学发展观和生态文明战略的指导下,环境保护工作逐步深化。2000年,中国发布并实施《全国生态环境建设纲要》。2002年,中国颁布了《中华人民共和国环境影响评价法》。2003年,中国颁布实施了《中华人民共和国清洁生产促进法》(以下简称《清洁生产促进法》),中国的环境政策进入一个工业生产全过程控制的新时期。2007年,国家环保总局发布了《环境信息公开办法(试行)》。2007年,《关于加强农村环境保护工作的意见》由国务院办公厅转发,这标志着国家首次对农村环境保护工作做出全面部署。2008年,颁布了《中华人民共和国循环经济促进法》(以下简称《循环经济促进法》)。2014年,中国修订《环境保护法》。2016年,中国出台了《中华人民共和国环境保护税法》等。其间,还再次先后召开了两次全国环境保护工作会议,出台或修订了一系列环境保护法规,重组了国家环境保护机构。

经过几十年的努力,中国已经初步建立和形成了由国家层面的环境与自然资源保护法规、环境标准以及地方性的环境与自然资源保护法规等组成的环境保护的法律制度体系,同时基本形成了以环境政策的基本准则为基础的政策体系,这一政策体系以环境经济政策、环境技术政策、环境社会政策、环境行政政策和国际环境政策等为主体。从中央到地方,全国范围内各级环境行政管理机构及其职能都不断得到加强,环境保护意识和环境监管手段都得以强化。

二 中国政府环境监管的法律制度体系

现有的关于环境监管的法律制度体系,主要有以下几个方面。

一是关于环境污染防治的法律法规。针对各种污染物,如固体废弃物、噪声、放射性污染、水污染、大气污染、海洋污染等,现有的单行法律主要有《中华人民共和国固体废物污染防治法》、《中华人民共和国环境噪声防治法》、《中华人民共和国放射性污染防治法》、《中华人民共和国水污染防治法》(以下简称《水污染防治法》)、《中华人民共和国大气污染防治法》(以下简称《大气污染防治法》)、《中华人民共和国海洋环境保护法》等。而中国主要的行政法规和规章主要有《中华人民共和国海洋倾废管理条例》《防止船舶污染海域管理条例》《防止拆船污染环境管理条例》《中华人民共和国海洋石油勘探开发环境保护管理条例》等，以及《危险化学品安全管理条例》《农药管理条例》等。

二是关于自然资源保护的法律法规。目前，这方面的主要单行法律有《中华人民共和国矿产资源法》（以下简称《矿产资源法》）、《中华人民共和国森林法》（以下简称《森林法》）、《中华人民共和国草原法》（以下简称《草原法》）、《中华人民共和国水法》（以下简称《水法》）、《中华人民共和国渔业法》、《中华人民共和国土地管理法》（以下简称《土地管理法》）等。而中国主要的行政规章则包括：《中华人民共和国野生植物保护条例》《中华人民共和国基本农田保护条例》《中华人民共和国森林防火条例》《中华人民共和国草原防火条例》《中华人民共和国森林资源档案管理办法》《中华人民共和国森林采伐更新管理办法》等。

三是关于生态保护方面的法律法规。这方面的单行法律有《中华人民共和国水土保持法》（以下简称《水土保持法》）、《中华人民共和国防沙治沙法》（以下简称《防沙治沙法》）、《中华人民共和国野生动物保护法》等。而中国主要的行政法规与规章则包括《中华人民共和国植物新品种保护条例》《中华人民共和国自然保护区条例》《中华人民共和国风景名胜区条例》等。

四是关于资源循环利用方面的法律法规。这方面的法律有《清洁生产促进法》《循环经济促进法》等。

五是关于能源与节能方面的法律法规。这方面的法律主要有《中华人民共和国可再生能源法》、《中华人民共和国节约能源法》（以下简称《节约能源法》）、《中华人民共和国煤炭法》、《中华人民共和国电力法》等。

六是关于防灾减灾方面的法律有《中华人民共和国防洪法》《中华人民共和国防震减灾法》《中华人民共和国气象法》等。

政府的环境监管所依据的，除了上述各种正式的法律和行政法规以外，还包括国家环境保护管理部门所制定的各种环境规章、标准，以及地方政府颁布的各种地方性的环境法规与规章。有关法律制度体系还强化了环境违法处罚措施,形成了由行政责任、民事责任、刑事责任组成的环境法律责任体系。

三 环境监管机构与职能

中国的环境保护机构经历了几次变革。最早是1973年成立的国务院环境保护领导小组,下设办公室作为全国环境管理机构。领导小组办公室最初是设在了国家计委,后来并入了国家建设主管部门。1982年,成立城乡建设环境保护部,并下设环境保护局,环境保护的重要性被体现出来。到1984年,设立了国家环境保护局,仍然归建设部管理。1988年机构改革时,国家环境保护局改由国务院直属。而在1998年的机构改革时,机构升格为国家环保总局。2008年,国家环保总局再次升格为环境保护部,成为国务院的组成部门。2018年,成立生态环境部。

经过几次机构改革之后,环境保护部门的职能也逐步健全和完善。目前,生态环境部的主要职责包括:建立健全生态环境基本制度,如法律与法规草案的起草,部门规章的制定等;拟定生态环境标准,制定生态环境基准和技术规范等。统筹协调和监管重大生态环境问题。监管国家减排目标的落实。负责环境污染防治的监管。负责核与辐射安全的监管。负责生态环境准入的监管。负责生态环境的监测,包括监测制度、规范、标准的制定与实施。统一负责生态环境监督与执法工作,以及组织开展全国的生态环境保护的督察工作。负责应对全球气候变化,以及开展生态环境国际合作交流等。

四 中国环境监管体系的特点

中国是宣布实施可持续发展战略最早的一个发展中国家。在中国环境监管起步和成长阶段,环境保护的难度是很大的。中国环境监管政策在借鉴吸收主要发达国家的经验教训的同时,也密切结合中国自身的国情,形成了具有中国特色的环境监管体系,其主要特点包括以下几个方面。

(一)可持续发展战略成为环境政策的指导思想

为了响应人们因生活水平改善而对环境质量越来越高的要求,改变传统的发展思路,中国已经基本建立了与可持续发展有关的政策法规体系。为了与可持续发展战略相对应,政府也转变了环境保护的监管思想。中国制定了《中国21世纪议程》,确立了可持续发展战略。这一战略的确立，对后来的环境政策的制定与实施产生了全面而深远的重大影响。例如，早在1998年修改的《中华人民共和国土地管理法》中，就首次在法律中明确规定环境资源法的立法目标是"促进社会经济的可持续发展"。在此之后，中国政府在制定环境政策时，对全过程管理、清洁生产、源头控制以及总量控制等问题，都给予了足够的重视，也越来越重视环境保护中的预防原则。在污染防治及监管的指导思想上，确立了三个重大转变：即从侧重末端治理向工业生产全过程控制的转变、从注重浓度控制转变为浓度控制与总量控制相结合、从注重点源的分散治理转变为集中控制与分散控制相结合。随着可持续发展战略的深化以及生态文明战略的确立与实施，在相关环境法律法规中，法律所要调整的范围和对象，也已经从最初的只是对个别环节的控制和对个别对象的管理（如对污染物的处置和污染源末端控制）而发展到对包括源头控制在内的全过程控制（如资源管理和环境管理）。在确立与可持续发展战略相适应的环境监管的指导思想、建立与完善与可持续发展战略相适应的环境法律法规的同时，政府也逐渐建立并推广了一批与可持续发展战略相适应的新的环境保护制度，如环境影响评价制度、环境标志制度、清洁生产制度、排污许可证制度、新的环境资源税费制度等。

（二）在环境监管中经济手段和市场机制发挥着越来越重要的作用

党的二十大报告指出，"全面实行排污许可制，健全现代环境治理体系。严密防控环境风险"。随着中国特色社会主义市场经济体制的建立与不断完善，在中国的环境监管实践中，也越来越多地引入了与市场经济规律和市场机制要求相匹配的政策调整手段。

《中国21世纪议程》就曾明确提出：要将环境成本纳入到各项经济分析和决策的考量过程之中，从而要使得过去那种企业无偿使用环境的现象以及企业把环境成本转嫁给全社会的做法得以改变，并且要求监管部门"有效地利用经济手段和其他面向市场的方法来促进可持续发展"。此后，在一些修订或新制定的环境政策与相关法规文件中，都要求或增列了有关利用经济手段来保护环境的相关规定。比如，要求将环境成本和收益纳入到国民经济核算体系之中，克服以往的以GDP为单一考核指标的做法；强调要充分发挥税收政策在保护环境中的作用；强调要努力使环境保护政策与资源利用政策必须与行业发展政策相协调；强调要在环境保护中把经济手段与命令控制型工具结合起来使用；强调要在环境保护中坚决落实"污染者负责""谁开发，谁保护"的责任原则。

目前在中国的环境保护领域，在法律制度中规定实行的经济政策工具主要包括三类：第一类是由国家宏观经济综合管理部门执行的环境经济政策，第二类是由环境保护部门执行的环境经济政策，第三类是由各资源、产业部门执行的环境经济政策。第一类的环境经济政策，如关于耕地占用的税收政策、关于资源使用的税收政策、关于城镇土地使用的税收政策、关于资源综合利用的奖励政策、关于鼓励企业更新改造的环保投资政策、关于鼓励发展环保产业的优惠政策、关于鼓励环境保护的财政税收政策以及有关银行环境保护贷款政策等，这些都是由国民经济综合管理部门执行的环境经济政策。第二类是由国家环境保护部门执行的环境经济政策，如排污收费政策、关于生态环境补偿的政策，以及"三同时"规定中的相关政策等。第三类的环境经济政策主要包括：有关矿产资源的补偿政策、有关水产资源的保护收费政策、有关土地损失补偿的收费政策、有关城建环保投资政策、有关废物利用的奖励政策、有关育林费政策、有关林业基金政策、有关行业造林专项资金政策、有关造林和育林优惠贷款政策、有关防治水土流失的专项资金政策等，这些环境经济政策都是由各类资源管理部门与产业主管部门来执行的。

（三）科学手段和技术规范在环境监管中得到越来越广泛运用

相关的环境科学技术手段和环境科学技术规范被越来越广泛地应用到中国的环境监管实践之中。例如，《环境保护法》（1989年版）第五条就明文规定："国家鼓励环境保护科学技术的发展，加强环境保护科学技术的研究与开发，提高环境保护科学技术水平，普及环境保护的科学知识。"该法第二十五条还规定："工业企业在进行技术改造时，或者是新建工业企业时，应当采用资源利用率高、污染物排放量少的设备和工艺，采用经济合理的废弃物综合利用技术和污染物处理技术。"

除了《环境保护法》之外，在《大气污染防治法》和《水污染防治法》等一些专门法律中，也有大量相关规定：必须采用科学技术保护环境。从总体上看，到目前为止，在中国运用科学技术保护环境的法律制度与政策体系已经基本建立，在以下几个方面尤为突出，如结合企业的技术改造以防治污染、对有关项目全面实行环境影响评价、制定环境标准与实施环境监测、全面推行清洁生产、大力推进 ISO14000 环境管理系列标准等方面，中国都已经建立起了以科学技术手段进行环境保护与监管的法律制度体系。

（四）环境政策的实施能力与执行效率不断提高

从 20 世纪 90 年代开始，中国在环境法制建设方面，随着公众的环境意识的增强，就已经逐步从只偏重于立法而轻视执法，转变为立法与执法同时并重，不断加强了对环境保护法律的实施，同时也强化了政府的环境监管，环境政策的实施能力与执行效率不断提高。主要表现在：就国家层面来讲，一方面，环境立法与环境执法这两项工作被置于同等重要的位置；另一方面，在不断完善环境立法的同时，也加强了对各地的环境保护督察。而在地方层面，环境执法工作则被作为地方环境法制建设的重点。在环境保护的实践过程中，中国也逐步理顺了国家的环境管理体制，各级环境保护主管部门的职能与职权也得到了强化，具体表现在：全国各级地方政府中的环境管理机构的建立和健全、环境管理机构的行政级别和权威性的逐步提高、专业化的环境管理队伍和环境执法队伍的建设与培养的不断加强等。随着国家各级环境主管部门的管理范围和管理权限的不断扩大，环境管理机构权威性的不断提高，使环境管理机构的行政执法能力不断增强，环境政策的执行效率显著改善。环境法律的不断完善，也使污染源的环境责任和违反环境法的违法责任也越来越明确和具体化。环境法律的完善与环境管理机构职能的健全，也使得环境执法制度和管理制度日益健全，从而使环境执法行为的规范化、程序化、制度化程度日益提高。21 世纪以来的几次环保风暴充分表明，环境保护执法的效率日益提高。环境法律的不断完善、环境管理机构的设置及其职能的健全、环境监管工具与手段的多样性，都表明中国的环境监管体制正在不断强化和完善。此外，中国环境政策的国际参与度也在不断提高。

五 中国环境监管体系建设的基本经验

中国的环境监管，经历了从"谁污染，谁治理"、可持续发展到科学发展观与生态文明建设的不同阶段，从不同时期的环境政策变化的纵向分析，可以得出中国环境监管体系的一些基本经验。

（一）指导思想：从末端控制到源头控制

环境监管的指导思想从只注重末端控制转变为从源头到末端的全过程控制。在中国环境保护工作开展的初期，中国走的是一条先污染后治理的发展路径。这种指导思想，主要体现在早期的环境法律的立法原则与制度的创设上。在早期，中国的环境法律在立法原则上的突出表现就是以末端控制为主，基本要求主要是把对污染物的处理处置和排放控制作为重点。在中国环境法律制度中，尽管也提出了预防为主、防治结合的原则，但在具体实践中，所谓预防为主的预防，实际上被长期局限在控制污染物的排放上。也就是说，法律制度所关注的重点是如何处理和处置有关的污染物，以及如何控制有关污染的治理设施，这实质上就是所谓的末端控制的预防，总体上表现为一种只是从源头控制的角度所进行的预防。所以，这样的预防，本质上仍然是一种对污染的事后控制。

所谓源头控制，是指污染控制的这样一种方式，它主张在污染物产生之前就从源头上考虑如何消减污染或消除污染物，也就是要在生活与生产活动中尽可能地减少和降低污染物的产生数量。政府的环境政策，如果能够激励企业进行技术创新，如通过原材料替代、革新生产工艺、投资于减排技术等措施，也能够控制污染物的排放。在科学发展和生态文明建设的视域下，政府在环境监管上，也开始注重源头预防，也就是事前控制，尽量少排放、少污染、不污染。在提出和实行可持续发展战略之后，在政府的环境监管的法律依据上，这种源头控制的监管理念与思想得到较好的体现。例如，在1995年以后的中国环境法规的立法实践中，从法律条文的规定来看，以往只注重对污染物进行末端控制的监管方式就在很大程度上得到了改变，而法律条文中对源头污染的预防措施的有关规定的分量和力度则有所加大，从而使环境监管的指导思想转向了以减少污染物的产生和排放为目标的源头控制方式。有关法律规定要实行对污染的全过程控制，限期淘汰落后的工艺设备。如1997年中国颁布的《节约能源法》，就分别为提高能源利用效率、减少污染物的排放而广泛推动节能技术和工艺设备的采用，禁止耗能过高的工业项目的新建，同时对耗能过高的产品与设备予以淘汰等，作了明文规定。法律制度中的这些规定，也体现了源头控制的监管思想。在此之后，在一些新的环境法规中，也有一些类似的规定，如对一些小型的燃煤火力发电厂要限期淘汰，对高含硫的煤炭要限制产量和进口量等。行政规章也开始规定停止生产含铅汽油与低标号车用汽油，鼓励城市公共交通汽车逐步采用天然气、电力等清洁燃料。这些法律法规条文的规定以及相应的环境监管实践都表明，环境监管的指导思想是要少生产或不生产污染物，从而体现了一种源头控制或事前控制的精神。

此外，在中国的环境监管实践中，除了从末端控制转向全过程控制的指导思想之外，法律法规中也规定了一整套必须贯彻的环境监管原则。例如，经济建设与生态建设和环境保护相统一的原则；预防为主、防治结合的原则；资源开发与节约并举的原则；依靠科技进步推动环境保护与管理的原则；环境保护中运用政府调控与市场相结合的机制的原则，等等。可见，为实行可持续发展和高质量发展战略，环境保护中所体现的预防，是以清洁生产为核心、注重末端控制与源头控制的全过程的污染控制。

（二）政策导向：从传统经济到循环经济

环境政策的导向是促使经济发展方式从传统的粗放式发展转变为循环经济的发展方式。传统的粗放型的经济发展模式的基本特征，就是依靠资源的高强度的开采和消费，它实际上是这样一种经济过程，即单向的"资源—产品—污染排放"的线性式开环过程。而循环经济则与之相反，它是这样一种经济发展模式，其突出的特征表现为物质的不断循环利用，它是一种"资源—产品—再生资源"的物质反复循环流动的闭环过程，正是由于这样的一种发展模式，使生产生活中基本上不会产生废弃物或只产生很少的废弃物，从而减少污染物的排放，这样就保证了在生产生活过程中资源的投入低、利用率高和污染物的排放少，从而从根本上化解环境与发展之间的冲突与矛盾。

在可持续发展与高质量发展的背景下，环境监管的立法与实践也正在服务于实现这一发展模式的转型。早在2002年，在党的十六大的报告中，新型工业化就被明确表述为是一种"科技有含量，经济效益好，资源消耗低，环境污染少，人力资源优势得到充分发挥"的工业化模式，表明资源环境已经被看成是经济增长的一个内生变量。在引导和发展循环经济的过程中，政府可以在许多方面发挥更为重要的作用：一是制定法律，为促进循环经济的发展，政府可以制定并颁布相应的法律法规。二是制定政策，为支持企业开展有关资源综合利用方面的技术创新和技术改造，政府可以制定相应的税收和补贴等政策。三是综合运用监管工具，为了让企业逐步淘汰那些造成环境污染和资源浪费的工艺、技术与产品，政府可以综合运用法律手段、行政手段和经济手段来达到目的。四是制定标准，为了引导和促进循环经济的发展，政府也可以制定和实施强制性能耗标准等。政府的这些作用，在环境监管过程中也得到不断强化。

（三）监管目标：从改善环境质量到人与自然的和谐

环境监管的目标，已经从最初的仅仅是追求对环境质量的改善，转变为追求人与自然的和谐。不同的发展模式下，环境监管的目标也是不同的，正如在传统经济发展视域下和在可持续发展与高质量发展视域下，解决外部性所需要实现的目标也是有差异的。而环境监管所要实现的目标也必然要受到经济发展这个大目标的制约。在经济发展的早期，政府的主要经济目标是追求 GDP 的增长，因为如果没有 GDP 的增长，就不具备解决一些社会问题的物质基础。所以，当时人们可以不惜以牺牲环境为代价来发展经济，而暂时搁置环境污染带来的环境成本和社会成本。只有当环境污染问题恶化到一定程度，已经严重影响到了经济的可持续发展时，政府才会通过某种方式，如规定污染物的排放标准，规定各种污染物的排放数量，强制要求减少排放等，以达到直接控制污染的目标。而无论是可持续发展，还是科学发展，还是高质量发展，都并不是以单纯的经济发展为目的，而是以经济、社会和人的全面发展为目的：一方面，它要体现人与自然之间的和谐，要在满足人们的发展需要的同时，也要努力维持自然界的平衡；另一方面，它也要既注重人类的当前发展也要注重人类的未来发展，最终实现环境和生态福利在代际间的公平合理的转移。因而它要求在经济发展过程中，正确处理好经济建设与资源利用和生态环境保护之间的相互关系，体现人与自然的和谐。全面建设小康社会，一个题中应有之义，就是要让全社会都能够对资源利用和生态环境保护问题给予高度的重视，并努力实践，从而不断增强可持续发展的能力。资源有效利用和生态环境保护，既是全面建设小康社会的一个重要目标，同时也是关系到经济社会长远发展的一个重要问题。为此，在环境监管过程中，中国先后出台并实施了《土地管理法》《矿产资源法》《水法》《森林法》《草原法》等一系列有关自然资源保护的法律制度。

（四）监管方式：从强制手段到间接手段

政府的环境监管方式，从注重命令控制型的强制手段转变为命令控制型的强制手段和基于市场的间接手段并重。在环境监管的早期阶段，政府对环境的监管更多地采用的是命令控制型的强制手段，如强制关闭污染严重的企业，强制淘汰缺乏环保的生产设备等。随着经济的发展，人们对环境的要求越来越高，政府对环境的监管也越来越严格。表现在监管工具的采用上，一方面继续运用以往的命令控制型监管工具，甚至对原有的命令控制型工具进行创新性扩展，如采取环境督察的方式；另一方面开发并运用了一些基于市场的监管工具，如可交易的排污许可证制度、环境税等。政府若要采用命令控制型工具对污染者进行有效的监管，就必须掌握企业的有关排污信息，而政府与排污企业在污染信息上存在着明显的信息不对称，政府为了获得这些信息，可能需要花费较高的成本。信息获取成本构成了监管成本的一部分。如果监管成本过高，可能导致政府对环境监管的效果就不太理想。而基于市场的监管工具，如排污权交易制度，则完全可以避免污染信息的不对称问题，它在降低政府的信息获取成本的同时，将投资于减污技术、减少排污变成企业的自觉行为，其中，政府的职责主要是界定产权与加强环境监测（环境监测也可以委托给第三方），从而可以提高政府的环境监管的效率。

在实行可持续发展和高质量发展的背景下，需要就处理人与自然的关系问题重新构建一种制度结构。在这种制度安排中，最核心的思想就是要在发展过程中把资源和环境当作是一种生产要素予以考虑并进行新的监管治理。那么，为了适应这种新的监管治理，在环境监管方式上，要形成一种命令控制型的监管工具、基于市场的监管工具，与公众自觉参与的机制相统一的监管工具体系，最终实现经济社会发展与环境保护的统一，实现人与自然的和谐。

第三节 完善环境监管体系的基本思路

在讨论环境监管体系的完善问题时，我们需要确立完善环境监管体系的基本原则，并根据这些原则提出完善的基本思路和理念。

一 完善环境监管体系的基本原则

环境监管体系的确立与完善，需要遵循一些最基本的原则，这些原则可以概括为以下几个方面。

（一）政府与市场协调原则

在环境监管体系的建设与完善过程中，之所以要遵循政府与市场相协调的原则，主要是基于这样的考虑：一方面，在中共中央关于进一步深化改革的决定中，已经明确要让市场在资源配置中起决定性作用，同时更好地发挥政府的作用。现在世界上各种模式的市场经济本身就是政府和市场共同发挥作用的经济。没有市场机制发挥作用的经济，与以前的计划经济无异。没有政府发挥作用的经济，也可能成为自由放任的市场经济。而目前世界上也根本就不存在纯粹的市场经济，都是政府与市场相结合的经济，如果说存在差异的话，也只是政府和市场各自发挥作用的程度的不同而已。另一方面，从国外已有的实践表明，在环境监管中，不仅政府可以发挥很大的作用，市场同样可以发挥作用，在环境监管中，政府的主要职能是制定相关环境保护的法律，提供环境监管所必需的制度保证，并且运用多种基于市场的工具，如排污权交易制度、押金返还制度等。再者，在中国环境监管的实践中，既有政府强有力的行政干预，如环境督察，也采用了大量的基于市场的监管方式，如从排污收费到环境税。在1996年实行环境总量控制政策之后，在各地有关排污权交易试点的基础上，2013年国家将排污权交易制度正式确立为国家的环境保护政策。

当然，目前中国在环境监管实践方面，已经确立了一套命令控制型的环境监管体系。但是，要实行命令控制型的环境监管体系需要一个庞大的且职业素质较高的行政管理队伍，而且监管手段和监管程序也相对比较复杂。而在中国这样一个发展中的且各地区的经济发展处于较不平衡状态的国家中，很多地区实际上是并不具备有效实施法律所要求的行政管理能力，而事实上只能在一部分经济比较发达的地区和城市建立起能有效实施法律的行政机构。不少企业也缺乏达到环境标准的技术和经济条件，常常无法严格按法律要求实施必要的管理和治理。因此，命令控制型的监管体系的实施效率，与发达国家相比还存在较大差距。在这种情况下，政府的规划、直接的行政指导、政府和企业的协议，都在环境法律实施中有重要的作用。

政府与市场协调原则，实际上涉及政府的职能转变。在环境监管中，这一原则就表现为，中国需要构建一个由政府、企业、社会组织（或第三方）以及公众等多元主体共同参与的生态环境治理体系。

(二) 生态文明建设原则

在环境监管体系的建立与完善过程中，之所以要坚持生态文明建设的原则，是基于这样的考虑：一方面，生态文明建设是传统的环境保护的进一步深化。而环境保护本身也是生态文明建设的题中之意。在中国的环境保护法律法规体系中，就有关于生态保护的专门法律，如《水土保持法》《防沙治沙法》等。另一方面，生态文明建设也给环境保护提出了更高的要求。2012 年，党的十八大报告指出了大力推进生态文明建设的战略要求；2015 年，中共中央、国务院发布了《关于加快推进生态文明建设的意见》；2018 年，在《中华人民共和国宪法》修正案中，将国务院的职权之一修改为"领导和管理经济工作和城乡建设、生态文明建设"。按照国家关于生态文明建设的战略要求，必须加大自然生态系统和环境保护力度，加强生态文明制度建设。在党的十八届三中全会所作出的全面深化改革的决定中，对生态文明的制度建设作了进一步的强调，指出要加强生态文明建设，就必须建立一套系统的而且完整的有关生态文明的制度体系，既要用制度来保护生态环境，同时也要对生态环境保护的有关管理制度进行改革。党的十九大报告进一步指出，要对生态环境的监管体制进行改革，要设立相应的监管机构，同时要完善有关生态环境的管理制度，对城乡各类污染物的排放统一行使监管和行政执法职责。基于以上理由，完善中国环境监管体系，必须坚持生态文明建设的原则。

(三) 与环境督察体制相匹配的原则

在生态文明的建设过程中，面对严峻的环境形势，改善生态环境的要求也更为迫切，这需要整个社会付出更多的努力。从 2016 年开始，由环境保护部、中组部、中纪委相关领导参加的中共中央环境保护督察委员会，即中央环境督察组，代表党中央和国务院，对省级党委和政府及有关部门开展环境保护督察，以推动地方党委政府落实生态环境的主体责任。截至 2019 年 7 月，中央环境保护督察组已经对十多个省市区及中央企业进行了督察，并且采取了责令整改、立案处罚、立案审查、行政和刑事拘留、约谈、问责等措施。环境保护督察的目标是要实现生态环境质量的总体改善，增强绿色发展动力，守住生态环保的红线，促进经济转型。为了实现上述目标，需要加大环境管理的力度，坚持以改善环境质量为核心，推动多污染物的联合防治，实行联防联控；加快工业绿色化升级，全面推进绿色清洁生产，大力发展节能环保绿色产业，加快培育节能环保市场；推动绿色消费革命，积极倡导环境友好型的绿色型消费，引导公众向节约、绿色低碳的生活习惯与生活方式转变。这样，结合环境督察的原则，在环境保护中，政府、企业、公众都将成为环境保护的主体。

二 完善环境监管体系的基本思路

（一）确立外部性内部化的思路

微观经济学原理告诉我们，外部性会导致市场失灵。外部性是指某一个经济主体的活动对另一个成员或一些行为主体的影响，而且这种影响是处于市场交易或价格体系之外的，并没有在施加影响者的内部核算中体现出来。弥补由外部性引起的市场失灵的最一般的方式就是外部性内部化，也就是要使生产者所施加于他人的外部影响进入其经济核算与生产决策之中，由其承担或内部消化这种外部成本，从而解决引发外部性的生产者的个人成本与社会成本的不匹配的问题，以解决这种外部性。环境污染是典型的外部性问题，也是解决外部性问题最常引用的例子。而环境监管政策工具体系的演变与发展也与人们对外部性的理解密切相关。[①] 解决污染外部性的方法有很多，一种最直接的方法就是通过行政命令的方式，强制性地限制企业的排污行为。如政府监管部门直接

---

① 张学刚：《环境管制政策工具的演变与发展：基于对外部性问题认识的视角》，《中国环境管理》2010 年第 3 期。

对企业规定允许的排放方式和排放数量，即对企业生产过程中的可排放的污染物的数量和种类进行直接的规定。

按照福利主义的观点，环境外部性会造成排污企业的边际个人成本与边际社会成本之间的背离。当存在这种环境外部性时，由市场供求所决定的价格并不能反映企业生产的社会边际成本，市场机制不能促进资源的有效配置。政府可以采取适当的监管政策，比如对边际个人成本小于边际社会成本的企业征收一部分环境税或加收一部分排污收费，通过这种征税和收费，解决个人成本与社会成本之间的背离问题，使个人成本与社会成本尽可能地一致，从而实现环境外部性的内部化。在产权理论看来，在科斯理论基础上发展起来的排污许可证交易制度，在解决环境外部性问题上，既是一种具有成本有效性的方式，也是最重要的经济手段之一。如前所述，企业之间，甚至个人及环保组织，在排污许可证市场上的私人谈判与交易，也可以解决环境外部性问题，同时，由于有总量控制，还能使整个区域的环境不至于恶化。从2013年开始，中国政府在经过多个地方且多年的试点之后，正式将排污权交易制度上升为国家的环境保护政策。而在交易费用理论看来，制度也是解决环境外部性问题的一种工具。无论是正式制度，还是非正式制度，作为一种规则，通过对个体行为的约束，都可以降低不确定性，从而降低交易费用。在解决环境外部性方面，正式的制度安排有上面提到的政府监管、排污收费（征税）、排污权交易等。而自愿性的环境协议，以及鼓励公众参与的各种非正式制度也能很好地起到对正式制度的弥补作用。在第四节中，我们将对自愿性协议和公众参与展开较详细的讨论。

（二）确立可持续发展的思路

在完善环境监管体系的过程中，之所以要确立可持续发展的思路，主要是基于两个方面的考虑：一方面，环境监管体系要配合国家实行可持续发展战略的总体要求。从2012年发布的《中华人民共和国可持续发展国家报告》到新时代生态文明建设，可持续发展都体现了公平性、共同性、可持续性的原则。政府的环境监管必然要体现这些原则，环境监管体系中就必然需要有包括政府、企业、公众、社会等在内的各个主体，参与环境监管过程。另一方面，环境监管体系本身也需要体现可持续性，比如，在监管方式上，既要完善传统的监管方式，又要根据时代的变化、技术的改进等,引入新的监管方式;同时,多种监管方式协同使用,以顺应可持续发展的需要。

(三) 运用新监管治理理念构建环境监管治理的新框架

所谓新监管治理理论,是指结合了传统的管理理论和新公共服务的理念而形成的,并应用于政府监管中的一种治理理论。多赫(Dohler)在2012年提出过两个相关的概念:监管治理和元法理。[1] 李贝尔(Lebel)则认为,在监管治理中,这种新治理会产生这样一种结果,它会激励监管机构去培育一种可以使被监管产业遵守法律的文化。[2] 在这样一种监管实践中,监管者在实施监管时,可以充分利用被监管者或私人参与者的知识与资源,而不是把被监管的产业看作仅仅处于被动地位的监管对象。新监管治理理论的核心观点是在确立与执行监管的过程中注重以下三个内容:引入第三方、公私合作、市场多样化。在《牛津规制手册》和斯科特的著作中,对监管型政府、元监管、监管治理及自我监管的权威等都作了最新的全面的阐述。[3]

引入第三方模式认为应当建立金字塔形的监管格局:以企业的自我监管为基础,辅以政府与企业之间的合约监管,以政府的命令控制型监管作为监管的最后一道屏障。这样,自我监管、合约监管以及控制型监管共同构成一个金字塔形的监管结构:企业的自我监管组成监管金字塔的塔基;企业与政府之间达成的合约监管,作为一种量体裁衣式的监管,构成监管金字塔的中间部分;传统意义上的政府的强制性监管,也就是所谓的命令控制监管,构成监管金字塔的顶端。这样一种金字塔形的监管格局,使过去那种传统的命令控制型的监管模式发生了改变,而向兼顾治理模式转型。这种监管治理模式在基础设施产业的监管实践中已有所应用。那么,在基础设施的公私合作实践中所取得的经验,是否同样可以应用到环境保护中来,是我们需要考虑的一个问题。在下一节

---

[1] Dohler, M., "Regulation", in M. Devir ed., *The Sage Handbook of Governance*, Los Angles and London: Sage, 2012, p. 524.

[2] Lebel, O., "New Governance as Regulatory Government", in D. L. Levi – Faur ed., *The Oxford Handbook of Governance*, Oxford: Oxford University Press, 2012, pp. 123 – 131.

[3] [英] 罗伯特·鲍德温等:《牛津规制手册》,宋华琳等译,上海三联书店2017年版,第188页;[英] 科林·斯科特:《规制、治理与法律:前沿问题研究》,安永康译,清华大学出版社2018年版,第85页。

中，我们将对此进行讨论。

在环境保护工作中，监管是手段，而不是目的。政府可以依靠自身的资源优势，激活各类市场主体共同参与到环境保护中来。因而在环境监管体系的设计与完善过程中，应该留出一定的空间，让各类市场主体都参与到监管过程。

第四节 完善环境监管体系的路径选择

环境监管政策的演变，受到成本有效性的驱动，并受到技术进步和社会制度的影响。在目前情况下，我们可以考虑从以下几个方面完善环境监管体系。

一 完善命令控制型的环境监管政策

命令控制型的监管政策不仅能够保证实施的强制性，使每一个环境介质的管理都能达到特定的标准，而且还能与个体行为、工厂或设备、生产工艺与产品等直接关联，通过各种标准为监管者提供可以预见的污染削减水平。目前，在中国主要使用的命令控制型的环境监管工具主要包括：限期治理制度、严重污染企业的直接关停并转制度、"三同时"制度、企业环境目标责任制、污染物排放标准、污染申报与许可证制度、污染物排放总量控制制度、环境影响评价制度等。

命令控制型监管政策在污染控制方面有一定成效，而且受到环境监管者的偏好。但是在解决复杂环境问题的时候，又难以满足人们对环境保护的更高要求，而显现出较多的局限性。如监管者要有效控制各种类型的污染源的排放，必须了解产生污染的各种产品和活动的控制信息，而掌握这类信息需要耗费巨大的成本，如果有关信息掌握不全，监管政策的有效性也会受到影响。命令控制型的监管工具由于使用上的刚性和缺乏灵活性，对环境状况的变化以及新技术的应用很难做出及时反应。同时，命令控制型政策一般不会考虑不同企业、不同地区的技术差异，也不会考虑污染物的边际处理成本上的差异，因而在执行中容易造成资源浪费。命令控制型工具缺乏激励企业自觉控制污染的动力，削弱了由市场进行资源配置的功能发挥。

二 充分运用基于市场的环境监管工具

基于市场的环境监管工具的种类较多,既包括价格工具,如污染税、排污收费等,也包括数量工具,如排污权交易等。

就价格工具来说,税费标准的设立是否合理,是监管能否有效的关键所在。而在现实生活中,监管者对环境价值和污染的准确评估是存在很大困难的,监管者缺乏对企业减污成本的了解,也很难了解在不同的技术条件下,企业的减污成本将会发生什么样的变化。这样,监管者制定的税费标准就可能偏高或偏低。如果税费标准过高,可能导致一些企业转移成本,或一些企业会倒闭,或迫使企业采取策略性行为,如俘虏监管者,或恶意逃避税费。如果设立的税费标准过低,对企业的约束力将大大削弱,污染严重的环境问题可能依然得不到根本性解决。价格工具中还有押金返还制度,这种制度在日常生活中也常常使用,如消费者在购买某些特定的商品时,需要对商品的包装交纳一定数量的押金,当商品被消费后,消费者将商品的包装交到指定地点加以回收时,可以将原先所交纳的押金领回。这一政策在达到环境保护目的的同时,也起到了促进物品循环利用的作用。

数量工具的一种主要形式是排污权交易制度。所谓排污权交易是指,在特定环境区域内,在满足污染物的总量控制,即满足环境要求的前提条件下,政府界定和设置一种合法的污染物排放权利,这种权利,我们称之为污染排放权或排污许可证,并且建立一个市场,允许这种权利(许可证)可以像其他商品一样在这一市场上进行买卖,以达到污染控制的目标。这一制度的关键在于,监管者如何根据充分信息来确定排污许可的总量。至于可交易的许可证在市场上的价格与数量是如何实现均衡的,完全可以交由市场来完成。

基于市场的监管工具,并不能完全取代命令控制型工具。但基于市场的工具,由于其成本有效性显著,在世界范围内得到越来越广泛的运用。

三 广泛引入参与机制与自愿性协议

参与机制是指引导环境监管过程中所有利益相关者,让他们尽可能地参与到环境政策的制定、执行与监督过程中来,提高环境监管效率,并最终达到相互合作的状态。

政府与企业的合作监管是近年来的一种新的非正式的环境监管形式，它试图通过信息以及以激励为基础的机制来改变企业的行为，通过企业的自我约束体系来改进环境管理。自愿性协议正是这样一种合作监管制度。比如，如果存在某种激励，企业可以自愿承诺能够达到比政府对环境的要求更高的环境质量，这些自愿行为包括：企业主动采用减污技术，或者主动采取污染处理技术等单方面的行动来提高所在区域内的环境质量，而不需要政府监管机构采取强制手段；排污企业也可以与政府监管者就某些影响环境的因素进行协商或谈判，最终排污企业可能与政府监管者共同达成某种有利于环境改善的协议；当然，也可能存在这样一种情形，由政府监管者自行设计某种环境改善的项目，而且这种环境改善项目的目标也是由政府监管者确定的，无论是项目本身还是项目的目标，都不需要经过与企业进行谈判或协商，但是政府监管者完全可以通过某种特定的激励方案或措施，去引导相关企业自愿参与到该环境项目中来，并实现项目的目标。

政府在环境监管过程中，如果将自愿性协议作为一种监管工具，至少可以获得两个方面的好处：一是弥补作为监管者的政府部门自身与污染企业之间的在污染物及其排放上的信息不对称的情形，进而降低环境监管过程中的信息交流成本；二是弥补监管者自身监管能力的不足。

在参与机制和自愿性协议中，还可以引入第三方监管。要完成环境监管从命令控制型监管转向自我监管、合约监管和命令控制型监管的混合体，改变传统的命令控制型监管模式，向兼顾监管治理模式转型，关键还在于发挥第三方监管的作用。在自我监管中，必须借助于第三方组织的力量，而且要想充分发挥第三方中介组织的功能与作用，还必须要保障这种第三方组织的独立性、专业性和权威性。合约监管是介于政府的命令控制型监管与自我监管的中间选择。只有自我监管、合约监管、命令控制型监管共同起作用，监管体系的效率才有可能得到保障。

本章小结

一　关于环境外部性与监管需求

环境主体的有限理性、环境资源的公共性、环境污染的负外部性、环境保护的正外部性、环境信息的稀缺与不对称性，都可能在环境领域导致市场失灵。而环境外部性、环境公共品的特性及其供给、环境信息的不对称，都为政府的环境监管提供了必要的理由。同时，可持续发展战略的实施，也为环境监管提供了必要性。

二 关于中国环境监管体系的基本判断

从中国环境保护实践的发展来看，中国的环境监管的法律制度体系逐步完善，形成了关于环境污染物防治、自然资源保护、生态保护、资源循环利用、能源与节能、防灾减灾等方面法律制度。同时，环境监管也不断完善，其职能不断强化。环境监管体系的特点表现为：可持续发展战略成为环境政策的指导思想，环境监管中经济手段和市场手段发挥着越来越重要的作用，越来越多的科技手段和科技规范在环境监管中被采用，环境政策的实施能力和执行效率不断提高。中国环境监管体系建设的基本经验表现为：指导思想上从注重末端控制转变为末端控制与源头控制相结合的全过程管理，发展模式上从注重粗放式的传统经济模式转变为注重循环经济的可持续发展，政府的环境监管目标从注重环境质量转变到注重人与自然的和谐相处，监管方式上从强制手段到各种手段的综合运用。

三 完善环境监管体系的基本思路

完善环境监管体系应坚持的基本原则是：政府与市场相协调的原则，生态文明建设原则，与环境督察体制相匹配的原则。在此基础上，确立外部性内部化的思路、可持续发展的思路、构建与运用新监管治理理念等完善监管体系的基本思路。

四 完善环境监管体系的基本路径

完善环境监管体系的基本路径有：首先，完善以命令控制型为特征的环境监管工具。其次，更大范围地充分运用基于市场的环境监管工具。最后，在环境监管中广泛引入参与机制与自愿性环境保护协议。

第十二章

基于人身保障的安全生产监管体系

安全生产监管是以人身保障为基本职责的，在政府监管职能中举足轻重，更是社会关注的焦点。近年来，随着经济的迅速发展，虽然国内的应急管理和生产安全监管效能有了进一步的提升，但是由于安全生产事故的不确定性和突发性，前置风险防范和联控上仍然困难重重。监管体制机制不健全、监管体系和监管职能碎片化、监管流程滞后、监管被俘虏或者监管合谋、监督不力等问题严重影响了政府在安全生产监管上的效能，导致人身伤害类的安全生产事故时有发生。完善基于人身保障的安全生产监管体系也是国家治理体系现代化的应有之义。

第一节 安全生产的人身保障与政府监管需求

党的二十大报告指出，"推进安全生产风险专项整治，加强重点行业、重点领域安全监管"。安全生产监管是对生产主体安全运行过程监控和事故管控的体系、机制和行为的总称。其核心标的就是人身安全和财产安全。中国是制造业大国，产业门类齐全和产业链完整，产业发展日新月异，几十年时间就走过了许多发达国家数百年工业化走过的道路，而与之相比较，不论是政府层面还是企业层面，相应的安全生产意识沉淀、技术保障和法律制度却相对滞后。因此，政府加强安全生产监管需求紧迫，推进安全生产制度化任重道远。

一　安全生产中的人身保障及其监管释义

根据《中华人民共和国宪法》（以下简称《宪法》）和相关法律规定，人身权是公民人格权与身份权的统一，是与人身不可分离和不可转让的法定民事权利，而且无直接财产关联。顾名思义，人身安全包括生命安全、自由不受拘束、身体健康不受侵害、人格不受侮辱、隐私不受侵犯等，因上述标的遭到伤害，侵害人应承担相应刑事责任和民事赔偿责任。国家对公民人身安全的保障不因个人财政关系有所歧视。"雇员在从事雇佣活动中遭受人身损害，雇主应当承担赔偿责任"，这是法律规定企业负有安全生产保障员工人身安全的法定义务。企业安全生产是保障雇员人身安全的基本前提，主要通过安全生产"制度—体系—环境—过程—处置"的全流程监管，保障安全生产秩序和员工人身安全。具体义务包括：贯彻执行国家劳动保护法令、制度，建立企业安全生产管理体系，制定安全生产计划和危机因对预案，落实安全生产培训、杜绝无证上岗，定期开展安全检查和隐患排查，改善劳动条件、做好安全防护，防止职业危害、预防职业病，及时处置安全生产事故、减少员工生命安全损失等。[①]

2017年修订的《中华人民共和国安全生产法》（以下简称《安全生产法》）第三条明确规定"建立生产经营单位负责、职工参与、政府监管、行业自律和社会监督的机制"。这一规定实际上对中国安全生产防控体系及其内在功能关系作了清晰的划分。安全生产保障的标的是生命和财产，而人身保障是安全生产监管需要优先保障的标的。保障人身安全自然是政府监管的首要目标。因此，我们可以把以人身保障为前提的安全生产监管界定为：政府安全生产监管部门以保障人身安全为核心目标，核查生产经营单位的安全生产计划、制度、体系和条件，监督安全生产过程以及处置管控安全生产隐患的行为。其具体职能包括四大方面。

---

① 《中华人民共和国安全生产法》（2017年版）第十八条规定生产经营单位的主要负责人对本单位安全生产工作负有下列职责：（一）建立、健全本单位安全生产责任制；（二）组织制定本单位安全生产规章制度和操作规程；（三）组织制定并实施本单位安全生产教育和培训计划；（四）保证本单位安全生产投入的有效实施；（五）督促、检查本单位的安全生产工作，及时消除生产安全事故隐患；（六）组织制定并实施本单位的生产安全事故应急救援预案；（七）及时、如实报告生产安全事故。

第一，监督检查生产经营单位的安全生产准备情况。主要是督促生产经营者制定安全生产计划、改善安全生产条件、保障安全生产投入。以此，预防和排查可能危害人身安全的生产事故隐患，并及时通过责令停产或关停相关设施等方式予以排除。

第二，开展安全生产行政执法。检查监督经营单位在具体经营行为中贯彻落实《安全生产法》等保障员工人身安全法规和措施的情况。对检查发现的资质不全、安全生产培训不到位、安全生产流程不实，特别是使用有危害人身安全隐患的生产材料、作业场所等安全生产违法行为，要当场纠正或者责令限期整改并依法作出相应行政处罚的决定。

第三，检查应急救援情况。依法强制生产单位排除安全隐患，建立安全生产信息数据库、接受社会举报，制定应急救援预案，组建应急救援机构，培训救援人员。检查、查阅生产经营单位安全生产资料、档案，了解定期组织安全应急演练、实施指挥救援预案的情况。

第四，处置危害安全生产的行为及相关责任人。区分生产经营单位违反安全生产行为及其后果等级，依法对相关违法违规行为作出限期改正、限制生产行为、扣押违法生产物资、停业整顿、查封作业场所、取消生产资质、行政处罚和移送司法机关等处置决定，并依法向社会公布。

以人身保障为核心的安全生产监管有三个鲜明特征：一是强调人身保障的价值优先思维。也就是说，当提升人身保障的要求和成本影响生产经营的其他价值目标实现时，政府监管机构要旗帜鲜明地督导生产经营单位善做取舍，甚至可以采取强行纠偏手段，停止可能危害员工人身安全的生产行为。二是强调人身保障的条件优先思维。正如行军打仗要粮草先行一样，生产经营之前也要将保障作业中的人身安全设施、环境改造先行。这是政府安全生产监管的重点和优先内容，由于人身安全保障是一个完整体系，包括生产经营单位、员工和政府监管部门的努力，也包括保障体系、机制、流程等方面的对接，特别是作为监管主体可能来自不同的机构，尽管他们有不同的监管要求、标准，但确保人身安全是政府监管机构、生产经营单位和员工共同的第一标准，这更需要多方面协同，避免出现因部门要求"打架"而引发危害员工人身安全的惨剧。① 三是强调人身保障的行为优先思维。就是要检查督促生产经营单位在具体作业过程中把杜绝人身危害隐患放在首要位置，通过安全生产培训、保障设施配置、救援预案坐实等办法将不发生危害员工生命安全的事故作为底线。

二 基于人身保障的安全生产监管需求

生存权是公民最基本的人权，人身安全是生产经营单位用工最基本的前提条件，也是对员工最基本的承诺。政府对生产中的人身安全保障监管是安全生产监管底线职能。自古至今，政府对使用危害人身安全的生产方式进行预防、管控和查处都是政府合法性的基本来源。随着社会的进步与文明，人身安全作为第一安全，人身保障作为第一保障的信条越来越成为政府、企业和社会的共识。但这并不意味着，生产经营单位及其员工都会自然而然地严守人身保障的安全生产法规及相关标准。在实践中因违反安全生产法规，不履行安全生产标准而引发安全生产事故给人身安全造成的伤害仍然触目惊心，因此，迫切需要加强政府对保障人身安全的生产监管。

（一）保障民众美好生活的客观需求

随着中国新时代社会基本矛盾的转变，人民对美好生活需要和生产环境改善的要求会日益增长。但目前中国还较为普遍存在环境问题、食品药品安全问题和安全生产问题，严重损害人民群众的利益和社会稳定。例如，2015 年 8 月 12 日发生的 "天津特大爆炸案"，暴露出地方党委、政府和部门存在有法不依、执法不严、监管不力、日常监管严重缺失等突出问题，需要明确安全监管部门和生产经营单位的职责，提高对生产安全有重大威胁的设施、原材料监管的法治化水平，健全重要危险原材料安全监管机制。暴发在 2019 年与 2020 年之交的新冠肺炎疫情，造成的生命财产损失更是全球性的，暴露出许多国家对鲜活物品交

---

① 比如，在 2014 年酿成重大人身安全事故的昆山轮毂生产车间爆炸案中，就出现安监局和环保局存在监管冲突问题。据报道，"按照环保局的要求，不要有噪音，粉尘是不允许对外排放的，这样会污染空气。但是安监局的要求是要企业保持空气流动，允许一部分粉尘对外流出，这样就造成了安监和环保执法造成冲突。往往遇到这种情况，环保部门处罚力度较大，安监部门执法力度通常较小，企业自然就按照环保部门的要求执行，这就造成大量的粉尘积压在车间内。这也是一个监管难题，制度上难以突破"。参见查道坤、黄晟《昆山中荣遭遇安监环保监管冲突：谁处罚多听谁的》，《每日经济新闻》2014 年 8 月 5 日第 1 版。

易市场及冷链运输环节的卫生安全监管存在巨大的漏洞。除了引人注目的重大案件外，各类安全生产事故时有发生，也给人们的正常生活、生产活动和人身安全造成长期的影响。因此，在新时代为满足人民群众日益增长的美好生活需要，有效解决不平衡不充分发展问题，更好地体现以人民为中心，这要求系统而深入地研究如何改革与完善安全生产监管体制，切实加强政府监管。

（二）保障经济与社会持续发展的客观需求

基于人身保障的安全生产有着突出的经济与社会属性。安全生产阶段发展理论研究表明：安全生产状况与社会经济水平发展进程大致分为4个阶段。第一阶段为工业经济发展的初级到中级阶段，安全生产事故处于多发期；第二阶段为工业经济发展中级到高级阶段，安全生产事故处于高位波动期；第三阶段为后工业化发展阶段，安全生产事故不断降低；第四阶段为信息化经济社会发展阶段，安全生产状况平稳。此外，经济总体规模扩大可能带来生产过程中风险覆盖面和强度加大，事故发生概率增大或事故后果严重度提高。特别是第二产业占经济总量比重较大的时期，随着经济总量的发展，往往出现事故频率高、事故伤亡较大的情况。中国经济发展呈现较大的不均衡性和不充分性，从经济可持续发展看，政府加强基于人身安全保障的安全生产监管有着紧迫的现实需求：从发展阶段看，中国大部分地区还处于第二阶段，安全生产事故的波动性较大，容易引起生产经营单位的忽视；产业分布上大部分地区第二产业仍占大头，而这些以第二产业为主要经济结构的地区往往在安全生产保障意识、条件和水平等方面存在诸多不足；经济总量增长快，安全生产保障与之不匹配，或者说生产经营单位在安全保障上的重视和投入跟不上经济发展总量及其效益增长的关注度。因此，必须从外部强化基于人身保障的安全生产监管，安全生产的经济属性是生产最本质的属性，需要通过加快现有经济形态的转型升级，来保障安全生产的标准化和前置防控。

安全生产还具有突出的社会属性，这体现在安全生产是以保护人的生命和健康为目的，受到社会民众的广泛关注，控制安全事故特别是有人身伤害的事故也是政府监管合法性的重要支撑。随着国家物质水平和社会精神需求的不断提升，安全生产的社会属性越发显现。从经济学角度看，增加预防生产安全事故所需要的投入会增大企业的成本，而生产安全事故特别是群体性伤亡事故则会带来社会成本的上升，主要表现在国民经济损失、从业者人身伤害、影响社会稳定和执政能力等方面。企业为了追逐自身经济利益，降低安全生产投入，易造成重特大事故的发生，导致社会成本升高，使得市场机制出现"市场失灵"的现象。这就需要充分发挥政府监管这只"看得见的手"的作用，通过政府监管实施强制性措施，对企业进行有效约束，促使企业加强安全生产投入和管理，预防和控制生产安全事故的发生，保障从业者生命健康的权力。安全生产的社会属性决定了搞好安全生产必须发挥好政府监管作用。政府监管对安全生产的强化可以通过法制、行政强制、经济调控、财税政策、社会诚信和舆论压力等多种手段，促使企业将事故发生的频率和伤亡人数控制在最低限度。安全生产的社会属性能通过各种宣传和教育进入每一个安全生产控制环节，把安全生产理念转化为安全生产行动，使保障安全生产在每一个环节都得到落实。

（三）推进国家治理体系与能力现代化的客观需求

基于人身保障的安全生产监管属于社会性监管。[①] 西方大多数先发型国家从 20 世纪 70 年代后期开展一轮政府监管改革，其核心是放松规制，调整结构，将政府监管重心从经济性监管向社会性监管转变。进入新世纪后，政府监管也已成为中国政府职责体系的重要内容。而且顺应中国快速步入全面小康社会的需要，政府社会性监管职能的作用日益受到重视，加强和改善政府监管也是实现国家治理体系和治理能力现代化的重要内容。为完善社会主义市场经济体制，党的十八大进一步强调市场监管职能，党的十八届三中全会强调"要着力解决市场体系不完善、政府干预过多和监管不到位问题。改革市场监管体系，实行统一的市场监管，反对地方保护，反对垄断和不正当竞争。要完善统一权威的食品药品安全监管机构，建立最严格的覆盖全过程的监管，保障食品药品安全"等。党的十九大及十九届三中全会、国务院机构改革方案拓展了市场监管，强调更为综合性的政府监管。对完善市场监管体制，健全金

[①] 社会性管制是以保障劳动者和消费者的安全、健康、卫生、环境保护、防止灾害为目的，因而它也被称为 HSE（Health, Safety and Environmental Regulation）管制。

融监管体系，创新监管方式，通过组建自然资源部、生态环境部、国家市场监督管理总局，完善生态环境监管制度，统一行使监管城乡各类污染排放和加强市场综合监管执法职责等方面提出了更高的要求。在简政放权、放管结合、强化事中事后监管等一系列政府行政体制改革中，加强政府有效监管已成为一个重要的改革内容。党的十九届四中全会进一步明确要"严格市场监管、质量监管、安全监管，加强违法惩戒"。可见，党中央、国务院对如何加强政府监管已有明确目标，但是传统政府监管体系是根据信息不对称的约束，按照监管风险分散呈现、分别处置的思维，分领域、分行业、分区域配置的，这既增加监管成本，又制约监管效能，而且还时而发生重大监管责任事件。影响社会稳定和民生福祉的重大风险隐患大多与政府监管不力有关，只有安全生产监管到位，才能保障经济社会持续发展，才能为政府进一步做好"放管服"改革腾出空间。同时，政府监管效能及其应对风险的能力也是国家治理体系与治理能力现代化水平的衡量指标。在智慧社会背景下，风险更复杂，政府监管面临的挑战也更为严峻。因此，必须充分运用智慧治理提供的"理念—模式—技术"赋能，化解监管信息不对称的约束，创造监管风险并联呈现的条件，重新定位、优化和坐实政府监管职责，杜绝生产经营单位过滤、隐瞒安全生产隐患的空间，充分保障民众在生产生活中的人身安全。

三 安全生产监管风险识别

《国家职业安全卫生术语》将安全生产定义为："消除或控制生产过程中的危险因素，保证生产顺利进行。"《安全生产法》进一步以法律条文的形式将"加强安全生产监督管理、防止和减少生产安全事故，保障人民群众生命和财产安全，促进经济发展"作为立法目的固化下来。安全生产仅仅靠市场管不好、管不到位，存在市场失灵的现象，严重威胁到人民的生命和财产安全，因此，需要加强政府监管。但是，安全事故依然频发。那么究竟是什么原因使然？需要从安全生产监管效能是否正常发挥上寻找原因，也要从安全生产监管工作能否精准识别相关风险上寻找。因为问题产生风险，成功应对风险就是强化监管的需求。在前面的讨论中，一般性的监管失效多是由于监管者被俘虏、监管渎职造成的。但是就以人身保障为核心的安全生产监管而言，应该有其特殊的原因。这激发了国内外学者研究的兴趣。比如，监管体制分割、监管链条断裂、监管追责不实和员工监督虚化等，都是加强安全生产监管需要重点过滤和重构的问题。在国外，安全生产等同于职业安全与健康或者职业安全卫生，劳动者依法享有的职业安全卫生权是对劳动者在雇佣劳动中的生命、身体和健康的保护，属于生存权中的生命安全权范畴，是劳动者最基本的人权。[1] 可见，基于人身保障的安全生产监管风险实际上贯穿于安全生产全过程。

由于基于人身保障的安全生产监管是一个由多个体系、机制和过程组合的系统，每个体系、机制和环节的漏洞都构成监管风险，因而也是加强监管的需求来源，应认真识别和补足。第一步是做好风险预判和防范。政府在本级单位设置的安全生产监管部门依照相关的法规、标准和权限，对于辖区范围内的安全生产工作进行宏观管理和风险预判。这其中包括核查多元监管协同功能的发挥情况、深入安全生产一线检查生产经营单位安全生产的准备情况、了解员工的安全防范知识与技能等，在综合各方预防信息的基础上做好安全隐患风险的评估，为后续防范和应急救援提供准备。第二步演练保障人身安全的应急机制和救援预案。相关政府监管部门要相互协同并随机抽取被监管单位及其工作人员参与以保障人身安全的事故救援应急演练，以检验各个体系和环节在应对突发人身安全事故的保障能力、发现其中的"短板"，做到有备无患。第三步是实地核查被监管对象的安保流程。通过查阅生产经营单位的安全保障制度、程序、流程操作等台账信息，检查它们执行国家安全生产法规和行业安全生产标准的状况，督促有关单位及时纠偏。第四步是根据安全生产保障存在的普遍性问题，从技术创新和制度创新结合赋能的维度，推进人身安全保障水平提升。任何监管需求都来源于对监管问题的化解，除了不断推进安全生产保障机制和监管机制创新外，还需要加大政府安全投入和安全保障科技进步的步伐，把安全生产真正建立在科学防控的基础上，形成有效的内隐性问题挖掘—路径优化—信息同步—监管明确的智慧技术驱动的生产安全监管理念和方法。因此，通过技术嵌入形式的安全生产监管模式势在必行，促使政府从层级制监管走向扁平

---

[1] 王鸿、吕梅：《高危企业安全生产监管的法律指导准则》，《学海》2014 年第 6 期。

化监管,从封闭式安全监管的"堵"走向开放式安全监管的"疏",从静态化监管走向随时防控性的动态化监管,从精细化监管走向精准化监管,最后实现从单向度监管走向协同化安全监管。

第二节 安全生产监管体系沿革与现状评价

随着中国体制改革和经济的持续高速发展,安全生产监管任务日益繁重、环境越来越复杂。可以说,中国安全生产体系始终处于经济快速发展与事故多发的张力中不断改革和完善的。进入新时代,顺应法治国家建设、国家治理体系现代化步伐的提速,政府安全生产监管体系优化也迎来了新契机。

一 安全生产监管体系的内涵与特征

一般认为,体系是若干有关事物既相互联系又相互制约的系统,如理论体系、国民经济体系、安全防御体系等。[①] 本书第三章将监管体系定义为,由监管的法律制度、监管机构、监管方式、监管的外部监督、监管绩效评价等要素构成的一个整体。这些要素相互联系和制约,共同促进不断提高监管水平,实现有效监管。基于此,安全生产监管体系可以界定为各级政府安监及执法部门、企业和社会组织构成的有机协同的安全生产治理系统。建设安全生产监管体系是一项长期任务。这一体系的特征与安全生产监管活动的特征是密切相连的。其一,体系设置的目标价值是优先保障人身安全,努力排除一切可能干扰保障人身安全的因素;其二,体系的基本功能是督促生产经营单位落实国家安全生产法律制度,落实安全生产隐患防控流程和应急预案;其三,体系运转的绩效评价标准是尽最大可能降低人身伤害事故发生率及其损失;其四,体系有效运作的根本保证是法治,即依法监管、守法生产和违法惩处统一,只有这样才能保障"体系—机制—过程""监管者—生产经营单位—员工"协同合作的有机整体。

二 安全生产监管体系发展沿革

任何监管体制都存在于历史和社会之中,都是政治、经济、文化等

[①] 中国社会科学院语言研究所词典编辑室:《现代汉语词典》(第5版),商务印书馆2009年版,第1342页。

诸多因素相互制约和作用的产物。中国安全生产监管体制的发展和变迁也无不是顺势而为、与时俱进的。根据中国安全生产监管体系的体制机制和结构功能的转变趋势，大体经历了从统一监管、分头监管到整合监管的演变。①

（一）劳动保护统一监管体制的确立和演进

1. 劳动部门统一监管体制的初创

根据中华人民共和国成立之初通过的《中央人民政府组织法》，中央人民政府成立劳动部，并建立科层制的行政管理体系，作为国家劳动管理与职业安全保障的专门机构。随后在 1950 年中央劳动部通过的《省、市劳动局暂行组织通则》，各省、市劳动局开始设置专门劳动保护科室，"掌管监督工矿安全卫生设备的研究、检查及劳动保护的督导等事宜"。在国家和省市劳动部门的指导下，政府相关产业管理部门也相继设立了专管劳动保护的机构。全国初步建立起由劳动部门负责综合监管、行业管理部门具体监管的职业安全监管工作框架及机制。1956 年和 1958 年，国家又先后通过了关于劳动部组织、工业卫生组织和有关专项危害物防治等方面的办法，对工业安全生产监管的组织架构、职责划分作了更明确的规定，进一步强化了职业卫生与安全保护的专业性和技术性，也有效地改变了各工业部门按领域和门类各自设置职业卫生标准、分散管理职业卫生与安全的模式，但仍然保留劳动部门统一监管劳动保护的职能和主体地位。1958 年通过的一些专门领域的职业病预防办法均保留了由劳动部门统筹工业卫生监管的职责。1975 年全国召开的安全生产会议，提出并首次组建了国家劳动总局，专门设置劳动保护局，统一行使全国安全生产监管的职能。可以说，从中华人民共和国成立初期到改革开放前，一直实行由劳动部门统一行使安全生产与卫生健康监管职责的体系。

2. 劳动部门监管职能的延续与调整

1982 年，根据国务院机构改革的重要部署，新设劳动人事部统一

---

① 也有学者通过对中国近 70 年食品安全监管体制改革的历史分析，提出中国食品安全监管体制改革分为合一化管理、分散性监管、分段性监管、综合化监管四个阶段。詹承豫：《中国食品安全监管体制改革的演进逻辑及待解难题》，《南京社会科学》2019 年第 9 期。

承担有关劳动保护的职能。1983 年，国家首次明确提出并实行国家劳动安全监察制度。1988 年，随着国务院机构的再次大调整，原劳动人事部分立为劳动部与人事部。新的劳动部仍然承担职业安全监管职能，为强化这一职能的履行，将原劳动人事部内设的劳动保护局调整为职业安全卫生监察局，进一步明晰了机构对职业卫生安全监管专门职责。在 20 世纪 90 年代以前，中国采取了"国家监察、行业管理、群众监督"的安全生产与卫生健康监督管理体制。1992 年中国社会主义市场经济体制确立以后，作为职业卫生与安全保护主体的生产经营单位在职业性人身安全保障方面的职责开始纳入国家职业卫生安全监管体系的总体职责规划。1993 年国务院决定实行"企业负责、行业管理、国家监察、群众监督"的监管体制，确立了企业在保障安全生产中的主体地位，进一步夯实了中国职业卫生与安全保护及其监管的基础。

（二）安全生产与卫生健康监管由统到分、多头并行体制

1. 卫生、经贸和劳动部门多头监管体制的确立

1998 年以整顿行业风气为一大特点的机构改革，也给中国安全生产和职业健康监管体制带来重大变化。由于经济发展进一步提速，不少生产经营单位的安全生产保障工作严重滞后于产能的增加，安全生产事故多发，特别是由于能源短缺，低小散煤、气、油开采企业井喷，能源、化工类企业引发的群死群伤事故使全国安全生产形势恶化。这就对职业卫生与安全保障事业提出了新的要求，一是技术职业化要求，二是保障的制度化要求。原劳动部的职能转变为"统一的社会保障行政机构"，新组建的劳动和社会保障部仅在其原有的安全生产监管职能中保留了工伤保险和女职工劳动保护等具有明显保障性的职能，其他的安全生产监管职能由管理行业经济的国家经贸委承担。这一调整也适应了职业卫生与安全保障的部门归属现状。因为，劳动部实际上不管企业，不利于其安全生产监管职能的有效履行，国家经贸委是企业的宏观管理部门，有利于强化行业管理。这就大体上形成了国家经贸委负责安全生产一线监管，劳动与社会保障部负责善后保障救济，相关体系在后续立法中得到明确。1999 年，国务院法制局吸取卫生部的《职业病防治条例（草案）》意见，拟定《中华人民共和国职业病防治法（征求意见稿）》，2001 年全国人大常委会通过了该法，确立了卫生行政部门主管

职业病防治监管的体制。2002年全国人大常委会通过《安全生产法》确立了安全生产监督管理部门负责的职业安全管理体制。这样，中国安全生产与卫生健康监管多头并行体制正式确立。

2. 强化安监部门为主、其他部门协同的监管体制

进入21世纪，中国基本沿袭了此前的分工负责、多头并行监管体制，不过通过多次机构改革和法律法规修订，原有机构有所调整和相应职能也有并转。最突出的变化就是国家安全生产监管专门机构的设立，并在2003年、2005年两次升格，国家安全生产监督管理总局成为正部级机构。这有助于其通过部门规章、制定规则和指南，促进监管的法制化与专业化有机结合，也有助于对职业安全健康监管作出统一的前瞻性规划。2008年，新设的人力资源和社会保障部，下设工伤保险司、劳动监察局等专司工伤保险及女职工保护等监管职能。

（三）安全生产整合式监管体系形成

整体性治理是公共管理跨入新时期后世界各国普遍采用的一种机构与职能设置模式。中国也顺势推进整合监管和监管的逆碎片化工作。这一过程分两个阶段推进：第一阶段，成立安全生产监督管理总局，对安全生产实施整合管理。2013年，习近平总书记对青岛黄岛输油管线泄漏引发爆燃事故抢险工作做出指示，强调"坚持管行业必须管安全、管业务必须管安全"，提出要将业务、安全与监管工作打通成一个完整的链条。2014年，中国在新修改的《安全生产法》提出了国家安全生产综合管理部门的概念，进一步明确了安全监管部门主抓综合监管、行业主管部门负责具体行业安全生产监管、地方政府对生产经营单位实行属地监管的管理体制。第二阶段，将日常安全生产监管和应急性安全生产分开。2018年，中国将安全生产综合监管机构分设为应急管理部和市场监督管理总局，合理归并和拆分了原先由安全生产监管总局的相关职能，常规安全生产监管职能划归市场监督管理总局（兼管药品监管），应急管理部（兼管煤矿安全监察）执掌应急性监管与救援保障职能。这一调整兼收整合协调与专业监管之功。

三 安全生产监管体系沿革的评价

纵观中国安全生产监管体系的演变，从最初的统一监管到多头监管，再到现在的整合式监管，可以说是一个螺旋式上升的改革完善过

程。同时，也反映了中国安全生产监管发展中关于劳动与劳动保护的理念、监管的经济与社会价值目标、监管机制与效能、监管过程与法治等关系的认识不断成熟与走向现代化的历程。

（一）鼓励劳动与劳动保护的统一

中华人民共和国的安全生产监管体系是从劳动部设立伊始就起步的。中国是社会主义国家，倡导劳动光荣，强调劳动是权利与义务的统一和按劳分配原则。因此，新中国发扬革命时期"自己动手、丰衣足食"的优良传统，倡导劳动光荣，彰显劳动者的主人翁地位，1954年《宪法》将劳动权利列为人民的基本权利，鼓励广大人民群众自食其力和实现劳动权利。当然，受建国初期的条件和劳动者自我保护意识淡薄影响，在实践中人民的劳动权利侧重于劳动就业的保障方面，另一方面的劳动者权益、职业卫生安全保障相对滞后和薄弱。在社会主义经济还相对落后的发展阶段，安全生产的保障与监管职能相对于计划经济职能而言不容易引起有关部门、生产经营单位和生产者个人的重视。最初成立的劳动部监管安全生产的体系难以承担工业卫生与职业安全保障的专业性保护监管职能。后来，卫生部承接工业卫生与职业病防治的监管职能，有机地将鼓励劳动与保护劳动结合起来，各地也不断改善劳动条件，在保障劳动者乐享崇高的政治地位的同时，也享受到不断提升的安全保障的实惠。

（二）经济发展与社会发展的统一

虽然，1954年《宪法》就将劳动者的基本权利与义务确定下来，但在相当长一段时间，劳动者的安全生产保障法定权益仍然难以在生产条件还相对简陋的情况下得到充分保障，或者说更多的是从经济效益层面来理解劳动保护。而事实上，安全生产监管是经济性监管与社会性监管的统一。甚至从"以人为本"和"以人民为中心"理念而论，经济性监管是基础，社会性监管是目的。从中国安全生产监管体系构建与运行实践看，经历了从经济发展目的向经济发展与社会发展统一目标的转变提升过程。比如，1994年通过的《职业安全卫生术语》将安全生产界定为"消除或控制生产过程中的危险因素，保证生产顺利进行"。到了2002年，甚至在《安全生产法》中进一步肯定了"安全促生产"的立法目的，但尚未从终极关怀上重视保障劳动者的生命安全。直到

2014年创新修订《安全生产法》才明确厘定"促进经济社会健康发展,制定本法"的安全生产保障立法目的。特别增加了"安全生产工作应当以人为本"的条款。而在此前,每当有事故发生时,统计经济损失总是被首先提及。当然,从一些地方最初应对新冠肺炎疫情的表现看,切实贯彻法律意义上"把人民生命安全放在第一位"的理念还任重道远。

(三)监管机制与效能的统一

客观地说,安全生产监管体系从无到有,从分散到整合,都是符合新中国经济社会发展、国家建设和治理体系与治理能力现代化的实践需要,是从不断解决安全生产中的漏洞和监管机制本身的不足中成熟成长的。比如,机构不断撤并造成职责不清、专业监管技术提升困难、专门监管队伍难以正规化、部门关系不协调、多头监管、重复检查、监管法规不完善不匹配等。在监管体系演变中,其中的一些问题往往是"按下葫芦浮起瓢"。在劳动部统一监管时期,保证了监管的广度,但顾及不到监管的深度和专业化,影响了监管效能;而在劳动部、经贸委、卫生部、安监局、环保局多头监管体制下,虽然分工负责,强化了专业性、落实到具体行业企业,但协同性差,甚至出现各自对安全生产界定不一,使生产经营单位无所适从。安全生产监管未能形成从上到下的联合执法机制,造成了政府监管的冗余和决策下放的阻抗。至今,实行以常急分开、统专结合的监管体系与机制,能否发挥应有的效能关键要看日常监管与应急监管的协调是否顺畅。的确,常规监管是基础,工作量也大,应急监管虽属末端监管,但专业性强、反应快,两块职能由一个部门统管,可能不易兼顾。但常规安全监管与应急救援毕竟是一个完整统一的监管工作链,且常规安全与应急安全之分也是相对的。比如药品监管中发现有重大危害公民健康安全问题,就需要市场监督管理总局与应急管理部有机衔接处置。

(四)行政监管与法治监管的统一

安全监管体系的变迁表面上看是行政机构的撤并和政府职能的调整,但所有的行政监管都是依法监管。如果监管的法治化滞后,那么必然制约监管的合法性和长效性。在中国安全监管体系演变中,由于机构、职能的调整相对比较频繁,几乎每届政府都要进行机构改革,导致安全生产监管类的法律制度变化也较频繁,其中还时常出现不匹配、不一致等情况。即便法律法规不变，机构和职能的调整也会给相关监管人员造成一定的磨合适应成本，使有关的监管法律制度得不到及时准确地执行，从总体上影响监管法制化进程。特别是在监管实践中，监管的行政化理念和手段一直处于强势状态，加之安全生产监管往往对事故控制的特殊要求，强化监管效能与监管法制化常常是有张力的，而监管机构和人员往往会选择效能和行政化。在推进全面依法治国的背景下，加强安全监管法律制度的立法、培训、宣传和执法建设，提高监管法治水平显得尤为迫切。

第三节　完善安全生产监管体系的基本思路

如何完善安全生产监管体系，尽最大可能减少事故，降低人身伤害是一条世界各国政府孜孜以求的漫漫长路。美国在工业大发展时期，就曾长期受事故多发、员工损伤严重引发社会诟病。为此，美国对煤炭生产监管主要从以下三方面进行强化：技术对策是安全监管的突破口，主要解决生产设备和作业环境的不安全因素；教育培训的核心是协助"守法"，主要解决人的不安全行为问题；法治管理的基础是"执法"。① 统称"技术—行为—法治"三管齐下。在新时代完善中国安全生产监管体系，必须紧密结合新时代的中国社会基本矛盾、社会环境和新技术变化趋势，充分发挥中国特色社会主义制度优越性，从优化理论路径、行为路径和技术路径三位一体的视域推进。

一　创新中国安全生产监管的理论体系

理论来自实践并指导实践，没有科学的理论就没有有效的实践。因此，在吸取传统政府监管理论养分基础上，建构适合新时代中国安全生产实情的监管理论体系，是完善安全生产监管体系的首要路径。而建构这一理论体系的三个基本支撑点就是：新时代中国社会的基本矛盾、中国特色社会主义基本制度的优越性和智慧社会来临引致的新安全风险及监管技术赋能。

---

① 和军、任晓聪：《美国煤矿生产监管的主要做法及启示》，《经济纵横》2016年第2期。

新时代中国社会基本矛盾变化的关键变量来自于民众对美好生活的追求，已远远跨越了简单的物质文化社会的需求，而导致这一变化的社会基础是中间阶层不断庞大的社会结构。西方国家20世纪70年代以来推进的以放松经济性管制和强化社会性管制为特征的政府管制改革正是由于"质量政见"阶层的兴起引致的。① 这个阶层的核心主张已不是简单追求经济成长，而是多元化的社会景观。基于此，社会性监管（HSE）中的安全监管放在首位。包括人身安全、卫生健康和环境保护等内涵的有关社会性监管的价值、模式、方式方法、体制机制的讨论推动了政府监管理论的飞跃。而这种飞跃在中国仍不能简单地以"搭便车"的方式跳过，需要根据中国安全生产、卫生健康和环境变化的客观现状予以重塑、夯实。特别是，"当强化社会性管制与经济增长不能兼得时，能否优先体现生命、安全和健康优先的人文关怀准则"。② 也就是说，如果不从脑子里、骨子里颠覆人们尤其是政府监管机构、生产经营单位和员工自己对安全生产、卫生健康和环境保护的核心价值的认知，再好的监管体系都不会恰如其分地运转。

新时代开启了国家治理体系和治理能力现代化的新征程，是思考构建新时代中国安全生产监管理论体系的重要场景。政府治理体系在国家治理体系中具有核心地位，而政府治理主要是通过政府监管等职能实现的。为完善社会主义市场经济体制，党的十八大进一步强调市场监管职能，党的十八届三中全会通过的《中共中央关于全面深化改革若干重大问题的决定》，强调"要着力解决市场体系不完善、政府干预过多和监管不到位问题"。党的十九大及党的十九届三中全会、国务院机构改革方案拓展了市场监管，强调更为综合性的政府监管。在简政放权、放管结合、强化事中事后监管等一系列政府行政体制改革中，加强政府有效监管已成为一个重要的改革目标。党的十九届四中全会又进一步强调严格市场监管、质量监管、安全监管，加强违法惩戒。历次大会议精神镌刻着国家治理体系和治理能力现代化的步伐，也是中国政府监管改革

---

① ［日］高坂健次：《当代日本社会分层》，张玹等译，中国人民大学出版社2004年版，第27页。

② 郭剑鸣：《风险社会境遇下西方国家的社会性管制与社会治理：政治学意义》，《社会科学战线》2013年第10期。

实践经验的总结，是完善安全生产监管理论体系最重要的养分来源。

新时代还是一个新技术新业态日新月异的时代，构建新时代中国安全生产监管理论体系必须引导监管模式创新以有效回应由此引发的新监管风险。党的十九届四中全会明确指出"建立健全运用互联网、大数据、人工智能等技术手段进行行政管理的制度规则"。随着智慧社会的来临，安全生产监管面对的各种风险实际上是并联相关的，受传统社会信息不对称条件的约束，传统政府监管的职责及其实施机构、机制则是分领域、分行业和分区域设置的，这极大地限制了政府监管的效能，也增加了政府监管的成本。而基于智慧治理所提供的技术并联条件，将全面呈现不同行业、领域和区域监管风险的并联相关性。因此，在智慧治理驱动下，政府监管职责体系必须从"大部制"的机构裁并进一步向"大平台"的内在集成优化，从而为建构跨域、跨层、跨行监管职责及其机构体系提供理论支持。为此，新的监管理论需要阐明基于智慧治理"新理念—新模式—新技术"驱动传统政府监管从以机构并联为特征的"大部制"监管模式向以风险并联为特征的"大平台"监管模式转型的机理，改革传统的分领域、分行业、分部门和分层次监管的传统思维，系统回答以下问题：智慧社会需要怎样的安全生产监管职责体系？智慧治理与安全生产监管提质增效如何发生互动关系？基于智慧治理如何化解安全生产引发的经济性监管、社会性监管的内在张力？如何建立与智慧社会相适应的横向监管集成化、纵向监管扁平化、对象监管精准化、过程监管非现场化和监管处置即时化的政府协同高效监管机制？如何推进智慧化安全生产监管有效运行及其效果评估？探明上述理论元素将促进新时代中国特色社会主义政府监管理论创新。

总之，新时代中国安全生产监管理论必须科学回答三个核心问题：①智慧社会需要怎样的安全生产政府监管体系和监管能力？②当前的安全生产政府监管职责体系和监管能力有效应对智慧社会的各种风险、满足民众对智慧生产和生活的特殊需求还有哪些短板？③如何基于智慧社会产生的新需求、新风险和智慧治理提供的新思维、新技术优化安全生产政府监管体制机制，推进政府监管能力现代化？

二 优化新时代安全生产监管的行为逻辑

完善安全生产监管体系的目的和功能有赖于科学有效的监管行为去

实现。行为模式与体系本身不可分割。面对新时代经济社会发展、人民对美好生活的需求、新的技术形态和安全生产新风险等一系列新的监管环境，安全生产政府监管的行为方式必须整合优化，以保障监管功能的有效输出。新的监管行为模式优化的逻辑就是基于新监管理论确立的监管风险是并联呈现而非传统的基于信息不对称判断确立的分领域、分层级、分行业串联呈现特征，因此，推进政府安全生产监管流程应该走向跨领域（行业和部门）集成化、跨层级扁平化、监管问题精准化、监管过程非现场化和监管信息传递即时化，提升中国政府监管能力现代化水平。为达成优化目的，需要梳理安全生产监管行为各环节的合理性，以保障监管过程各节点能承载新的监管行为推进逻辑。

第一，在法律层面。如何优化"国家监察、地方监管、企业负责"的安全生产监管分工格局，为横向整合集成监管和纵向跨层级扁平化监管体系的确立提供法律保障。同时，要从完善安全生产的法规标准、执法力量、严格文明执法、责任体系和法治宣传教育五个维度进一步提高中国安全生产法治建设，营造良好法治环境的具体对策与措施。[1]

第二，在监管机构和机制层面。要充分挖掘中国特色社会主义基本制度的优越性，各地建立安全生产党政同责监管的职责体系，构建安全生产党政同责、一岗双责、齐抓共管的责任分配体制，强化基层党委和政府想要做到会管安全生产、能管安全生产。[2] 同时，中国安全生产监管队伍改革的大方向要贯彻"大安全综合"、"检查、处罚和强制执行三权分立"的监管执法队伍体制。要像"米袋子"省长负责制、"菜篮子"市长负责制一样，确立"安全生产"县（区）长负责制，配置上要坐实县（区）一线安全生产监管执法队伍、县级安全生产监管队伍实行"局队合一"体制。[3]

第三，在监管方式层面。引入多元行动者，合理分配安全生产监管权力；扩大信息开放，推动资源共享；逐步打破组织边界，培养安全生

---

[1] 代海军等：《我国安全生产法治建设面临的挑战及对策》，《中国安全生产科学技术》2014年第10期。

[2] 常纪文：《安全生产党政同责监管体制的立法构建》，《法学杂志》2014年第2期。

[3] 李湖生：《新体制下我国安全生产执法队伍改革问题探讨》，《中国安全生产科学技术》2019年第11期。

产与监管之间的伙伴关系意识及模式。① 积极试点安全生产积分制，应按照风险隐患高低排序的原则，优先集中监管力量，对从事高风险生产和有违反安全生产制度不良记录的企业，加大密度开展飞行监管，特别是对重大事故隐患突出且整改不力和职业危害严重的矿山进行严格检查和上限处罚，最大限度消除重大隐患，以防重特大事故发生。② 大力构建和推广平台化监管模式，"应该充分利用物联网、移动互联、大数据等技术，构建安全生产全流程监管信息平台，实现安全生产监管网络化、信息化，有效预防生产安全事故发生，提高应急救援能力"。③

第四，在绩效评价层面。要根据"五位一体"总体布局的要求，统筹经济、政治、社会、文化和生态绩效考核，提高涉及人身保障的安全生产监管绩效在地方政府考核体系中的地位，引导地方将社会性监管纳入政府工作优先价值序列，促使地方政府形成安全生产监管的内在激励。④

第五，在外部监督层面。安全生产事关国计民生，是社会方方面面关注的重点领域，除了统合立法、行政、监察、司法和社会监督力量，构建"五位一体"协同监督机制外，要特别鼓励安全生产直接与间接参与者进入到安全生产监督过程中，要尽可能降低监督举报的成本和提高对公众监督举报行为的奖励，培养行动者作为安全生产保障的主人翁意识，促进公众积极参与监督。⑤ 采取激励性监管策略，积极培育和开发企业安全生产自律能力，要求企业建立内部自我监督和纠正机制，履行对企业内部的监督和处罚职能，⑥ 尽可能降低企业安全投入成本，给

---

① 许宏志、张长立：《网络治理视角下我国煤矿安全生产监管的新模式》，《南通大学学报》（社会科学版）2017 年第 33 期。

② 裴文田：《基于安全生产双重属性的新常态下非煤矿山安全监管对策研究》，《中国安全生产科学技术》2017 年第 11 期。

③ 张日明：《基于物联网技术的安全生产监管大数据平台》，《物联网技术》2019 年第 5 期。

④ 韩巍：《治理结构、利益与激励：中国政府安全生产管理价值的制度基础》，《中国行政管理》2016 年第 10 期。

⑤ 王循庆、孙晓羽：《基于公众参与行为的化工企业监管治理演化博弈分析》，《中国安全生产科学技术》2018 年第 5 期。

⑥ 杨炳霖：《后设监管的中国探索：以落实生产经营单位安全生产主体责任为例》，《华中师范大学学报》2019 年第 5 期。

予安全生产长期零事故的企业在资质、特许经营、招投标、信贷、财税等优惠政策。

三 提升新时代安全生产监管的技术模式

如何科学运用智慧社会提供的新监管思维和技术检视政府安全生产监管体系及运行机制的漏洞，有针对性地研究适应智慧社会的政府安全生产监管体系优化方向、原则和总体框架，朝着有利于集成监管、精准监管、非现场监管和即时监管的目标，是完善政府安全生产监管体系的又一必由之路。

智慧社会是完善新时代政府安全生产监管体系绕不开的场域。当下，信息技术已经全面进入中国社会的方方面面，特别是移动互联网、物联网、大数据、云计算、人工智能、区块链等新一代信息技术的广泛普及，不仅改变了我们的生活方式、生产方式，也推动政府与社会关系发生重大转向，政府监管的技术和模式也必然随着革新：从层级制监管走向扁平化监管、从封闭式监管走向开放式监管、从静态化监管走向动态化监管、从精细化监管走向精准化监管、从网格化监管走向网络化监管、从单向度监管走向协同化监管等。面对社会运行的复杂性和不确定性，大数据等新一代信息技术将驱动政府监管走向智慧化，要求政府监管过程"用数据说话、用数据决策、用数据管理、用数据创新"。智慧化监管的主要特征是：从边界明确向模糊转变，从单一线下结构向线上线下复合结构转变，从常在职责向非固化（异变）职责增多转变；从监管行为转变为监管规范，从监管个体转变为监管平台，从监管产品延伸到监管标准转变，等等。可以说，技术层面要建立政府牵头，企业、个人参与的一体化大数据系统，做到天上有云（云平台），地上有网（物联网、泛在网），中间有数（数据）；体制层面要确立数据的收集、共享、分析、发布、决策和保护机制，建立大数据使用的标准流程和相关法律法规。[①]

智慧技术作为一种融合移动互联网媒介等新兴形态，对传统政府安全生产监管的内容、定位、运行模式、预防机制等提出了全面全新的挑战。由于大多数生产企业已经不再面临原有的传统社会形态，生产企业

---

① 申孟宜：《论大数据时代的政府监管》，《中国市场》2014 年第 36 期。

已经进入了全新的互联互通、互感互知的体验化社会特征，高新科学技术已经取代了原来的传统粗放的生产社会环境，政府继续要探索和有效运行监管部门（安全生产领域、行业、层级）的共享联防联控机制、法制保障机制、技术平台机制和智慧技术防范机制。在智慧互联驱动下，安全生产监管中错综复杂的领域交互、层级监管问题、应急响应效率等都会在原有的物理区隔与层级设定的基础上呈现复杂跨界、演变复杂、虚拟现实交互等特征，因此，传统环境下的安全生产监管所有的被动应对和事后防范的关联和运行机制亟须改变。安全监管创新重点要推动横向部门之间、监管行业之间和典型行业之间的共享、集成和联动，以及纵横向部门基于技术、平台、数据与标准的跨时区、跨层级、跨行业的符合特征开展的有效的跨界决策以及执行和反馈的相关内容。因此，跨界联动是目前政府在安全生产监管路径选择的一种保障机制。

通过对安全生产监管的平台的整合和优化，建立舆情分析、预警排查、融合行政、情报共享、全程效能监督等平台，形成对安全生产风险报告、报警、研判的快速通道，进行安全生产监管的前置预警，帮助生产企业做好快速定位故障，从信息层面和系统层面解决前端防控的问题；同时，政府安全生产智慧化克服"信息孤岛"效应，推进政府协同监管的需要，通过数据共享、数据关联，实现跨部门的信息沟通、流程整合、业务协同、职能协调，形成政府、企业和社会民众对安全生产信息共享、安全生产保障能力互助体系和机制。此外，政府推进安全生产监管的智慧化是政府促进科学监督、精准监督的需要。智慧社会的来临既为安全生产监管带来了新的理念、新模式，也提供新技术的支撑，使得安全生产的智慧化进程大大加快，安全生产监管更应顺势而为从智慧监管的体系、机制、队伍、设施和法规等方面夯实基础，驱动政府安全生产监管体系优化和能力现代化。

为了实现"互联网＋"下的政府监管转型，就安全生产监管而言，并不是放松监管或加强监管之间的单项选择题，这一过程需要政府既做好提供监管法治、理念、机制和技术平台的"加法"，也做好层级下沉的"减法"，还要做好激活企业与行业自律活力的"乘法"，更要做好摒弃不良监管方式的"除法"。①安全生产监管的智慧化将推动传统经验监管、人工监管走向"循数"监管、智慧监管。但在大部分基层监管单位，如何打通政府监管机构、企业生产单位、生产现场和员工的信息相连，做到监管、生产、监督各主体共享，事前、事中和事后各阶段对接，还有大量的"瓶颈"要突破。除了前面讨论过的法律、机制"瓶颈"外，财力投入和人才培养与留驻也是难点。即便在智慧社会大背景下，有着繁重监管任务的县乡基础要获得并运行大数据监管技术手段也并非一蹴而就。最好的解决办法是以产业聚集为特征，建立中心城市为核心的大数据监管平台，由其下沉式托管基层；依托大数据企业，由政府委托其建设监管数据平台，通过购买服务的方式，实现合同式监管。当然，智慧化监管也需要格外重视政府的反数据垄断、反网络霸权、反虚假信息和反高新技术犯罪等工作。

第四节　完善安全生产监管体系的路径选择

健全和完善安全生产监管体系是推进国家治理体系和治理能力现代化的重要举措之一。中国特色政府安全生产监管体系是由政府监管的法律制度、监管机构、监管方式、监管绩效评价和监管外部监督等构成的有机整体。在智慧社会来临之际，完善安全生产监管体系的总体思路应有机融合监管机制创新与技术创新赋能，实现依法监管、科学监管、协同监管和有效监管的统一。

一　以整体性治理的思维完善安全生产监管机构体系

英国学者安德鲁·迪·迈具体阐述过"整体政府"下公共服务模式的"三项支持技术"和"四个作用领域"。②借鉴到安全生产监管体系的整合上很有启发意义。所谓"三项支持技术"是指推动体系整合的交互、协作和一体化技术。而推动整合的"四个作用领域"指的是同级政府整合服务的预期目标、跨层整合地方和政府相关的责任、跨流

---

①　郁建兴、朱心怡：《"互联网+"时代政府的市场监管职能及其履行》，《中国行政管理》2017年第6期。

②　Andrew Di Maio, "Move 'Joined-Up Government' from Theory to Reality", *Industry Research*, Vol. 20, 2004, p. 24.

程整合政府政策、连接政府与私人部门的纽带。根据前面讨论的中国安全生产监管体系演变中存在的不足，可以清晰地发现当前监管体系的整合性不强：一是横向机构并存分散，整体协同困难。这既包括同级监管层面的总体性常规监管与应急监管协同，也包括一些具体安全生产监管如煤矿安全、药品安全、卫生安全、环境安全和自然资源开发安全仍然分属不同部门的协同困难。二是纵向分层监管协同不畅。尽管安全生产监管大多以垂直管理为主，但受地方利益保护和监管部门特定的地方工作环境的制约，监管系统内部的信息交换其实也不顺畅，逐层过滤痕迹明显。三是安全生产监管流程整合不畅。安全生产或者说安全事故是一个多环节关联性、积累性问题。监管成败皆与监管流程协同整合程度密切相关。监管法治—监管体制—监管过程—信息分享—绩效评价—追责问责是一个有机整体。比如，当前的监管法治体系内部在监管法律制度制定、监管执法队伍建设、监管法规宣传与执行等环节就存在不少脱节、滞后或薄弱等问题。随着社会的发展而不断涌现的食品安全问题在食品安全法规中没有相关规定，给政府监管执法等带来了困难，导致监管效果不佳。[①] 安全生产监管中以权代法、以情曲法、以贪枉法的现象在药品、疫苗和煤矿生产监管中典型多发。不同监管体系介入安全生产监管一线的能力也参差不齐，不同体系间共享监管信息、分享监管技术方式和经验的机制还没有制度化。各监督机构绩效的第三方评价机制是否建立以及相关信息的公开不透明。追责过程中总是受经济发展、财税增减等因素的影响，力道不及事故痛点，使有些安全生产监管要求在企业落实虚化。[②] 四是政府、企业和民众合作监管的纽带连接不畅。政府依法依规依标准开展监管，行业企业按照安全生产法规定的生产条件、作业流程接受监管，民众在消费产品和服务中发现安全隐患、举报安全质量问题的协同机制往往受利益不对称和信息不对称的制约不能循环运行。比如，现行的安全生产标准存在不少问题：部分领域标准数量少，存在关键技术标准缺失；在研标准的迟缓影响了标准的整体发展，标准制定工作的延迟无法满足安全生产严峻形势的需要，影响了标准的时效

[①] 周应恒、王二朋：《中国食品安全监管：一个总体框架》，《改革》2013 年第 4 期。
[②] 王钦：《我国安全生产监管体制现存的突出问题》，《经济管理》2006 年第 9 期。

性、过长的制修订周期,影响标准效用等。① 这些问题不仅使监管机构的监管行为依据不充分,企业安全生产也缺少参照,民众评价质量更无章可循。因此,从整体性监管思维角度看,完善中国安全生产监管体系并非简单地裁并监管机构、调整机构归属和职能关系,而是要从法治、机制、过程、评价和问责"五位一体"协同上着眼,能发挥每个环节的监管功能则整体监管效能就有制度化的保证。

但无论采取何种方式,完善安全生产监管的重心在于基层、在于对具体生产经营单位的监管,而实践中基层监管执法力量薄弱、监管不到位、责任不落实等问题仍然突出。因此加强和完善安全生产监管体系的重心也必然在基层,尤其是加强县一级基层监管执法力量来提高支撑保障能力和应急救援水平,应成为完善安全生产监管机构体系的重中之重。②

二 充分运用智慧技术驱动安全生产监管职责体系优化

智慧社会的来临已经并将进一步改变政府的监管模式。因为,智慧社会是以宽带通讯、移动互联网、物联网、人工智能等技术为支撑的全新社会形态,因此,以往政府在安全生产监管上的滞后性和事中应急、事后防控的传统监管手段亟待改变,智慧社会来临改变了大众的社会方式、交往方式,产生了新的社会序曲,催生了新业态和新生产方式,也必然带来前所未有的新社会问题和风险,政府应以智慧技术驱动政府安全生产职责体系并满足和回应这些需求。智慧社会、智慧治理带来的挑战早已超越了技术范畴,并直指政府治理领域,尤其是要颠覆传统的政府监管思路、体制与方式。因此,智慧治理的意义不只是大数据技术与传统产业的嫁接,更是催生了政府监管质的变化,为监管型政府的再造提供了良机。③ 目前安全生产监管职责体系信息不对称,监管风险分散,这增加了监管成本也制约了监管效能,在智慧社会背景下,风险更

---

① 苏宏杰等:《中国安全生产标准现状统计分析》,《中国安全生产科学技术》2019 年第 10 期。
② 黄盛初等:《我国安全生产法治建设面临的挑战及对策》,《中国安全生产科学技术》2014 年第 10 期。
③ 冯涛、郁建兴:《走向监管型政府:"互联网 + 监管"与"监管 + 互联网"的融合》,《中共宁波市委党校学报》2017 年第 1 期。

第十二章 | 基于人身保障的安全生产监管体系

复杂，政府监管面临的挑战也更严峻，因此，智慧治理提供的"理念—模式—技术"将化解政府在安全生产监管的信息不对称和应急处理时滞，创造监管风险并联呈现的条件，重新定位、优化和坐实政府监管职责，充分让生产企业享受智慧驱动的"红利"。

在生产中许多危害员工安全和产品与服务受众安全的问题，传统的监管手段往往会"灯下黑"。比如，在机会主义和短期利益的驱使下，一些生产经营单位可能擅自降低产品质量并隐瞒信息，从而损害合作方企业的利益，因此导致安全生产隐患事故。[1] 在生产企业中，部分产品质量检测行为是以政府监管部门为重心展开的，而这一过程未获取透明操作制度，无法让公众获知企业的产品质量，有后续产品安全隐患，从信息结构角度来看产品安全生产问题许多事件的导火索就是信息不对称和流程未公开透明公正。[2] 在成本信息不对称的情况下，生产企业和原材料供应企业为追求各自利益最大化会对对方隐瞒部分自己的行为，而这些行为会导致安全生产事故。[3] 而智慧治理驱动政府安全生产监管与传统政府安全监管在理念上和原则上存在明显的不同，集中体现在智慧化技术环境下的政府生产安全监管的共享性、协同性、开放性和参与性等方面。智慧治理视角下的政府安全生产监管的最终目标是打造基于智慧技术前端防控的平台的精细监管、实时监管、流程监管、协同监管的现代化政府监管体系，这需要政府的各级职能部门之间高效整合与协同，实现联防防控数据的共享，政府、行业与社会之间也要协同，特别是要发挥行业协会的作用，他们在参与制定和监督落实安全生产行业标准中的地位和功能不可替代。政府安全生产监管职能需要紧紧围绕应急前、中、后端对安全生产监管的实质性把控和统筹及协同，围绕政府安全生产监管中边界清晰—边界模糊转变、单一线下结构—线上线下联防联控融合、常在职责—应急非常态转变等，促使政府安全生产监管职责

---

[1] 张斌、华中生：《供应链质量管理中抽样检验决策的非合作博弈分析》，《中国管理科学》2006 年第 3 期。

[2] Mol, A. P. J, "Governing China's Food Quality through Transparency: A Review", *Food Control*, 2014, pp. 43: 49–56.

[3] 颜波等：《成本信息不对称下零售商主导的混合渠道供应链决策分析》，《中国管理科学》2015 年第 12 期。

紧密围绕决策整合、信息分享、协同管控、依法高效的路径转变。

在智慧治理背景下，优化政府安全生产监管职责要重点突破以下问题：一是既包括政府向市场放权，又包括上级政府向下级放权[①]；二是不能用传统监管方式监管新业态的安全生产隐患[②]，因为，大数据时代"大众创业、万众创新"逐渐成为现实，如果还采取传统的监管手段，就会面临监管资源远远赶不上监管对象迅猛增长的困境。三是智慧社会下如何平衡安全生产监管中涉及的经济性、社会性和垄断性行业三大监管内容的职责之间关系以及横纵监管部门之间的监管职责配置，如何基于防控智慧社会新风险的要求和智慧治理提供的技术可能对政府监管职责体系进行"加减乘除"？包括新增的数据监管、新技术使用与开发监管、信息披露与交易监管等职责，这些职责如何与传统的政府监管职责有机融合？如何利用智慧治理新技术改革监管方式卸载部分职责？如何构建新监管平台将传统监管职责的物理裁并转化为集成化整合？如何利用监管信息共享机制破除传统的按政府层级划分监管职责的地方保护主义弊端，实现扁平化的跨域监管？最终构建一个安全生产横向监管集成化、纵向监管扁平化、安全生产风险监管对象精准化、过程监管非现场化的安全生产监管职责体系，打破传统的分领域、分部门、分行业和分层次的监管传统思维，推进智慧政府监管职责体系的有效运行。

三 构建依法有效的安全生产监管方式

依法监管和有效监管是政府安全生产监管最基本的履职要求，也是最稳定可靠的方式。特别是以人身保障为核心开展安全生产监管要克服生产经营单位的麻痹思想、确保万无一失，尽可能降低安全事故对人员生命安全的损失，必须以法定义务、法定生产资质要求、法定作业安全保障流程、法定责任认定和承担方式予以保障。同时，又要结合监管技术、治理方式的新成果改革和创新传统安全生产监管方式。一方面，要按照安全生产风险并联呈现的思维，改革分领域、行业和层级制定安全生产监管法规、办法的做法，将涉及人身安全、职业病防治、卫生健康

---

① 郁建兴、朱心怡：《"互联网＋"时代政府的市场监管职能及其履行》，《中国行政管理》2017 年第 6 期。

② 张效羽：《通过政府监管改革为互联网经济拓展空间——以网络约租车监管为例》，《行政管理改革》2016 年第 2 期。

等风险监管的立法职能从不同部门集中起来,从法律的溯源、效力问题、民主性、实施标准等方面提高安全生产立法的统筹性。目前,政府需要牵头尽快修订安全生产法律法规,根据实际情况对原有安全生产法规体系中不再起作用或者有时滞、不适应时代的法规进行修改,并及时修订一些变化较快的行业的标准。另一方面,为提高政府监管的有效性,需要创新监管方式,改变原来采取单一行政手段的做法,尽可能运用与市场经济体制、智慧社会相适应的新型监管方式。近年来,中国政府有关部门采取了一些探索性监管方式,为理论研究积累了丰富的研究素材,例如,以监管约谈为主的"柔性监管"方式,"双随机、一公开"监管方式,"互联网+"监管方式等。在具体监管方式创新上可以从以下方面进一步探索:一是实行非现场监管。开发和利用安全生产大数据,构建政府监管机构、企业生产单位、作业场所和员工互联互通的平台,即时收集安全生产风险数据,提高预警能力。二是引入参与式监管。参与式治理是当今政府治理的主要模式之一,更适用于需要多个部门、多个层级、政企民合作才能有效防控人身伤害风险的安全生产事故监管。重点是推动生产企业安全生产标准化达标创建与样板打造工作,对生产企业安全生产督查检查计划进行集中审阅、优化;构建安全生产监管联控机制,与法院、检察院、公安的协调配合,依法对存在的生产企业采取重大事故隐患的排查措施。三是购买安全生产监管服务。各级政府需要把安全生产专业技术服务纳入现代服务业发展规划,建立县级以上人民政府建立政府购买安全生产服务制度。四是推进合作监管。智慧时代具有平台主体性强、参与者协作性强、负外部性弱的特征,要把大数据与政府监管结合起来,重构监管主体与监管对象的关系,构建"政府与超级网络平台公司合作监管"。[①] 大数据时代超级网络平台公司的出现,政府与企业合作监管更加便利。政府只需站在公共利益的立场上针对互联网企业实施监管,发挥企业、行业组织与社会组织、消费者等各自优势,形成互联网经济的合作监管体系。通过激活互联网各节点、各主体的功能,表面上政府监管减少了,但实际上政府监管能力却提升了。

---

① 李海舰等:《互联网思维与传统企业再造》,《中国工业经济》2014年第10期。

总之，政府安全生产监管方式要实现从 1.0 版到 3.0 版的跨越。在 1.0 时期政府采取的是权威、命令化手段来实现政府监管；2.0 时期以政府网站、公示和信息系统管理等宣导工具进行；新的 3.0 时期，政府监管必须基于大数据、云计算、物联网等智能化技术的监管形态实现安全生产监管的智能化、监管方式的精细化和监管过程的动态化和共治化。

四　强化各外部监督体系的协同

只有发挥多元监督的优势才能保障政府监管的有效性。目前，中国政府监管的监督体系还比较薄弱，各监督体系之间的职责和行为协同还不够有力，尚不足以对政府监管权滥用、监管过程疏漏、监管处置迟缓等问题形成无缝隙的监督合力。特别是，政府监管架构下的单向一维、利益博弈格局下的分段监管等弊端客观存在，使得监管绩效不佳，必须完善监督机制，实现政策与价值的耦合。[1] 为此，需要深入分析政府监管导致的各种潜在监管失灵的风险。根据依法监管和建设法治政府的要求，基于中国政府监管的现状和改革要求，强化对政府监管的外部监督体系建设，从制度创新和技术创新结合的维度，促进各监督体系之间的规则、行为、信息和处置等监督要素的有机整合，全面堵塞监管漏洞、规避各种监管失灵风险。[2]

五　构建 360°安全生产监管绩效评价制度

安全生产监管绩效评价是对政府监管机构履职效能的认定，是向授予安全生产监管职责的机构的全方位"述职"，也是向民众的终极交代。这是因为，人身安全是人命关天的大事，必须秉持安全第一、客观公正、科学可行和全面真实的原则谨慎从之。要做好安全生产监管绩效评价除了遵从上述原则外，就是要选择好的绩效标准和评价方法。那么如何确定好的绩效评价标准呢？公共部门绩效管理大师帕特里夏·基利指出："如果你的机构尚无评估标准，你就得去追溯该机构存在的原因。它的任务、计划方案和提供的服务是什么？顾客对该机构的期望是

---

[1] 李静：《从"一元单向分段"到"多元网络协同"——中国食品安全监管机制的完善路径》，《北京理工大学学报》2015 年第 4 期。

[2] 具体论述详见第七章的相关内容。在此不再赘述。

什么？该机构的宗旨和目标是什么？你怎样知道该机构是否在实现它的任务、宗旨和目标？"① 标准的优选似乎和评价方式是一体相连的，360°绩效评价方法既能很好解决标准的优选，又能客观形成评价结果。

360°绩效评价方法是从评价主体、过程和信息收集与校准路径全方位展开绩效评价的方式。这与安全生产监管的多体系、长链条、终极关怀特征非常契合。基于这一方法构建的安全生产监管绩效评价制度，首先，构建360°的评价主体体系。要作出由监管机构、监督机构、生产经营单位、员工、行业组织和社会民众共同参与评价的安全生产政府监管绩效评价的法律制度安排，明确各方参与评价的法定权利与义务，从而从制度顶层保障了安全生产监管绩效评价的严肃性与全面性，堵塞绩效评价中的运作空间。其次，构建360°的评价权重体系。要按照阶梯顺序合理设定员工评价、民众评价、监督部门评价、监管机构和生产单位自身评价的权重。这样的权重序列大小是逆向的，体现员工与民众的感受为中心，规避绩效评价中"运动员"与"裁判员"同构现象。最后，构建360°的评价过程体系。安全生产是一个由计划、组织、资源与条件配备、生产流程、检验监督和问责构成的完整过程，而安全生产监管也是事前、事中和事后三阶段的组合，因此，每一个过程的信息都应成为绩效评价内容的来源，避免只重结果不重过程，只重应急处置不重预防监控，最后出现结果不保的监管效能。最后，构建360°的评价功能体系。之所以采用全方位、全过程、全要素的绩效评价方式，就是实现绩效评价功能的完整输出。绩效评价不是简单盖棺定论说好与不好②，而是要对每一个参与安全生产监管、监督的主体打分，要给每一道安全生产及其监管程序体检，要指出长处与短板、提示创新方向、给出激励与处罚建议、强化监管动力、督促整改落实。③

---

① [美] 帕特里夏·基利、史蒂文·梅德林等：《公共部门标杆管理——突破政府绩效的瓶颈》，张定淮译，中国人民大学出版社2002年版，第28页。
② 杨大瀚、魏淑艳：《安全生产监管为何陷入"费力不讨好"尴尬境地》，《人民论坛》2017年第5期。
③ 刘鹏：《运动式监管与监管型国家建设：基于对食品安全专项整治行动的案例研究》，《中国行政管理》2015年第10期。

本章小结

一 厘清了基于人身保障的安全生产政府监管内涵与需求

从法定义务和安全生产实践两个维度，阐明人身保障是安全生产监管需要优先保障的标的，因此，以人身保障为前提的安全生产监管的核心要义，就是政府安全生产监管部门以保障人身安全为核心目标，核查经营单位的安全生产计划、制度、体系和条件，监督安全生产过程以及处置管控安全生产隐患的行为。在新时代，随着中国社会基本矛盾的变化和制造强国的推进，加强基于人身保障的安全生产政府监管是保障人民美好生活、保障经济社会高质量发展客观需要，提高安全生产政府监管水平也是推进国家治理体系和治理能力现代化的重要内容。加强基于人身保障的安全生产政府监管必须首先提升相关领域的风险识别能力，从落实《安全生产法》等法定义务和安全生产标准具体实践的各个环节入手，建构风险预警、直报、排查等机制，夯实政府监管、生产经营单位和员工的风险预防责任。

二 梳理了中国安全生产监管体系的发展沿革

从中国政府安全生产监管机构设置、运行机制和各监管部门的职责划分及其关系的调整等方面，系统梳理了中国安全生产监管体系的发展沿革，提出中国安全生产监管体系大体经历了三个阶段：劳动保护统一监管体制的确立时期、安全生产与卫生健康监管由统而分、多头并行体制和安全生产整合式监管体系形成。通过与不同时期中国安全生产监管现状的耦合分析，认为这一发展进程总体上体现了鼓励劳动与保护劳动的统一、经济发展与社会发展的统一、监管机制与效能的统一、行政监管与法治监管的统一，较好地保障了不同历史时期中国的经济社会发展需要。但是，从满足人民群众对美好生活的需要以及中国经济社会高质量发展需要的高度分析，中国安全生产监管体系的健全和完善之路还任重道远。

三 构思了完善安全生产监管体系的基本思路

借鉴发达国家安全生产监管优化走过的"技术—行为—法治"三管齐下之路，结合新时代中国社会基本矛盾、社会环境和新技术变化趋势，提出新时代完善中国安全生产监管体系，必须充分发挥中国特色社会主义制度优越性，从优化理论路径、行为路径和技术路径三位一体的视域推进。首先，要建构适合新时代中国安全生产实情的监管理论体系，这是完善安全生产监管体系的首要路径。而建构这一理论体系的三个基本支撑点就是：新时代中国社会的基本矛盾、中国特色社会主义基本制度的优越性和智慧社会来临引致的新安全风险及监管技术赋能。其次，要优化安全生产监管行为模式，推进政府安全生产监管流程走向跨领域（行业和部门）集成化、跨层级扁平化、监管问题精准化、监管过程非现场化和监管信息传递即时化，提升中国政府监管能力现代化水平。最后，要有针对性地研究适应智慧社会的政府安全生产监管体系优化方向、原则和总体框架，朝着有利于集成监管、精准监管、非现场监管和即时监管的目标，是完善政府安全生产监管体系的又一必由之路。

四 探讨了完善安全生产政府监管体系的基本路径

在智慧社会来临之际，完善安全生产监管体系的总体路径应有机融合监管机制创新与技术创新赋能，实现依法监管、科学监管、协同监管和有效监管的统一。具体而言，顺着科学有效的安全生产监管所必备要素，必须按照优化机构—职责—技术方式—监督问责—绩效评价的逻辑，逐一加以完善。一要以整体性治理的思维完善安全生产监管机构体系；二要充分运用智慧技术驱动安全生产监管职责体系优化；三要构建依法有效的安全生产监管方式体系；四要强化各外部监督体系的协同；五要构建360°安全生产监管绩效评价制度。

第十三章

基于系统性风险的金融监管体系

本章以金融为研究对象,分析基于系统性风险的金融监管体系。首先分析金融的系统性风险与政府监管需求,梳理中国金融改革背景下金融监管体系沿革,评价金融监管体系现状,最后探讨完善金融监管体系的路径选择。

第一节 金融的系统性风险与政府监管需求

目前,中国银行资产规模占金融资产总量的80%以上,控制银行业系统性风险对于金融稳定发展至关重要。本节探讨银行业系统性风险产生的原因,并基于银行业系统性风险分析政府监管需求。

一 银行业的基本功能

作为传统金融,银行业是提供信贷、结算等的服务业。银行业的三大基本功能是:一是资源配置。把储蓄转换为金融资产是银行业配置资源的重要内容。二是风险管理。银行市场的重要职能是风险管理。银行市场每天对往来交易的资金进行准确定价。如果用国债收益率作为无风险利率,银行市场上,资金交易可把各种风险溢价进行定价,向市场传导信息。而货币和资本价格信息的引导对于市场主体控制风险起到重要作用。三是金融服务。银行业提供的金融服务基本上都与配置资产和管理风险有关。这里强调的金融服务主要指通过银行可降低资金供需双方的交易成本和节约时间,而时间的节约可反映银行业效率的提高。

二 银行业系统性风险的生成

银行业系统性风险指的是由于银行系统中的银行与业务关联,在特定事件诱发下导致整个银行市场剧烈波动甚至崩溃的可能性。触发系统性风险的因素主要包括经济基本面的大变动、大型银行倒闭、存款人信心的变化及其他金融市场风险的传染等。高负债经营的特点决定银行业的脆弱性特征，属于高风险行业，尤其是银行业危机产生的部分风险会向社会和企业转嫁，这让银行本能具有扩张冲动和高风险偏好。银行业系统性风险来源具体表现在以下几方面。

（一）银行混业经营产生的风险

伴随金融市场地位不断提升以及金融全球化的发展，传统商业银行不仅要面临金融脱媒的威胁，还要面对外国金融机构混业经营的竞争压力，部分国家开始放松银行分业经营限制，逐步向混业经营转变。而为规避政府金融监管，混业经营也成为银行重要的策略选择。然而，混业经营模式下，银行的跨机构、跨行业和跨市场的金融产品产生的风险对金融监管形成挑战。混业经营使得部分业务超出传统监管框架的监管能力，金融风险随之产生。

针对银行市场而言，一方面，中央银行存款准备金制度约束了商业银行贷款规模，另一方面，银行客户群体不再满足于单一的银行存款渠道带来的收益。鉴于此，银行理财产品在满足客户需求的同时，也提高了银行的盈利能力。另外，利率市场化推进过程中，市场竞争挤压了银行存贷利差空间，各商业银行则把目标转向了表外业务的拓展。通过表外业务，银行可规避政府的信贷政策、存款准备金率监管、资本充足率监管以及利率监管等。

伴随银行业务的拓展，系统性风险随之增加，具体表现在：首先，混业经营可能导致融资期限和流动性错配。在拓展表外业务过程中，银行利用短期同业存单投资长期项目以达到降低融资成本的目的。但该过程中存在较大的风险，因为一旦不能募集后续资金，银行则面临流动性短缺的局面。其次，投资链的延长产生透明度风险。为避开政府监管，银行同时与一个或多个通道机构进行合作，这在很大程度上提高了政府监管机构进行穿透性监管的难度，即链条末端投资者很难判断底层风险，提高了风险的隐性程度，一旦发生风险必然波及链条上端的所有机构。最后，银行跨机构、跨行业和跨市场交叉的传染性风险。银行投资项目通常涉及多个利益主体，很容易受到信用、市场和政策等风险因素的冲击，增加了系统性风险的复杂性。[①] 与分业经营相比，银行混业经营管理不仅难度大且成本高，金融风险更容易在各业务间传染，[②] 由此可能会引发系统性金融风险。

(二) 银行规模膨胀产生的风险

在银行市场中，部分银行凭借竞争优势不断扩大经营规模，市场竞争让金融资源向少数几家大型银行集中。金融资源向大型银行的集中，让大型银行成为系统性风险的"导火索"。鉴于大型银行破产倒闭会对金融市场产生巨大的系统性风险，通常会有政府救援计划帮助其走出困境，出现银行"大而不能倒"的问题。[③] 虽然银行大型化趋势是市场竞争的结果，但银行规模过大可能产生规模不经济，导致银行管理水平下降，风险也随之产生。大型银行通常在金融市场与支付系统中起到关键作用，成为潜在系统性风险的来源；而"大而不能倒"很容易诱发大型银行的败德行为，即政府的隐性担保诱导银行低效率和高风险行为。例如，2008年美国发生次贷危机，雷曼兄弟公司这种大型银行，由于规模大，与世界范围内金融市场以及各类金融机构存在较高的关联度，一旦破产，会通过相关链条产生连锁影响，诱发系统性金融危机。因此，面对雷曼兄弟公司破产对经济产生的巨大冲击，美国、英国、德国等纷纷对本国面临危机的大型金融机构采取注资提供短期流动性，确保大型金融机构不会破产。尽管政府注资改善了市场流动性，稳定了市场信心，但同时也产生货币超发、财政赤字等副作用，且助长了大型银行的高风险承担行为。因此，银行规模膨胀在某种程度上增加了系统性金融风险。

(三) 经济高杠杆产生的风险

经济杠杆指市场主体通过借入资金以扩大经营规模。理论上将杠杆水平的提高确定为推断金融危机的简单且有效的指标。20世纪70年代

[①] 况昕、高惺惟：《构建"双支柱"监管框架与金融风险防控》，《财经科学》2018年第4期。

[②] 郑联盛、何德旭：《美国金融危机与金融监管框架的反思》，《经济社会体制比较》2009年第3期。

[③] 巫和懋：《对金融监管理论与实践的反思》，中国金融四十人论坛网，www.cf40.org.cn，2010年1月4日。

初至今，已出现多轮银行危机，每轮危机均导致大量银行破产。① 分析发现，每次银行危机都伴有经济高杠杆（信贷供给膨胀）。尽管导致经济高杠杆的外部经济环境各异，但金融危机的爆发主要源于经济高杠杆。多数银行危机爆发前都存在信贷泡沫，这是银行危机的共性。

（四）金融创新产生的风险

金融产品创新让金融机构间往来密切，形成以资金为纽带的合作关系。金融创新可降低交易成本，提高资金融通效率，促进银行市场发展，但现代金融创新增加了银行业务复杂性，可能诱发金融风险。金融创新是银行传统存贷业务被大量新兴业务代替的过程，金融创新产品为银行带来高收益的同时，也削弱了银行内部管理风险的能力。② 由于金融创新产品的复杂性、链条的间接性、预期的不确定性以及信息不完备等，导致银行信用更脆弱，增加了银行业的风险。而金融创新是银行、监管机构与投资者间博弈的结果。③ 对银行而言，追求利润最大化是其目的，而金融创新产品以规避监管为目的，但金融创新产品的高风险最终由金融消费者承担。例如，银行为获得更高利润，对贷款流程进行创新，银行不直接对借款者还款能力进行审查，而是将贷款业务外包给贷款经纪商（中介机构）。利益驱使下的贷款经纪商则从中介服务变成为银行"卖贷款"，降低贷款标准的意向让贷款经纪商放松了对借款者的信用调查。另外，银行借助证券化企图将次贷信用风险分散和转移，因此也放松对借款者偿债能力审查。④ 在金融产品证券化创新过程中，衍生证券信用链条被延长，多层委托代理关系下，加剧的信息不对称问题增加了银行控制信贷风险的难度。这样，金融创新产品造成风险转移幻觉，导致银行缺乏监测风险的动力，其结果导致银行在风险转移、分散过程中滋生了新的、更为复杂的风险，信用危机也随之产生。

---

① 况昕、高惺惟：《构建"双支柱"监管框架与金融风险防控》，《财经科学》2018年第4期。

② 赵锡军：《金融监管在效率与风险之间寻求平衡》，《中国投资》2017年第7期。

③ 刘迎霜：《金融创新时代的金融监管法制变革趋向——次贷危机的启示》，《浙江社会科学》2012年第4期。

④ 杨福明：《次贷危机中的监管"失灵"与中国金融安全体系构建》，《经济学家》2009年第7期。

三 基于银行业系统性风险的政府监管需求

银行业系统性风险较强的传染性会通过影响资金配置、支付清算、信用创造等的正常功能将风险向其他部门传染，最终诱发金融危机。而由此产生的危机则由整个金融体系甚至整个经济体系承担。这就要求政府对银行业实施监管，弥补市场缺陷，提高资源配置效率。[①]

混业经营、规模膨胀、经济高杠杆和金融创新等是银行业产生系统性风险的主要原因。构成风险的因素中，部分是银行市场发展的结果，这部分则主要通过银行加强风险管理来避免；还有部分风险是政府监管不足所致，需要完善政府监管体系以引导银行市场中的借贷行为，达到控制银行系统性风险的目的。作为服务业，银行业提供存贷款和支付清算等服务，降低了市场经济活动融资成本和交易成本。但以下问题是银行业政府监管的客观基础：首先，银行高管在个人利益最大化的驱动下，倾向于从事高风险业务。且在有限责任制下，股东倾向于承担高风险。而这些均可能会危及银行业的功能和存款人利益。其次，针对高风险行为，市场约束可能无效。在银行市场，相对分散的存款者不仅缺乏动力且也没有能力监督由于银行借款行为可能产生的风险。就算借贷市场信号可提示风险，也很难引起存款者的关注。特别是存款人一旦意识到风险，通过挤兑以避免损失，这种情况下系统性风险有增无减。而破产机制也可能很难实现约束银行的目的，因为如果面对大型银行出现危机，政府通常选择救助解除银行的危机。最后，银行治理机制对高管风险承担行为约束力很有限。银行业务包括比较复杂的金融创新产品，外部审计专业知识的缺乏导致约束力受限。另外，在银行付费模式下，外部审计也很难起到约束作用。[②] 鉴于此，为控制银行业系统性风险，有必要建立和完善具有强制性、专业性和持续性的政府监管体系。诚然，尽管建立政府监管体系和实施监管会产生相应成本，但政府监管可降低银行发生危机的可能性，避免银行危机产生的损失。

从银行业政府监管需求分析可见，为维持金融良好秩序，不仅需要

[①] 张承惠：《重新审视金融市场和金融监管——美国金融危机引起的思考》，《经济研究参考》2009年第17期。

[②] 赖秀福：《银行监管、银行业运行与经济发展：监管成本与收益的思考》，《金融监管研究》2012年第4期。

金融机构内部的有效管理作为支撑,还需要完善的政府监管体系作为制度保障。根据金融监管理论,实施金融监管要立足于控制金融风险、保护借贷主体利益等方面的考虑,加强对金融机构经营行为的约束,解决金融市场中的借贷主体与金融机构间的信息不对称问题。党的二十大报告指出,"加强和完善现代金融监管,强化金融稳定保障体系,依法将各类金融活动全部纳入监管,守住不发生系统性风险底线"。在我国深化金融体系改革过程中,构建有效的金融监管体系是控制金融风险的前提。

第二节 金融改革历程与金融潜在风险分析

本节在回顾中国金融改革历程的基础上,分析金融潜在风险。

一 金融改革历程回顾

从中国金融改革历程看,转轨期主要以政府主导下的强制性制度变迁推进金融的改革开放。这是因为,计划经济体制下政府完全控制金融,相关经济主体没有能力推动诱致性制度变迁。[①] 就金融行业而言,政府推动的强制性制度变迁过程中,还伴随诱致性向强制性转变的制度变迁(如早期城市信用社和后期放松民间资本进入金融的监管)。

(一)重新恢复金融体系:1978—1983年

政企一体化的体制暴露了金融体系缺乏竞争活力和资源配置低效率等问题。改革开放后,逐渐打破完全由政府控制的金融体系,商业银行逐渐与中国人民银行分离,民间资本开始进入金融领域。

1978年改革开放前,中国计划经济体制下金融体系本质上仅有中国人民银行,且当时中国人民银行归财政部管理,没有金融体系。1978年,中国人民银行从财政部独立出来是恢复金融体系的标志。1979年恢复中国农业银行,主要管理支农资金,从事农村信贷业务。1979年中国银行从中国人民银行分离出来,主要统一经营和管理外汇业务。1980年恢复中国建设银行,主要利用存款发放基本建设贷款,办理拨

[①] 江曙霞、张小博:《双重准则规制下民间信用制度变迁的成本—收益分析》,《金融研究》2004年11期。

改贷业务，并发放城市综合开发和商品房建设贷款。① 此时中国国有商业银行架构基本形成。1980年，河北成立首家城市信用社，在民营经济快速发展背景下城市信用社迅速发展起来。

中国金融市场不仅对内开放，也开始对外开放。1979年，日本输出入银行在北京设立代表处，是金融市场开始对外开放的象征。1981年，外资金融机构在深圳和厦门等经济特区开始设立营业性机构。在对外开放政策推动下，中国进一步深化金融市场改革为经济发展提供更大空间。为适应经济发展要求，银行业对外开放逐步从经济特区向中心城市和沿海城市拓展。②

（二）初步形成现代金融体系：1984—1993年

为适应中国经济改革和发展的需要，此时提出要完善金融体系。1984年1月1日起，中国人民银行专门履行中央银行职能，且中国工商银行从中国人民银行分离出来，主要从事工商信贷业务。此时，中国初步形成现代金融体系。而该阶段农村信用社的增长为乡镇企业的迅速发展提供了融资渠道。1986年，中国组建首家股份制形式的交通银行。1987年，成立首家由企业集团发起的中信实业银行。同年，成立首家以地方金融机构与企业共同出资的深圳发展银行。多元化商业银行相继开业构成了中国银行业的新格局。与此同时，中国相继出现了信托投资公司、财务公司和投资基金等非银行金融机构。

在金融体系形成过程中金融市场逐步形成。1981年恢复国库券的发行；1983年，部分国有银行发行金融债券；1984年，部分企业开始发行债券；国家开发银行和农业发展银行等政策性金融机构开始发行债券。此时，正规金融市场逐步形成。另外，从1981年开始，经济较发达的江苏省和浙江省出现大量的非正规金融（民间借贷）市场，这部分服务于民营企业的金融市场成为中国金融体系很重要的组成。1986年颁布《银行管理暂行条例》，明确城市信用社的地位。同年，中国人民银行下发的《城市信用合作社管理暂行规定》确定了城市信用社的

---

① 刘迎霜：《中国金融体制改革历程——基于金融机构、金融市场、金融监管视角的叙述》，《南京社会科学》2011年第4期。

② 何英、刘义圣：《中国金融市场开放的历史进程和发展路径》，《亚太经济》2018年第6期。

性质、设立条件及服务范围。此后城市信用社迅速发展。显然,城市信用社的发展经历了从诱致性到强制性的制度变迁。

1978—1990 年,以传统信贷业务为主导的中国商业银行几乎是唯一的金融业态。支付清算和分配资源等功能基本上都是通过传统商业银行完成。1990 年,中国不断推进金融领域的改革。1990 年 8 月,上海获准引入外资金融机构。从此,外资金融机构开始大量进入上海金融市场。与此同时,1990 年 11 月设立上海证券交易所,1991 年 7 月设立深圳证券交易所。这是中国资本市场步入规范发展阶段的标志,沪深交易所的设立和运行让中国金融进入"脱媒"时代。[①] 1991 年开启国债交易市场。与此同时,财政部和中国人民银行启动国债回购业务试点。

在资本市场发育过程中,先后设立证券公司和投资基金等。资本市场的发展对金融监管体系提出了要求。1992 年,成立国务院证券委员会和中国证券监督管理委员会,主要履行对证券业实施监管的职能。

(三)全面系统改革金融:1994—2001 年

经过 10 余年的时间,中国金融体系实现了跨越式发展,取得了显赫的成就,但也存在一些问题。1994 年,国务院推出系列改革措施。同年,政府宣布实施有管理的浮动汇率制度,并进一步推进中国商业银行体系改革。另外,政府还推动了银行、证券和信托分业经营和监管改革。1996 年,上海外资金融机构试点开展人民币业务。同时,部分外资保险公司进入中国保险市场。

(四)进一步开放金融:2001 年至今

2001 年中国加入 WTO,根据 WTO 规则和中国的承诺,按照既定时间表,中国金融面临全面改革开放的局面。在此背景下,中国允许更多国外金融机构进入。2006 年 12 月,政府加大了金融市场对外开放的力度。2007 年 12 月,进入中国的外资银行 254 家。2008 年,中国 60 家基金管理公司中有 30 家属于合资基金管理公司。2008 年底,52 家海外机构进入中国证券市场,总投资额达 102.95 亿美元。[②] 中国金融开始

[①] 吴晓求:《改革开放四十年:中国金融的变革与发展》,《经济理论与经济管理》2018 年第 11 期。

[②] 李扬:《中国金融改革开放 30 年:历程、成就和进一步发展》,《财贸经济》2008 年第 11 期。

向混业经营体制发展。2002年，国务院批准中信、广大和平安集团作为综合金融控股公司①的试点，标志着中国金融由分业走向混业。

尽管中国金融不断开放，但同时商业银行信贷业务要面临来自监管机构的规模、准备金和信贷价格等多种限制政策。而"影子银行"②体系在产品定制、客户关系以及定价方面比较灵活，更容易满足市场投融资需求。由于迎合了市场主体投融资的需求，"影子银行"顺势发展壮大。

2008年后，中国由银行表外理财、信托贷款、同业业务、委托贷款以及各类资产管理产品等组成的"影子银行"规模迅速扩大，且牵涉储户、企业、银行、保险、基金、证券和信托等。据推算，2017年末，中国影子银行存量约为51.1万亿元，是2008年末的7.7倍，年复合增长率为25.5%。2018年末存量仍有48万亿元。③

在该时期，中国金融市场对内也加大了开放力度。2012年3月，国务院颁布《浙江省温州市金融综合改革试验区总体方案》，鼓励民间资本设立或参股村镇银行等金融组织。④ 截至2017年末，村镇银行机构组建数量已达1601家，其中中西部地区机构占比65%；已覆盖全国31个省份的1247个县（市、旗），县域覆盖率达68%。⑤ 近30年来，中国股票市场发展迅速。1990年底，沪深交易所仅有13只上市交易的股票，到2020年2月13日，沪深上市公司数达到3798家。

20世纪末21世纪初，互联网技术推动了金融创新，大数据和云计算等信息技术不断重塑传统金融经营模式，类金融机构和新型金融业态

---

① 根据1999年巴塞尔银行监管委员会、国际证监会组织、国际保险监管协会联合发布的《金融控股集团监管原则》，金融控股公司指在同一控制权下，完全或主要在银行业、证券业、保险业中至少为两个不同的金融行业大规模地提供服务的金融集团公司。

② "影子银行"指的是向企业、居民和其他金融机构提供流动性、期限配合和提高杠杆率等服务，从而在不同程度上替代商业银行核心功能的那些工具、结构、企业或市场。转引自李扬《影子银行体系发展与金融创新》，《中国金融》2011年第12期。

③ 李文喆：《中国影子银行的经济学分析：定义、构成和规模测算》，《金融研究》2019年第3期。

④ 黄燕辉：《我国金融监管的演进历程变迁：强制性抑或诱致性》，《改革》2013年第9期。

⑤ 资料来源：《2017年末村镇银行机构组建数量已达1601家，中西部占比65%》，中国财经网，http://finance.china.com.cn/news/20180702/4685543.shtml。

发展迅速。为鼓励金融创新，金融监管机构采取了包容性监管，互联网金融业务进入中国金融市场几乎不存在门槛。在此背景下，各种互联网金融进入快速发展阶段。2007 年，中国开始出现 P2P（Peer to Peer Lending）网贷行业。近年来，伴随金融创新及互联网技术在金融领域的应用，包括第三方理财、互联网众筹和 P2P 交易平台等新型金融媒介快速发展。这些新型金融媒介与传统金融机构的结合，可更有效地提供新的金融功能和服务，在弱化了传统金融机构间边界的同时，强化了金融机构与金融市场的对接。[①] 中国互联网金融经营主要表现为四种模式：一是传统金融业务的互联网化；二是利用互联网平台开展借贷金融服务；三是点对点网络借款金融模式；四是利用互联网平台提供大数据、搜索等功能为客户提供银行金融产品信息的金融服务。根据运营模式，互联网金融相当于金融第二次脱媒。

综合而言，中国金融呈现出金融市场开放化、金融机构多样化、产品结构复杂化、市场交易高频化、混业经营趋势化特征。截至 2016 年末，中国金融机构总量达到 11 万家。近年来，新型金融业态迅速发展，不断出现互联网平台金融、地方金融机构、民间借贷等金融业态，金融混业经营趋势明显。中国金融控股公司数量迅速增加，规模也逐渐扩大。一方面，银行、保险和证券等金融集团综合化发展；另一方面，一些非金融企业也通过成立金融控股公司进入金融业。中国形成两大类金融控股公司：一是金融机构通过兼并收购或成立子公司形成，如商业银行和保险公司等成立的金融控股集团；二是非金融企业投资控股两种及以上不同类型金融类子公司形成金融控股集团。据不完全统计，2017 年，中国金融控股集团超过 60 家，业务范围涉及银行、保险和证券等，而涉及第三方支付、融资租赁、小额贷款、P2P 等领域的金融控股公司则更多。[②] 目前互联网金融控股公司涉足的业务主要有：第三方支付、保险销售、基金销售、消费金融、证券经纪、互联网保险、网络小贷、互联网信托和互联网银行等（如蚂蚁金服、京东金融、百度金融等）。

[①] 巴曙松、沈长征：《从金融结构角度探讨金融监管体制改革》，《当代财经》2016 年第 9 期。

[②] 韩晓宇：《金融控股公司监管的优化对策》，《银行家》2018 年第 10 期。

这些互联网企业在推进普惠金融过程中，也逐步形成了互联网金融控股公司。[①] 据统计，截至2019年，中国企业名称含"金融控股""金控""金融集团"的公司共有4877家。且这类机构数量还在增加。[②]

显然，金融机构业务的综合化、多元化和趋同化，让银行业、保险业和证券业间的边界呈现模糊的趋势，金融的混业经营对传统分业监管体系提出挑战。

二　金融潜在风险分析

伴随经济与金融全球化，中国经济对外依存度不断增加。与此同时，中国金融竞争格局处于动态调整中，而金融经营环境也发生很大变化。在此背景下，金融系统性风险主要体现在以下几方面。

（一）混业经营模式增加了金融系统性风险[③]

1. 银保证等金融机构混业经营产生的风险

混业经营模式下，银行、保险和证券等金融机构开展资产管理业务几乎没有差异，金融机构的业务交叉和融合逐步增强，具体表现在资管产品相互投资、金融产品交叉销售以及共享基础性金融服务等。这些行为加强了金融机构间及金融机构与金融市场间的联系。例如，证券市场上的杠杆资金很多都是来源于银行的理财产品。[④] 2015年，中国股市异常波动，在股灾发生前，银行资金通过不同渠道进入股市，股市暴跌则会把风险向银行体系传染，风险跨市场传染，从而诱发系统性金融风险。显然，金融机构的业务交叉和融合是诱发系统性金融风险的原因之一。

2. 金融控股公司混业经营产生的风险

金融控股公司的快速发展也给金融市场稳定带来隐患。这是因为，金融控股公司的多元化经营引起的风险比较复杂。在缺乏相应监管的约束下，部分机构拥有金融控股公司后，导致母公司与子公司以及子公司

[①] 尹振涛：《互联网金融控股公司的监管》，《中国金融》2019年第1期。
[②] 时红秀：《金融监管要不断完善，也要不断并线——评央行〈金融控股公司监督管理试行办法（征求意见稿）〉》，《银行家》2019年第8期。
[③] 周小梅、田小丽：《基于系统性风险的我国银行业监管体系研究》，《经济界》2020年第5期。
[④] 巴曙松、沈长征：《国际金融监管改革趋势与中国金融监管改革的政策选择》，《西南金融》2013年第8期。

第十三章 | 基于系统性风险的金融监管体系

与子公司间有很多关联交易,一旦其中一家子公司面临财务危机,则可能产生连锁反应。而这些金融控股公司规模大,涉足业务种类多,可能会使局部风险转化为系统性风险。

3. "影子银行"混业经营产生的风险

"影子银行"避开监管投向风险相对较高的行业,尤其是房地产和地方政府融资平台,部分投入中小企业。而"影子银行"还存在隐性担保和刚性兑付等问题。"影子银行"的混业经营诱导银行扩大表外业务,而一旦"影子银行"体系出现危机则可能会向正规银行体系传导。

(二)银行高杠杆产生的风险

多年来,中国商业银行体系存在部分资金在同业之间空转的套利行为。该行为在一定程度上增加了实体经济资金成本与杠杆水平,如果对此类行为不实施有效监管,则会增加银行业的流动性风险、利率风险、信用风险以及由此引发的系统性风险。根据统计数据,中国银行业资产规模从2010年底的94.26万亿元增长到2017年4月底的231.95万亿元。面对银行业资产规模扩张迅速,自2017年起,为引导银行资金脱虚向实,控制银行杠杆水平,银行业监管机构出台系列监管政策,通过加强银行业监管有效地控制了杠杆水平。银行杠杆倍数从2010年底的16.19倍下降到2017年4月底的12.82倍。但值得关注的是,尽管股份制商业银行和大型商业银行杠杆水平出现下降趋势,但2015年以来城市商业银行杠杆水平出现上升态势。2014年年底,城市商业银行杠杆倍数是14.5倍,而2017年4月底却上升到15.26倍。也就是说,银行杠杆水平存在分化,股份制商业银行和大型商业银行等杠杆水平在下降的同时,城市商业银行等还在加杠杆。[1] 银行高杠杆导致的脱实向虚是产生金融系统性风险的重要原因。

(三)金融创新背景下互联网金融快速发展衍生金融风险[2]

互联网金融初创时期,伴随金融创新及互联网技术在金融领域的应用,第三方理财等新型金融媒介发展迅速。这些新型金融媒介与传统金

---

[1] 高惺惟:《中国经济高杠杆风险探析》,《中国金融》2017年第20期。
[2] 周小梅、黄婷婷:《金融创新背景下互联网金融监管体系变革》,《价格理论与实践》2020年第9期。

融机构的结合，可更有效地提供新的金融功能和服务，在弱化传统金融机构间边界的同时，强化了金融机构与金融市场的对接，但也衍生出金融风险，对金融监管提出了新要求、新挑战。以互联网金融作为金融创新的代表，其风险特征主要体现在以下几个方面。

1. 信用风险

金融消费者与互联网平台间存在较严重的信息不对称，由此会产生信用风险。这是因为互联网平台金融业务具有虚拟性、开放性，交易双方均通过虚拟网络进行交易，这增加了对交易身份和真实性验证的难度，容易产生信用风险。

2. 流动性风险

与传统金融相似，互联网金融也要面临期限错配与流动性风险。例如，某些互联网平台金融活动采用资金池方式运作，投资产品与投资标的并没有实现一一对应，导致资产与负债期限错配。在规范货币基金当日赎回上限之前，如果市场发生剧烈波动产生挤兑，那么有可能出现流动性风险。

3. 互联网金融风险的隐蔽性、突发性和传染性

首先，风险的隐蔽性。互联网平台使金融交易变得更不透明、更复杂。金融科技的快速发展为金融交易由场内转向监管更少的场外提供了条件，这些不透明的场外网络金融交易平台，由于缺乏监管，促进了金融创新和复杂交易结构的产生。而场外金融交易平台以及在平台上交易的金融衍生品，由于缺乏可靠的履约制度及负责结算的专业机构，交易双方面临更大信用风险，且这种风险更具隐蔽性。其次，风险的突发性。交易一体化是互联网金融的重要特征。这种情况下，一旦由于人为或技术故障导致资金异常变动则会导致整个市场发生动荡。而网络金融资金大规模快速流动让风险具有突发性。最后，风险的传染性。互联网金融由于业务延展形成风险叠层，内部架构多层嵌套加剧了借贷双方信息不对称程度，而与传统金融机构频繁互动也加剧了风险的扩散和传染性。例如，由于中国征信体系不健全，导致部分互联网金融市场出现信用风险。在互联网金融的主要运营模式中，P2P模式的风险大。因为在P2P平台上直接借贷，没有抵押担保机制确保投资者资金回收，借贷合约对于借款人缺乏有效约束。这种情况下，P2P平台违约事件时有发

生。最终 P2P 网贷正常运营平台数量从顶峰期的约 5000 家逐渐下降，到 2020 年 11 月中旬完全归零①，P2P 平台出现"集体沦陷"。因此，如何建立有效的征信体系成为完善监管体系的重要内容。

综合而言，在市场开放过程中，各类金融业务不同程度存在相应的风险。然而，金融的开放并不是风险产生的根源，但开放可能会提高控制金融系统性风险的难度，因此需要不断完善与开放相适应的金融监管体系。

第三节 金融监管体系沿革与现状评价

金融监管体系是指为实现特定经济目标而对金融机构经营业务施加影响的一套机制和组织结构的总和，主要包括权责划分和组织结构等。② 有效的金融监管体系应体现为金融市场安全健康、稳定运行，且能够有效保护存贷款者的利益。本节在梳理中国金融监管体系沿革的基础上，对现有监管体系进行评价。

一 金融监管体系的演进

伴随中国金融改革，针对不同阶段金融系统性风险特征，中国金融监管体系处于演进过程中。中国改革开放以来，金融监管体系演进大体可分为三个阶段。

（一）初步形成混业监管时期：1979—1991 年

根据中国金融改革历程，此阶段成立四大国有商业银行，形成中国人民银行管理下的银行体系，逐步建立金融监管相关法律法规制度体系。

计划经济体制下，中国人民银行是执行中央计划的部门之一，其他金融机构在中国人民银行管理之下。伴随其他金融机构的恢复或设立，金融出现经营多元化和市场化趋势。在此背景下，金融监管的重要性逐步显现，中国人民银行履行对银行业、保险业、证券业和信托业等的监管职能。1984 年 1 月，中国人民银行与中国工商银行分离，中国人民银行履行中央银行职能。1986 年，国务院发布《中华人民共和国银行

---

① 韩哲：《中国再无 P2P》，《北京商报》2020 年 11 月 30 日第 2 版。
② 孔萌萌：《金融监管体系演进轨迹：国际经验及启示》，《改革》2011 年第 12 期。

管理暂行条例》，规定中央银行、商业银行的基本职能，确定中国人民银行是唯一的金融监管机构，并对其金融监管职能作了具体规定。该时期银行业监管处于初级阶段，监管内容主要包括对金融机构设立审批以及业务范围等的行政管理，尚未把银行业的风险作为监管的重要内容。另外，由于此时的中国金融监管体制是从计划金融体制转化而来，中国人民银行对其他商业银行实施的主要还是上级对下级以指令性计划为纽带的行政管理，还不是真正意义上独立于商业银行的监管，尚处于制度转型期。此时，中国人民银行负责监管银行、信托公司和保险公司以及证券市场和证券机构。中国人民银行对金融实施混业监管的结果导致监管不力，这也是当时市场化程度较高的证券市场出现一系列违法、违规行为的主要原因。[①] 在此背景下，金融从混业监管体制向分业监管体制转变成为必然。

（二）分业监管时期：1992—2007 年

在此阶段，主要是建立健全银行业监管法律法规体系，形成分业经营与监管体系。1992 年，成立中国证券监督管理委员会（以下简称中国证监会）。自此，政府大力促进资本监管和信息披露等制度改革。例如，1994 年，为加强资本监管，政府颁布的《商业银行资产负债比例管理考核暂行办法》将资本充足率指标纳入银行考核标准。

尽管 1984 年中国人民银行就开始履行中央银行职能，但直到 1995 年《中华人民共和国中国人民银行法》（以下简称《银行法》）的颁布才从法律上确立中国人民银行的金融监管职能。为规范金融市场的运行，政府加快了相应法律法规的制定。于 1995 年先后颁布《银行法》（2003 年修正）、《中华人民共和国商业银行法》（以下简称《商业银行法》，2003 年和 2015 年修正）和《中华人民共和国保险法》（以下简称《保险法》，2002 年和 2014 年修正），并于 1998 年颁布《中华人民共和国证券法》（以下简称《证券法》，2004 年修正），构建了金融监管法律制度基本体系。1998 年，国务院证券委员会与中国证监会合并为中国证监会，将原来由中国人民银行负责的证券市场监管分离出来交

---

① 刘迎霜：《中国金融体制改革历程——基于金融机构、金融市场、金融监管视角的叙述》，《南京社会科学》2011 年第 4 期。

给证监会，形成银行与证券分业监管的格局，同年中国保险监督管理委员会（以下简称中国保监会）成立。2002年起，各地政府先后设立政府金融办（局），主要职能是做好地方政府与驻地金融监管机构、金融机构间的沟通，以及协调处置地方大型企业的信用风险、地方金融机构的重大经营风险、金融活动产生的社会风险等。[1] 地方金融办（局）在金融监管体系中起到承上启下的作用。

2003年，为实现分业监管，从中国人民银行独立出银行业监管职能，成立中国银行业监督管理委员会（以下简称中国银监会）。中国银监会设立前，是由中国人民银行、中国证监会、中国保监会分别对银行业、证券业和保险业实施监管的分业监管模式。其中，中国人民银行同时履行货币政策制定和银行监管的双重职能。而央行双重角色的预期目标可能有冲突。这是因为，在调整利率和制定货币政策时，央行可能会从银行业监管者的角度保护商业银行的利益。这不仅制约了央行货币政策传导机制，且制约了央行的监管能力。中国银监会的主要职责是控制系统风险，实施专业化监管，有助于减少利益冲突、防范金融风险、提高监管效率和监管绩效。[2] 该阶段中国银行业监管逐步走向专业化，同时由合规监管转向合规监管与风险监管并重，[3] 银监会在合规性监管的基础上，加强风险性监管，把合规性指标和风险性指标结合起来，较好地控制了银行不良贷款和资本充足率等风险指标。在监管手段方面，银监会积极采用现代信息科技提高监管效率，开发和推广运用非现场监管指标监测系统、大额风险预警系统、现场检查分析系统等，信息技术的应用提高了监管的有效性。[4] 而中国人民银行专履货币政策职能有利于制定中立的货币政策，为宏观经济运行创造稳定的货币环境。

中国银监会成立后，不断完善各项监管法律法规。2003年中国通过《中华人民共和国银行业监督管理法》（以下简称《银行业监督管理

---

[1] 韦秀长：《新起点上深化地方金融监管改革》，《中国金融》2019年第13期。
[2] 张敏聪：《"银监会"的设立与中国银行业监管对策》，《经济管理》2003年第19期。
[3] 合规性监管是指监管机构对银行执行有关政策、法律、法规情况所实施的监管。风险性监管是指监管机构对商业银行的资本充足程度、资产质量、流动性、营利性和管理水平所实施的监管。
[4] 尚福林：《探索符合中国实际的银行业监管模式》，《中国金融》2013年第9期。

法》），该法是专门规范银行业监督管理的法律；2006 年，为进一步完善银行公司治理，中国银监会出台《国有商业银行公司治理及相关监管指引》等。在相关监管法规引导下，银行公司治理水平得到明显提升，具体表现在：一是建立起包括股东大会、董事会、监事会和高管等的组织架构；二是部分金融机构完善了董事会、股东大会和监事会议事程序和表决规则；三是增强了董事会在治理中的作用，进一步明晰、落实董事会的职能；四是进一步加强银行内部审计的独立性，提高了审计质量和有效性；五是加强了信息披露的制度建设。① 银行公司治理水平的提升对于银行业系统性风险的控制起到关键的作用。

在此时期，中国人民银行统筹金融发展大局，中国银监会负责监管银行、金融资产管理公司、信托投资公司及其他存款类金融机构，中国证监会履行监管证券和期货市场的职能，中国保监会监管保险市场，中国形成了"一行三会"的金融分业经营和分业监管格局。但在此种监管模式下，各监管机构主要承担所负责领域的监管职责，存在监管体系割裂、监管标准不统一等问题。面对复杂的金融风险及混业经营趋势，分业监管模式很难实现对各类金融机构、金融业务的覆盖，而监管"真空"问题通常成为诱发系统性金融风险的原因。② 鉴于此，为了解决监管机构间的协调问题，中国建立了银监会、证监会和保监会间的监管联席会议机制。金融监管联席会议机制为建立金融监管协调机制创造了条件。

（三）分业和协调监管的转型时期：2008 年至今

2008 年美国发生金融危机，系统性风险是诱发金融危机的决定性因素。分析发现，金融市场参与主体通过金融创新等规避监管增加了系统性金融风险发生概率。鉴于此，建立与完善协调监管机制是防止系统性风险的制度保障。此后，中国出台系列政策法规以强化金融市场信息披露。2012 年 11 月，中国共产党第十八次全国代表大会提出"完善金融监管，推进金融创新，维护金融稳定"的目标。此后党的十八届三

---

① 刘迎霜：《中国金融体制改革历程——基于金融机构、金融市场、金融监管视角的叙述》，《南京社会科学》2011 年第 4 期。

② 胡金焱：《健全防控金融风险的新型金融监管体系》，《改革》2017 年第 11 期。

中全会对于金融改革进一步提出"落实金融监管改革措施和稳健标准,完善监管协调机制"。为防范民间金融发展过程中引发金融风险,2013年11月,浙江省十二届人大常委会第六次会议通过的《温州民间融资管理条例(草案)》成为首部地方性金融监管法规,为地方金融办监管民间金融提供了依据。2013年,为促进中国金融监管协调制度化,国务院批复建立由中国人民银行牵头的金融监管协调部际联席会议制度。金融监管协调机制一定程度上反映政府对金融创新和混业经营趋势的认同,在一定程度上可减少监管机构间的冲突,加强机构间的协调。但从制度设计来看,存在缺乏监管协调的法律法规以及监管协调牵头部门层级关系不清晰、缺乏协调冲突的解决机制等问题。[1]

2012年,中国银监会发布《商业银行资本管理办法(试行)》,逐步加强了对商业银行的监管,导致新增人民币贷款占比下降,而由于"影子银行"活动所受监管较少,在总融资规模中占比不断提升,这种监管套利削弱了监管政策效果。为此,2013年12月,国务院办公厅印发《关于加强影子银行监管有关问题的通知》,提出对"影子银行"进行全面监管。

在互联网金融快速发展进程中,如何控制互联网金融产生的风险也是金融监管机构面临的重要挑战。2013年底,互联网金融违约事件频发,但原有的金融监管体系没有为互联网金融监管提供法律法规依据,也没有明确的监管机构。面对互联网金融风险,金融监管部门陆续出台针对互联网金融的监管政策。人民银行、银监会、保监会和证监会等十部委联合发布《关于促进互联网金融健康发展的指导意见》,确定了互联网金融监管的基本框架。尽管初步建立互联网金融监管体系,但受限于监管部门的精力和能力,2015年仍不断发生大规模的互联网金融平台虚假借贷欺诈等事件。伴随金融产品日益丰富,金融消费者人数不断增加,加强消费者权益保护成为防范和化解金融风险的重要内容。2016年10月,国务院办公厅发布《互联网金融风险专项整治工作实施方案》,在全国范围内开展了互联网金融专项整治以规范互联网金融机构行为。2017年8月,银监会颁布《网络借贷信息中介机构业务活动信

---

[1] 欧俊等:《论完善我国金融监管框架问题》,《财经科学》2017年第6期。

息披露指引》，明确网贷业务信息披露应遵循的基本原则，降低因信息不完备产生的风险。这些法规制度的不断完善，在引导和规范金融创新产品方面起到重要作用。

自2015年起，中国进一步开放银行业。2015年，第一家风险自担的温州民商银行开始营业；同年，取消存款利率上限，中国基本实现利率市场化。该时期，中国政府在适度放松金融监管的基础上，进一步规范金融市场秩序，提高监管的协调有效性，为金融系统性风险的控制提供了制度保障。为了顺应金融市场发展规律，该时期中国积极探索落实金融监管体制改革，2017年11月，设立国务院金融稳定发展委员会（以下简称"金稳会"）。作为协调机构，"金稳会"主要承担落实中央金融决策部署、审议金融改革发展重大规划、统筹金融改革发展与监管、研究金融风险防范处置和维护金融稳定重大政策与指导地方金融改革发展与监管等职能。显然，"金稳会"的成立提升了各监管机构合作成效，实现了综合监管。面对中国金融混业经营的趋势，2018年3月，国务院机构改革将中国银监会与中国保监会重组，成立中国银行保险监督管理委员会（以下简称"中国银保监会"），实现对银行业和保险业的全面监管反映了金融监管体制变革趋势。[①] 中国银保监会的主要职责是依照法律法规监管银行业和保险业，保护金融消费者合法权益，维护银行业和保险业稳健运行，控制和化解金融风险等。银保监会的成立让金融监管理念从行业监管向功能监管转变。与此同时，把中国银监会和中国保监会拟订银行业和保险业法律法规草案以及审慎监管制度的职能划入中国人民银行，增强中国人民银行的监管职能。从此确定了"一委一行两会"的金融监管新格局。而为了加强金融监管在地方的落实，金融监管的"一行两会"在省级均设立了相应的派出机构。此次中国金融监管机构的调整，标志着金融开始探索"双柱"功能监管模式。[②]

[①] 舒心：《新时代我国金融监管体制变革：回顾、反思与展望》，《中国地质大学学报》（社会科学版）2019年第1期。

[②] "双柱"功能监管模式，是指央行侧重宏观审慎监管，金融监管机构侧重微观审慎监管，两者既有重点又相互衔接的基于功能监管的一种金融监管模式。转引自吴晓求《改革开放四十年：中国金融的变革与发展》，《经济理论与经济管理》2018年第11期。

面对近年互联网金融（如 P2P）出现的信用危机，2019 年 4 月，中国人民银行和国家银保监会明确提出"坚决打好互联网金融和网络借贷风险专项整治攻坚战"。针对金融控股公司快速扩张可能引发的金融风险，2019 年 7 月，中国人民银行发布《金融控股公司监督管理试行办法（征求意见稿）》，向社会公开征求意见。2019 年 8 月，中国人民银行在《金融科技（FinTech）发展规划（2019—2021）》中正式将"提升穿透式监管能力"作为金融科技审慎监管的重点任务予以推进。在顶层设计的指导下，凭借数字化监管手段，顺应金融数字化转型趋势，依法将金融活动纳入监管范围，提高监管能力。为持续防范金融风险，2020 年 7 月，国家银保监会颁布《商业银行互联网贷款管理暂行办法》，初步建立商业银行互联网贷款业务制度框架。另外，针对政府一直未将金融控股公司纳入监管范围的问题，2020 年 9 月，国务院发布《关于实施金融控股公司准入管理的决定》；与此同时，中国人民银行发布《金融控股公司监督管理试行办法》（以下简称《金控办法》）。《金控办法》规定由中国人民银行依法对金融控股公司实施监管。[1] 2021 年初，银保监会陆续发布《互联网保险业务监管办法》《关于进一步规范商业银行互联网贷款业务的通知》等。金融监管部门颁布的系列法规细化了审慎监管要求、统一了监管标准，旨在引导互联网金融市场中的经营主体树立审慎经营导向，落实风险控制责任，按照风险共担、互利共赢原则，合理开展业务合作，并持续提升风险防控能力。显然，完善的法规政策与明确的监管职能是构建互联网金融监管长效机制的制度基础。

二 对金融监管体系现状的评价

构建金融监管体系是为了有效地控制金融系统性风险。因此，评价金融监管体系是否有效，关键在于其能否为金融安全有效运行提供保障，是否适应金融的发展以及能否保持金融市场的稳定。总体上看，中国金融监管体系值得肯定，但目前金融监管有效性方面还存在一些问题。

---

[1] 国务院：《国务院关于实施金融控股公司准入管理的决定》，中华人民共和国中央人民政府网，http://www.gov.cn/zhengce/content/2020–09/13/content_5543127.htm。

(一) 金融监管法律制度体系尚有待完善

1. 部分银行业监管立法层次低

中国目前已颁布的银行业监管法律制度中，监管法律和法规占比很小，大部分是监管机构发布的部门规章和文件。银行业监管立法层次低，必然导致监管执法的低效率。例如，面对金融控股公司快速发展可能产生的系统性风险，2019 年中国人民银行发布《金融控股公司监督管理试行办法（征求意见稿）》。根据金融控股公司对经济运行的影响，相关监管法规应与《商业银行法》《证券法》和《保险法》等立法层次一致，而现在还未上升到政府条例，仅属于部门制定的办法，立法层次太低。

2. 银行业监管规章不利于提高监管效率

中国目前银行业的监管规章侧重于监管银行的具体业务，不利于实现有效监管和提高银行经营效率。这是因为，《商业银行法》及相关行政法规、规章更多侧重于对银行业务的规范，很难建立有利于实现监管目标的规则与制度。另外，不少银行监管的规章着重于银行业务操作上的规范与限制，而未从实现效率监管角度去提高监管质量，监管难以得到有效落实，而且业务监管规则也为监管机构滥用监管权提供了机会。[1]

3. 地方金融监管机构履行职责尚缺乏法律授权

中国部分金融监管职能最终是落实到地方金融监管机构具体执行，应通过法律法规确定中央与地方金融监管的事权划分。但目前除融资担保业以外，地方金融监管机构负责监管的小额贷款公司、区域性股权市场、典当行、融资租赁公司、商业保理公司、地方资产管理公司，以及投资公司、开展信用互助的农民专业合作社、社会众筹机构、地方各类交易场所等在法律法规方面仍缺乏依据。在履行金融市场准入和处罚退出等监管职能时，地方金融监管机构还缺少法律授权，监管甚至面临法律诉讼风险。[2]

---

[1] 李仲林：《论我国现行银行业监管法律制度的缺陷与完善》，《南方金融》2011 年第 11 期。

[2] 韦秀长：《新起点上深化地方金融监管改革》，《中国金融》2019 年第 13 期。

4. 互联网金融消费者权益保障制度不完善

由于中国金融市场发展时间短，投资者知识和经验都有限。尤其是个体金融消费者对互联网金融相关知识了解不多，对产品风险和自身风险承担能力认识不足，更容易遭受损失。尽管近年来出台监管政策涉及保护消费者权益，但主要是作为风险警示；目前的金融监管政策法规的约束力主要是集中在事后监管，事前、事中监管的难度较大。例如，互联网金融产品资金实际运用情况和资金最终流向的检查和监管依然是比较突出的问题。即使能够对互联网金融市场中违约行为进行惩处，但也很难挽回投资者的损失。

（二）金融监管机构与职能定位有待改善

为适应金融发展，中国金融监管机构及其职权划分已经过几轮调整，但目前仍存在以下有待改善之处。

1. 监管机构设置仍不能应对混业经营问题

中国金融监管机构由"一行三会"变为"一委一行两会"，以解决分业监管导致监管真空问题。作为高于"一行两会"的权威机构，"金稳会"的决策和监督职能有助于中央金融政策的落实，以确立中央各部委间，以及中央与地方政府间金融监管的统一性。而设立中国银保监会有助于解决标准不统一、缺乏穿透性监管等问题。中国此轮金融监管机构调整，设立中国银保监会说明中国金融监管体制由分业监管向统一监管进行转变，未来统一监管替代分业监管是中国金融监管体制演进的必然趋势。[1] 然而，目前银保监会与证监会仍属于分业监管，这不利于银行业与股票市场间跨市场金融风险监管。例如，2015年，中国股市异常波动，政府救市主要就是为防止股市风险向银行体系传染。但分业监管框架下证监会缺乏对相关数据及其影响的客观评估，这种情况下，证监会则很难及时采取措施以控制系统性金融风险。

2. 中央与地方金融监管目标不一致，且监管职权尚不够明确

首先，中央与地方金融监管目标不一致，中央层面的监管，既考虑金融风险，也考虑金融机构发展，但在GDP政绩考核体系下，地方政府倾向于鼓励金融市场的发展，而相对忽视对金融风险的控制。其次，

---

[1] 张萌萌、叶耀明：《金融监管进程及其关联性判断》，《改革》2017年第2期。

2018年机构调整后，中国大部分地方金融监管局加挂政府金融办公室牌子，地方监管机构职权兼顾落实中央层面监管政策、促进地方发展需要以及地方金融监管等职能，多元的职权导致地方金融机构职责边界模糊。尤其在涉及风险处置的权责关系和分担机制方面，尚未理顺中央金融监管机构与地方金融监管机构间的责权关系。最后，互联网金融借助信息化技术及跨行业、跨地域的活动特征，部分违规机构的注册地和业务经营地等分散于全国各地，这必然给地方金融监管机构带来属地监管困难问题。

3. 银保监会存在监管权行使过度和缺位等问题

银保监会一方面存在监管权行使过度问题，另一方面还存在监管缺位问题。第一，为实现银行市场稳定运行，受传统计划经济体制的影响，中国银行业监管体系对银行业实行高度集中的管理，如监管机构对市场进入的严格控制，银行业务以及高管人员任职资格须经过监管机构的审核批准等。尽管严格监管有助于维护银行业的安全稳定，但过度监管也会产生银行业市场抑制问题。如中小企业融资难催生了民间借贷等非正规金融市场。第二，近年来，不断出现的金融创新给监管产生很大压力。金融创新本质上是金融产品种类增多以及领域不断拓展的过程，各类金融产品和交易相互交错，涉及的领域广泛。例如，互联网金融涉及的风险有法律、操作、传染、声誉、流动性、信用和市场等风险，需多个监管主体协同才能有效预防和控制这些风险，这必然增加监管成本，弱化了金融监管能力。[①] 第三，面对快速发展的金融控股公司，目前还没有明确的监管主体对金融控股公司的准入和退出、业务运营、经营风险和信息披露等方面实施监管。第四，中国银行业监管体系尚不能适应对外开放的格局，缺乏防范外资银行境外风险的监管手段，监管的缺位导致境外银行业风险通过母国银行传导至中国，从而威胁中国银行业的安全。

---

① 王德凡：《金融创新、金融风险与金融监管法的价值选择》，《国家行政学院学报》2018年第3期。

第四节　完善金融监管体系的路径选择

金融监管是为了控制金融系统性风险，弥补金融市场的"失灵"。但如果监管体系的构建不能有效控制银行业系统性风险，或不能顺应金融市场运行规律，则会对金融市场产生扭曲，出现"监管失灵"。特别是过度的合规性监管可能诱发金融监管机构的设租和抽租，而金融机构也可能为维持或开发某类新业务，或是违规后为避免监管机构的处罚而寻租。尤其在层出不穷的金融创新背景下，一方面金融监管应避免对金融创新产生抑制作用，另一方面应有效控制金融创新可能产生的风险。为提高金融运营效率，一定程度上有必要放松监管鼓励创新，但监管并不是对创新的排斥，应在保证金融安全的基础上为创新提供良好的竞争环境。[①] 为提高金融监管效率，有效防范金融系统性风险，还应进一步完善金融监管法律制度体系、明确监管机构职能，并构建多元监督机制和监管绩效评价机制等。

一　建立健全金融监管法律制度体系

（一）围绕金融监管目标，构建科学的监管法律制度

对现行规章进行梳理，避免监管法规、规章间的矛盾。注重相关法律制度内部间的可操作性和协调性，根据金融业态变迁，及时将符合条件的规章上升为法律，为金融监管提供法律依据。面对互联网金融等监管法律制度建设相对滞后的现状，应先行制定相应的暂行条例，以控制过渡期金融风险。为配合金融控股公司相关法规的出台与实施，进一步推动修订《银行法》《商业银行法》《保险法》《证券法》等现有的法律。

（二）加快地方立法明确地方金融监管部门的职能

首先，加快地方立法明确地方金融办的职权与法律地位，并推动制定地方金融监管条例，规范地方金融市场参与主体行为。其次，完善地方金融监管协调机制，强化地方金融监管部门与司法、公安以及市场监

---

① 周小梅、田小丽：《基于系统性风险的我国银行业监管体系研究》，《经济界》2020年第5期。

管等部门间的联动,注重监管合法性审查,提升地方金融监管机构执法能力,将监管纳入法律制度以确保监管程序合法性以及结果的公正性。①

(三) 完善保障互联网金融消费者权益的法律制度

互联网金融市场较严重的信息不对称导致金融消费者利益更容易受损。面对互联网金融市场交易中频发的欺诈现象,亟待完善有关法律制度以保障金融消费者权益。目前,应结合互联网金融监管体系改革进程,完善金融创新下保障互联网金融消费者权益的法规政策,建立互联网金融消费者的监管法律制度。针对互联网金融市场的信息披露、信用报告、参与主体的权责和债务催收程序等方面做出明确的法律界定,加强事前、事中监管和信息披露,更好保障金融消费者权益。

二 明确和完善金融监管机构职能

(一) 明确金融监管真空领域的监管责任主体

尽管中央银行履行货币政策职能与监管职能合并存在一定缺陷,但多数国家已开始让中央银行履行更多监管职能。为适应金融混业经营发展趋势,中国金融监管机构调整也在朝着金融混业监管模式方向进行。针对目前迅速发展的金融控股公司等大型混业经营的金融机构,由于规模大、业务复杂以及业务的高关联性等特征,应把这类金融机构作为监管的重点。而互联网等金融创新运营模式,部分金融产品在缺乏有效监管情况下不断出现各类金融风险。因此,为避免监管缺位问题,在目前过渡期,需要在确定系统性风险标准前提下,明确这些监管真空领域的监管责任主体。

(二) 明确地方监管部门风险处置责任,建立纵向和横向监管协调机制

金融创新使金融风险出现下沉趋势,为此,应按照省市县联动的架构构建地方金融监管机构,引导监管资源向基层倾斜。建立金融监管分级问责制,制定并公布省市县权责清单,形成权责对等机制,落实控制金融风险属地责任主体。"金稳会"与地方金融监管机构应形成纵向协作关系。在落实金融监管政策方面,"金稳会"主要负责系统性金融风

---

① 韦秀长:《新起点上深化地方金融监管改革》,《中国金融》2019 年第 13 期。

险协调监管及检查和评估地方金融风险处置有效落实情况。而地方金融监管机构则应及时向"金稳会"汇报可能诱发地区系统性金融风险的突发事件。[①] 同时，为提高地方金融监管部门的监管效率，"金稳会"可对地方金融监管机构进行业务监督及履职问责。

三 完善金融监管内容和手段

金融监管的目的是在控制系统性风险的同时，促进金融稳定发展。如果金融监管对金融创新等市场行为限制过严，尽管这可避免较高的金融风险，但同时也抑制了金融市场的创新能力，阻止金融市场进一步发展。金融监管内容和手段如何顺应金融发展规律是构建科学监管体系的关键。

（一）金融监管应从被动型向主动适应型转变

结合中国实际情况，金融监管机构应从源头上控制银行资产杠杆率和集中度，确保银行体系与波动性较大的资本市场风险有效隔离。针对不断出现的金融创新产品，金融监管机构应及时把握并充分了解金融创新产品的发展和应用场景，密切关注商业银行结合金融科技开发新业务可能存在的风险。从被动型监管向主动适应型监管的转变对于防范系统性金融风险起到至关重要的作用。

（二）开展功能监管以适应金融混业经营发展模式

银行业传统的机构监管模式不符合金融混业经营发展趋势。为此，金融监管应实现由机构监管向功能监管的转变。功能监管是根据金融体系基本功能进而实施跨产品、跨机构和跨市场的监管。功能监管的本质是对于不同类型金融机构从事的类似业务，突破子行业限制，根据功能明确界定监管责任，实行统一监管标准和信息披露要求，防止出现监管真空。[②] 诚然，实施功能监管重要的是对金融业务的划分，而金融产品的创新使得金融业务间的界限模糊不清，这导致功能监管的推进存在困难。为控制以互联网平台为依托的金融新模式和新产品产生的信用风险，金融监管部门应对互联网金融机构、业务以及表内外、境内外风险

---

① 王冲：《地方金融监管体制改革现状、问题与制度设计》，《金融监管研究》2017年第11期。

② 胡金焱：《健全防控金融风险的新型金融监管体系》，《改革》2017年第11期。

进行全覆盖监管，明确资本充足率和偿付能力要求，让互联网金融机构依法、公平参与竞争，引导互联网金融有序发展。

（三）加强对系统重要性金融机构的监管

为控制中国系统流动性风险的累积，避免系统重要性金融机构存在的道德风险问题，在非危机时期，必须加强对系统重要性金融机构的监管，这样可降低危机期间由于系统重要性金融机构的败德行为而诱发的系统性风险。根据规模大小、传染和关联程度等界定系统重要性金融机构，从高层管理者选拔、业务扩张、金融创新、信息披露、资产质量和资本金水平等方面对系统重要性金融机构制定更高监管标准，实施更严格监管。另外，还应提高这类机构的风险意识，提前制定在其临近破产情形下可采取的措施。

（四）对"影子银行"应放管结合

金融监管机构在加强对理财业务和信托业务的监管外，关键要推进包括利率市场化等改革，并推动银行转型，进一步规范银行表内外的理财产品，引导其将部分"影子银行"的业务回归传统银行业务。而针对典当行和小额贷款公司等"影子银行"的监管，则需制定统一的监管体系，落实有关部门监管职责。[1]

（五）加强金融机构信息披露监管

获得充分信息是保障金融监管机构有效实施监管的前提。因此，信息披露监管是对金融机构实施有效监管的重要环节。例如，银行客观披露相关资产状况等信息可降低由于信息不完备导致的外部效应的影响。这一方面是对经营状况良好银行的激励，另一方面也对经营不良银行起到约束作用。需要强调的是，针对金融控股公司规模大、内部结构和交易复杂等特征，更应要求其建立完善的信息披露制度。根据业务特点和监管规定，金融控股公司应及时向监管机构披露准确、完整的业务信息，提高业务运行的透明度。金融控股公司所披露的信息至少应包括高管人员任职情况，交叉持股和互相持股情况，母公司与各子公司资产负

---

[1] 李庚南：《新金融业态下银行业监管面临三大挑战》，《中国农村金融》2014年第5期。

债、盈利等财物状况，关联交易额和交易定价等。[1] 诚然，相关信息披露的真实性是金融信息监管有效性的保障。金融监管机构应重视信息管理平台建设，可借助金融科技运用网络技术对数据进行分析，推动智能监管以确保信息的真实性。

（六）改善监管手段引导互联网金融稳健运行[2]

1. 利用"智慧监管"完善互联网金融风险监测预警机制

互联网金融中的信息不对称导致互联网金融风险频发。因此，积极利用大数据、人工智能、云计算、区块链等"智慧监管"手段，可提升跨行业、跨市场交叉性金融风险的甄别、防范和化解能力。以数字治理为抓手的金融监管思路是有效应对新业态模式、提升数字化监管能力的重要手段，逐步推动提高金融机构报送数据质量，强化金融机构数据记录、操作记录的保存责任，以确保监管的有效性。数字化技术手段是保障监管实时性的必由之路，通过实时监管，实现智能化金融创新风险评估和多层次主体风险识别，提高反应速度，改善金融风险监测预警机制。

2. 推动互联网金融机构加强风险管理能力建设

一方面，鉴于互联网金融经营模式的差异，监管政策应与特定业务风险相适应，对不同互联网金融业态实行差异化监管，逐步推动对不同新业态模式制定针对性监管政策、监管措施和适用规则。另一方面，互联网金融机构内部应建立风险控制机制，在客户准入、信用水平、风险评估、贷款审批等方面独立研判风险，严格遵守自主风险控制原则。以保护金融消费者为出发点完善监管，构建互联网金融市场风险预警机制、违规惩罚机制等，并对互联网平台金融活动设立登记、经营许可等制度，以缓解互联网金融的信息不对称问题。

3. 构建互联网金融市场征信体系

征信体系中针对失信行为的惩罚机制对金融市场中的参与者行为产生约束作用。为约束平台上的失信行为，监管机构应要求互联网平台对

---

[1] 韩晓宇：《金融控股公司监管的优化对策》，《银行家》2018年第10期。
[2] 周小梅、黄婷婷：《金融创新背景下互联网金融监管体系变革》，《价格理论与实践》2020年第9期。

金融活动参与人和利益相关方的交易数据建立信用数据库,包括交易账户和记录等信息,强化交易过程监管。要求互联网金融机构将重要的信息数据与监管系统、央行征信系统连接,加快互联网金融机构接入央行征信的进程,积极探索政府与市场征信的数据共享。地方金融征信体系的构建也是防范地方金融风险的关键,可以在参照中央银行金融征信标准体系的基础上,制定地方金融监管征信标准。

四 完善金融政府监管的多元监督体系

在金融监管法律制度体系和机构组织框架不断完善过程中,中国在防控金融系统性风险方面已取得重要进展。然而,现代金融面临快速的金融创新,金融市场交易的复杂程度不断增加,仅凭政府监管很难满足金融监管所需要的资源与能力。尤其是"自上而下"的政府监管体系将监管者与监管对象对立起来,监管对象有规避监管的强烈动机。因此,在现代金融监管体系框架中,亟待将政府单中心监管体系向政府与非政府组织间相互监督协调的多中心监管体系转变。政府监管机构主要对金融市场系统性风险负责,应发挥非政府组织对金融市场中个体的非系统性风险的监督和管理作用。在金融治理体系中,来自非政府组织的监督是金融健康发展的重要保障。为弥补政府监管机构资源和能力不足等问题,应鼓励发展行业协会、中介组织等第三方机构,借助第三方机构辅助政府监管机构实施监管。可通过会计师事务所和审计师事务所等中介服务机构依据法律制度审核金融机构的财务报表和资产评估报告,对金融机构存在的问题进行审计监督,为金融创造良好的社会监督环境。在金融主体信息披露制度中,信息披露主体不仅包括政府监管机构,还应包括金融机构、信用平台、行业协会、媒体和社会公众。多元化的信息来源有助于监测金融机构的败德行为,及早发现潜在金融风险,达到有效控制系统性风险的目的。

五 构建金融监管绩效评价体系

构建金融监管绩效评价体系对促进监管体系改进具有重要意义。金融监管绩效评价体系主要包括以下几个方面。

(一)金融监管绩效评价主体

金融监管绩效评价主体主要由金融监管立法机构、第三方机构、公众与监管机构等构成。客观而论,由于监管机构是实施金融监管最直接的责任主体，其拥有的评估信息和资料较全面，但评估结论难免有主观性。第三方机构或社会公众评估能较客观地反映公众对金融监管政策的满意度，但受限于评估资料的获取，以及相关利益团体对评估结论的影响，评价权威性不足。鉴于此，应由监管机构主管部门组织拥有专业评估知识的人员进行评估，并综合监管机构自我评估和社会公众评估，以确保评估的公正性和准确性。

（二）金融监管绩效评价方法应基于成本收益分析为主

金融监管的根本目的是控制系统性风险，在各项监管政策实施过程中，一方面监管政策对于金融市场风险的控制起到一定作用，另一方面监管政策的制定、执行和落实等都会产生相应的成本，甚至部分监管政策也可能抑制金融发展。因此，金融监管绩效评价应基于成本收益分析，不仅要对监管政策效果进行评估，还应评价相同政策导向监管替代的措施，结合监管政策及其替代措施进行成本收益分析，通过评估监管成本和收益，论证监管政策的合理性。

（三）金融监管绩效评价应结合事前与事后评估

金融监管的事前评估是指，在重要的金融监管法律制度制定前，立法和监管机构通过建立向公众征求意见的程序和机制，对金融监管法律制度的实施成本和收益进行评估。而金融监管事后评估主要是各评估主体定期针对监管法律制度的效果进行评估，并根据评估结论作动态调整。[①]

诚然，构建金融监管绩效评价体系难度较大，因为金融监管收益主要是确保金融体系稳定发展、有效运行以及金融消费者的利益。但在金融监管法律制度的制定和执行过程中，涉及监管资源和监督成本、监管不当抑制金融发展的成本以及监管制度缺陷引起"监管俘获"的成本等。对由监管产生的收益和成本等进行评估存在很大的困难。鉴于此，目前主要采用定性方法对金融监管绩效进行评价。

---

① 张玉喜：《金融监管治理：问题、机制与评估》，《上海金融》2009 年第 8 期。

本章小结

一 基于金融机构的基本功能分析了系统性风险的来源

选择金融机构中的银行为分析对象,基于银行的基本功能分析系统性风险的来源。银行业的三大基本功能是资源配置、风险管理和金融服务。银行业系统性风险指的是由于银行系统中的银行与业务关联,在特定事件诱发下导致整个银行市场剧烈波动甚至崩溃的可能性。触发系统性风险的因素主要包括经济基本面的大变动、大型银行倒闭、存款人信心的变化及其他金融市场风险的传染等。高负债经营的特点决定银行业的脆弱性特征,属于高风险行业,尤其是银行业危机产生的部分风险会向社会和企业转嫁,这让银行本能具有扩张冲动和高风险偏好。银行业系统性风险来源具体表现在:一是银行混业经营产生的风险;二是银行规模膨胀产生的风险;三是经济高杠杆产生的风险;四是金融创新产生的风险。

二 根据金融系统性风险特征探讨了政府监管需求

目前,中国银行业资产规模占金融资产总量的80%以上,控制银行业系统性风险对于金融稳定发展至关重要。银行业系统性风险较强的传染性会通过影响资金配置、支付清算、信用创造等的正常功能将风险向其他部门传染,最终诱发金融危机。而由此产生的危机则由整个金融体系甚至整个经济体系承担。这就要求政府对银行业实施监管,弥补市场缺陷,提高资源配置效率。混业经营、规模膨胀、经济高杠杆和金融创新等是银行业产生系统性风险的主要原因。为控制银行业系统性风险,有必要建立和完善具有强制性、专业性和持续性的政府监管体系。诚然,尽管建立政府监管体系和实施监管会产生相应成本,但政府监管可控制银行承担的风险,降低银行出现危机的可能性,从而达到避免银行危机造成损失的目的。根据金融监管理论,实施金融监管要立足于控制金融风险、保护借贷主体利益等方面的考虑,加强对金融机构经营行为的约束,解决金融市场中的借贷主体与金融机构间的信息不对称问题。

三 回顾了金融改革历程及金融监管体系的演进

首先,回顾了金融改革历程并分析金融潜在风险。中国金融改革决定了金融监管体系的变迁。从中国金融改革历程看，转轨期主要以政府主导下的强制性制度变迁推进金融的改革开放。这是因为，计划经济体制下政府对金融实行完全的控制，专业银行、企业和个人等没有能力实现诱致性制度变迁，政府推动的强制性制度变迁成为中国金融制度变革中的主导模式。就金融而言，除了政府主导的强制性制度变迁外，还伴有诱致性向强制性转变的制度变迁，主要体现在早期的城市信用社和后期的放松民间资本进入金融领域的监管。中国金融改革大体上经历了重新恢复金融体系、初步形成现代金融体系、全面系统改革金融和进一步开放金融四个阶段。伴随经济与金融全球化，中国经济对外依存度不断增加。与此同时，中国金融竞争格局处于动态调整中，而金融经营环境也发生很大变化。在此背景下，金融系统性风险主要体现在：一是混业经营模式增加了金融系统性风险；二是银行高杠杆产生的风险；三是金融创新背景下互联网金融产生的风险。其次，回顾了金融监管法律制度和机构等体系的演进。在市场开放过程中，各类金融业务不同程度存在相应的风险。然而，金融的开放并不是风险产生的根源，但开放可能会提高控制金融风险的难度，因此需要不断完善与开放相适应的金融监管体系。有效的金融监管体系应体现为金融市场安全健康、稳定运行，且能够有效保护存贷款者的利益。伴随中国金融改革，针对不同阶段金融系统性风险特征，中国金融监管体系处于演进过程中。中国改革开放以来，金融监管体系演进大体可分为三个阶段：初步形成混业监管时期、分业监管时期以及分业和协调监管的转型时期。

四 对金融监管体系现状作了评价

构建金融监管体系是为了有效地控制金融系统性风险。因此，评价金融监管体系是否有效，关键在于其能否为金融安全有效运行提供保障，是否适应金融的发展以及能否保持金融市场的稳定。总体上看，中国金融监管体系值得肯定，但目前金融监管有效性方面还存在一些问题。一是金融监管立法层次低；二是金融监管法律制度不利于提高监管效率；三是金融创新监管法律制度建设相对滞后；四是地方金融监管机构履行职责尚缺乏法律授权；五是监管机构设置仍不能应对混业经营问题；六是中央与地方金融监管目标不一致，且监管职权尚不够明确；七是银保监会存在监管权行使过度和缺位等问题。

五 提出了完善金融政府监管体系的路径选择

金融监管体系的构建应避免其固有的缺陷,如何不断完善金融监管体系是有效控制金融系统性风险、确保金融稳健运行的关键。改善中国金融监管效果和提高监管效率,还需进一步完善金融政府监管体系,具体路径包括:一是建立健全金融监管法律制度体系;二是明确和完善金融监管机构职能;三是完善金融监管内容和手段;四是完善金融政府监管的多元监督体系;五是构建金融监管绩效评价体系等。

第十四章

基于不确定性的新经济监管体系

随着互联网技术的发展,以互联网和大数据为基础的新经济获得了快速发展,成为深刻影响世界经济并推动人类社会巨大变革的重要力量。新经济发展给传统政府监管体系带来了诸多新的挑战,迫切需要深化监管理论研究和加强政府监管政策创新,以更好地适应新经济的监管需求。本章首先分析新经济发展带来的政府监管挑战和监管需求,在系统总结分析中国新经济发展中的政府监管实践经验基础上,提出新经济监管的基本导向,并针对中国现实提出具体的政策建议。

第一节　新经济发展与政府监管需求

一　新经济的界定

目前,新经济是推动中国经济高质量增长的新引擎,同时也是政府政策关注的重点领域。中国"新经济"的概念首次出现在官方文件是2016年李克强总理所作的《政府工作报告》,首次正式提出"加快发展新经济"。目前,中国关于新经济的概念界定和具体的产业范围还不明确统一,在政府官方文件中通常用"新产业、新业态、新商业模式"(以下简称"三新")来泛指新经济。国家统计局关于"三新"的产业界定是一个非常宽泛的统计分类界定,即"新经济"通常是指以信息通信技术、互联网和大数据为基础的产业经济新模式,它与我们通称的互联网经济、数字经济等概念具有相同或相近的含义。国家统计局印发的《新产业新业态新商业模式统计分类(2018)》界定了新产业新业态新商业模式所包括的具体行业为:现代农林牧渔业、先进制造业、新型能源活动、节能环保活动、互联网与现代信息技术服务、现代技术服务与创新创业服务、现代生产性服务活动、新型生活性服务活动、现代综合管理活动等九大类产业（见表14-1）。

表14-1　　　　　　　　国家统计局对新经济的界定

领域	定义	代表性例子
新产业	基于新技术出现的新兴产业	云计算、大数据、物联网、3D打印、智能制造、智能交通、电子商务、现代物流、互联网金融
新业态	运用新技术满足多样化产品和服务需求的新业态	联网汽车、共享单车、众包、新兴企业的支持、线上购物派送、定制化产品和服务条款
新商业模式	基于公司内外生产要素整合重组的新的商业模式	互联网支付系统、互联网资产管理、社交媒体、网络游戏、音乐/视频数据流、大型商业区

资料来源：国家统计局《新产业新业态新商业模式统计分类（2018）》。

新经济的概念通常分为宽的界定和窄的界定。宽的新经济概念界定是泛指所有基于互联网、信息通信技术、数字技术的有关产业，既包括我们通称所指的新兴的数字经济行业，也包括传统产业数字化转型采用互联网和新兴数字技术的数字化产业。如2016年G20提出的《数字经济发展和合作倡议》就采用宽的概念界定："数字经济是泛指采用数字化信息和知识作为重要的生产要素以及将现代信息网络作为重要活动空间的广泛的经济活动。"即数字经济是指以数字化的知识和信息作为关键生产要素、以现代信息网络作为重要载体、以信息通信技术的有效使用作为效率提升和经济结构优化的重要推动力的一系列经济活动。① 窄的新经济概念界定特指完全是由于现代信息通信数字技术发展所催生的新兴产业，这些行业主要是指互联网金融、互联网零售、互联网信息安全、数字内容、数字文化娱乐、智慧医疗、互联网教育、互联网新型住宿、互联网新兴餐饮等。显然，国家统计局关于新经济的概念界定是一个非常宽泛的界定。

从政府监管的角度来说，传统产业数字化是传统产业采用新的互联网、信息通信技术或大数据技术实现产业融合发展问题，其产业原有的

---

① *G20 Digital Economy Development and Cooperation Initiative*，2016，p.1.

经济属性并没有发生根本性改变，这些产业发展中提出的各种监管问题在已有政府监管法律制度体系内都能够有效加以应对，因此并没有对政府监管提出诸多新的挑战。窄的新经济产业由于其具有很多明显不同于原有产业的经济规律，政府监管原有的理论和政策都面临巨大的挑战，原有主要针对自然垄断行业的监管政策和监管工具都不再有效，甚至有可能成为新经济高效快速发展的严重阻碍，因此本章的分析将主要针对窄范围的新经济。

二 新经济发展的独特规律

新经济作为一种的新的产业、新的技术和新的商业模式，具有明显不同的发展规律，是政府监管政策设计的根本基点。

（一）数据成为重要的投入要素和企业战略资产

新经济的发展主要是建立在对大数据的高效开发和利用基础之上，大数据不仅是一种重要的资源也是一种重要的资产。英国《经济学人》杂志指出，在数字经济时代"整个世界最有价值的资源不再是石油而是数据"。[①] 2020年4月9日中共中央、国务院发布的《关于构建更加完善的要素市场化配置体制机制的意见》明确将数据看作与土地、劳动力、资本、技术等传统生产要素并列的生产要素。作为一种资源，数据的最基本特征是非竞争性，一个用户采集和开发利用数据并不会降低其他用户采集和开发同一数据的价值，并且原始数据往往难以被排他性使用。因此，数据不再是稀缺性经济资源，不会出现公共资源使用的"公地悲剧"问题，促进数据开放共享和更多人同时使用会极大地促进创新和社会福利。

互联网企业对消费者用户大数据的收集和深度挖掘有利于制定科学的经营决策、开发新的商业模式和实行个性化营销，在大幅降低整个经济运行成本的同时会极大地提高消费者福利。在数字经济中，企业之间的竞争优势很大程度上取决于其掌握的数据规模、维度和算法与算力，一个企业掌握大数据并具有强大的数据挖掘处理能力将使其获得独特的竞争优势并拥有较高的利润收益。作为一种企业战略资产，数字商务企

[①] The Economist, *The World's Most Valuable Resource is No Longer Oil, But Data*, May 6, 2017.

业有动机恶意收集和过度使用用户数据，并有动机盗取竞争对手的商业数据来实施不正当竞争。另外，对于具有支配地位的数字平台企业来说，大数据会成为一种新的竞争策略工具。由于进入者在短期内无法获得大量和多维度的用户数据，数据优势会使在位平台获得持续的市场势力，大数据可能会成为新进入企业参与市场竞争的重要进入障碍，同时为了维持这种数据市场势力，在位数据支配企业有可能采取并购、拒绝接入数据等市场封锁行为来排斥竞争对手。

（二）需求侧和供给侧都具有显著的规模经济

新经济不仅具有非常强的供给侧规模经济，同时也具有非常强的需求侧规模经济。大数据的开发应用具有显著的高固定成本和低边际成本的特征，甚至很多时候边际成本为零。因此，大规模的平台企业往往具有更低的单位成本，即供给侧规模经济的形成机制是，更多的消费者消费商品，导致企业销售更多的商品，进而导致企业生产商品的单位成本更低。需求侧规模经济的形成机制是，当更多的消费者消费某一商品或服务时，额外消费一单位商品或服务的价值更高。需求侧规模经济也称为网络效应。网络效应是指用户连接到一个网络的价值取决于已经连接到该网络的其他用户的数量。网络效应也被称为网络外部性或需求方规模经济，它是指当更多的用户消费某一商品时，一个用户额外消费一个商品会获得更高的价值。新经济供给侧规模经济和需求侧规模经济的共同作用使新经济具有了更低的供给成本并给消费者和社会带来了更高的价值创造。

需求侧规模经济产生的商品边际价值递增来自于网络效应的正反馈机制。网络效应分为直接网络效应和间接网络效应，在直接网络效应下，平台一侧用户数量的增加会给这些用户带来更大的价值，从而吸引更多的用户加入；在跨侧网络效应下，平台一侧用户数量的增加会带来另一侧用户的价值增加，因此会吸引另一侧用户的加入。在强网络效应作用的情况下，用户基础越大的平台越会吸引更多的用户，从而出现强者愈强的正反馈效应，往往带来一家独大的市场结构或少数大企业主导的高集中度市场结构。

（三）多边平台为主的商业模式

以亚马逊、阿里巴巴、Facebook、谷歌、Uber等为代表的企业都是典型的数字平台。数字平台在新经济发展中扮演核心的角色，平台商务模式成为数字经济生产、交易、消费的中心，以平台为中心的市场组织也被称为多边市场。从经济属性来说，平台最基础的经济功能是促进多个不同群体实现交易匹配，是一种交易中介。[1] 多边平台市场具有三个重要的特征：一是多边市场通常涉及多个通过平台进行相互作用的不同用户群体；二是不同群体之间的相互作用具有显著的交叉网络效应，不同用户群体之间是互补的关系并且由于网络效应而相互吸引；三是多边市场需要实现不同群体间的外部性内部化并为不同群体都创造价值。[2] 与传统的单边市场不同，多边平台市场具有独特的定价机制，由于多边市场中的平台需要吸引平台两侧用户参与平台交易并以实现交叉网络效应最大化为目标，因此平台收费的重点不是价格水平而是价格结构，平台收费往往是对一侧用户实行低价格、免费乃至补贴，而对平台另一侧用户实行高价格。这种一侧用户零价格而另一侧用户高收费的不平衡价格结构颠覆了传统单边市场中企业定价不能低于边际成本的定价规则。

在数字经济中，平台不仅是促进交易实现的中介，它还扮演了重要的私人规制者的角色，对相关主体通过平台完成交易制定规则和建立制度保障，从而促进整个平台生态的协同发展。[3] 为了促进平台不同侧用户之间的有效交易，平台需要制定一套相对完整的技术准则、交易规范和治理制度。首先，对平台的相关交易方进行监管并构建良好的平台交易生态可以使平台企业更好地共享双边市场交易带来的价值创造，同时实现有效的自我监管是符合平台企业利益的。Iansiti 和 Levien 指出，平台对平台生态中的成员关系进行监管可以增加多样性和提高效率。[4] 其次，在平台交易过程中，消费者一方始终是处于弱势的，消费者既缺乏事前识别和判断单笔交易风险的充分信息，也缺乏事中和事后有效抗衡

---

[1] Caillaud and Jullien, "Chicken and Egg: Competition among Intermediation Service Providers", *RAND Journal of Economics*, Vol. 34, 2003, pp. 309 – 328.

[2] Evans and Schmalensee, "The Antitrust Analysis of Multi-sided Platform Businesses", National Bureau of Economic Research (NBER), Working Paper, No. 18783, 2013, p. 7.

[3] European Commission, "Competition Policy for the Digital Era", Final Report, 2019, p. 6.

[4] Iansiti and Levien, *The Keystone Advantage: What the New Dynamics of Business Ecosystems Mean for Strategy, Innovation, and Sustainability*, Cambridge: Harvard Business School Press, 2004, p. 57.

第三篇 监管实践应用

商家欺骗行为的手段。因此，在平台交易中，消费者一方具有天生的脆弱性。平台当然有激励和有义务保护弱势消费者群体的权益，从维护消费者权益的角度出发来尽可能设计更完善的制度，构建信任的交易关系和安全的交易环境。

（四）快速创新带来的动态性和不确定性

新经济发展的根本动力是创新，创新极大地重构了原有的经济生产和商业消费模式，促使新产业和新商业模式不断出现。新经济也被称为高创新密度的行业和动态竞争的市场，新经济中的企业竞争主要是创造新的产品、进入新的市场、建立新的商业模式和应用新的技术。创新天然地具有不确定性特征，不仅发明过程本身是不确定的，而且一个创新成果的商业化能否成功也是不确定的，技术不确定性和市场不确定性使新经济内生地需要具有一个鼓励创新、允许失败和提供试错的空间，避免政府监管人为地设立市场进入障碍或增加创新创业的成本。同时，由于行业的快速创新，也使政府监管政策很容易过时失效，如果政府监管政策缺乏有效的动态更新和灵活适应能力，则政府监管有可能产生阻碍新经济发展的风险。

数字经济的创新往往是颠覆性的，创新通常会改变整个行业的商业模式和竞争状态。创新竞争者不仅仅蚕食在位企业现有业务的市场份额，更主要的是通过商业模式创新对在位企业构成颠覆性影响或完全取代。Christensen 和 Raynor 在 2003 年出版的《创新者的解答》一书中将创新区分为"破坏性创新"与"维持性创新"。维持性创新是持续性地为消费者提供越来越好的产品和服务，而破坏性创新则会在某些方面降低主流市场产品的性能，引入与主流市场产品完全不同的特质。[1] 由于破坏性创新会带来巨大的经济增长促进贡献，并且带来的新技术和新商业模式给消费者和社会带来巨大的益处，由此根据熊彼特的思想，这种创新也被称为"创造性破坏"。[2]

大量的破坏性创新是由破坏性企业所驱动的，这些企业并不是采用

---

[1] Christensen and Raynor, *The Innovator's Solution*, Cambridge：Harvard Business Review Press，2003，p. 25.

[2] 约瑟夫·熊彼特：《资本主义、社会主义与民主》，吴良健译，商务印书馆1999年版，第147页。

与在位企业相同的传统技术或商业模式，它们向消费者提供完全不同的商业模式和消费价值。典型的如阿里、京东领导的电子商务对传统线下零售业的巨大冲击，Uber、滴滴领导的网约车对传统出租车行业的巨大冲击，蚂蚁金服等互联网金融对传统金融业的冲击。破坏性创新企业的发展会对传统商业模式的在位企业构成巨大的威胁，往往会完全取代传统商业模式的在位企业，或者极大地挤压在位企业的市场份额而使其市场边缘化乃至完全退出市场。尽管破坏性创新的进入者会在比较短的时间内迅速占据市场的较高份额并往往具有较强的市场支配地位，但是其仍然面临巨大的竞争压力。在位企业的竞争压力主要来自三个方面：一是在同一个市场其他大企业的创新竞争；二是其他市场的大企业通过一体化进入市场带来的竞争；三是具有巨大的创新不确定性和破坏性创新特质的小企业的创新竞争。

三　新经济潜在的市场失灵与监管需求

在新经济背景下，以大数据和互联网为基础的新经济模式在显著降低市场交易成本、促进经济效率和消费者福利的同时仍然会带来市场失灵问题，新经济的市场失灵主要体现为市场垄断、信息不对称、消费者隐私保护、公共安全与社会价值目标。因此，有效的政府监管是促进新经济高质量发展和维护消费者与社会公共利益的重要保障。

（一）超级平台引发的强市场垄断

规模经济、范围经济、网络效应、大数据优势的结合造成市场出现赢家通吃或赢家多吃的市场冒尖现象，从而出现高集中度的市场结构，支配企业往往具有了可维持的市场垄断势力，使市场不再具有可竞争性。例如在全球搜索引擎市场，谷歌占90%的市场份额；在全球社交媒体市场，Facebook占2/3的市场份额。在中国在线零售市场，阿里占60%的市场份额；在中国移动支付市场，支付宝的市场份额为53.21%，腾讯金融的市场份额为39.44%，两家企业所占的总份额为92.65%。[①] 数字经济发展中大企业占据稳固的市场垄断地位可能会限制市场竞争，因此政府是否应该对这种高集中度市场实行结构性干预或对垄断性平台大企业采取更为严格反垄断执法行动成为各国竞争政策争

---

① 资料来源：根据易观发布的报告《中国第三方支付行业年度专题分析（2019）》。

论的重点。

在数字经济中，支配企业有可能利用强大的市场势力来实施各种限制竞争行为，典型的如谷歌等搜索引擎企业实施的搜索结果偏向行为、在线旅游预订平台对商家实施的最惠消费者行为、中国众多支配平台实施的"二选一"独占交易行为，以及利用大数据对消费者实施的"大数据杀熟"的价格歧视行为等。同时，越来越多的数字商务企业采用人工智能算法来进行决策，深度学习的人工智能算法定价有可能带来企业之间默契合谋的问题。另外，数字支配企业拥有的市场支配地位并不仅仅是通过自然生长，也可能是通过持续的横向和纵向并购来实现的，有时平台企业有可能通过对市场新进入企业的并购来消除潜在的竞争对手或提高进入者的市场进入壁垒。对于数字经济支配企业实施的各种限制竞争行为迫切需要反垄断执法加以禁止，以维护市场的自由竞争。

（二）信息不对称引发的交易风险

数字技术的发展使数字平台企业可以收集和处理大量多维度的数据，从而在很大程度上降低了影响市场交易有效性的信息不完全问题，同时平台企业对消费者用户的大数据收集和挖掘也明显降低了商家在消费者与商家交易当中的信息不对称问题。但是平台对大数据采集和处理能力提高的同时，平台与其用户之间的信息不对称问题反而更加突出，由于单个消费者或商家面临非常高的大数据采集和处理成本，作为平台用户的消费者和商家与平台之间的信息配置出现严重的结构性失衡，平台企业具有了相对更强的信息优势，而消费者或商家则处在更被动的信息不对称劣势地位。因此，互联网和大数据在明显降低了搜寻成本、配送成本、促进了跨区域交易的同时，却显著地恶化了平台与用户之间的信息不对称问题（OECD，2013）。[①] 在平台具有信息优势的情况下，平台有可能利用其在信息不对称结构中的大数据信息优势来剥削性占有平台用户的利益，如大数据杀熟定价、偏向自己下属部门的自我优待行为、对商家的不公平交易条款等，这会造成对市场竞争、消费者利益和平台商家利益的伤害。

在中国新经济领域，由于信息不对称引发的市场失灵大量存在，网

---

① OECD, Policy Roundtable, Vertical Restraints for On – line Sales, No. 13, 2013, p. 3.

上售假、网络诈骗、网络盗版侵权和安全事故高发。在电子商务平台，消费者并不知晓产品质量和商家的真实信息，电商平台商家销售的商品会出现假冒伪劣问题；在搜索引擎市场，消费者无法甄别在线广告的真实性，在线搜索广告市场存在大量的虚假医疗广告；在婚恋交友网站，由于信息不对称造成大量的骗子充斥网站，出现了诸多骗财骗色的案例；在数字内容市场，由于信息不对称会出现大量的盗版侵权问题；在网约车运营中，消费者并不知道司机提供运营服务的安全性而出现恶性伤害事件；在互联网金融市场，网络诈骗公司的"套路贷"大量出现，一些互联网金融业务的发展带来了较高的系统性风险。这些由信息不对称引发的市场失灵不仅可能会伤害消费者的利益乃至消费者的生命安全，而且还会严重影响数字经济的创新发展。在信息不对称的情况下，如果政府采取有效的监管政策缓解信息不对称对市场交易的不利影响，则会促进市场更有效运行并有效保护消费者的利益，防止系统性风险的出现，促进数字经济健康发展。

（三）侵犯消费者隐私和企业数据资产安全

新经济的发展使众多互联网企业可以以更低的成本来收集大量的消费者用户隐私数据。互联网企业大量收集和开发利用消费者数据信息可以为消费者带来很多的益处，如商家可以设计更具个性化的服务，降低消费者的搜寻成本。但是互联网企业收集大量和多维度的消费者个人数据信息也引发了消费者对隐私问题的关注。消费者主要是担心自己的隐私信息被泄露或滥用，从而损害自己的利益。隐私泄露或隐私侵犯会造成消费者的不信任，进而影响数字经济的发展。消费者隐私信息保护问题本质上是消费者对企业的信息开放程度问题，由于消费者数据信息是互联网企业的重要资源，根据瓦里安（1997）提出的隐私市场机制的观点，在对消费者隐私权合理界定的情况下，消费者和互联网企业之间的市场化交易可以实现最优的隐私保护水平。[①] 但是由于在现实当中基于产权界定的隐私信息交易会具有非常高的交易成本，多种因素导致依

---

① Varian, "Economic Aspects of Personal Privacy", in National Telecommunications and Information Administration (ed.), *Privacy and Self–regulation in the Information Age*, Washington, DC: US Department of Commerce, 1997.

靠市场交易机制并不会带来满意的个人隐私保护水平，因而需要政府隐私监管的介入。

从国际来看，个人隐私数据信息保护已经成为最热点的政府监管政策，这不仅涉及对互联网企业隐私侵犯问题的关注，典型的如Facebook的隐私信息泄露事件等，而且也涉及政府部门的隐私侵犯问题，典型的如很多国家对公共部门采用人脸识别系统所引发的巨大争议和公共部门泄露公民敏感信息的担忧。目前，在中国互联网企业收集、使用和交易消费者个人数据信息往往是在不告知消费者的情况下、未经过消费者明确同意的或以不同意就拒绝使用其提供的服务的强制方式来迫使消费者同意。在现实当中，一些互联网企业缺乏有效的内部数据隐私安全保护制度，由于安全技术措施和安全保护制度不完善造成大量的消费者隐私数据被泄露。更有甚者，一些互联网企业恶意收集消费者隐私数据，从事非法的个人数据隐私交易，由此造成对消费者隐私侵犯，是造成大量互联网诈骗案件发生的主要因素。

对于大多数新经济企业来说，大数据不仅是企业从事商务活动的重要投入要素，同时也是企业重要的战略性资产，因为企业在数据采集、加工处理和开发中投入了大量的成本，并基于此设计了各种有效的商业模式和竞争策略。但是目前在互联网行业，有一大部分公司利用爬虫技术恶意盗取其他互联网企业作为核心资产的大数据，从而给大数据资产持有企业造成巨大的商业损失。由于技术的局限，目前互联网企业并不足以完全消除数据被盗取的风险，并且由于我国尚未建立起完备的企业数据安全监管体制，恶意数据盗取极大地限制了数据开放共享和新经济创新发展。

（四）网络有害内容和网络攻击引发的网络安全

新经济发展不仅对经济活动和商业模式产生了巨大的影响，也深刻影响着社会生活的各个方面。新经济监管不仅追求经济效率等经济性目标，同时也追求和保护社会公共价值目标。新经济发展带来的对社会价值和公共安全的危害主要体现在如下几个方面：首先，影响社会公平。目前很多的互联网平台企业都采用算法进行决策，由于算法决策的不透明，一些企业就可能利用算法进行性别、年龄、从业经历等歧视，加剧社会不平等。其次，损害社会伦理价值的网络有害内容。在社交媒体平

第十四章 基于不确定性的新经济监管体系

台、在线短视频平台、网络视听平台、网络视频游戏平台等，一些商家或用户会发布虚假广告信息、淫秽暴力内容、恐怖主义言论等有害内容，不良和违法信息泛滥问题比较突出，特别是近年来发展迅速的网络直播平台中不健康内容更是突出。最后，威胁网络公共安全。互联网的普及也有可能带来对网络安全和公共安全的危害。目前，在网络空间，木马、"僵尸程序"、病毒等恶意程序的传播危害，网络安全漏洞等安全隐患，主机受控、数据泄露、网页篡改、网络攻击等安全事件等仍大量存在。由于网络是数字经济时代国家的重要基础设施，网络攻击带来的网络瘫痪将会严重威胁国家的公共安全并带来巨大的经济社会损失。根据美国摩根公司的研究报告，全球网络攻击造成的总损失在2017年为3.1万亿美元，预计到2021年全球总损失将高达6.3万亿美元。[①] 由于上述社会性危害无法通过市场化价格机制或简单的经济性监管政策来解决，因此需要政府创新社会性监管政策，综合运用多种监管治理方式和手段来维护社会价值和公共安全。在监管实践当中，政府监管面临的巨大挑战是如何合理平衡维护社会公共价值目标和促进新经济发展之间的关系，既不能为了数字经济发展而牺牲社会公共价值，也不能为了维护社会公共价值而牺牲数字经济发展，而是应当寻求数字经济发展和公共安全的平衡统一。

第二节　中国新经济监管的实践探索

近年来，中国新经济获得了快速的发展，一方面电子商务、互联网金融等数字经济产业的规模已经居于国际领先地位，人工智能、大数据、云计算等数字核心技术取得重大突破，信息通信基础设施建设实现跨越式发展；另一方面传统产业的数字化、网络化持续深入，实体经济与数字技术日益深度融合。目前，数字经济已经成为中国经济高质量增长的新引擎。党的二十大报告进一步指出，"加快建设制造强国、质量强国、航天强国、交通强国、网络强国、数字中国"。

中国数字经济的快速发展除了中国庞大的国内市场所形成的规模优

---

① Steve Morgan, 2017 *Cybercrime Report*, p.3.

势和有效的投融资体制外,中国政府对数字经济采取的以包容审慎原则为核心的监管政策也是一个重要的促进因素。国际货币基金组织(2019)也指出,中国政府鼓励新经济创新发展而采取宽松的包容审慎监管政策是中国数字经济快速成功发展的重要促进因素。[①]

一 新经济监管的基本经验

(一) 始终坚持"包容审慎"的基本原则

中国政府对新经济的监管一直坚持"包容审慎"的基本原则,为新经济的创新发展提供了宽松的环境,这是中国新经济获得快速发展并具有非常强国际竞争力的重要原因。"包容审慎"监管是中国新经济监管体制的重要创新。"包容审慎"监管原则最初是李克强总理在2017年两会《政府工作报告》中提出,为加快培育壮大新兴产业,应本着鼓励创新、包容审慎的原则,制定新兴产业监管规则。2017年1月国务院发布的《"十三五"市场监管规划》明确提出对新经济要坚持审慎监管的基本原则,即"适应新技术、新产业、新业态、新模式蓬勃发展的趋势,围绕鼓励创新、促进创业,探索科学高效的监管机制和方式方法,实行包容式监管,改革传统监管模式,推动创新经济繁荣发展"。2019年8月国务院办公厅印发《关于促进平台经济规范健康发展的指导意见》则进一步阐释了包容审慎监管原则的含义,"对看得准、已经形成较好发展势头的,分类量身定制适当的监管模式;对一时看不准的,设置一定的'观察期',防止一上来就管死;对潜在风险大、可能造成严重不良后果的,严格监管;对非法经营的,坚决依法予以取缔"。

包容审慎监管原则的核心是尊重市场的决定性作用,赋予微观主体宽松的试错发展空间,以促进新经济、新业态和新模式的创新发展为根本目标。包容审慎监管是在新经济发展初期给新经济主体、新业态和新模式更宽松的试错空间。由于新经济发展当中技术和市场都具有不确定性,给予新经济、新业态和新模式充分的创新发展空间,实际是鼓励创新,允许试错;包容新经济、新业态和新模式发展中的瑕疵,相信市场的自我纠错能力和制度创新能力,鼓励新经济在创新发展中不断完善。

包容审慎监管原则的实质是认识到政府监管的局限性,有限政府才

[①] IMF, *China's Digital Economy: Opportunities and Risks*, 2019, p.6.

第十四章 基于不确定性的新经济监管体系

能实现政府有为。包容审慎监管原则要求政府行政监管必须审慎介入市场、科学论证和出台政府监管政策。在市场运行的绩效结果不明确、政府监管需求不确定的情况下，政府不适宜介入，防止政府监管阻碍创新。在新经济发展过程中，即使市场运行存在一定的缺陷或市场失灵，但是如果政府监管机构尚不明确市场自身能否消除市场失灵、市场失灵是否会带来严重的危害，以及政府监管尚缺乏有效的监管手段，则此时政府也不要贸然进行监管，以防止出现监管失误，阻碍新经济的发展。也就是说，在监管必要性和可行性都不具备的情况下，政府最好不要实行监管。包容审慎监管坚持用发展的眼光看待新经济发展中出现的监管问题，并在发展中逐步建立和完善监管规则及治理体系。

包容审慎监管原则突出监管创新，政府监管应避免采用过时落后的监管体制和监管政策来应对新经济领域的监管问题。由于新经济具有明显不同于传统政府监管的市场失灵基础和经济发展规律，传统的经济监管方式，尤其是以通过直接的行政手段实行严格的准入限制和价格监管为核心的监管方式，明显不适应新经济的发展现实。如果继续沿用传统的监管理念和监管方式则会带来较大的监管失误风险，则政府监管不仅不会实现提高社会福利的目标，反而会成为阻碍新经济发展的重要障碍。因此，包容审慎监管重点强调抛弃过时的监管理念、监管体制和监管政策手段，避免用老办法管理新经济和新业态，突出创新监管理念、监管体制和监管方式来确保监管的有效。

包容审慎监管原则要求坚持底线原则，根据新经济的发展情况和市场风险程度采取灵活的监管政策，对那些明显违法并且社会危害大的行为要积极采取有效的监管。包容审慎监管原则不是不管，政府监管具有基本的监管红线，对于那些具有严重社会危害的监管问题采取强有力的监管政策，防止资本无序扩张和企业野蛮生长带来严重的社会危害，有效维护社会公共利益。如 2019 年 12 月国家发改委等七部门联合发布的《关于促进"互联网+社会服务"发展的意见》进一步指出，在坚持包容审慎监管的同时，要加强对个人隐私、违背道德伦理、高金融风险、高安全事故风险、影响公共安全和社会稳定领域的监管。为此相关执法部门对 App 软件恶意采集个人信息、短视频色情内容、互联网金融诈骗、网约车安全等问题都采取了严格的执法行动。

（二）始终将政府监管作为促进新经济发展政策的重要组成部分

中国新经济监管始终坚持发展导向，将促进新经济创新发展作为根本目标。为此，中国新经济监管始终注重监管政策本身不能阻碍新经济发展，政府监管应该有利于促进新经济的创新发展，为此中央政府主导推进了多项以优化营商环境，实施放管服为核心的行政体制改革，不断消除阻碍新经济发展的政策和体制，不断形成和优化有利于新经济创新发展的政策和体制环境。

中国始终将政府监管纳入促进新经济发展的整体政策框架中来进行系统设计。政府监管政策始终是促进新经济发展的重要组成部分，将有效的监管看作是促进新经济快速发展的重要政策手段，并与其他政策实现有机的协调，从而形成有利于新经济发展的政策体系和治理体系，并显著降低了政府监管政策与其他政策之间的冲突问题，并有利于形成协同监管的政策实施体制。

在促进新经济创新发展这一根本目标的指导下，中国新经济监管有效克服了很多国家新经济发展中出现的传统产业利益集团俘获监管机构来阻碍或封杀新经济发展的问题，从而避免了如部分欧洲国家在网约车监管中出现的政府监管机构为维护传统产业集团利益而限制新经济发展的做法。在中国在线购物、互联网金融、网约车等新业务发展的初期，新经济的发展对传统产业的利益构成了巨大的冲击，但是中国政府很好地约束了传统产业利益集团的监管俘获行为，为新经济发展提供了充分的市场空间和宽松的制度环境，政府监管对新经济发展起到了重要的促进作用，并且在新经济发展的同时政府还通过调整传统产业监管政策来积极推动传统产业与新经济的融合发展，从而实现了新经济产业与传统产业的融合共赢。

（三）构建了坚实的网络安全监管体制

中国现行的网络信息安全监管主要是维护网络空间主权和国家安全、社会公共利益，保护公民与企业的合法权益。党的二十大报告指出，"国家安全是民族复兴的根基，社会稳定是国家强盛的前提。必须坚定不移贯彻总体国家安全观，把维护国家安全贯穿党和国家工作各方面全过程，确保国家安全和社会稳定"。整个网络信息安全监管体制设计也是围绕保障国家安全这一工作重点来开展和进行资源配置，并建立了完备有效的网络信息和数据安全的监管制度。中国网络安全监管体制的核心是等级保护制度和严厉的违法法律责任制度。

中国网络信息安全监管法律制度包括法律、行政法规、地方性法规、部委规章、规范性文件和技术标准五个层级。2017年6月开始实施的《中华人民共和国网络安全法》，2018年6月公安部发布的《网络安全等级保护条例（征求意见稿）》，2019年12月开始实施的《信息安全技术网络安全等级保护基本要求》（GB/T 22239—2019）、《信息安全技术网络安全等级保护测评要求》（GB/T 28448—2019）以及2020年3月开始实施的《信息安全技术网络安全等级保护实施指南》（GB/T 25058—2019）共同构成了我国网络安全等级保护工作的实操依据和抓手，也标志着我国网络安全等级保护进入2.0时代。

网络安全等级保护2.0制度主要是，根据网络与信息系统在国家安全、经济建设、社会生活中的重要程度，和遭到破坏后对国家安全、社会秩序、公共利益以及公民、法人和其他组织的合法权益的危害程度等，将网络安全由低到高划分为五个保护等级，法律要求网络运营者按照安全等级保护制度的要求履行安全保护义务，政府监管重点是三级以上网络经营者。为保证等级保护制度的落实，相关法规对网络经营者提出控制措施要求，既包括技术要求也包括管理要求。技术要求包括安全物理环境、安全通信网络、安全区域边界、安全计算环境、安全管理中心；管理要求包括安全管理制度、安全管理人员、安全管理机构、建设管理、运维管理。同时，国家还建立了分等级的定期等级测试制度、监督检查、检测预警通报等完善的监管实施制度。

根据网络安全的有关法律制度，违反网络安全与数据保护规定的经营者将面临包括罚款、警告、责令暂停相关业务、停业整顿、关闭网站、吊销相关业务许可证等行政处罚。对于侵犯个人隐私信息违法行为，根据《最高人民法院、最高人民检察院关于办理侵犯公民个人信息刑事案件适用法律若干问题的解释》，对于构成侵犯公民个人信息罪（非法获取、出售或提供公民个人信息）的法律责任为处以有期徒刑7年以下及罚金处罚。

（四）注重发挥信用体系的监管工具作用

经济主体的信用信息是新型的监管政策工具，它能有效降低信息不对称引发的逆向选择和道德风险问题，对于解决信息不对称引发的市场失灵具有重要的矫正作用。党的十八大，党的十八届三中、四中、五中全会和2017年1月国务院印发的《"十三五"市场监管规划》都强调了"社会信用体系建设"，2014年6月，国务院印发了《社会信用体系建设规划纲要（2014—2020年）》对社会信用体系建设提出了总体的规划，2015年国家发改委和工商总局牵头联合发布的《失信企业协同监管和联合惩戒合作备忘录》，明确了协同监管和联合惩戒机制。近年来，大数据技术的发展为构建社会信用体系提供了重要的技术支持，并且国家也将基于大数据的社会信用体系建设作为促进数字经济监管的重要手段。国家不断加强社会信用数据系统建设，逐步整合各行业和各部门分散、分割的社会信用数据资源，加强信用数据系统的开放共享，探索建立信用激励机制和惩戒机制。典型的如工信部已上线信息通信行业企业主体信息库和企业违法不良记录信息库，建立不良企业名单和失信企业名单，明确加强对失信企业的监管和惩戒。

社会信用体系建设主体不仅包括政府也包括行业组织和数字平台。2018年8月通过的《中华人民共和国电子商务法》（以下简称《电子商务法》）非常重视信用对数字商务发展的保障作用，提出推进电子商务诚信体系建设，特别是第三十九条规定："电子商务平台经营者应当建立健全信用评价制度，公示信用评价规则，为消费者提供对平台内销售的商品或者提供的服务进行评价的途径。"目前，很多数字经济平台企业都建立了不同模式的信用评价、信用监督和信用惩戒等机制，确保交易安全，构建可信的消费和交易环境。如阿里巴巴建立了诚信量化评级机制，并开发了极速退款、退货、维权等多项诚信分级服务机制。

（五）日益重视平台私人规制的主体作用

长期以来，中国部门行业监管体制形成了政府单一主体的集权监管体制，但是网约车等新经济形态发展所带来的监管问题以及监管行为目标约束也在促使政府单一主体的监管体制在逐步发生变革，为了实现最佳的监管效果，监管机构也在逐步调整角色，日益重视平台私人规制者的基础作用，监管机构日益强化对平台规制者作用的监督，督促平台加强平台治理。2018年颁布的《电子商务法》则通过立法明确认可电子商务平台对商家的资质审查、平台信用评价、知识产权保护责任等。网约车行业运营安全监管体制的变化很好体现了这一点。2016年交通部等七部门联合发布的《网络预约出租汽车经营服务管理暂行办法》是中国第一部关于网约车的文件，该文件重点是强调对网约车的市场准入监管，相对忽略网约车营运乘客安全监管，并且滴滴等网约车公司也没有建立完备的内部运营安全管理制度。但在2018年网约车行业出现河南郑州空姐遇害案和浙江乐清女乘客遇害案后，相关执法部门及时对前期监管政策失误采取了有效的补救措施。2018年8月31日交通运输新业态协同管理部际联席会议决定9月5日起在全国范围内对网约车和顺风车平台公司开展进驻式检查，9月10日交通部和公安部联合发布的《进一步加强网约车顺风车安全管理》紧急通知开展对网约车、顺风车安全管理专项检查，重点是要求平台企业加强背景核查、健全完善投诉报警和快速反应机制。在监管机构的监管要求下，滴滴公司采取了严格司机审查、采取行程共享和实时位置保护、人脸识别技术，建立"一键报警"、与警方迅速联动等机制，并成立安全团队与安全监督顾问委员会、警方调证工作组等。对网约车平台在保障乘客乘车安全中主体责任的强化和有效监管，有力地保障了网约车乘车安全。

二　中国数字经济监管体制存在的主要问题

（一）监管法律制度尚不完备

近年来，除了全国人大常委会制定出台了《中华人民共和国网络安全法》（以下简称《网络安全法》）、《电子商务法》两部法律外，行业管理的法规制度大都是由交通部、中国人民银行、国家网信办、文化和旅游部等行业主管部门牵头或单独组织制定的行业规定、指导意见或暂行办法（见表14-2）。

目前中国的数字经济监管法律制度还不完备，主要表现为：

首先，个人数据隐私保护的立法严重滞后。长期以来，中国一直没有建立起完备的个人隐私保护法律体系，个人数据隐私保护具有多个法律路径：包括中国的《中华人民共和国民法》、《中华人民共和国侵权责任法》、《中华人民共和国知识产权法》、《中华人民共和国消费者权益保护法》（以下简称《消费者权益保护法》）、《中华人民共和国反不正当竞争法》（以下简称《反不正当竞争法》）。近年来，面对数字经济发展引发的大量隐私侵犯案件，尽管《网络安全法》第四章和相关法规政策对个人数据隐私安全问题做出了一定的规定,但个人数据隐私保护的很多根本性问题没有得到法律的明确界定,现行多重法律依据和多种保护路径造成执法的严重不统一。同时,对于商业数据持有企业的权属保护、恶意盗取商业数据等行为也缺乏明确统一的法律保护,阻碍了数据共享流动和数字商务的创新发展。

表 14-2　　数字经济典型行业的主要监管法规

行业/领域	主要法规	发布机构	发布时间
网络安全	《中华人民共和国网络安全法》	全国人大常委会	2016 年 11 月
电子商务	《中华人民共和国电子商务法》	全国人大常委会	2018 年 8 月
互联网金融	《关于促进互联网金融健康发展的指导意见》	中国人民银行等十部门	2015 年 7 月
网约车	《网络预约出租汽车经营服务管理暂行办法》	交通部等六部委	2016 年 7 月
网络信息内容	《网络信息内容生态治理规定》	国家网信办	2019 年 12 月
网络视频内容	《互联网视听节目服务管理规定》《关于加强互联网视听节目内容管理的通知》《关于进一步加强网络剧、微电影等网络视听节目管理的通知》	新闻出版广电总局	2007 年 12 月 2009 年 3 月 2012 年 7 月
在线旅游	《在线旅游经营服务管理暂行规定(征求意见稿)》	文化和旅游部	2019 年 10 月
政务信息	《政务信息资源共享管理暂行办法》	国务院	2016 年 9 月

资料来源:笔者整理。

其次,关于公共数据开放共享的法律法规相对缺乏。尽管国务院在 2007 年颁布了《政府信息公开条例》并在 2019 年对其加以修订、2016 年发布了《政务信息资源共享管理暂行办法》,但主要是针对政府部门之间的数据开放共享行为,对于政府与企业之间、政府与社会之间的数据开放共享则缺乏相关的法律规定,并且政府信息公开的很多制度细节没有明确,一些政府财政支持的科研、教育等机构的信息数据没有纳入政府信息公开范围,使政府公共信息公开严重不足。

最后,相关行业主管部门已经颁布制定的规章层级较低、制定不够科学、不同层级和部门规章不统一等问题仍然十分突出。目前的新经济监管法律制度大都是主管部门出台的暂行规定，一些法规政策明显具有产业保护政策的倾向，一些地方政府出台的细则则具有地方保护主义的色彩。典型的如2016年7月交通部牵头制定的《网络预约出租汽车经营服务管理暂行办法》以及各地方政府据此制定的法规在一些条款上严重违背公平竞争审查制度的要求，既不利于网约车发展，也有违市场公平竞争要求，一度存在较大的争议。2019年12月对此办法作了修正完善。

（二）监管机构体制尚不适应新经济发展要求

首先，行业部门监管体制与数字经济跨界融合发展的冲突。数字经济的发展并不是以明确的传统产业划分为特征，而是以平台为中心的跨行业、跨领域和跨市场的跨界融合发展，数字经济的产业边界日益模糊，传统的依据产业边界清晰界定的部门分类监管体制与数字经济这种融合跨界发展模式之间存在非常大的冲突。行业部门监管体制的专业局限和职能配置限制，往往无法有效应对数字经济发展带来的多元化问题，而如果各个政府部门分别仅从各自的职能角度出发来介入数字经济监管则会带来较高的行政成本和企业合规成本。

其次，多头管理问题仍然突出。网约车、互联网金融、网络安全等数字经济行业或领域的监管通常是由一个部门负责牵头协调组织多个部门分工协作来进行监管，监管机构体制是典型的"1+X"体制。典型的如互联网金融行业监管由中国人民银行牵头，涉及工信部、公安部、财政部、工商总局、国务院法制办、中国银监会、中国证监会、中国保监会、国家网信办等十个部委；网约车监管由交通运输部牵头，涉及工信部、公安部、商务部、工商总局、质检总局、国家网信办六个部委；网络安全监管由中央网信办牵头，涉及工信部、公安部、国家密码管理局、国家保密局、版权局、市场监管局等多个部门。监管机构"1+X"体制存在的主要问题是监管部门间职责交叉和权责不清问题突出，造成监管缺位与错位问题时有发生，同时由于部门之间层级关系和协调机制不清楚，增加了监管协调的难度和行政协调成本并会降低协同执法的成效。

再次，中央和地方的属地分权监管与数字经济跨越地理空间的网络化经营之间的冲突。数字经济的发展是跨越地理空间限制的网络化组织体系，而按照传统的属地监管体制，地方政府（主要是中心城市）可以根据本地的实际情况制定相应的监管法规，数字商务企业在全国范围开展相关服务，需要向各个地方申请行政许可，接受当地的行政监管。如在网约车等行业，特别是在网约车行业准入监管中，各个地方政府在交通部等七部委的《网络预约出租汽车经营服务管理暂行办法》的基础上，从排量、轴距、车龄、车价等都做了更详细具体的限制性规定，并且很多城市都对司机准入特别提出了户籍要求，即只有持有本市户籍的居民才有资格获得网约车司机许可证。各个地方政府出台的上述准入规定，不仅严重扭曲了市场公平竞争，造成对社会公平的严重伤害；而且属地监管体制的"一城一策"要求显著提高了企业的运营成本，严重阻碍了数字经济的创新发展。

最后，监管行政过程和行政行为的正当性和规范性问题仍比较突出。在网约车行业，各地出台的过多过细的市场准入监管会明显增加政府监管的行政成本；在互联网金融行业突击式行业整顿监管执法行动给微观主体造成非常大的短期投资损失。另外，很多监管政策的出台并没有经过完备的行政和社会公开程序，政府监管部门秘密制定、突然出台、迅速实施的现象非常突出，监管政策具有非常大的不确定性。由于投资者和企业无法准确判断其投资领域和经营行为将来是否会受到政府监管机构的禁止，因此不会具有进行长期稳定投入的激励，而更多地采取投机性商业行为。

（三）监管机构与平台的关系尚未理顺

在新经济平台商务模式中，平台是重要的私人规制者，政府监管本质上是"平台+政府"的双中心模式。政府监管机构应该是直接管平台，督促平台经营者履行其必要的私人规制者角色，并加强对平台履行责任的问责。但是在中国新经济监管中，政府监管错位、越位的过度监管问题，政府缺乏对平台的科学监管问题和平台与政府缺乏协同机制问题非常突出。

首先，政府监管错位、越位问题非常突出。在中国数字经济监管中，很多行业主管部门仍然坚持政府单一中心的监管主体体制模式，政府监管越位问题十分突出，这限制了平台私人规制作用的发挥，平台与政府的关系有待进一步理顺。典型的如在网约车监管中，政府监管定位不科学，监管工作重心偏差、对司机和车辆过度监管等问题。交通主管部门在网约车行业监管错位的主要表现为：一是对司机和车辆过于细致严格的准入监管要求，主要是"管车管人"，各地政府从排量、轴距、车龄、车价等都做了更详细具体的限制性规定；二是额外要求网约车司机要取得同传统出租车司机一样的从业资格证，并且只有通过其制定的全国统一考试才能获得；三是监管机构直接对司机的运营服务质量进行监管，替代了平台对司机的考核评价机制。

其次，政府监管机构缺乏对平台私人规制者角色的监督问责。如在网约车监管制度设计中，监管机构把主要的精力放在市场准入，并没有把监管重心放在安全运营上，特别是督促平台完善相关的安全保障治理制度建设。直到滴滴网约车恶性伤亡事件发生，滴滴都没有建立起严格有效的司机背景审核机制、声誉机制和退出机制，以及与监管机构的信息共享机制。这暴露出政府交通监管机构对平台完善相关安全保障制度建设的问责严重缺乏。

最后，政府与平台之间严重缺乏有效的监管协同。相关政府监管部门将自己明确界定为高高在上的监管者，单纯地要求网约车平台要达到的要求，而不是转变角色主动与被监管的网约车平台建立协同的监管体制。如在网约车监管制度设计中，安全监管应是重点，特别是当重大安全事故发生时，有效的应急报警机制尤其重要。但是乐清女乘客遇害案件显示，当危险发生时，乘客无法有效报警，滴滴公司也无法迅速与警方合作处理报警。这说明在网约车安全监管制度设计中，在没有公安系统主动参与和实现充分信息共享的情况下，单靠网约车平台来实现对司机犯罪记录的充分审查和应急报警处理是非常困难的。

（四）监管政策过时和监管手段缺乏问题仍十分突出

现有的政府监管政策理念和监管政策比较落后，自上而下的命令控制式监管体制和政策手段日益失效并带来诸多负面影响，数字经济监管失灵问题比较突出，严重缺乏与数字经济相适应的监管政策体系。

首先，政府监管仍然偏好行政性事前准入监管。新经济监管仍然沿用传统行业管理方式，政府监管注重事前审核和事后问责，政府监管实施主要是放在对标准和证明文件的形式审查，缺乏有效的对动态的事中监管。在网约车行业、在线电子商务、在线旅游等行业，行业主管部门和地方政府都将细化市场准入条件和准入许可作为政府监管的重要手段，忽视事中和事后监管。

其次，政府监管缺乏对大数据和现代信息技术的充分利用，仍然以监督检查的被动式行政执法来履行监管职责。如面对电子商务市场中大量存在的假冒伪劣问题，工商部门主要通过举报、专项行动等方式履行监管职能与义务，监管手段主要是以现场检查为主，仅在局部实现了在线监测，造成监管效能非常低下。

最后，在互联网金融等领域的运动式行政执法具有非常高的经济代价。2015年以来国家相关监管机构对互联网金融开展的密集监管和执法行动主要是以防范风险为主，具有典型的运动式监管执法特点。尽管互联网金融是一种新的金融业态，但是其业务运行并没有脱离传统金融监管的基本规则，在互联网金融发展初期，监管机构没有及时明确网贷等金融业务应该遵循的基本原则，而是任其野蛮发展，等到问题暴露并带来严重社会影响时，才采取强力的集中整治专项行动来解决。这种事前忽视规则监管，依赖事后集中整治的运动式执法，具有较高的经济社会成本，给互联网金融的发展带来较大的冲击。

第三节 构建新经济监管体系的基本导向

一 新经济迫切需要创新政府监管体系

以互联网和大数据为基础的新经济发展使传统以公用事业为核心的政府监管理论严重不适应。传统政府监管理论主要集中在以公用事业监管为核心的经济性监管，并将市场准入和价格作为整个监管政策的核心工具。在新经济背景下，传统政府监管理论和政策的失效主要体现为：

第一，监管市场基础的差别。传统政府监管主要是建立在工业经济时代，政府监管理论的基础是供给侧规模经济和沉淀成本。由于成本弱增性，市场当中一家企业垄断经营的自然垄断市场能够以更高的效率向社会提供基础性产品或服务，为了维持这种效率并保护消费者福利，因此政府实施以事前准入监管和事中价格、质量监管为核心的政府监管政策就具有合理性。但是数字经济的主要理论基础则是需求侧规模经济、用户免费和供给侧零边际成本，监管理论的经济学基础发生了重大改变，此时政府监管不再是维护市场的自然垄断并实行准入限制和价格监管，而是重在防止数据商务企业的超级垄断及虚拟网络出现的各种新型的市场失灵问题和网络犯罪问题。

第二，监管环境具有不确定性。快速的创新使新经济监管面临更大的不确定性，数字经济是一个快速技术创新和商业创新的行业，大量的新技术、新产业和新商业模式不断涌现，市场充满了动态性和不确定性。传统监管理论适用于技术相对稳定的公用事业行业，不适用于技术创新迅速的动态产业。传统的以"命令和控制"机制和自上而下的实施体制为核心的政府监管体制与数字经济内在的动态创新、普遍共享的本质相冲突，不恰当的政府监管有可能成为限制竞争的因素和数字经济发展的障碍。

第三，监管主体的多元化与复杂性。传统政府监管理论强调政府单一主体，强调以政府为中心，企业作为被监管对象。新经济发展过程中，监管对象不仅包括追求利润最大化的企业，也包括大量的平台和生产者与消费者合一的个人。数字经济中的平台不再是传统意义上的企业，平台是协调消费者和商家进行交易的重要中介，同时平台也是不同侧用户交易规则的治理者。平台具有强烈的私人规划治理激励、独特的大数据信息优势和多样化的规制治理工具，可以实现更好的规制治理。在数字经济中，随着流媒体等商业模式的发展出现了大量的生产者和消费者合一的个人，个人既是数字产品的生产者，也是数字产品的消费者，甚至一些个人的消费行为本身就构成数字产品。在此背景下，新经济监管需要由政府单一中心转向"政府＋平台"的双中心监管主体结构，构建多元主体参与的合作监管体制，发挥平台私人治理在新经济监管治理中的基础性作用。

第四，监管手段的日益软性化。数字经济使传统的以强命令、硬服从为特征的政府监管方式不再有效。数字经济本质上是一种分权的体制，与传统的集权性命令控制监管政策实施体制具有明显的不同，传统的注重以行政性进入审批、价格监管、强制标准和行政处罚为核心的硬监管手段不再有效，新经济监管需要更多地采用基于规则的监管、实验性监管和软监管手段。另外，随着数字经济的发展，数字商业模式引发的用户隐私保护、网络数据安全等诸多新的监管问题尚无有效的政策应对，迫切需要基于数字经济的经济规律来创新监管政策，采取包括技术、行政、经济和社会等多种手段，避免采取"断网封号"等强硬手段。

第五，监管影响的全球化。新经济发展的基础是互联网，网络空间本身是全球化的。由于自然条件、经济和社会条件的差别，传统的以公用事业为核心的监管具有明显的地域性特征，因此监管分权化和本土适应性是监管体制和政策设计的基本特征，也是保证监管有效的内在要求，因此不同国家或地区的监管体制和监管政策具有明显的本土特色和差别性。互联网和数字经济的发展本身就是全球化的技术和市场，在此情况下加强监管政策国际协调，需要构建相对一致的数字经济监管治理基本规则，促进数字产品和服务的国际流动，从而保证数字经济的国际化发展，并造福国际社会。

表14-3 传统经济监管与新经济监管的区别

	工业经济监管	新经济监管
监管前提	自然垄断、环境负外部性	平台垄断、隐私保护、网络安全
经济环境	成熟稳定的市场与行业	动态变化的市场与行业
监管范围	单产业/特定市场	多产业/多市场
监管方式	强/硬监管方法 准入与价格为核心	软/轻监管方法 规则为核心
监管手段	"行政+经济"	"技术+行政+经济+社会"
监管主体	政府单一主体为中心	"平台+政府"双主体为中心
国际影响	本国特色	国际协调

资料来源：笔者整理。

由于新经济发展带来的诸多新的监管需求以及原有监管体制和政策的日益不适应和失效，迫切需要创新和发展与数字经济相适应的新的监管体制和政策。为此，联合国、经济合作与发展组织、亚太经合组织、欧盟等国际组织都在对此展开讨论和研究，同时各国也在根据本国的数字经济发展需求来调整政府监管体制和监管政策。国际电信联盟

(2017)的研究报告指出，由于信息通信技术的快速发展，从 2007 年以来世界各个国家都在对数字经济相关的监管体制和监管政策进行调整，数字经济监管创新处在活跃期。[①] 各个国家监管政策改革的核心是如何在实现监管政策目标的同时不会造成对经济发展的损害。

二 新经济政府监管的基本导向

新经济监管需要继续坚持包容审慎的基本原则，并进一步明确包容审慎监管的内涵和完善相关的制度保障。在包容审慎监管原则的基础上，新经济监管应坚持如下的基本导向：

（一）新经济监管应以促进数字经济高质量发展为目标

政府监管不能阻碍和牺牲数字经济的发展，而应成为促进数字经济创新发展的保障，最大化释放数字经济增长潜能。数字经济政府监管要合理平衡监管和数字经济发展的关系，既要避免监管过度，也要避免监管不足。监管不足和监管过度都会带来限制竞争和阻碍创新的监管市场失灵问题，扭曲市场机制在促进数字经济创新发展中的决定性作用。首先，数字经济的快速发展及其独特的经济规律，导致传统的监管体制和政策不再有效，反而有可能成为数字经济发展的阻碍。为此，需要创新监管理念和体制机制，及时修改和废止阻碍数字经济发展的各种过时的监管政策，建立有利于数字经济发展的体制和政策环境；其次，谨慎采取数字经济监管政策，防止不恰当的政府监管造成对新经济模式发展的毁灭性打击或严重降低其国际竞争力，以及为了追求地区发展平衡、社会公平、信息安全等目标而对数字平台企业提出过高的合规标准要求乃至采取具有严重产业损害的直接禁止性规定。

新经济监管要科学定位，监管重点是通过消除阻碍数字消费和创新发展的障碍，构建安全的消费环境和激励性创新环境，从而促进数字经济创新发展，实现社会总福利的最大化。新经济监管不能以牺牲高质量增长和消费者福利为代价，既不能放任不管，也不能为了少数行业或企业利益而牺牲社会公共利益，这要求数字经济监管要放弃传统的产业政策思路和保护特定行业或企业的歧视性政策做法，重在构建公平竞争的市场环境和治理有效的监管行政司法体制。同时，数字经济监管应该追

---

① ITU, *Global ICT Regulatory Outlook* 2017, 2017, p. 75.

求社会总福利的最大化，不仅需要合理平衡政府监管与促进数字经济发展的关系，也要合理平衡整个产业生态系统利益相关者的关系。由于数字经济发展具有典型的产业生态性，新经济监管需要树立产业生态系统的政策理念，政府监管应该促进整个产业生态系统的协调发展，追求整个产业生态系统价值最大化而不是单个环节或单个企业的价值最大化，合理平衡产业生态系统中不同企业和利益相关者的利益。

（二）新经济监管应始终将促进开放共享和鼓励创新作为政策基点

新经济发展的基础性经济规律是"公地喜剧"和零边际成本。数据是数字经济时代的基础性资源，与传统资源要素使用中过多人使用会导致资源枯竭型过度开发不同，越是更多的人使用数据信息，数据信息创造的价值就越大，并且由于零边际成本，更多人使用并不会带来更高的成本，由此反而带来更高的社会价值。因此，开放共享既是数字经济发展的重要基础，也是创造更大社会价值的必要条件。政府监管应消除阻碍开放共享的各种障碍，促进数据可移动性和平台之间的互操作性，构建开放共享的经济社会体制。

数据开放既包括私人数据信息的开放共享，也包括政府公共数据新的开放共享，目前应重点强化政府公共数据的社会开放。2015年9月5日国务院发布的《关于印发促进大数据发展行动纲要的通知》鼓励推动公共数据资源的开放共享，强调"推动建立政府部门和事业单位等公共机构的数据资源清单，制定公共机构数据开放计划，建立政府和社会互动的大数据采集形成机制"等政策措施。2016年9月25日国务院发布《关于加快推进"互联网+政务服务"工作的指导意见》也提到推进政务信息公开，在2016年9月19日国务院印发的《政务信息资源共享管理暂行办法》中为政务信息资源共享设定了基本原则。近年来，政府政务信息开放在打破"信息孤岛"、实现部门之间信息数据共享方面取得了一定的成效，但是在政府公共数据对社会开放方面还面临很多的体制障碍，需要进一步深化改革和加大推进力度，促进数字资源的最大化利用。

数字经济是高创新频率和高创新密度的产业群，但互联网商业模式也是盗版侵权更为猖獗、假冒伪劣商品更为泛滥的领域，同时数据经济中网络爬虫等恶意盗取商业数据行为也非常普遍，这些都对企业的创新激励造成严重的危害。这都要求政府进一步完善数据库所有权保护和数字版权保护制度，强化对盗版侵权、商业数据盗取和假冒伪劣商品的行政执法和司法保护，为创新提供充分的激励。同时，数字经济创新往往具有颠覆性特征，通过将技术创新和商业模式创新的紧密结合来实现对传统产业和商业模式的颠覆式替代，此时政府监管就不能继续沿用原有产业的监管模式，而应及时转变政府监管体制和监管政策，规范政府行为，营造宽松有利的创新创业环境，促进新产业、新模式的发展。

（三）新经济监管应将维护市场竞争作为重心

新经济政府监管重在维护市场竞争，确保竞争政策的基础性地位。市场竞争机制是促进数字经济创新发展的基础，也是维护消费者福利和社会总福利的基本机制。在数字经济发展过程中，企业行为可能会损害市场竞争，政府监管也可能损害市场竞争，从而使市场竞争机制无法发挥促进数字经济高效率发展的基础性作用。因此，数字经济发展重在维护市场竞争机制，政府应该最小化数字经济事前监管，更多采用以竞争政策为核心的监管政策。即使监管机构需要采取监管政策，也要保证监管政策的制定和实施不会严重扭曲市场和阻碍创新，确保竞争中立。将公平竞争审查纳入监管政策制定的行政程序当中，确保竞争政策的基础性政策地位。

竞争政策是新经济监管政策的主体，新经济竞争政策的重点是禁止企业严重损害市场竞争的垄断行为。在数字经济行业，由于网络效应、规模经济、大数据优势的结合会造成市场出现"一家独大"的市场结构，垄断性平台有可能滥用市场垄断势力来实施各种限制竞争的滥用行为。因此，需要通过实施有效的竞争政策来维护市场竞争。新经济反垄断执法应坚持行为主义导向，平台企业的高市场份额不应是政策关注的重点，而应重点关注支配平台企业是否实施了各种严重限制竞争和阻碍创新的滥用行为。目前，反垄断执法应重点关注对于平台大企业实施的强制"二选一"、自我优待、拒绝接入、大数据杀熟、算法合谋等行为。

新经济竞争政策不仅需要禁止各种严重损害市场竞争的垄断行为以维护竞争机制，也要禁止各种严重损害消费者福利和市场竞争秩序的不正当竞争行为，因此新经济竞争政策需要综合运用《中华人民共和国反垄断法》、《反不正当竞争法》、《消费者权益保护法》等相关法律。目前，对于中国互联网行业大量存在的歧视性交易、虚假医疗广告、侵犯消费者隐私等严重损害消费者利益的行为，市场监管执法机关要依据上述相关法律并协同有关部门对其进行查处。

（四）新经济监管要确保监管体制与政策的动态有效

新经济具有技术创新和商业模式创新非常迅速的特征，政府监管体制和政策面临的最大挑战是落后于新经济的发展现实，从而导致政府监管总是过时和无效。为防止监管体制和政策僵化，数字经济监管需要监管体制和政策具有充分的灵活性和动态的监管创新能力，政府监管机构和数字商务企业、消费者等利益相关者保持紧密的合作，及时对数字经济监管的现实需求做出有效的政策回应，通过监管创新来应对数字经济发展提出的监管挑战，从而保证政府监管的动态有效。实现数字经济政府监管动态有效的核心是，政府应谨慎监管并给微观主体留下自主选择的空间。数字经济的新技术和新商业模式具有较大的不确定性，同时政府政策是否有效也具有不确定性，政府监管政策手段是否依然能有效应对特定行业的监管问题本身也是不确定的。因此，在不确定的环境下，我们需要为微观主体留下充分的试验的空间，谨慎采取监管政策。即使需要监管，也应采取基于规则的监管，而不是通过具体的行政措施来实施监管，让微观主体可以自主地灵活选择具体的合规方式，最小化微观主体的合规成本和阻碍创新发展的风险。

实现新经济监管的动态有效需要选择更有效的监管方式，避免在动态市场采用静态的监管方式，更多地采用动态的监管方式。斯图尔特（1981）指出，实现特定的监管目标可以采取两种不同的动态监管方式："动态目标监管"和"破坏性监管"。[①] 在图14-1中，为了达到监管目标B，在初始起点A，监管机构可以逐步增加监管强度来达到监管目标B，也可以实施一次性的破坏性监管和短期迅速提升的高监管强度来达到监管目标B所要求的标准。"动态目标监管"是监管机构根据企业或行业状况来动态调整监管强度，以逐步实现监管目标。这种方式的

---

① Stewart, "Regulation, Innovation, and Administrative Law: A Conceptual Framework", *California Law Review*, 1981, Vol. 69, No. 5, pp. 1256–1377.

第十四章 基于不确定性的新经济监管体系

最大好处是最小化企业合规的成本和增强监管政策的可预期性。"破坏性监管"是监管机构一次性地实施监管目标所要求的标准,由于这种方式打破了企业或行业的现有状态,因此企业或行业需要经历一定的重构过程。这种监管方式的优点是一步到位达到监管目标要求,缺点是企业或行业需要付出较高的合规成本。由于数字经济发展的动态性,显然采取"动态目标监管"方式相对更能保证政府监管的动态有效。"动态目标监管"过程实际是政府、企业和市场之间的动态协同和动态演化的过程,在市场不断完善、行业不断发展的过程中,政府的监管能力和监管有效性也不断提升。

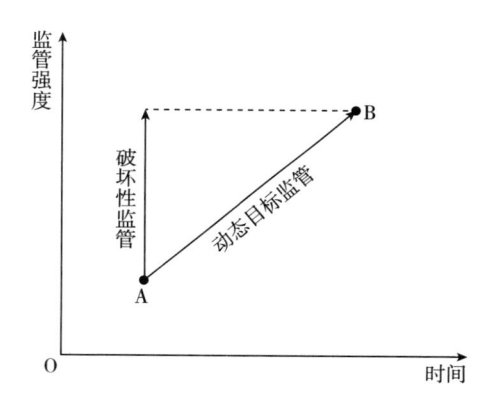

图 14 - 1 实现动态监管有效性的监管方式

实现数字新经济监管的动态有效需要构建完善的制度保障。要确保政府监管政策的动态有效必须建立有效的制度保障,具体来说:一是要通过行政立法来确定监管政策事前和事后评估制度,事前评估制度重点是对监管政策进行成本收益分析,事后评估主要是对已有监管政策及其实施的有效性进行评估,从而保证正确地制定政策和及时废止过时无效的政策;二是构建利益相关者协商沟通机制,任何重要监管政策出台都应该倾听利益相关者的意见,防止政府监管政策的武断性;三是监管政策制定应该更多地吸收行业技术专家的意见,尤其是分析行业技术创新对监管的影响;四是强化监管问责机制,对于监管机构滥用执法权和行政不作为要进行问责。

（五）新经济监管应突出以安全为核心的社会性监管

新经济发展在动摇以市场准入和价格为核心的传统经济性监管需求的同时，对以安全为核心的社会性监管的需求则日益突出，政府监管也要从注重市场准入和企业定价的监管重心转向以安全为核心的社会性监管为重心。新经济监管应该重点关注以下三个方面的社会性监管：

第一，保障消费安全。在电子商务购物安全、网约车营运安全、数字金融交易安全、在线订餐食品安全等领域，政府监管通过消除影响数字经济消费安全的不利因素，如假冒伪劣、网络欺诈、金融诈骗、食品安全、网约车营运安全等，从而增强消费者的消费信心，构建数字经济交易主体之间彼此信任的制度环境，为数字经济发展营造更好的消费和交易环境。

第二，维护社会价值和网络安全。针对社交媒体平台、视频平台往往会出现各种色情暴力、儿童侵害、恐怖主义、邪教、威胁国家政治安全等有害内容对社会核心价值和公共安全的严重伤害，是数字经济监管的重要内容。为此，需要加强相关立法和网络内容监管，重点强化平台的主体责任，明确平台对侵权与有害内容的过滤义务，督促数字商务企业建立完备的技术保障体系和组织制度保障，完善安全风险报告制度和安全责任的问责制度，以切实维护社会价值和网络安全。

第三，保护消费者隐私和企业数据安全。隐私保护是数字经济最突出的监管新问题。数字平台企业收集了大量多维度的关于在线用户的隐私数据信息，并使用这些数据信息开展商业活动，市场中频发的用户隐私信息泄露事件和大量恶意盗取买卖用户信息行为，用户数据隐私安全问题成为数字经济政府监管的重要新课题，需要通过尽快出台个人隐私信息保护法律，建立更有效的个人数据隐私监管机构和实施体制。但需要注意的是，消费者隐私保护不是追求绝对的数据隐私保护，过度的隐私保护既不利于数字经济发展，也不利于消费者福利的提高，因此消费者隐私保护需要合理平衡个人隐私安全和新经济创新发展的关系，建立相关主体利益合理平衡的用户隐私保护体制。为此，在保护消费者个人数据隐私安全的同时也要有效保护互联网企业依法依规采集数据、开发利用数据、转让交易数据的权益，特别是针对利用网络爬虫恶意盗取商业数据行为加以严厉处罚。

第四节　构建新经济监管体系的路径选择

一　建立相对完备的新经济监管法律制度体系

促进新经济发展需要充分发挥法律制度的指引和规范作用。数据资源的开放共享是数字新经济创新发展的重要基础，为最大化释放数字经济的增长潜能，应尽快制定促进数据开放、权属保护、数据交易、跨境流动、安全保护等相关法律制度，同时及时有效规范企业经营行为和政府行政行为，营造促进数字经济和创新发展的良好环境，促进新经济创新发展。

新经济监管立法应该主要体现为原则性规定。对于不断创新发展中的数字经济，政府监管立法应该更加注重明确基本原则，监管立法要重在明确基本原则而非设定具体的行为规则。新经济监管立法应该明确企业经营应该遵守的基本原则，尤其是合法经营不能违反的红线。例如，对于网约车运营中确保乘客人身安全的问题、互联网金融中不得从事金融诈骗行为、在线广告市场（特别是医疗广告）不得发布虚假信息、在线零售中不能销售伪劣侵权商品、在娱乐社交平台不得从事色情暴力内容等。在数字经济监管中，监管立法应及时明确基本原则，有助于推进企业合规经营，降低监管执法成本。

新经济监管立法的重点应主要包括以下几个方面：第一，研究制定系统全面的数字经济法，明确数字经济发展中的政府与市场关系，产业政策与竞争政策、数据隐私保护政策等相关政策的关系，合理平衡促进数字经济创新发展与政府有效监管之间的关系，为数字经济发展和政府监管提供基本的原则指导。第二，鉴于目前加强个人隐私保护和企业数据安全问题的迫切需要，应尽快制定出台个人信息保护法和数据安全法，坚持保障数据安全与鼓励数据驱动创新发展并重。个人信息保护法主要是对个人数据隐私信息权的界定、数据采集的告知同意规则、数据交易流转规则、数据跨境流动规则等基本问题做出权威的法律界定，① 同时通过数据安全法来肯定数据占有企业对其投资采集与挖掘处理后的数据具有财产权，为企业投资于大数据采集及开发应用提供有效的激励。第三，针对目前政府部门及公共财政支持的有关机构组织掌握的公共数据信息的对外封闭、商业企业无法接入并加以开发利用，以及个别机构通过高收费谋利等阻碍公共信息知识共享的问题，应制定公共信息公开法，对公共数据信息的开放做出更高层次的法律规定。第四，面对新经济发展中出现的盗版侵权问题，需要尽快制定数字版权法。借鉴美国《千禧年数字版权法》和欧盟《数字版权指令》的经验，中国数字版权法应特别要明确平台在版权保护中的义务与责任，在"避风港"原则的基础上进一步明确平台应尽的过滤义务和告知程序，重点强化平台版权内容过滤机制的事前审查义务，更好地抑制网络盗版侵权。

二 构建"平台+政府"双中心的合作监管体制

新经济监管应是多元共治的监管治理体系而非政府单一主体的命令与控制系统，构建与新经济相适应的监管体制需要改变"政府中心"主义的一元主体监管体制模式，发挥平台自我监管的主体责任和政府监管的公共保障作用。为此，需要重构平台与政府在监管治理体系中的责任配置和协同机制，形成良好的监管生态。数字经济合作监管体制，不仅包括政府部门之间的协同，也包括政府监管机构与平台、社会之间的协同；不仅包括静态的不同主体间的责任分配，更强调在数字经济发展过程中不同主体能够良性互动，数字经济的快速创新性要求不同主体之间保持良好的协作和积极的监管回应，在解决发展中出现的各种监管问题的过程中实现共同演化和协同成长。同时，为防止政府监管机构的不作为、乱作为和平台企业俘获政府监管机构，将"平台+政府"的监管体制纳入多元共治监管体制中进行系统设计，从而确保实现良好监管。

新经济监管需要注重发挥私人自我规制的基础性作用。在数字经济中，平台其实是扮演规制者的角色，对各方通过平台完成交易和构建协

---

① 2020年10月21日全国人大公布了《中华人民共和国个人信息保护法（草案）》并征求社会公众意见。

作的商业生态系统制定规则和建立制度保障。① 对平台的相关交易方进行监管并构建良好的平台交易生态可以使平台企业更好地共享双边市场交易带来的价值创造，实现有效的自我监管是符合平台企业利益的。扬西蒂和莱维恩（2004）指出，平台对平台生态中的成员关系进行监管可以增加多样性和提高效率。② 在数字平台商业模式中，平台通常采用分权化的声誉机制来缓解由于信息不对称所带来的市场失灵问题，即通过建立消费者用户评价的声誉机制。为保证平台声誉机制的有效，平台要在评价机制的基础上设计有效的约束和奖惩机制，典型的奖惩机制包括：一是很多种数字商务平台都采取质量淘汰或除名制度，对于那些服务质量低于一定标准或顾客投诉较多的商家给予除名。二是对服务质量高或消费者评价好的商家给予优先的网页展示位置或同等情况下优先配单，采取更市场化的淘汰机制。三是实施质量担保制度，建立分权化声誉机制＋平台集中化私人规制机制有效结合的质量保障制度体系。

"平台＋政府"的双中心监管体制的关键是合理确定平台和政府监管机构的责任和角色，建立政府管平台、平台管商家的"政府—平台—商家"新型监管层级关系。发挥平台自我监管的基础性作用并不是不要政府监管，由于平台利益主要是追求私人利益的最大化，这与政府监管追求公共利益最大化目标并不总是一致，因此政府监管仍有必要。"平台＋政府"双中心监管体制也称为"政府监管下的自我规制"。③ 布莱克（2001）根据企业与政府的关系程度将自我监管区分为四种：一是自愿性自我监管，企业或行业组织出于自身利益自动实施监管，此时没有政府介入；二是要求的自我监管，政府对企业提出基本的监管要求，企业或行业组织根据政府的监管规则来实施自我监管；三是制裁性自我监管，企业或行业组织提出监管规则并经政府批准，政府监督检查落实情况并对未达标企业实施处罚；四是强制性自我监管，在企

---

① European Commission, *Competition Policy for the Digital Era*, Final Report, 2019, p. 6.
② Iansiti and Levien, *The Keystone Advantage: What the New Dynamics of Business Ecosystems Mean for Strategy, Innovation, and Sustainability*, Cambridge: Harvard Business School Press, 2004, p. 57.
③ Schulz and Held, *Regulated Self-regulation as a Form of Modern Government*, Indiana University Press, 2004, p. 4.

业或行业缺乏实施监管主动性的情况下,政府代替微观主体来制定监管政策并强制企业必须遵守。显然,在现实的监管过程中,并不存在哪种方式绝对优于其他方式,具体方式选择只能根据个案具体情况来灵活把握,以追求最佳的监管效果。[1]

发挥平台的私人规制者作用需要合理界定平台的基本责任,并提高平台决策的透明度和可问责性。首先,在侵权损害案件中,平台应承担的是间接的有限责任。作为一个促进交易的中介组织,政府监管部门不能要求平台承担同传统企业相同的近于无限的风险保障责任。莱特曼和波斯纳(2006)分析互联网商业模式时指出,互联网平台企业承担间接责任是符合普通法原则的,平台承担的是有限责任而非无限责任。[2] 其次,在数字商务平台中出现的假冒伪劣和盗版侵权问题,平台不应该是免责的,平台应该承担必要的合理注意义务。如在涉及数字版权侵权问题中,欧盟就要求平台建立相应的事前过滤机制和事后"通知—删除"机制。再次,为了保证私人规制机制的有效,政府监管机构应该对平台的私人规制机制(声誉机制)做出透明度要求并保持对平台的可问责。监管机构应该要求平台的声誉机制公开透明,声誉评价机制所采用的算法应该保持"算法中立",平台不得恶意删除消费者的评价或排名,保证客观公正,防止恶意的声誉评价操纵行为。最后,要求平台建立完善举报投诉处理机制,建立与监管机构的信息共享和重大风险报告与应急处理机制,并积极配合监管机构查处通过平台实施的非法经营行为。

三 建立与新经济相适应的监管机构体制

目前,中国新经济政府监管体制仍然是沿用传统的条块分割监管体制,对网约车、互联网金融、视频内容、在线旅游等的监管分别由交通部、中国人民银行、广电总局、文化和旅游部等相应的行业主管部门分别负责,同时中央与地方分权监管,根据属地原则,地方政府负责本地区的行业监管。条块分割、职责不清的监管行政体制与互联网商业模式

---

[1] Black, "Decentring Regulation: Understanding the Role of Regulation and Self-regulation in a 'Post-Regulatory' World", *Current Legal Problems*, Vol. 54, No. 1, 2001, pp. 103–146.

[2] Lichtman and Posner, "Holding Internet Service Providers Accountable", *Supreme Court Economic Review*, Vol. 14, 2006, pp. 221–259.

的网络化具有较大的体制冲突。同时，政府监管作为一种行政行为，必须实行依法监管、依法行政，政府监管必须遵循法定的行政程序，实现程序正义。为此，建立与新经济创新发展相适应的监管机构体制，需要进一步深化政府监管行政体制改革，建立适应数字经济的监管机构职权配置体制和监管机构协同运行体制，并进一步深化行政体制改革，完善政府监管的行政程序。

（一）完善监管机构职权配置

进一步完善跨部门协同监管体制。新经济监管更多地涉及跨行业的一般性监管问题，如网络安全、数据隐私保护等都是涉及各个行业或领域。目前，中国数字经济监管职能分散到多个部委，国家发改委、中国人民银行、中央网信办、工业和信息化部、市场监管总局、公安部、商务部、文化和旅游部等相关部门分别负责。在这种分行业监管和分类监管体制没有大规模重构的情况下，为了提高监管效能，近期最现实可行的路径是进一步建立完善跨部门合作机制，形成更有效的多部门协同监管体制。长期来说，需要进一步深化机构改革，进一步整合分散在各部门的监管职能并进一步简政放权，建立职责权限定位更加科学的综合性的监管机构。为此，需要继续推进大部制改革思路，弱化行业特色并整合分散在不同部门的相同或相似监管职能，成立大金融、大信息等综合性监管部门。①

为更好地协调数字经济监管，应明确专门负责数据监管的机构，赋予其更全面的数据监管职能，同时逐步弱化专业部门的数据监管职能，形成以专门数据监管机构为主，其他机构相配合的监管机构体制。专门数据监管机构的主要职能是负责消费者个人隐私和数据安全。同时，为更好地协调中央与地方的关系，防止地方政府的属地监管突破国家统一的监管的政策底线，应该逐步构建超越部门和地区利益的综合性数字经济监管机构，加强对中央有关部门和地方政府部门出台有关政策的审查监督，防止地方政府人为提高监管门槛的过度监管和扭曲市场竞争的行政行为，确保新经济监管政策的全国统一标准和地方灵活适用的最佳组合。

---

① 戚聿东、李颖：《新经济与规制改革》，《中国工业经济》2018 年第 3 期。

（二）完善落实包容审慎监管原则的监管行政程序

尽快建立落实政府监管政策制定的影响评价制度。政府监管政策影响评价制度核心是对监管政策进行成本收益分析，确保政府监管以最低的经济社会成本来实现监管目标。新经济监管政策影响评估的重点是对监管政策实施可能给企业带来的合规成本要进行测算。任何政府监管政策的出台都会对企业遵守有关的标准或监管要求带来一定的合规成本。由于数字经济发展中的平台商业模式主要是基于网络效应和不平衡价格结构来实现消费者免费乃至低价格情况下的快速规模扩张，如果政府监管政策的出台导致企业不得不为了修改其独特的商业模式和不平衡的价格结构，或者支付较高的成本来调整公司的技术系统设计和组织结构调整，则可能会对数字经济企业的发展带来较大的负面影响。特别是对于那些属于创业企业的小规模企业来说，政府监管带来的合规成本有可能使其无法获得与在位大企业开展有效竞争的能力或合理的利润回报，从而被迫退出市场。因此，政府监管政策的制定和监管执法行动必须合理权衡成本和收益，只有在政府监管的收益明显大于成本并且监管政策不会对行业创新发展带来严重阻碍或破坏性影响的情况下，政府监管政策出台或监管执法行动才是合理的。

建立监管政策制定的公众意见征询制度。监管政策的制定和出台前都需要向社会公众公开征求意见，特别是利益相关者的意见。这里的利益相关者既包括消费者，也包括受监管的行业企业和产业生态中的其他合作企业。与传统产业不同，数字经济发展具有典型的以平台为中心的生态组织模式，因此平台企业的合作者应该是重要的利益相关者。通过政府监管政策制定的公共意见咨询制度，监管机构可以更全面地了解利益相关者的意见，更好地平衡政府监管目标和行业创新发展的关系，有助于政府制定更平衡、科学和扭曲市场风险最低的监管政策；同时，政府监管政策出台的公共意见征询也会为相关企业提供相对稳定的政策预期和政策出台前自我调整的缓冲期，降低政策的不确定性和突击执法带来的产业损害。

建立监管政策实施绩效及政策适用性的后评估制度。确保政府监管政策有效不仅包括制定正确的新的监管政策，也包括对过时或无效的监管政策及时加以废止。对于已经出台的法规、规章和规范性文件要在一定时期后由专门机构或委托独立第三方对其有效性进行后评估，如果评估结果显示法规政策已经不再适应数字经济的新发展要求或者对数字经济发展构成严重阻碍，应当及时修改或宣布废止。

四　创新新经济监管实施体制和政策手段

新经济监管应建立全过程和多主体参与的综合监管体制。新经济监管政策实施体系应包括：事前的技术标准体系＋事中企业或平台为主的自我规制治理体系＋政府全过程监管体系。在事前重在强调基于技术设计的合规，事中重在发挥平台企业的私人自我规制作用，事后重在发挥政府监管机构问责机制的作用。

新经济政府监管应该是不同阶段政策侧重点差别化的全过程监管体系。新经济政府监管应由传统的事前审批为主转向事前、事中、事后全流程监管。事前主要是明确基本规制或原则，明确企业经营不能违反的红线；事中主要是充分利用大数据和人工智能技术来加强市场研究和风险评估；事后主要是查处各种违法行为并利用处罚手段进行纠偏。传统的事前行政许可审批为主的监管主要是通过选择合适的经营者来降低风险，并通过事前制定的经营标准和定价方法或价格水平监管和严厉的事后处罚来保证实现监管目标，很少实施事中监管。在数字经济动态创新发展的情况下，事前明确基本规则、事中监督和事后问责的监管动态模式则是赋予更多的微观主体更大的经营自由，并基于数字商务企业的信息透明、企业和监管机构间的信息共享来实现低成本、低发展损害和及时有效的监管。

为贯彻审慎包容监管原则，鼓励新业态新模式的发展，应积极建立试验性监管方式，采用监管沙盒的监管政策手段。英国金融行为监管局在2015年首次在金融科技监管中采用监管沙盒政策。监管沙盒是一个安全空间，在这个特定的安全空间内，企业可以在政府监管豁免的情况下来测试其新产品、新服务等新业务和新商业模式，而不会因为试验发展过程中出现的问题而受到监管规则的约束或禁止，以鼓励新业务新模式的创新发展并促进更好的监管。当企业要开展的新业务新模式受现行监管政策的限制时，企业可以向监管机构提出监管豁免申请，如果获得批准则可以获得1—4年的监管豁免期，监管机构在此期间保持对企业创新的监测，并根据试点情况决定是否调整有关的监管规制和监管政策。监管沙盒是在可控的环境中推进创新，一方面促进了新业务新业态新模式的创新发展；另一方面也使监管机构能有效控制新业务新模式创新发展中的风险以防止出现系统性风险，并不断优化政府监管政策，因此它是平衡创新发展与风险控制的有效监管手段，是新业务新模式创新发展与政府监管动态优化的相互促进机制。

新经济监管应更多地采取轻干预的监管政策手段。在新经济背景下，政府监管不能主要依赖强干预监管体制，即依赖运动式执法和强硬的"命令—控制"与事后严厉处罚来进行监管，因为这种强干预监管执法具有非常高的经济社会成本，一旦出现执法错误会对整个产业造成毁灭性打击。数字经济政府监管应该采取轻干预的监管政策实施机制，更多地采取轻监管方式、软监管手段。数字经济监管的主要政策手段包括：一是市场研究。鉴于新经济新模式新业态的不断涌现，政府监管的首要工作不是迅速采取原有的监管政策进行应对，而是首先要进行市场研究，明确市场当中不同主体的角色和市场运行规律，并基于对市场实际情况调研的事实来制定有针对性的政策。二是市场透明度要求。为防止平台滥用其垄断性中介地位来谋取私人利益最大化并扭曲市场竞争，监管机构可以对平台提出透明度要求，如平台对消费者个人隐私数据的收集和使用必须明确告知消费者并获得其同意，平台的交易条款或条件应该以明示的方式告知消费者或商家，平台对有关交易条款的变更也要提前告知消费者或商家，平台算法的基本功能和算法排名的依据等也要公开透明。三是加强对数字经济市场的及时监测和风险预警。使用大数据和人工智能技术，消除政府监管机构执法面临的严重信息不对称问题，以及时充分了解市场运行情况和可能的风险，并采取有信息公开的风险预警等监管政策措施，以实现对相关主体的可问责性。

新经济监管要注重发挥技术手段和技术性解决方案在监管中的独特作用。首先，在一些技术手段能有效解决数字经济发展中出现的需要监管问题的情况下，监管机构不要采用行政执法手段，优先推广适用技术解决方案。即使政府需要监管也要采取基于数字技术手段的监管，典型的如针对手机 App 软件恶意收集消费者个人信息问题，工信部建设了App 个人信息违规违法监测平台，通过基于技术手段的监管，有效地遏制了其高发势头。其次，鉴于新经济中很多企业违规行为都是通过算法来实施的，因此政府监管应该事前明确算法开发设计应该遵循的基本原则或不能违反的红线，通过事前的技术设计来保证企业守法。最后，积极采用大数据、云计算等技术手段，构建智慧监管体制。为此需要明确平台的透明度要求和数据接入要求，监管机构在遵守企业商业信息保密规定的情况下可以接入被监管的平台或数字商务企业；监管机构应基于大数据及其分析技术，加强对数字经济重点行业或领域的分析和监控，及时评估市场运行当中存在的主要风险；随着未来人工智能技术的进一步发展，监管机构也要开发监管算法，实现智能监管。

五　加强新经济监管法律制度的国际协调与规则引领

中国是数字经济发展国家领先的国家之一，数字经济国际化发展是中国对外开放的新的重要支点。为此，中国应积极参与国家数据安全与隐私保护国际监管治理体系建设并发挥领导作用，制定一个既维护全球网络空间的安全稳定，又能让数据流动更有序的全球规范，为中国数字经济的国际化发展营造有利的国际环境，并利用本国数字经济发展的巨大优势来引领数字经济国际规则的形成。

目前，世界主要经济体关于数据隐私保护和网络安全的监管法律制度上存在较大的差异，这给数字商务企业的国际化经营和各国的跨境贸易带来较大的风险并构成严重的阻碍。联合国贸易与发展会议（2016）警告指出，各国过度的数据隐私保护和各国数据隐私保护政策的巨大差别会影响国际贸易并阻碍全球经济增长。[①] 在新贸易保护主义的背景下，数据安全保护政策甚至会成为一种新的贸易保护主义政策手段。为此，中国应该积极参与数据安全政策对话和协调，推动和引领数字经济国际治理体系建设。推动世界各国通过对话和协调：①注重基本原则的共识达成。目前尽管各国数据安全的相关法律差别较大，但是大多数国家在基本原则上是相同或相近的，因此国际协调应当首先力求在基本原则上达成共识，并适当保留在具体监管政策及手段上的国家差别。②先在特定领域或行业的监管政策达成共识。数据安全政策包括适用于所有部门的通用规则和适用于特定行业或领域的特别规则，国际协调可以优

---

① UNCTAD, *Data Protection Regulations and International Data Flows: Implications for Trade and Development*, New York and Geneva, United Nations Publication, 2016, p. 3.

先在卫生健康、互联网金融、儿童隐私保护等领域取得突破，然后逐步寻求在通用规则上达成共识。同时，由于中国在部分数字经济行业居于国际领先地位，并且具有丰富的监管实践经验积累，在这些领域中国要积极发挥国际规则引领者的角色。

目前，数据跨境流动面临很大的障碍，很多国家都对数据跨境流动实行了各种的限制，提出了严格的数据本地化要求。麦肯锡咨询公司（2016）的报告分析指出，数据跨境流动会极大地促进就业、创新和经济增长。[①] 对数据流动的过分严格限制可通过限制生产、贸易和创新而产生负面影响，特别是一国对跨国公司提出数据本地化和服务器本地化要求会明显增加其商业成本，削弱该国对外资的吸引力。很多国家限制数据的跨境流动不单单是保护个人数据隐私安全，而是将其看作是维护国家安全战略的一个重要组成部分。在有效维护数据安全的基础上，促进数据跨境流动。在数据跨境流动的国际协调中，既要在促进数据跨境流动的一般规则中达成共识，同时也要在涉及国家安全等敏感领域实行豁免，保留在国家安全问题的自主权。

本章小结

一　论述了新经济的独特发展规律及监管需求

新经济具有独特的经济发展规律，如数据是重要的资源、具有显著的规模经济和范围经济、多边平台商业模式、创新的动态性和发展的不确定性。新经济发展在促进消费者福利和经济高质量增长的同时也会带来市场失灵，主要体现为市场垄断、信息不对称、消费者隐私保护、公共安全与社会价值目标。因此，有效的政府监管是促进新经济高质量发展和维护消费者利益与社会公共利益的重要保障。

二　分析评价了中国以审慎包容监管为核心的新经济监管体制

中国政府实施的鼓励新经济创新发展的"包容审慎"监管政策是推动中国数字经济迅速成功发展的重要因素。包容审慎监管原则的核心

[①] Mckinsey and Company, *Digital Globalization: The New Era of Global Flows*, London, 2016, p. 5.

是尊重市场的决定性作用，赋予微观主体宽松的试错发展空间，促进新经济、新业态和新模式的创新发展。同时，监管法律制度尚不完备、监管机构体制不适应、监管机构与平台的关系尚未理顺、监管政策手段缺乏等问题仍十分突出，需要进一步完善监管体制。

三 阐述了新经济政府监管的基本导向

新经济监管需要继续坚持包容审慎基本原则，坚持如下的基本导向：新经济监管应以促进数字经济高质量发展为目标，新经济监管应始终将促进开放共享和鼓励创新作为政策基点，新经济监管应将维护市场竞争作为重心，新经济监管要确保监管体制与政策的动态有效，新经济监管应突出以安全为核心的社会性监管。

四 提出了新经济监管体系创新的基本路径

中国新经济监管体系创新的路径主要有以下五个方面：建立相对完善的新经济监管法律制度体系，构建"平台+政府"双中心的合作监管体制，建立与新经济相适应的监管机构体制，创新新经济监管实施体制和政策手段，加强新经济监管法律制度的国际协调与规则引领。

参考文献

［美］安德鲁·海武德：《政治学核心概念》，吴勇译，天津人民出版社 2008 年版。

［英］安东尼·奥格斯：《规制：法律形式与经济学理论》，骆梅英译，中国人民大学出版社 2008 年版。

巴曙松、沈长征：《从金融结构角度探讨金融监管体制改革》，《当代财经》2016 年第 9 期。

白让让：《制度均衡与独立规制机构的变革——以"信息产业部"和"电监会"为例》，《中国工业经济》2014 年第 10 期。

［英］罗伯特·鲍德温等：《牛津规制手册》，宋华琳等译，上海三联书店 2017 年版。

［美］伯纳德·施瓦茨：《美国法律史》，王军等译，中国政法大学出版社 1990 年版。

［美］斯蒂芬·布雷耶尔、保罗·W. 麦卡沃伊：《管制和放松管制》，载《新帕尔格雷夫经济学大词典》（第四卷），经济科学出版社 1992 年版。

曹凤岐：《改革和完善中国金融监管体系》，《北京大学学报》（哲学社会科学版）2009 年第 4 期。

曹阳等：《大数据支撑的智慧化城市治理：国际经验与中国策略》，《国际城市规划》2019 年第 3 期。

常纪文：《安全生产党政问责监管体制的立法构建》，《法学杂志》2014 年第 2 期。

陈安：《中国涉外仲裁监督机制评析》，《中国社会科学》1995 年第 4 期。

陈富良：《放松规制与强化规制——论转型经济中的政府规制改革》，上海三联书店 2001 年版。

陈富良：《规制工具选择及其成本有效性》，《改革》2007 年第 10 期。

陈富良：《我国经济转轨时期的政府规制》，中国财政经济出版社 2000 年版。

陈富良、郭建斌：《数字经济规制变革：理论、实践与反思——经济与法律向度的分析》，《理论探讨》2020 年第 6 期。

陈刚、李树：《官员交流、任期与反腐败》，《世界经济》2012 年第 2 期。

陈国权：《论责任政府及其实现过程中的监督作用》，《浙江大学学报》（人文社会科学版）2001 年第 2 期。

陈国权：《权力制约监督论》，浙江大学出版社 2013 年版。

陈国权：《政治监督论》，学林出版社 2000 年版。

陈国权、陈永杰：《基于权力法治的廉政治理体系研究》，《经济社会体制比较》2015 年第 3 期。

陈国权、周鲁耀：《制约与监督：两种不同的权力逻辑》，《浙江大学学报》（人文社会科学版）2013 年第 6 期。

陈宏彩：《强化监察机关内部监督的理论逻辑与制度建构》，《河南社会科学》2020 年第 11 期。

陈金钊：《法治与改革的关系及改革顶层设计》，《法学》2014 年第 8 期。

陈奇星：《中国公共行政监督机制现状分析与对策思考》，《国家行政学院学报》2003 年第 3 期。

陈水生：《我国城市精细化治理的运行逻辑及其实现策略》，《电子政务》2019 年第 10 期。

陈兴华：《以国家能源局 2014—2017 年监管报告为样本的能源监管实践考察》，《北方工业大学学报》2018 年第 4 期。

陈振明：《市场失灵与政府失败——公共选择理论对政府与市场关系的思考及其启示》，《厦门大学学报》1996 年第 2 期。

参考文献

陈征、刘馨宇：《健全党和国家监督体系：审计监督与人大监督的衔接》，《中共中央党校》2020年第6期。

程启智：《内部性与外部性及其政府管制的产权分析》，《管理世界》2002年第12期。

程启智：《政府社会性管制理论及其应用研究》，经济科学出版社2008年版。

程竹汝：《加强司法监督制度建设》，《探索与争鸣》2015年第2期。

仇保兴、王俊豪等：《市政公用事业监管体制与激励性监管政策研究》，中国社会科学出版社2009年版。

楚树龙、荣予：《美国政府和政治》（上册），清华大学出版社2012年版。

崔俊杰：《我国职业安全健康监管体制的演变、问题及完善》，《行政法学研究》2018年第5期。

［英］戴维·M. 纽伯里：《网络型产业的重组与规制》，胡汉辉校，人民邮电出版社2002年版。

［美］丹尼尔·F. 史普博：《管制与市场》，余晖等译，上海三联书店、上海人民出版社1999年版。

单勇：《城市公共安全的开放式治理——从公共安全地图公开出发》，《中国行政管理》2018年第5期。

邓萍：《食品安全政府监管主体探究》，《学术交流》2016年第8期。

丁捷：《美国独立管制机构的宏观制衡系统》，《苏州大学学报》（哲学社会科学版）2017年第6期。

董慧凝：《循环经济立法导向的范式比较及中国立法目标选择》，《北方工业大学学报》2008年第2期。

杜楠：《新时代党内监督体制创新》，《理论研究》2018年第6期。

杜倩博：《政府部门内部机构设置的组织逻辑与整合策略——基于中美差异性的比较分析》，《中国行政管理》2018年第9期。

杜治洲：《我国纪检监察机关的职能转变》，《理论视野》2014年第8期。

范如国：《"全球风险社会"治理：复杂性范式与中国参与》，《中国社会科学》2017年第2期。

冯玉军主编：《完善以宪法为核心的中国特色社会主义法律体系研究》（上册），中国人民大学出版社2018年版。

付敏等：《金融结构变动对监管的挑战与对策——国际经验与中国趋势》，《教学与研究》2017年第7期。

付子堂、胡夏枫：《立法与改革：以法律修改为重心的考察》，《法学研究》2014年第6期。

傅昌波：《全面推进智慧治理　开创善治新时代》，《国家行政学院学报》2018年第2期。

高鸿钧：《比较法律视域的英美法》，《中外法学》2012年第3期。

高鸿钧：《全球视野的比较法与法律文化》，清华大学出版社2015年版。

高小平等：《中国绩效管理的实践与理论》，《中国社会科学》2011年第6期。

高惺惟：《中国经济高杠杆风险探析》，《中国金融》2017年第20期。

郭剑鸣：《传统政府监管与治理模式下的公务腐败》，中国社会科学出版社2017年版。

郭剑鸣：《从预算公开走向政府清廉：反腐败制度建设的国际视野与启示》，《政治学研究》2011年第2期。

郭剑鸣：《公共预算约束机制建设与中国反腐败模式的完善》，《政治学研究》2009年第4期。

郭剑鸣：《规约政府：现代预算制度的本质及其成长的政治基础》，《学习与探索》2013年第2期。

郭剑鸣：《国际清廉评价认知与中国话语权建设》，《政治学研究》2017年第6期。

郭剑鸣：《廉能激励相容：完善干部考评机制的理论向度与实践进路》，《社会科学战线》2018年第11期。

郭剑鸣：《廉能激励相容：新时代廉政评价与建设探索》，北京大学出版社2020年版。

郭剑鸣、蔡文婷：《不可完全合约、内部性与政府监管的行政监督惰性》，《学习与探索》2019 年第 4 期。

郭剑鸣、康莉颖：《中国城市公用事业监管监督体系创新研究》，中国社会科学出版社 2015 年版。

郭克莎：《简政放权改革中的政府监管改革》，《经济学动态》2017 年第 6 期。

郭蕾、肖有智：《政府规制改革是否增进了社会公共福利——来自中国省际城市水务产业动态面板数据的经验证据》，《管理世界》2016 年第 8 期。

过勇、宋伟：《中国地方纪检监察机关改革模式分析》，《政治学研究》2014 年第 5 期。

韩晓宇：《金融控股公司监管的优化对策》，《银行家》2018 年第 10 期。

韩兆柱、马文娟：《数字治理理论及其应用的探索》，《公共管理评论》2016 年第 1 期。

韩志明、李春生：《城市治理的清晰性及其技术逻辑——以智慧治理为中心的分析》，《探索》2019 年第 6 期。

郝楠：《水利安全生产监督管理体制初探》，《城市建设理论研究》2014 年第 12 期。

何英、刘义圣：《中国金融市场开放的历史进程和发展路径》，《亚太经济》2018 年第 6 期。

胡金焱：《健全防控金融风险的新型金融监管体系》，《改革》2017 年第 11 期。

胡楠等：《中国食品业与食品安全问题研究》，中国轻工业出版社 2008 年版。

胡颖廉：《改革开放 40 年中国食品安全监管体制和机构演进》，《中国食品药品监管》2018 年第 10 期。

黄盛初等：《我国安全生产法治建设面临的挑战及对策》，《中国安全生产科学技术》2014 年第 10 期。

黄新华、陈宝玲：《政府规制的技术嵌入：载体、优势与风险》，《探索》2019 年第 6 期。

黄燕辉：《我国金融监管的演进历程变迁：强制性抑或诱致性》，《改革》2013年第9期。

［美］吉帕·维斯库斯、约翰·M.弗农、小约瑟夫·E.哈林顿：《反垄断与管制经济学》，陈甫军等译，机械工业出版社2004年版。

菅从进：《公民监督权法制构建论》，商务印书馆2020年版。

江必新：《审判监督与国家赔偿的理念、政策与机制》，人民法院出版社2019年版。

江国华：《国家监察权力运行及其监督机制研究》，中国政法大学出版社2020年版。

江曙霞、张小博：《双重准则规制下民间信用制度变迁的成本—收益分析》，《金融研究》2004年第11期。

姜雅婷、柴国荣：《目标考核如何影响安全生产治理效果：政府承诺的中介效应》，《公共行政评论》2018年第5期。

蒋银华：《立法成本收益评估的发展困境》，《法学评论》2017年第5期。

［美］杰拉尔德·凯登等：《腐败：权利与制约》，王云燕译，人民日报出版社2017年版。

［澳大利亚］凯思·麦基：《建设更好的政府：建立监控与评估系统》，丁煌等译，中国人民大学出版社2009年版。

康智勇等：《网购食品安全协同治理体系探析》，《食品科学》2019年第5期。

［英］科林·斯科特：《规制、治理与法律：前沿问题研究》，安永康译，清华大学出版社2018年版。

孔萌萌：《金融监管体系演进轨迹：国际经验及启示》，《改革》2011年第12期。

况昕、高惺惟：《构建"双支柱"监管框架与金融风险防控》，《财经科学》2018年第4期。

赖秀福：《银行监管、银行业运行与经济发展：监管成本与收益的思考》，《金融监管研究》2012年第4期。

兰旭凌：《风险社会中的社区智慧治理：动因分析、价值场景和系统变革》，《中国行政管理》2019年第1期。

蓝志勇、胡税根：《中国政府绩效评估：理论与实践》，《政治学研究》2008 年第 3 期。

［法］勒内·达维德：《当代主要法律体系》，漆竹生译，上海译文出版社 1984 年版。

雷磊：《法律体系、法律方法与法治》，中国政法大学出版社 2016 年版。

李庚南：《新金融业态下银行业监管面临三大挑战》，《中国农村金融》2014 年第 5 期。

李洪雷：《深化改革与依法行政关系之再认识》，《法商研究》2014 年第 2 期。

李湖生：《新体制下我国安全生产执法队伍改革问题探讨》，《中国安全生产科学技术》2019 年第 11 期。

李建琴：《政府俘虏理论与管制改革思路》，《经济学动态》2002 年第 7 期。

李金龙、陈芳：《智慧治理：城市综合执法创新的路径选择》，《江西社会科学》2018 年第 6 期。

李静：《从"一元单向分段"到"多元网络协同"——中国食品安全监管机制的完善路径》，《北京理工大学学报》（社会科学版）2015 年第 4 期。

李静：《我国食品安全监管的制度困境——以三鹿奶粉事件为例》，《中国行政管理》2009 年第 10 期。

李世杰、李伟：《产业链纵向价格形成机制与中间产品市场垄断机理研究——兼论原料药市场的垄断成因及反垄断规制》，《管理世界》2019 年第 12 期。

李树、陈刚：《环境管制与生产率增长——以 APPCL2000 的修订为例》，《经济研究》2013 年第 1 期。

李文喆：《中国影子银行的经济学分析：定义、构成和规模测算》，《金融研究》2019 年第 3 期。

李先国：《发达国家食品安全监管体系及其启示》，《财贸经济》2011 年第 7 期。

李扬：《中国金融改革开放 30 年：历程、成就和进一步发展》，

《财贸经济》2008 年第 11 期。

李毅中：《我国安全生产现状发展趋势和对策措施》，《中国石油和化工标准与质量》2007 年第 5 期。

李毅中：《中国安全生产发展趋势研究》，《安全与健康》2007 年第 3 期。

李拥军：《当代中国法律体系的反思与重构》，《法制与社会发展》2009 年第 4 期。

李云新、韩伊静：《国外智慧治理研究述评》，《电子政务》2017 年第 7 期。

李云新、王振兴：《网络扶贫的动因、方式与绩效——基于"网络扶贫创新优秀案例"的考察》，《电子政务》2019 年第 9 期。

李仲林：《论我国现行银行业监管法律制度的缺陷与完善》，《南方金融》2011 年第 11 期。

联合国世界环境与发展委员会：《我们共同的未来》，吉林人民出版社 1997 年版。

廖进球、陈富良：《政府规制俘虏理论与对规制者的规制》，《江西财经大学学报》2001 年第 5 期。

廖卫东、何笑：《我国食品公共安全规制体系的政策取向》，《中国行政管理》2011 年第 10 期。

刘戒骄：《垄断产业改革——基于网络视角的分析》，经济管理出版社 2005 年版。

刘琳：《物联网技术在企业安全生产监管中的应用探讨》，《网络安全技术与应用》2019 年第 5 期。

刘录民等：《食品安全监管绩效评估方法探索》，《广西大学学报》（哲学社会科学版）2009 年第 4 期。

刘鹏：《省级食品安全监管绩效评估及其指标体系构建——基于平衡计分卡的分析》，《华中师范大学学报》（人文社会科学版）2013 年第 4 期。

刘淑妍、李斯睿：《智慧城市治理：重塑政府公共服务供给模式》，《社会科学》2019 年第 1 期。

刘松山：《当代中国处理立法与改革关系的策略》，《法学》2014

年第 1 期。

刘伟玮等：《新时期生态监管职能解析及制度体系构建建议》，《环境科学研究》2019 年第 8 期。

刘晓光等：《金融监管结构是否影响宏观杠杆率》，《世界经济》2019 年第 3 期。

刘晔：《高质量发展中的社会保险体系建设思考》，《中国市场》2019 年第 21 期。

刘迎霜：《金融创新时代的金融监管法制变革趋向——次贷危机的启示》，《浙江社会科学》2012 年第 4 期。

刘迎霜：《中国金融体制改革历程——基于金融机构、金融市场、金融监管视角的叙述》，《南京社会科学》2011 年第 4 期。

刘裕等：《政府安全生产公共服务能力评价指标体系的构建》，《中国安全生产科学技术》2016 年第 1 期。

刘志刚：《宪法实施监督机构研究》，复旦大学出版社 2019 年版。

马长山：《智慧社会的治理难题及其消解》，《求是学刊》2019 年第 5 期。

马怀德：《监察法：新时代党和国家自我监督的重要规范》，《紫光阁》2018 年第 4 期。

马英娟：《监管的概念：国际视野和中国话语》，《浙江学刊》2018 年第 4 期。

马英娟：《政府监管机构研究》，北京大学出版社 2007 年版。

［法］孟德斯鸠：《论法的精神》，商务印书馆 1961 年版。

米健：《比较法学导论》，商务印书馆 2013 年版。

［英］奈杰尔·福尔曼、道格拉斯·鲍德温：《英国政治通论》，苏淑民译，中国社会科学出版社 2015 年版。

欧俊等：《论完善我国金融监管框架问题》，《财经科学》2017 年第 6 期。

欧阳秋梅、吴超：《安全生产大数据的 5W2H 采集法及其模式研究》，《中国安全生产科学技术》2016 年第 12 期。

潘小娟：《中国政府改革七十年回顾与思考》，《中国行政管理》2019 年第 10 期。

裴文田：《基于安全生产双重属性的新常态下非煤矿山安全监管对策研究》，《中国安全生产科学技术》2017 年第 11 期。

戚聿东：《中国经济运行中的垄断与竞争》，人民出版社 2004 年版。

戚聿东、李峰：《垄断性产业放松规制的进程测度及其驱动因素分解》，《管理世界》2016 年第 10 期。

戚聿东、李颖：《新经济与规制改革》，《中国工业经济》2018 年第 3 期。

钱大军、薛爱昌：《繁华与无序：法律体系构建的中国模式之检讨》，《法律科学》2016 年第 1 期。

［美］乔治·J. 施蒂格勒：《产业组织和政府管制》，潘振民译，上海三联书店 1989 年版。

秦孝仪主编：《中华民国经济发展史》，台北近代中国出版社 1983 年版。

曲格平：《中国环保事业的回顾与展望》，《中国环境管理干部学院学报》1999 年第 3 期。

［法］让-雅克·拉丰、让·梯若尔：《政府采购与规制中的激励理论》，石磊等译，上海三联书店 2004 年版。

任国友：《地方安全生产监督管理体制：问题、原因及改进路径》，《中国安全生产科学技术》2013 年第 2 期。

尚福林：《探索符合中国实际的银行业监管模式》，《中国金融》2013 年第 9 期。

沈费伟：《智慧治理："互联网＋"时代的政府治理变革新模式》，《中共福建省委党校学报》2019 年第 4 期。

沈费伟、诸靖文：《大数据时代的智慧政府治理：优势价值、治理限度与优化路径》，《电子政务》2019 年第 10 期。

沈宏亮：《现代市场体系完善进程中的监管体系改革研究》，《中国特色社会主义研究》2018 年第 4 期。

沈洪涛、冯杰：《舆论监督、政府监督与企业环境信息披露》，《会计研究》2012 年第 2 期。

沈坤荣、周力：《地方政府竞争、垂直型环境规制与污染回流效应》,《经济研究》2020 年第 3 期。

沈宗灵:《比较法研究》,北京大学出版社 1998 年版。

时红秀:《金融监管要不断完善,也要不断并级——评央行〈金融控股公司监督管理试行办法(征求意见稿)〉》,《银行家》2019 年第 8 期。

舒心:《新时代我国金融监管体制变革:回顾、反思与展望》,《中国地质大学学报》(社会科学版) 2019 年第 1 期。

宋超、张智琦:《创新财政审计监督机制的思路》,《经济研究参考》2009 年第 6 期。

宋华琳:《政府规制改革的成因与动力——以晚近中国药品安全规制为中心的观察》,《管理世界》2008 年第 8 期。

宋强、耿弘:《整体性治理——中国食品安全监管体制的新走向》,《贵州社会科学》2012 年第 9 期。

宋伟、过勇:《新时代党和国家监督体系:建构逻辑、运行机理与创新进路》,《东南学术》2020 年第 1 期。

苏宏杰等:《中国安全生产标准现状统计分析》,《中国安全生产科学技术》2019 年第 10 期。

谭荣尧等:《中国能源监管探索与实践》,人民出版社 2016 年版。

谭熙鸿:《十年来之中国经济》,南京古旧书店 1948 年版。

唐民皓:《食品药品安全与监管政策研究报告》(2009 年卷),社会科学文献出版社 2008 年版。

唐晓等:《当代西方政治制度导论》,中国人民大学出版社 2016 年版。

唐要家:《城市水务监管的制度有效性及其治理体系》,《浙江社会科学》2017 年第 5 期。

唐要家:《城市水务行业监管体系研究》,中国社会科学出版社 2017 年版。

唐要家:《电力体制改革与节能减排》,中国社会科学出版社 2014 年版。

唐要家:《数字经济赋能高质量增长的机理与政府政策重点》,《社会科学战线》2020 年第 10 期。

唐要家：《数字经济监管体制创新的导向与路径》，《长白学刊》2021 年第 1 期。

唐要家、李增喜：《居民阶梯水价能促进社会公平吗?》，《财经问题研究》2016 年第 4 期。

唐要家、唐春晖：《数据要素经济增长倍增机制及治理体系》，《人文杂志》2020 年第 11 期。

万岩、高世楫：《国家治理现代化视野下的监管能力建设》，《中国行政管理》2019 年第 5 期。

汪全胜：《加拿大立法的成本—效益分析制度探讨》，《法治研究》2014 年第 8 期。

王冲：《地方金融监管体制改革现状、问题与制度设计》，《金融监管研究》2017 年第 11 期。

王德凡：《金融创新、金融风险与金融监管法的价值选择》，《国家行政学院学报》2018 年第 3 期。

王鸿、吕梅：《高危企业安全生产监管的法律指导准则》，《学海》2014 年第 6 期。

王冀宁等：《中国食品安全监管绩效的评价研究——基于全国 688 个监管主体的调研》，《现代经济探讨》2018 年第 8 期。

王建华等：《从监管到治理：政府在农产品安全监管中的职能转换》，《南京农业大学学报》（社会科学版）2017 年第 4 期。

王俊豪：《城市污水处理行业的竞争机制与标杆价格原理》，《财贸经济》2013 年第 3 期。

王俊豪：《论自然垄断产业的有效竞争》，《经济研究》1998 年第 8 期。

王俊豪：《英国政府管制体制改革研究》，上海三联书店 1998 年版。

王俊豪：《政府管制经济学导论——基本理论及其在政府管制实践中的应用》，商务印书馆 2017 年版。

王俊豪：《中国基础设施产业政府管制体制改革的若干思考》，《经济研究》1997 年第 10 期。

王俊豪：《中国特色政府监管理论体系：需求分析、构建导向与整体框架》,《管理世界》2021 年第 2 期。

王俊豪、程肖君:《网络瓶颈、策略性行为与管网公平开放——基于油气产业的研究》,《中国工业经济》2017 年第 1 期。

王俊豪、胡飞:《核电的经济特性及其安全性管制的有效性分析》,《经济理论与经济管理》2021 年第 5 期。

王俊豪、贾婉文:《中国医疗卫生资源配置与利用效率分析》,《财贸经济》2021 年第 2 期。

王俊豪、金暄暄:《中国能源监管体制深化改革研究》,《经济学家》2020 年第 9 期。

王俊豪、李阳:《中国特色政府监管机构理论体系及其改革思路》,《中国行政管理》2020 年第 10 期。

王俊豪、穆秀珍:《中国石油行业的现代监管体系建设探析》,《中国行政管理》2015 年第 8 期。

王俊豪、周晟佳:《中国数字产业发展的现状、特征及其溢出效应》,《数量经济技术经济研究》2021 年第 3 期。

王俊豪、周小梅:《跨学科视野下的食品安全治理与展望》,《管理世界》2014 年第 10 期。

王俊豪等:《电网企业纵向一体化、成本效率与主辅分离改革》,《中国工业经济》2021 年第 3 期。

王俊豪等:《美国联邦通信委员会及运行机制》,经济管理出版社 2003 年版。

王俊豪等:《西方国家的政府管制俘虏理论及其评价》,《世界经济》1998 年第 4 期。

王俊豪等:《中国城市公用事业民营化绩效评价与管制政策研究》,中国社会科学出版社 2013 年版。

王俊豪等:《中国垄断性产业管理机构的设立与运行机制》,商务印书馆 2008 年版。

王俊豪等:《中国特色政府监管立法导向与法律制度体系》,《浙江社会科学》2021 年第 1 期。

王俊豪等:《中国现代能源监管体系与监管政策研究》,中国社会科学出版社 2018 年版。

王可山、苏昕：《我国食品安全政策演进轨迹与特征观察》，《改革》2018年第2期。

王浦劬：《国家治理、政府治理和社会治理的含义及其相互关系》，《国家行政学院学报》2014年第3期。

王浦劬：《国家治理现代化理论与策论》，人民出版社2016年版。

王钦：《我国安全生产监管体制现存的突出问题》，《经济管理》2006年第9期。

王廷惠：《微观规制理论研究》，中国社会科学出版社2005年版。

王希鹏：《坚持和完善党和国家监督体系：基本经验与推进路径》，《中国特色社会主义研究》2019年第6期。

王显政：《安全生产与经济社会发展报告》，煤炭工业出版社2006年版。

王湘军、邱倩：《大部制视野下美国独立监管机构的设置及其镜鉴》，《中国行政管理》2016年第6期。

王循庆、孙晓羽：《基于公众参与行为的化工企业监管治理演化博弈分析》，《中国安全生产科学技术》2018年第4期。

王彦超、蒋亚含：《竞争政策与企业投资——基于〈反垄断法〉实施的准自然实验》，《经济研究》2020年第8期。

韦秀长：《新起点上深化地方金融监管改革》，《中国金融》2019年第13期。

文晓巍等：《改革开放四十周年：我国食品安全问题关注重点变迁及内在逻辑》，《农业经济问题》2018年第10期。

［英］沃尔特·白芝浩：《英国宪法》，夏彦才译，商务印书馆2016年版。

吴丕等：《政治监督学》，北京大学出版社2007年版。

吴晓求：《改革开放四十年：中国金融的变革与发展》，《经济理论与经济管理》2018年第11期。

习近平：《高举中国特色社会主义伟大旗帜 为全面建设社会主义现代化国家而团结奋斗——在中国共产党第二十次全国代表大会上的报告》，人民出版社2022年版。

习近平：《习近平谈治国理政》（第三卷），外文出版社2020年版。

参考文献

习近平：《在哲学社会科学工作座谈会上的讲话》，人民出版社 2016 年版。

席涛：《美国的成本—收益分析管制体制及其对中国的启示》，《经济理论与经济管理》2004 年第 6 期。

肖兴志：《安全规制波动对煤炭生产的非对称影响研究》，《经济研究》2011 年第 9 期。

谢俊贵：《公共信息学》，湖南师范大学出版社 2004 年版。

谢康等：《食品安全、监管有界性与制度安排》，《经济研究》2016 年第 4 期。

徐匡根等：《大市场监管模式下基层食品安全监管能力分析——以江西省为例》，《中国卫生政策研究》2018 年第 5 期。

徐鸣：《整体性治理：地方政府市场监管体制改革探析——基于四个地方政府改革的案例研究》，《学术界》2015 年第 12 期。

徐忠：《新时代背景下中国金融体系与国家治理体系现代化》，《经济研究》2018 年第 7 期。

许宏志、张长立：《网络治理视角下我国煤矿安全生产监管的新模式》，《南通大学学报》（社会科学版）2017 年第 3 期。

许文彬、赵霖、李志文：《金融监管与金融创新的共同演化分析——一个基于非线性动力学的金融监管分析框架》，《经济研究》2019 年第 5 期。

严金明：《土地规划立法的导向选择与法律框架构建》，《中国土地科学》2008 年第 11 期。

颜佳华、王张华：《数字治理、数据治理、智能治理与智慧治理概念及其关系辨析》，《湘潭大学学报》（哲学社会科学版）2019 年第 5 期。

颜伟文、陈江华：《3 项高危行业企业应急救援费用制度对比研究》，《中国安全科学学报》2014 年第 1 期。

杨炳霖：《后设监管的中国探索：以落实生产经营单位安全生产主体责任为例》，《华中师范大学学报》（人文社会科学版）2019 年第 5 期。

杨大瀚、魏淑艳：《安全生产监管为何陷入"费力不讨好"尴尬境地》,《人民论坛》2017 年第 5 期。

杨东:《互联网金融的法律规制——基于信息工具的视角》,《中国社会科学》2015 年第 4 期。

杨东:《监管科技:金融科技的监管挑战与维度建构》,《中国社会科学》2018 年第 5 期。

杨冬梅:《大数据时代政府智慧治理面临的挑战及对策研究》,《理论探讨》2015 年第 2 期。

杨福明:《次贷危机中的监管"失灵"与中国金融安全体系构建》,《经济学家》2009 年第 7 期。

杨慧:《市场监管模式从运动化向常态化转型的路径思考》,《工商行政管理》2005 年第 24 期。

杨杰、李晓霞:《建设安全法理念重塑及法规制度体系完善研究》,《东岳论丛》2018 年第 9 期。

杨明:《我国互联网食品安全监管的现状、困境与优化对策》,《中国食品学报》2017 年第 11 期。

杨如富:《企业安全生产监督管理的新策略分析》,《技术与市场》2019 年第 2 期。

姚从容:《公共环境物品供给的经济分析》,经济科学出版社 2005 年版。

叶荣泗、吴钟瑚:《中国能源法律体系研究》,中国电力出版社 2006 年版。

尹海员、王盼盼:《我国互联网金融监管现状及体系构建》,《财经科学》2015 年第 9 期。

尹亚军:《"问题导向式立法":一个经济法立法趋势》,《法制与社会发展》2017 年第 1 期。

尹振涛:《互联网金融控股公司的监管》,《中国金融》2019 年第 1 期。

于良春:《自然垄断与政府规制——基本理论与政策分析》,经济科学出版社 2003 年版。

余晖:《政府与企业:从宏观管理到微观管制》,福建人民出版社 1997 年版。

俞可平：《衡量国家治理体系现代化的基本标准——关于推进"国家治理体系和治理能力的现代化"的思考》，《党政干部参考》2014年第1期。

郁建兴、朱心怡：《"互联网+"时代政府的市场监管职能及其履行》，《中国行政管理》2017年第6期。

郁建兴等：《政府职能转变与市场监管治理体系构建的共同演进逻辑——基于疫苗监管治理体系及应对危机事件的案例研究》，《管理世界》2020年第2期。

喻文光：《PPP规制中的立法问题研究——基于法政策学的视角》，《当代法学》2016年第2期。

［美］约翰·亨利·梅里曼：《大陆法系》，顾培东等译，法律出版社2004年版。

［英］约翰·伊特韦尔、默里·米尔盖特、彼得·纽曼主编：《新帕尔格雷夫经济学大辞典》（第四卷），陈岱孙译，经济科学出版社1992年版。

曾广录：《我国互联网金融监管政策网络的脆弱性研究——基于政策网络理论》，《浙江金融》2017年第12期。

曾国安：《管制、政府管制与经济管制》，《经济评论》2014年第1期。

曾国安：《论经济管制与宏观经济调控的关系》，《经济评论》2003年第1期。

［美］詹姆斯·M.布坎南：《自由、市场和国家》，吴良健等译，北京经济学院出版社1998年版。

詹承豫：《中国食品安全监管体制改革的演进逻辑及待解难题》，《南京社会科学》2019年第10期。

张承惠：《重新审视金融市场和金融监管——美国金融危机引起的思考》，《经济研究参考》2009年第17期。

张东峰、杨志强：《政府行为内部性与外部性分析的理论范式》，《财经问题研究》2008年第3期。

张桂林：《党和国家监督体系原理探析》，《政治学研究》2020年第4期。

张桂林：《国家廉政体系的基本认知与构建中国特色监督体系》，《政治学研究》2019 年第 5 期。

张红：《监管沙盒及与我国行政法体系的兼容》，《浙江学刊》2018 年第 1 期。

张红凤等：《西方国家政府规制变迁与中国政府规制改革》，经济科学出版社 2007 年版。

张静波、周亚权：《城市公共空间治理体系与治理方式创新的路径》，《云南行政学院学报》2018 年第 4 期。

张俊林、胡艳：《提升信息化水平，推进"智慧监管"》，《中国市场监管研究》2018 年第 11 期。

张萌萌、叶耀明：《金融监管进程及其关联性判断》，《改革》2017 年第 2 期。

张敏聪：《"银监会"的设立与中国银行业监管对策》，《经济管理》2003 年第 19 期。

张穹、张智辉：《权力制约与反腐倡廉》，中国方正出版社 2009 年版。

张瑞云等：《杭州市江干区农贸市场 209 份蔬菜中 12 种有机磷农药残留监测结果分析》，《中国卫生检疫杂志》2014 年第 9 期。

张守文：《论"发展导向型"的税收立法》，《法学杂志》2016 年第 7 期。

张维迎：《产权、政府与信用》，三联书店 2001 年版。

张维迎、盛洪：《从电信业看中国的反垄断问题》，《改革》1998 年第 2 期。

张文显主编：《法理学》，高等教育出版社、北京大学出版社 2011 年版。

张晓朴、卢钊：《金融监管体制选择：国际比较、良好原则与借鉴》，《国际金融研究》2012 年第 9 期。

张效羽：《通过政府监管改革为互联网经济拓展空间——以网络约租车监管为例》，《行政管理改革》2016 年第 2 期。

张学刚：《环境管制政策工具的演变与发展：基于对外部性问题认识的视角》，《中国环境管理》2010 年第 3 期。

张勇：《网络反腐的刑事司法路径与模式研究》，法律出版社 2017 年版。

张宇燕：《国家放松管制的博弈——以中国联合通信有限公司的创建为例》，《经济研究》1995 年第 6 期。

张玉喜：《金融监管治理：问题、机制与评估》，《上海金融》2009 年第 8 期。

张卓元等：《中国经济理论创新四十年》，中国人民大学出版社 2018 年版。

赵翠萍等：《食品安全治理中的相关者责任：政府、企业和消费者维度的分析》，《经济问题》2012 年第 6 期。

赵德馨：《中国近现代经济史（1842—1949）》，河南人民出版社 2003 年版。

赵宏伟：《天津市创新"互联网＋中介服务"管控机制》，《中国行政管理》2016 年第 2 期。

赵美珍、邓禾：《立体化环境监管模式的创建与运行》，《重庆大学学报》（社会科学版）2010 年第 1 期。

赵锡军：《金融监管在效率与风险之间寻求平衡》，《中国投资》2017 年第 7 期。

赵旭光、李红枫：《从法治视角探究生态环境监管体制改革》，《中国特色社会主义研究》2018 年第 4 期。

赵燕：《依托"互联网＋"构建食品安全监管新模式》，《经济研究导刊》2016 年第 2 期。

赵勇、汪仲启：《权力运行制约和监督体系建设》，经济科学出版社 2020 年版。

赵振：《"互联网＋"跨界经营：创造性破坏视角》，《中国工业经济》2015 年第 10 期。

［美］珍妮特·登哈特、罗伯特·登哈特：《新公共服务：服务，而不是掌舵》（第 3 版），丁煌译，中国人民大学出版社 2016 年版。

郑宝贵主编：《中华人民共和国经济史（1949—2012）》，当代中国出版社 2016 年版。

郑风田、焦贝贝：《我国地方政府食品安全监管困境及改善路径研究》,《现代管理科学》2016 年第 12 期。

郑佳宁:《从行政管理到综合管理：我国能源管理的模式变革》,《行政法学研究》2010 年第 3 期。

郑联盛:《中国互联网金融：模式、影响、本质与风险》,《国际经济评论》2014 年第 11 期。

郑联盛、何德旭:《美国金融危机与金融监管框架的反思》,《经济社会体制比较》2009 年第 3 期。

郑启航等:《美国国企改革的特点及当前面临的主要问题》,《内部参考》2014 年第 19 期。

郑永年:《技术赋权》,东方出版社 2014 年版。

［日］植草益:《微观规制经济学》,朱绍文等译校,中国发展出版社 1992 年版。

中共中央文献研究室:《建国以来重要文献选编》（第 1 册）,中央文献出版社 1992 年版。

中国社会科学院、中央档案馆:《1949—1952 中华人民共和国经济档案资料选编》（综合卷）,中国城市经济社会出版社 1990 年版。

中国社会科学院、中央档案馆:《1953—1957 中华人民共和国国民经济档案资料选编》（商业卷）,中国物价出版社 2000 年版。

周汉华:《政府监管与行政法》,北京大学出版社 2007 年版。

周开国等:《食品安全监督机制研究——媒体、资本市场与政府协同治理》,《经济研究》2016 年第 9 期。

周小梅:《开放经济下的中国食品安全管制：理论与管制政策体系》,《国际贸易问题》2007 年第 9 期。

周小梅:《食品质量安全控制：市场机制与政府管制》,经济科学出版社 2019 年版。

周小梅:《我国食品安全管制的供求分析》,《农业经济问题》2010 年第 9 期。

周小梅:《质疑食品价格管制——兼论政府管制职能定位》,《经济理论与经济管理》2014 年第 7 期。

周小梅、卞敏敏:《零售业态演变过程中生鲜农产品质量安全控制：市场机制与政府管制》,《消费经济》2017 年第 6 期。

周小梅、范鸿飞：《区域声誉可激励农产品质量安全水平提升吗?》,《农业经济问题》2017年第4期。

周小梅、张琦:《产业集中度对食品质量安全的影响——以乳制品为考察对象》,《中共浙江省委党校学报》2016年第5期。

周小梅等:《基于企业诚信视角的食品安全问题研究》,中国社会科学出版社2014年版。

周小梅等:《食品安全管制长效机制:经济分析与经验借鉴》,中国经济出版社2011年版。

周志忍:《政府绩效管理研究:问题、责任与方向》,《中国行政管理》2006年第12期。

周仲飞、李敬伟:《金融科技背景下金融监管范式的转变》,《法学研究》2018年第5期。

朱曾汶译:《美国宪法及其修正案》,商务印书馆2017年版。

竺乾威:《经济新常态下政府行为的调整》,《中国行政管理》2015年第3期。

卓越:《政府绩效评估指标设计的类型和方法》,《中国行政管理》2007年第2期。

Abrardi, L., Cambini, C., "Tariff Regulation with Energy Efficiency Goals", *Energy Economics*, Vol. 49, No. 35, 2015, pp. 122 – 131.

Albino, V., et al., "Smart Cities: Definitions, Dimensions, Performance, and Initiatives", *Journal of Urban Technology*, Vol. 22, No. 1, 2015, pp. 3 – 21.

Alex, M., et al., "Study on the Political Involvement in Senior Staffing and on the Delineation of Responsibilities between Ministers and Senior Civil Servants", *OECD Working Papers on Public Governance*, No. 6, 2007.

Ani, M., Lucica, M., "Statistic Instruments for Performance Evaluation in the Public Sector. A Case Study for Romania", *International Review on Public and Nonprofit Marketing*, No. 5, 2008.

Antle, J. M., "Chapter 19 Economic Analysis of Food Safety", *Handbook of Agricultural Economics*, Vol. 1, No. 1, 2001, pp. 1083 – 1136.

Averch, H. and L. Johnson, "Behavior of the Firm under Regulatory

Constraint", *American Economic Review*, No. 52, 1962.

Bass, B. M., Stogdill, R. M., *Bass & Stogdill's Handbook of Leadership: Theory, Research, and Managerial Applications*, New York: Stogdill's Handbook of Leadership, 1990.

Bauer, Bohlin, "From Static to Dynamic Regulation", *Intereconomics*, Vol. 43, No. 1, 2008, pp. 38 – 50.

Black, "Decentring Regulation: Understanding the Role of Regulation and Self – regulation in a 'Post – Regulatory' World", *Current Legal Problems*, Vol. 54, No. 1, 2001, pp. 103 – 146.

Bohlin, Caves, Eisenach, "Mobile Wireless Performance in the EU and the US: Implications for Policy", *Communications and Strategies*, Vol. 93, No. 1, 2014, pp. 35 – 58.

Bozeman, Barry, "A Theory of Government 'Red Tape'", *Journal of Public Administration Research and Theory*, Vol. 3, No. 3, 1993, pp. 273 – 303.

Bozeman, Barry, *All Organizations are Public Bridging Public and Private Organizational Theories*, San Francisco: Jossey – Bass Publishers, 1987.

Bozeman, Barry, "Public – Value Failure: When Efficient Markets May Not Do", *Public Administration Review*, Vol. 62, No. 2, 2002, pp. 145 – 161.

Buchanan, J. M., et al., *Toward a Theory of the Rent – Seeking Society*, College Station, Texas A&M Press, 1980.

Caillaud, Jullien, "Chicken and Egg: Competition among Intermediation Service Providers", *The RAND Journal of Economics*, Vol. 34, 2003, pp. 309 – 328.

Caire, P., "Designing Convivial Digital Cities: A Social Intelligence Design Approach", *AI & Society*, Vol. 24, No. 1, 2009, pp. 97 – 114.

Callahan, Richard, "Governance: The Collision of Politics and Cooperation", *Public Administration Review*, Vol. 67, No. 2, 2007, pp. 290 – 301.

Caswell, J. A., E. M. Mojduszka, "Using Informational Labeling to Influence the Market for Quality in Food Products", *American Journal of Agricultural Economics*, Vol. 78, No. 5, 1996, pp. 1248 – 1253.

Cesar, M., Miguel, R., "The Evolution of Civil Servants and Managers Recruitment and Performance Evaluation Processes in Portuguese Public Administration", *Revista Portuguesa de Management*, No. 2, 2009.

Christensen, Raynor, *The Innovator's Solution*, Harvard Business Review Press, 2003.

Copp, David, "The Justice and Rationale of Cost – Benefit Analysis", *Theory & Decisions*, 1987.

Dameri, R. P., Benevoloo, C., "Governing Smart Cities: An Empirical Analysis", *Social Science Computer Review*, 2016.

David H. Rosenbloom, "Public Administration Theory and the Separation of Powers", *Public Administration Review*, Vol. 43, No. 3 1983.

Deci, E. L., Ryan, R. M., "Facilitating Optimal Motivation and Psychological Well – being across Life's Domains", *Canadian Psychology*, Vol. 49, No. 1, 2008, pp. 14 – 23.

Denhardt, Robert B., Denhardt, Janet Vinzant, "The New Public Service: Serving Rather than Steering", *Public Administration Review*, Vol. 60, No. 6, 2000, pp. 549 – 559.

D. Levitan, "Political Ends and Administration Means", *Public Administration Review*, Vol. 3, No. 3, 1943.

Eric A. Posner, "Cost – Benefit Analysis: legal, Economic and Philosophical Perspective Introduction", *The Journal of Legal Studies*, Vol. 29, No. 2, 2000.

Evans, Schmalensee, "The Antitrust Analysis of Multi – sided Platform Businesses (No. w18783)", *National Bureau of Economic Research*, 2013.

Fleishman, E. A., et al., "Taxonomic Efforts in the Description of Leader Behavior: A Synthesis and Functional Interpretation", *The Leadership Quarterly*, Vol. 2, No. 4, 1991, pp. 245 – 287.

George J. Stigler, Claire Friedland, "What Can Regulators Regulate? The Case of Electricity", *Journal of Law and Economics*, Vol. 5, 1962.

Gerald W. Brock, *Telecommunication Policy for the Information Age: from Monopoly to Competition*, Harvard University Press, 1998.

Guizhou Global Big Data Exchange, *White Paper on China Big Data Ex-*

change, 2016.

Harold Demsetz, "Why Regulate Utilities?", *Journal of Law and Economies*, 1968.

Hemphill, R., et al., "Incentive Regulation in Network Industries: Experience and Prospects in the U. S. Telecommunication Electricity, and Natural Gas Industries", *Review of Network Economics*, Vol. 2, 2003, pp. 316 – 337.

Hood, Christopher, "A Public Management for All Seasons?", *Public Administration*, Vol. 69, No. 1, 1991, pp. 3 – 19.

Huang, Y., Söder, L., "Assessing the Impact of Incentive Regulation on Distribution Network Investment Considering Distributed Generation Integration", *International Journal of Electrical Power & Energy Systems*, Vol. 89, 2017, pp. 126 – 135.

Humphreys, R. W., "Employee Benefits and Public Policy", *Employee Responsibilities and Rights Journal*, Vol. 3, No. 3, 1990, pp. 199 – 213.

Iansiti and Levien, *The Keystone Advantage: What the New Dynamics of Business Ecosystems Mean for Strategy, Innovation, and Sustainability*, Harvard Business School Press, 2004.

Janet, B., Cary, C., "Job Satisfaction, Mental health and Occupational Stress among Senior Civil Servants", *Human Relations*, Vol. 48, No. 3, 1995, pp. 327 – 341.

Jean – Jacques Laffont, Jean Tirole, "Using Cost Observation to Regulate Firms", *Journal of Political Economy*, Vol. 94, No. 3, 1986, pp. 614 – 641.

John Vickers, George Yarrow, *Privatization: An Economic Analysis*, The MIT Press, 1988.

Kahn, A. E, *The Economics of Regulation: Principles and Institutions*, Cambridge (MA): The MIT Press, 1988.

Laffont, Tirole, "The Politics of Government Decision – Making: A Theory of Regulatory Capture", *The Quarterly Journal of Economics*, Vol. 104, No. 4, pp. 1089 – 1127.

Lan Ayres and John Braithwaite, *Responsive Regulation: Transcending the*

Deregulation Debate, Oxford and New York, Oxford University Press, 1992.

Lebel, O., "New Governance as Regulatory Government", in D. L. Levi-Faowr ed., *The Oxford Handbook of Governance*, Oxford University Press, 2012.

Lee C. Privatization, "Water Access and Affordability: Evidence from Malaysian Household Expenditure Data", *Economic Modelling*, Vol. 28, No. 5, 2011, pp. 2121-2128.

Letaifa, S. B., "How to Strategize Smart Cities: Revealing the Smart Model", *Journal of Business Research*, Vol. 68, No. 7, 2015, pp. 1414-1419.

Lichtman and Posner, "Holding Internet Service Providers Accountable", *University of Chicago Law and Economics*, Vol. 14, 2006, pp. 221-272.

Lichty, L. W., "The Impact of FRC and FCC Commissioners' Background on the Regulation of Broadcasting", *Journal of Broadcasting*, No. 6, 1962.

Mbuvi, D., Tarsim, A., "Managerial Ownership and Urban Water Utilities Efficiency in Uganda", *UNU-MERIT Working Paper Series*, 2011.

Misuraca, G., et al., "Assessing Emerging IC Tenabled Governance Models in European Cities: Results from a Mapping Survey", Berlin/Heidelberg: Springer, 2010, pp. 168-179.

Mol, A. P. J., "Governing China's Food Quality through Transparency: A Review", *Food Control*, Vol. 43, 2014, pp. 49-56.

Naim, I., et al., "Motivation Factors Impacting the Civil Servant Performance in Local Public Administration in Kosovo", *Journal of US-China Public Administration*, Vol. 12, No. 1, 2015, pp. 15-24.

Nelson, P., "Information and Consumer Behavior", *Journal of Political Economy*, Vol. 78, No. 2, 1970, pp. 311-329.

Pan, S. K., "Transforming Higher-level Civil Service in a New Age: A Case Study of a New Senior Civil Service in Korea", *Public Personnel Management*, Vol. 36, No. 2, 2007, pp. 127-142.

Pesch, Udo, "The Publicness of Public Administration", *Administration & Society*, Vol. 40, No. 2, 2008, pp. 170-193.

Peter, G. N. , *Leadership: Theory and Practice*, China: Sage, 2016.

Philip M. Napoli, "Government Assessment of FCC Performance", *Telecommunications Policy*, Vol 22. No. 4, 1998.

Poudineh, R. , Jamasb, T. , "Determinants of Investment under Incentive Regulation: The Case of the Norwegian Electricity Distribution Networks", *Energy Economics*, Vol. 53, No. 10, 2016, pp. 193 – 202.

Rainey, H. G. , "Reward Preferences among Public and Private Managers: In Search of the Service Ethic", *American Review of Public Administration*, Vol. 16, No. 4, 1982, pp. 288 – 302.

Ramanadham, *Privatization: A Global Perspective*, Routledge, 1993.

Schulz and Held, *Regulated Self – Regulation as a Form of Modern Government*, Indiana University Press, 2004.

Selvarajan, T. T. , et al. , "Performance Appraisal Fairness, Leader Member Exchange and Motivation to Improve Performance: A Study of US and Mexican Employees – Science Direct", *Journal of Business Research*, Vol. 85, 2018, pp. 142 – 154.

Shleifer, A. , "A Theory of Yardstick Competition", *The Rand Journal of Economics*, Vol. 16, No. 3, 1985, pp. 319 – 327.

Srisombat, C. , Nittaya, S. , "Implementation of the Code of Professional Ethics for Thai Civil Servants", *Kasetsart Journal of Social Sciences*, Vol. 38, No. 2, 2017, pp. 129 – 135.

Stets, J. E. , Burke, P. J. , "Identity Theory and Social Identity Theory", *Social Psychology Quarterly*, Vol. 63, No. 3, pp. 224 – 237.

Steven, Kelman, *Cost – Benefit Analysis: An Ethical Critique*, Regulation, 1981.

Stigler, G. J. , C. Friedland, "What Can the Regulators Regulate: The Case of Electricity", *Journal of Law and Economics*, Vol. 5, No. 1, 1962, pp. 1 – 16.

Swinbank, A. , "The Economics of Food Safety", *Food Policy*, Vol. 18, No. 2, 1993, pp. 83 – 94.

Teske, Paul. , Schneider, Mark, "The Bureaucratic Entrepreneur: the

Case of City Managers", *Public Administration Review*, Vol. 54, No. 4, 1994, pp. 331 – 340.

Tietje, C., Lehmann, M., "The Role and Prospects of International Law in Financial Regulation and Supervision", *Journal of International Economic Law*, Vol. 13, No. 3, 2010, pp. 663 – 682.

Tirole, "Hierarchies and Bureaucracies: On the Role of Collusion in Organizations", *Journal of Law, Economics & Organization*, Vol. 2, No. 2, 1986, pp. 181 – 214.

Varian, H. R., "Economic Aspects of Personal Privacy", in National Telecommunications and Information Administration (ed.), *Privacy and Self - Regulation in the Information Age*, US Department of Commerce, 1997.

Viscusi, W. K., et al., *Economics of Regulation and Antitrust* (third edition), The MIT Press, 2005.

Viscusi, W. K., "Toward a Diminished Role for tort Liability: Social Insurance, Government Regulation and Contemporary Risks to Health and Safety", *Yale Journal on Regulation*, Vol. 6, No. 1, 1989, pp. 65 – 107.

Weingast, B. R., Moran, M. J., "The Myth of Runaway Bureaucracy", *Regulation*, Vol. 6, No. 3, 1982.

William W. Sharkey, *The Theory of Natural Monopoly*, Cambridge University Press, 1982.

World Bank, "World Development Report 2016: Digital Dividends", 2016.

W. J. Baumol, "On the Proper Cost Tests for Natural Monopoly in a Multiproduct Industry", *American Economic Review*, 1977.

后　记

我学习研究政府管制起始于受中英友好奖学金的资助，1996—1997年我在英国斯特拉斯克莱德大学（University of Strathclyde）经济系从事博士后水平的学术研究工作。出国前，我原计划研究商业组织理论，但到英国不久，我就发现英国在 20 世纪 80 年代开始对电信、电力、天然气、铁路等垄断性产业的政府管制体制进行了重大改革，在该领域的理论与政策研究处于世界领先水平，而中国在这方面的系统研究几乎还是空白。我意识到，中国的电信、电力等国有垄断性产业也必然会进行改革，并需要建立新的政府管制体制，所以，研究政府管制理论对正处于社会主义市场经济体制建立过程中的中国来说具有十分重要的意义。为了更好地利用我在英国的有限时间，掌握国内较为稀缺的信息资源，我经过慎重考虑后，毅然放弃了原来的研究计划，转而悉心研究英国的政府管制体制改革问题。我除了阅读有关这一领域的大量文献资料外，还先后实地访问了英国电信（管制）办公室（OFTEL）、电力（管制）办公室（OFFER）、天然气供应（管制）办公室（OFGAS）、自来水服务（管制）办公室（OFWAT）、英国公平交易办公室（OFT）和垄断与兼并委员会（MMC）等政府管制机构，取得了大量的第一手资料。在此基础上，我把主要精力放在写作上，并在回国前基本完成了 30 万字的《英国政府管制体制改革研究》一书的初稿，1998 年 5 月该书由上海三联书店出版，成为我研究政府管制理论的处女作，这为我回国后研究管制经济学打下了较为扎实的基础，并开始了我毕生对政府管制理论的漫长学术研究之路。

经过几年的努力，我在完成多项国家社会科学基金、国家自然科学

后　记

基金项目的同时，出版了几部专著，并在《经济研究》《中国工业经济》《世界经济》《数量经济和技术经济研究》等杂志上发表了一批学术论文，得到了较好的社会评价。特别使我兴奋的是，2003年我的专著《政府管制经济学导论——基本理论及其在政府管制实践中的应用》获孙冶方经济科学著作奖，这是对我持续研究政府管制理论的极大鼓励。

　　从现实需求看，中国作为一个从计划经济体制向市场经济体制过渡的转型国家，政府管制是在建立与完善社会主义市场经济体制过程中不断加强的一个政府职能。自20世纪90年代以来，中国借鉴一些经济发达国家的成功经验，对垄断性产业逐步实行两大改革，一是引进并强化竞争机制，以形成有效竞争的格局；二是积极推行民营化，在这些产业形成一批混合所有制的经营主体，一定数量的民营企业还成为这些产业的独立经营主体，以适应市场经济体制的需要。这样，政府就不能用过去管理垄断性国有企业的方式去管理具有一定竞争性的混合所有制企业或民营企业，而必须实行政府职能转变，建立新的政府管制体制，对这些产业实行有效管制。同时，中国在经济发展的基础上，日益强调对环境保护、卫生健康和工作场所安全等领域的管制。这些都使政府管制职能具有不断强化的趋势。为此，党的十六大明确提出政府的四大基本职能是：经济调节、市场监管、社会管理和公共服务，首次把市场监管作为一个重要的政府职能，并随着"放管服"等方面改革的不断深化，政府监管职能也得到不断强化。

　　中国对市场经济体制下现代管制理论的研究起步于学习与借鉴经济发展国家的管制理论。英文Regulation在学术界通常被译成"管制"或"规制"，而在实际部门，习惯使用"监管"，如市场监管、金融监管、电力监管、公用事业监管等，因此，学术研究中的"管制"或"规制"和中国政策实践中"监管"存在用词不一致的问题，以致不少管制理论研究成果难以被实践部门所接受。我第一次体会到这一问题是在2005年我承担了国家建设部的一个研究课题。2002年12月，建设部颁布了《关于加快市政公用事业市场化进程的意见》，市政公用事业市场化客观上需要加强有效的政府监管，为此，建设部委托我承担"中国市政公用事业监管体制研究"课题。我在国家建设部的领导和行业管理专家合作研究过程中，发现了自己掌握的政府管制理论与政府监管实践需求之间存在较大差异，需要虚心向实际部门的同志学习请教，尽可能使研究成果能较好地满足实践需要。

自此以后，除了我为政府部门做研究课题时都用"监管"外，只要研究内容以服务政府监管实践需要为导向的国家级研究课题，我在课题名称上也用"监管"。例如，我先后在2013年主持了国家社会科学基金重大课题"中国城市公用事业政府监管体系创新研究"、2015年主持了国家重大科技专项子课题"城镇排水与污水处理监管机制与政策研究"、2017年主持了国家自然科学基金政策研究重点支持项目"中国能源监管体系与监管政策研究"。在完成这些国家级研究课题的同时，我和课题组成员也出版发表不少较高质量的论著，分别获得了高等学校科学研究优秀成果奖和浙江省社会科学优秀成果奖。特别是每一项研究课题都获得了多个国家级和省部级领导的批示，把部分研究成果转化为政府监管政策实践。当然，这并不影响我以"管制"做政府管制领域的学术研究工作。

2018年11月，我申报的国家社会科学基金重大课题"中国特色政府监管理论体系与应用研究"立项，我申报这一课题的主要动机就是在总结上述特定领域政府监管体系研究成果的基础上，针对我国政府监管实践需求，对更有普适性的中国特色政府监管理论体系进行系统而深入研究，并以政府监管理论体系为基准，对能源、食品安全、环境保护、安全生产、金融和新经济六个重要典型领域的政府监管体系作了实证研究，还讨论了完善这些重要领域政府监管体系的路径选择问题。我们认识到，这一重大课题研究不仅非常必要而且具有紧迫性，对完善我国政府治理体系，促进国家治理体系和治理能力现代化也将发挥积极作用。因此，在课题组成员的努力下，2020年12月就完成了本课题的研究报告，经过多次修改完成本书稿。

本课题和本书稿的完成除了导言中已说明的课题组成员外，还得益于许多专家学者的鼓励与大力支持。一年一届的"中国政府管制（监管）论坛"（2021年是第十一届）是我国政府管制（监管）同行学者的高层次论坛，专题讨论政府管制（监管）的重点与热点问题，本课题申报首先得益于我们许多同行学者的智慧与鼓励。在本课题申报选题

后 记

和立项后拟定研究提纲以及书稿咨询中，浙江省委宣传部副部长、浙江省社会科学界联合会主席盛世豪教授向我提了许多宝贵建议。本书稿完成初稿后，我们还召开书稿咨询会，邀请了中国社会科学院学部委员、经济研究所原所长张卓元研究员，中国社会科学院经济政策研究中心主任、国务院研究室原司长郭克莎研究员，中国行政管理学会原执行副会长兼秘书长高小平研究员，北京大学政治发展与政府管理研究所所长王浦劬教授，中国社会科学院数量经济技术经济研究所党委书记、副所长李海舰研究员，中国社会科学出版社卢小生编审等著名专家学者，对初稿提出了十分中肯和宝贵的修改意见与建议，为初稿的较大幅度修改提供了很好的思路。我要衷心感谢这些专家学者以及没有提到名字但支持我们的所有专家学者。我还要感谢浙江财经大学中国政府监管研究院同事们对本研究项目的关注和支持。

本书汲取和引用了国内外许多学者的研究成果，并尽可能在书中作了说明和注释，在此对有关专家学者一并表示感谢。本书能在较短时间内高质量出版，还要感谢中国社会科学出版社领导，特别是要感谢刘晓红编辑对本书做了大量细致的编辑工作。当然，书中若有不当甚至错误之处，文责完全由我负责。

王俊豪
2021 年 8 月于杭州隐寓轩